100周年
不忘初心 牢记使命

在鲜红的党旗下
司法行政百年英模谱

司法部办公厅 法治宣传中心 编

法律出版社
LAW PRESS·CHINA

编者的话

使命呼唤担当，榜样引领时代。

无论是革命战争年代，还是改革开放新时期，司法行政领域都涌现出一批又一批英雄模范人物。他们忠诚、尚法、为民，他们勤勉、务实、担当，在平凡的岗位上以生命为笔、以行动为墨，谱写出司法行政事业的瑰丽篇章，用大爱传递司法行政工作的强大正能量。在全面推进法治中国建设的伟大实践中，他们用自己的力量，让“法”光芒万丈。

崇尚英雄才会产生英雄，争做英雄才能英雄辈出。多年来，我们始终致力于宣传全国司法行政系统英模的典型事迹，讴歌他们对党和人民事业矢志不渝、百折不挠的坚定信念，讴歌他们在党和人民最需要的地方冲锋陷阵、顽强拼搏的赤子情怀，讴歌他们在平凡的工作岗位上克己奉公、无私奉献的崇高境界，用文字和光影，镌刻下他们身上的榜样气质与人性光辉。

在热烈庆祝中国共产党成立100周年之际，为深入学习贯彻习近平新时代中国特色社会主义思想，深入学习贯彻习近平法治思想，进一步弘扬正气、提振精神，展示司法行政系统英雄模范的精神风貌，描绘司法行政事业的辉煌历程，我们编辑出版了这本《在鲜红的党旗下——司法行政百年英模谱》。书中收录的305位司法行政系统英雄模范，既有中国共产党成立以来全国司法行政系统涌现出的烈士、一级英模和二级英模，也有曾荣获国家级表彰的司法行政系统和法律服务工作者中的优秀共产党员。尽管他们所处的时代不同，所在的岗位各异，但他们都始终怀着对党和人民事业的满腔热忱，积极投身立法、执法、司法、守法、普法各项工作，破解难题、推动实践，以实际行动彰显了对党忠诚、为党分忧、为党尽职、为民造福的政治担当，交出了一份又一份让党中央放心、让人民满意的答卷。

在编辑过程中，为最大限度还原这些为党和人民事业作出卓越贡献的司法行政英模的光辉形象，我们力求图文并茂，以人带事、以事托人，生动讲好英模故事。虽经多方努力，但有的英模只留下了姓名，主要事迹和照片已难以找到，我们将他们均收录书中，以志纪念。

谨以此书献礼中国共产党成立100周年！

2021年6月

目 录

C O N T E N T S

北 京

天 津

辽 宁

吉 林

黑龙江

上　海

江　苏

浙　江

安　徽

福　建

江 西

山 东

河　南

湖　北

湖　南

广　东

广　西

海　南

重　庆

四 川

贵 州

云 南

西 藏

新疆生产
建设兵团

司法部装备
财务保障局

北京

个人简介

杨怀凤

1955年生，中共党员。1974年在顺义县插队劳动。1976年考入北京市公安学校学习。1977年被分配到北京市少年犯管教所工作，先后担任少管队小队长、伙房中队内勤。1988年8月8日，在制止少管人员逃跑的搏斗中英勇牺牲，年仅33岁。

被北京市政府授予“革命烈士”称号，被司法部追授为“全国司法行政系统一级英雄模范”，被北京市委追认为中共党员，被全国妇联追授为“全国三八红旗手标兵”，被北京市妇联追授为“北京市三八红旗手标兵”，被北京市总工会授予“首都劳动奖章”。

主要事迹

杨怀凤同志是管教工作者的优秀代表，她认真坚持教育、感化、挽救的方针和各项政策，因人施教，挽救了多名失足少年。杨怀凤同志在女管队工作期间，女少管人员宋某某曾多次试图逃跑。杨怀凤同志对她耐心教育，从多方面鼓励她进步，使宋某某提前3个月解除了管教。杨怀凤同志对失足少年有一颗水晶般的心，她听说已解教的少管人员胡某某在社会上游荡，其母为她找好了工作也不去，民警找她谈话也不听，杨怀凤同志便登门做工作，耐心启发、引导，使胡某某愉快地走上了工作岗位，开始了新的生活。

杨怀凤同志一心扑在教育改造失足少年工作上。她对自己要求严格，工作勤勤恳恳、兢兢业业，从未因个人事务耽误工作。她在怀孕期间也一直坚持值夜班，直到临近分娩才离开工作岗位，并两次放弃调动工作的机会；她待人诚恳，谦虚朴素，乐于助人，挤时间参加电视广播法律班学习。在家里，她是贤妻良母，是有名的“孝女”；在邻里间，她尊老爱幼，团结互助。杨怀凤同志作为首都监狱人民警察，在关键时刻不顾个人安危，临危不惧，挺身而出，与持刀行凶的歹徒英勇搏斗，体现了崇高的革命责任感和献身精神，是人民警察高大形象的生动写照。广大干警和社会各界都被她的英雄事迹感动，当街坊邻居得知她牺牲的消息后，不少人失声痛哭，还自发送了花圈，以表悼念。

个人简介

陈 惠

1980年生，中共党员。2000年从北京市第三人民警察学校毕业后进修一年，2001年被分配到北京市监狱管理局清河分局金钟监狱工作。2003年4月24日作为第一批封监干警进入狱内工作。同年5月11日上午，因心源性心脏病牺牲在工作岗位上，年仅23岁。

荣获司法部“全国司法行政系统二级英雄模范”荣誉称号。

主 要 事 迹

成为一名共产党员

陈惠同志早在1998年6月刚满18周岁时，就向党组织递交了入党申请书，决心以一名共产党员的标准严格要求自己，坚定共产主义信念，全心全意为人民服务。2002年12月3日，刚刚参加工作不久，他再一次递交了入党申请书，表明自己的政治立场。2003年4月26日，在抗击“非典”的战斗打响后，他第三次向党组织递交了入党申请书和决心书。在入党申请书中，他写道：当前，“非典”在全国有流行的严峻趋势，严重危及人民的生命健康，对我们监管安全也提出了挑战。防大疫、保安全的困难之大、危险之多显而易见，我作为一名入党积极分子，在关键时刻、非常时期，更要充分发挥先锋模范作用，积极投身抗击“非典”的特殊战斗，以自己的实际行动实践我的誓言，尽全力维护人民的生命健康，保障监管安全。

虚心好学　勤于钻研

陈惠同志是一位虚心好学、勤于钻研的年轻干警，在负责包夹顽危犯张某某（患精神发育迟滞）时，为做好该犯的教育转化工作，他勤学好问，经常请教分监区的老同志，从研究该犯的生理特征、心理特性、家庭状况等方面入手，详尽掌握该犯的基本情况，制订有针对性的教育转化方案。在包夹、教育转化该犯的过程中，陈惠同志在学中干，干中学，由于他的耐心、真诚和机智，终于稳定住该犯的情绪，使其由一名抗拒改造的顽危犯转化成一名改造态度良好、表现突出的积极分子。

助人为乐　团结同志

助人为乐、团结同志是周围同事对陈惠同志的一致评价。到金钟监狱五分监区工作时，正好赶上了春节放假，领导考虑他刚调入分监区，准备安排他回家过春节，但他想到分监区有一名同事家刚搬到北京，需料理一些琐事，而另一名同事刚结婚不久，便主动提出大年三十、初一、初二要留在狱内值班。青年干警刘某某的父亲因病动手术需 5 万元，陈惠同志得知情况后，省吃俭用，从自己的工资中拿出 1000 元帮助刘某某。

舍小家　顾大家　忘我工作

2003 年 5 月 8 日上午，陈惠同志带着 3 名罪犯去医务所就诊，他觉得自己胸闷不适。当时大夫建议他休息，陈惠同志说："现在警力紧张，我休息了，警力不就更紧张了，我还是坚持坚持吧！"就这样，陈惠同志一直带病坚持工作，战斗到他生命的最后时刻，倒在了抗击"非典"的前沿阵地上。

正像他在抗击"非典"战斗前书写的决心书中宣誓的那样：在工作中吃苦在前，享受在后，把困难留给自己，坚决战斗在一线，给其他干警作出表率，做到工作到位、思想到位、责任到位，时刻牢记自己的责任，在非常时期作出突出成绩，向党委交出满意的答卷。

陈惠同志在平凡的岗位上作出了不平凡的成绩。他对工作高度负责，不提困难，不讲条件；他公而忘私，一心为监狱事业奋斗，爱岗敬业，任劳任怨；他助人为乐，团结同志，把方便让给别人，把困难留给自己；他没有豪言壮语，默默无闻，无私奉献，为确保监狱安全稳定献出了青春和生命，用实际行动践行着对党的事业的忠诚。

个人简介

李金炎

1963年生，中共党员。生前任北京市监狱七监区主任科员，一级警督警衔。1983年参加工作。曾在黑龙江省兴凯湖农场、北京市双河农场、北京市天堂河农场、北京市收容所、北京市监狱七监区工作。2017年8月14日，在值班期间突发心源性猝死，年仅54岁。

2006年、2010年、2011年、2014年、2016年5次获公务员嘉奖。荣获司法部“全国司法行政系统二级英雄模范”荣誉称号。

主要事迹

自1983年参加工作以来，李金炎同志坚守在岗位上16年，养成了时刻坚持安全意识、责任意识与质量观念的工作习惯。凭借自身对工作的满腔热忱和不懈努力，他先后克服理论储备不足、计算机能力薄弱等困难，积极推进“QC小组”建设，为监狱工作的顺利开展打下了坚实的基础。

青山埋忠骨，忠诚耀警魂。李金炎同志是一名热爱监狱事业、崇尚警察职业精神的普通民警，他的身上展现了监狱人民警察的优秀品质和担当精神。他爱岗敬业，履职尽责；与同事团结配合，密切协作，从不计较个人得失；待人热情，为人和蔼，乐于助人，得到监狱领导和同事的一致认可与好评。他在平凡的岗位上，默默践行着一名共产党员对理想、信念的追求，用实际行动诠释了一名监狱人民警察对监管改造事业的无限忠诚！

个 人 简 介

段尔鹏

1982 年生。先后在台湖司法所、马驹桥司法所、潞城司法所工作。2020 年 4 月 16 日，在新冠肺炎疫情防控期间于工作岗位上发病猝死，因公牺牲，年仅 38 岁。

被北京市司法局追记个人二等功，被司法部追授“全国司法行政系统二级英雄模范”荣誉称号。

主要事迹

抗疫一线的好战士

2020年正月初十，还在人人自危、谈“疫”色变的时候，段尔鹏同志积极加入疫情防控一线，先后下沉到潞城镇大营村和杨坨村执勤。下沉期间，凡是疫情防控的事，他总是抢在最前头。在出入口值守时，需要做体温监测、登记、排查等工作，程序烦琐，个别群众有时会发牢骚。他始终面带微笑，细致地疏导情绪，讲解政策，认真地做好每一个环节。在杨坨村执勤时，由于执勤点距离潞城镇政府10多公里，为了省去往返机关吃饭的时间，段尔鹏同志每天中午就在村委会用方便面、火腿肠充饥。

做好下沉任务的同时，段尔鹏同志始终惦记着司法所的日常工作。社区矫正对象有没有按时报到？公共法律服务站运行是否受到影响？两次下沉任务完成后，他放弃休整，立即回到所里工作。新冠肺炎疫情期间，他在司法所接收的矫正和帮教人员无一人脱管、漏管，法律宣传、人民调解、解答咨询等工作依旧有条不紊地开展着，就在他去世当天的上午，他还为一位群众解答了法律难题。

群众心中的好小伙

段尔鹏同志总说：群众事，无小事。2014年，台湖镇一家胶带厂的包工头卷钱跑了，30多名农民工和家属情绪非常激动。段尔鹏同志接下任务后，整整80多天，每天往返于厂房和工地之间，给双方讲法律、摆事实，给民工和家属做工作、讲情理。甚至在几次调解过程中，由于家属情绪激动，双方还动起手来，段尔鹏同志也跟着受了伤。靠着执着的精神，他终于促成了双方和解，由厂房老板先行垫付工资，等包工头回来再追偿。在司法所工作期间，他用初心、耐心和热心化解了大量矛盾纠纷。

得知他去世的消息，一位经常来咨询的群众遗憾地说道："那可是个好小伙，每次来司法所办事，不管别人情绪多激动，他都详细解答，倍儿有耐心。"

工作中的好同志

社区矫正和安置帮教是司法行政工作的"底线"，也是难点。2018 年，马驹桥镇的王某因犯盗窃罪被判处有期徒刑 3 年。刑满释放后，儿子的叛逆、妻子的冷漠再加上邻里间的闲言碎语，使王某逐渐对生活丧失了信心。得知情况后，段尔鹏同志为王某制订了个性化的帮教方案，他意识到只有亲人才能感化王某，前后 10 多次到王某家做他妻子和儿子的工作。通过他的引导和感化，王某的儿子不再叛逆，回到了阔别已久的学校，王某妻子的态度也有了转变。王某看到亲人并没有抛弃他，才幡然醒悟，重新树立了回归家庭、回归社会的信心。

段尔鹏同志常说："我们不能总带着'有色眼镜'看待他们，要通过引导和关怀，帮助他们走出心理的阴霾、摆脱生活的困境，才能使他们顺利融入社会。"工作 13 年来，经他接收的社区矫正人员和安置帮教对象，无一人再次犯罪，无一人脱管、漏管。

在抗击新冠肺炎疫情的战役中，段尔鹏同志倒在了他最热爱的工作岗位上。他是为人民利益牺牲的，工作 13 年，他用自己平凡的工作书写出了青春的华章，用为民服务的初心映射出忠魂的光芒。

个人简介

李继荣

现任北京市天堂河女子强制隔离戒毒所党委书记、所长，党的十六大代表。

荣获司法部“全国司法行政系统二级英雄模范”、北京市“人民满意的政法干警标兵”、北京市“‘严打’整治斗争先进个人”、北京市“防治非典型肺炎先进个人”等荣誉称号，荣获“全国五一劳动奖章”。

主 要 事 迹

用真情孕育真心　用真诚传递真善

李继荣同志勇于在实践中探索、学习、创新，善于总结经验，多年奋战在监管一线，以确保所管安全稳定为首要政治任务；在管教一线工作期间，她审时度势，以开阔的思维、前瞻的眼光，带领大队民警一道奋力打拼、开拓创新，下大力抓基础工作，在监管场所这个特殊的校园里播撒希望。李继荣同志始终坚信并教诲年轻民警们“人心换人心，黄土变成金”的道理，她将自己用爱和真诚总结出的工作方法教给天堂河女子教育矫治所的每一名民警，为打造平安北京、构建首善之都作出积极贡献。

以忠诚履行使命　以责任强化担当

在肩负起天堂河女子强制隔离戒毒所党委书记、所长的重担后，李继荣同志始终扛稳政治责任，带头践行新时代党的组织路线，牢牢把握好政治、责任、队伍、规矩、底线等重要关口，严格落实“一岗双责”。在重大问题、重点工作、重要事件上部署、牵头、指挥，把方向、管大事、谋全局，忠诚履职，担当尽责，以实际行动践行了新时代合格党委书记的使命。

李继荣同志是名副其实的“拼命三郎”，在担任天堂河女子强制隔离戒毒所党委书记期间，所内大小事务，事无巨细，她几乎都要把关。要求别人做到的，她一定自己先做到；要求别人掌握的，她一定自己先掌握。对待上级部署的各项工作，她始终做到重视重视再重视，认真认真再认真，负责负责再负责。

以人为本　言传身教　打造过硬队伍

李继荣同志经常说："作为一名领导，始终要牢记两句话，一是慈不掌兵，二是爱兵如子。"她始终把队伍建设作为一项基础性工作，坚持抓班子带队伍、抓党建带队建的工作思路，注重政治建警、业务强警、科学用警、文化育警。在带队伍方面，她有自己独特的工作方法，经常参加各支部的民主生活会，与民警职工坦诚相见，敞开心扉，及时准确地掌握民警职工的思想动态，并将组织的关心关爱第一时间送至每一名需要帮助的同志。新冠肺炎疫情防控期间，李继荣同志多次组织班子成员研讨民警"关心关爱"工作，及时建立家属微信群、印发致家属的一封信、开通家属困难帮扶热线、组建家属"解忧服务队"，多措并举解决参战民警职工的后顾之忧；通过"无接触"的快递方式，向参加"抗疫"的民警职工家中分批次邮寄慰问品和防疫物资；开通住区民警与家属视频连线，鼓励民警职工使用心理热线，稳定住区内民警职工情绪。

李继荣同志始终从大局出发，率先垂范，以实际行动践行人民警察的职责，把满腔热情奉献给了首都戒毒事业，为确保戒毒场所安全稳定和首都长治久安贡献自己的力量。

个人简介

赵 江

1977年生，中共党员。现任北京市监狱（戒毒）管理局警务督察处处长，三级警监。1997年参加工作，历任北京市监狱（戒毒）管理局教育处副处长、管理处处长、指挥中心主任。

荣获司法部“全国司法行政系统二级英雄模范”、北京市“人民满意的政法干警”荣誉称号，荣获“首都劳动奖章”“北京青年五四奖章”，荣立个人一等功1次。

主要事迹

“干”教育改造　体现“韧”性

“教育改造一名罪犯就是挽救了一个家庭，社会就多了一份稳定”，这是赵江同志经常挂在嘴边的一句话。面对形形色色的违法犯罪人员，他始终秉持“不信春风唤不回”的工作理念；面对法律意识淡薄、抗拒教育矫治的所管人员，他主动请缨，坚持以理服人，一人一案、逐条讲解违法原因，找准症结、打开心结；面对行为认知偏激、对抗情绪严重的所管人员，他不惧危险，坚持以情感人，用精卫填海的意志，用爱心关心，去感化暖化他们。他总结形成的“利用漏洞对比突破法”“运用个别教育促攻坚，辅以集体教育固转化”“抓反复，反复抓”等一系列行之有效的教育巩固方法，成为每名新干警学习的“掌中宝”。在他的带领下，单位3年累计转化各类不认罪、思想固执人员1000余人。作为教育专家，调入北京市监狱（戒毒）管理局教育处后，他坚持民警个别教育培训要“贴近一线、贴近实战”。为此，他每年大半的时间在基层与民警一同开展工作、一同梳理矫治规律，年均谈话1500余人次，提出的“个别教育走读式培训方法”，有效解决了民警教育培训盲区问题，实现了个别教育培训全覆盖。

“抓”安全管理　突出“稳”劲

安全稳定是监所的生命线，担任管理处处长期间，赵江同志始终把防范场所风险放在工作首位，从民警安全意识、业务能力入手，主持编写了《案例警示集》《管理工作常遇问题怎么办》，定期按照三个“百分百率”(教育覆盖率、组织考核率、考核合格率)的标准开展疑难问题处置考核培训，教育民警时刻紧绷安全之弦；积极与中国科学院等专业机构合作，建立运行所管人员“内隐＋外显”高危行为筛查系统，实现了所管人员及场所风险等级的定性定量评定，提高了研判工作的科学性。在关注民警个体能力的同时，他更注重监所安全管理整体水平的提升，构建完善了监区大队ABC三级规范化管理达标升级考核机制，定期组织开展优秀示范监区大队评比，突出对安全工作制度落实、重点人员管教等基础性安全工作的考核，固本强基，夯实安全稳定工作基础。

“管”指挥调度　彰显“准”字

赵江同志在注重队伍建设的同时，提出了“忠诚、敏感、高效、公正”的工作理念，采取“三步走”的措施，大力推动指挥中心规范化、信息化建设。第一步，理顺指挥中心工作机制。从信息传递、情报处理到指挥调度、重要问题会商等环节，他都全程实操、逐条梳理岗位职责、操作流程，在最短时间内构建了纵向到边、横向到底、运转高效的指挥体系。第二步，优化信息情报流转、共享机制。他会同相关部门，解决了信息传输“孤岛”问题，保证了监控图像、数据传输的及时性和精准性，确保安全问题第一时间发现、第一时间预警，实现了业务处室、基层监所的数据共享，有效提升了安全防范工作效率。第三步，深化动态数据分析机制。坚持实事求是，大力提升指挥中心数据统筹分析能力，完善指挥中心周分析、月总结工作制度，每日汇总数据平台、会商情况，让监所隐患数字、问题“说话”，在较好解决“监督与被监督”这一矛盾的同时，实现了研判更科学、效果更凸显的目标，形成的25期分析报告，为领导精准决策提供了可靠依据。月均提示各类隐患200余件次，圆满实现了领导放心、基层满意、同志团结的工作目标。

个人简介

杜启文

1964年生，中共党员。现任北京市汇林教育矫治所一级高级警长。1984年参加工作。

被授予“青年岗位能手”“市级个别教育能手”荣誉称号，受嘉奖1次，荣立个人三等功2次，1999年被司法部授予“全国个别教育能手”荣誉称号，2000年荣获“北京市先进工作者”“全国先进工作者”荣誉称号。

主要事迹

强化管理教育学习　争当教育感化专家能手

杜启文同志凭着对党的事业的热爱，满腔热忱地投入管教工作中。在担任中队长期间，他带领全队民警在工作中抓教育、抓管理、抓各项规章制度落实，狠抓管教业务学习、业务考核、碰头会及每周监管人员情况分析等制度。通过狠抓落实，规章制度的权威性在工作中得到充分体现，依法、严格、文明、科学管理效果显著。为了更好地教育转化监管人员，他利用业余时间研读业务书籍，从中汲取营养，提高自己的业务能力。工作中，他善于分析每名被监管人员的性格特点，犯罪的主客观原因，例如，针对未成年被监管人员年龄小、可塑性强等特点，及时捕捉他们身上的闪光点，有针对性地开展教育转化工作，促进了被监管人员思想转化，保证了改造秩序的稳定。

善于捕捉蛛丝马迹　把隐患消灭在萌芽状态

在监管改造工作中，他严格执行党的监管改造方针、政策，带头落实各项规章制度，积极对被监管人员开展个别谈话教育；1994~1999年近6年累计个别谈话2700人次，使47名危顽被监管人员认罪服法、遵规守纪。他及时解决各种事故隐患38起，成功破获2起被监管人员预谋逃跑事故，确保了监所监管改造秩序的稳定。

1996年12月31日，监所发生了一起两名被监管人员打架事件，虽然未引起严重后果，但杜启文同志根据多年的工作经验和职业敏感性认为这不是一次偶然的冲突。于是，他制订了工作方案，在班组里多方面深入调查分析，以这两名被监管人员爆发冲突为突破口，对他们进行多次“政策攻心”，讲明监管场所规章制度，不厌其烦进行教育，终于使其中一名被监管人员坦白了与其他两名被监管人员预谋实施杀害值班民警后集体逃跑的案件线索。随后，他立即和其他民警一起迅速采取了相应的处置措施，避免了一起威胁监管场所安全稳定的重大事故。

树立场所安全管理理念　履职尽责不留隐患

通过监所发生重大安全事故的案例，杜启文同志深知自己的工作就像看守弹药库，随时可能由于懒惰懈怠、疏忽大意等发生事故，从而给党的监管改造事业造成不可弥补的损失。为此，在岗期间，他始终保持高度警惕性，严格落实各项规章制度，一丝不苟地履行职责，不断加强对被监管人员的管理教育，逐渐养成了发现问题及时解决、不留隐患的习惯，以“在岗一分钟，负责六十秒”的态度严格要求自己。

个人简介

李瑞华

1960 年生，中共党员。现任北京市女子监狱党委书记、监狱长。1979 年参加工作。

荣获“全国先进工作者”、“全国三八红旗手”、“全国司法行政系统先进工作者”、“首都巾帼十杰”、“北京市优秀党务工作者”、北京市“人民满意的政法干警”等荣誉称号，荣立个人二等功 2 次，荣获“全国五一劳动奖章”“首都劳动奖章”“北京市三八红旗奖章”。

主要事迹

李瑞华同志担任北京市女子监狱监狱长期间，提出建设“特色鲜明、健康温馨、现代文明”的新型监狱发展目标，创新适合女性罪犯特点的监管改造工作模式，逐步形成了独具女监特色的教育改造工作格局。她要求严、标准高，率先垂范，真抓实干，勤政廉政，甘于奉献，团结带领全监广大干警职工开拓进取、勤奋工作，圆满完成了各项工作任务，使监狱工作整体水平稳步提升，赢得了司法部、北京市及社会各界的肯定与好评。

李瑞华同志常说，“我是个喜欢干事业的人，而且干就要干好”。她不仅用这句话来表达自己对监管改造工作的朴素信念，更喜欢用实际行动来诠释对监狱事业的执着追求。

自 1979 年 9 月始，李瑞华同志在监管改造岗位上辛勤耕耘了 20 多个春秋，逐步由一名普通的监狱干警发展成为其中的优秀代表。1999 年 8 月，北京市唯一关押女性罪犯的新监狱成立，各项工作基础薄弱，干警均从其他单位抽调组成，工作开局困难重重，李瑞华同志勇挑重担，2003 年 6 月担任北京市女子监狱监狱长。上任不久，她就明确提出了建设“特色鲜明、健康温馨、现代文明”的女子监狱和对外开放窗口的战略目标。李瑞华同志在工作中，坚持“抓班子、带队伍，抓党建、促队建，抓基层、强管理，抓人才、谋发展”的工作思路，提出“做学习型干警”，强化干警自我教育；开展全员大练兵，提高干警业务能力；培养树立先进典型，发挥示范辐射作用；扎实抓好“传帮带”，帮助青年人才成长；举办文化艺术节活动，促进监狱文化建设；狠抓党风廉政建设，促进干警勤政廉政，使队伍整体素质得到了有效提高。当时，监狱有干警 320 多人，其中大专以上学历占近 90%，先后涌现了以全国先进工作者黄清华为代表的一大批先进典型，没有出现干警违法违纪问题，干警拒收罪犯家属所送物品、礼金近万元。

李瑞华同志坚持贯彻敢抓敢管的工作作风，要求严、标准高，讲民主、重集中，不计名利、甘于奉献；她以单位为家，为监管改造工作呕心沥血，殚精竭虑，取得了令人瞩目的成绩。监狱保持持续安全和稳定，罪犯教育改造工作一直处在全国前列。2003年以来，北京市女子监狱被授予“全国巾帼文明示范岗”“全国维护妇女儿童权益贡献奖先进单位”“北京市‘三八’红旗集体”等荣誉称号。李瑞华同志及单位的事迹被中央电视台、北京电视台、《北京日报》、《法制晚报》等多家新闻媒体报道。她的务实，她的果断，她的奉献，她的正直，她的细腻，赢得了监狱全体干部、职工的尊敬，更赢得了罪犯的敬畏，他们称她是“可敬可爱又可畏”的监狱长。

个人简介

黄清华

1962年生，中共党员。现任北京市女子监狱教育改造科副调研员。1985年参加工作。

荣立个人一等功2次、个人二等功1次、个人三等功7次，多次荣获“全国五一劳动奖章”“全国帮教能手”“首都劳动奖章”“人民满意的政法干警”“北京市五四奖章”及优秀共产党员等荣誉，多次受到国务院、司法部以及北京市的表彰和奖励，被评为“全国先进工作者”，2006年入选“十百千”人才库，2006年、2007年先后被评为“监狱专家型干警”和“局级专家型干警”，2008年被司法部监狱管理局聘为监狱系统教育转化专家，2009年被评为“全国教育转化能手”。

主要事迹

黄清华同志2000年开始从事顽危罪犯的教育改造工作，带领分监区干警攻坚克难，教育改造重点顽危罪犯近200名，在解决“危、难、急、重”问题方面积累了丰富经验，作出了突出贡献。

黄清华同志注重学习钻研、调查研究、规律摸索、经验总结、理论提升，形成了一套行之有效的工作方法，工作之余撰写了多篇论文。其中，《科学调查分析、探索重点罪犯分类管理与分阶段分层次教育的系统化改造模式》《重点女犯的心理成因分析及改造对策》等4篇论文先后在北京市监狱管理局论文评选中获奖，《关于建立重点罪犯特色巩固模式的几点设想》等7篇论文在北京市女子监狱获奖，《运用心理学方法教育改造重点罪犯的案例分析》一文被收入2006年《清华大学司法培训项目案例集》，“QC”小组活动成果“提高重点罪犯教育改造成果巩固率”获全局“QC”成果发布会第一名、司法部“QC”成果发布会二等奖。

2008年年初，为提升狱内改造重点罪犯的工作的整体水平，北京市女子监狱成立专门部门，黄清华同志被任命为主任。为迅速摸清监狱重点顽危罪犯整体思想动态和基层工作情况，黄清华同志根据多年工作经验，抓住顽危罪犯思想认识上的关键点，自行设计了一套调查问卷。该问卷简单易行，适合不同年龄、不同文化程度的罪犯作答，用10个问题直观反映出顽危罪犯的思想状况。根据问卷调查结果，她将顽危罪犯分为四大类。这项工作对于掌握罪犯思想状况、摸清狱情动态起到了积极作用，有效消除了监管安全隐患。

在2008年“平安奥运”和2009年“国庆平安行动”期间，黄清华同志加大管理教育力度，要求顽危罪犯每天观看新闻报道并写出思想汇报。她阅读所有罪犯的思想汇报，全面了解罪犯思想动态，发现问题及时解决，从而保持了监狱罪犯的整体思想稳定，无违纪现象发生，为实现安保工作目标作出了突出贡献。

顽危罪犯思想顽固，改造难度大。为突破教育改造工作的“瓶颈”，黄清华同志积极发挥专家型干警的引领作用，每月组织召开专题工作例会，并经常到分监区指导教育改造工作。在罪犯流动性增强的情况下，北京市女子监狱改造率一直保持着 90% 的良好势头，特色功能区建设成效显著，一批青年干警走上了中层领导岗位，多人被评为“监狱专家型干警”及北京市监狱管理局“十佳干警”。

针对干警队伍教育改造经验不足、青年干警多的情况，黄清华同志发起并组织了“提高教育改造工作能力”大讲堂活动，并带头授课，结合以往经验把狱内教育改造工作理论化、规律化，宣讲了《浅论如何营造顽危罪犯分监区的良好改造氛围》一文，制作出思想状况置换图，说明了顽危罪犯教育等 7 类集体教育内容对于罪犯思想变化的置换作用，强调营造良好教育氛围的重要性，大力推动了狱内教育改造工作的开展。她还走出监狱、走向全国，多次参加司法部专家帮教团、讲师团赴海南、上海、广西、云南、河南、辽宁等地进行帮教交流和经验推广活动。

个人简介

崔可欣

中共党员。现任北京市天堂河女子强制隔离戒毒所二大队二级警长。2006 年参加工作。

荣获优秀团干部、优秀共产党员、“全国扫黑除恶专项斗争先进工作者”等多种荣誉称号，荣立个人嘉奖、北京市监狱（戒毒）管理局扫黑除恶专项斗争个人三等功、司法行政系统国庆 70 周年维稳安保个人二等功等。

主要事迹

敬业奉献　认真履行职责

自参加工作以来，崔可欣同志时刻将“责任”二字担在肩上、牢记心头，履职尽责，踏实工作，凭借女性人民警察的细腻、耐心、坚韧，教育、挽救了一大批违法犯罪人员。充分发挥监狱戒毒场所扫黑除恶“第二战场”作用，始终把思想和行动统一到市局党组和所党委的要求和部署上，自觉提升政治站位，牢固树立“大队小安全，连接首都大安全”的理念，严格落实“四个一”和“五个百分之百”工作措施，在所管人员中扎实开展扫黑除恶专项斗争宣传动员、坦白检举、深挖彻查工作，累计开展个别谈话500余人次，开展专题班会140余次，真正做到“挤干挖净”“清仓见底”，不漏一人，不放过任何蛛丝马迹。

明察秋毫　消除重大隐患

2019年6月的一天，崔可欣同志对新调入本班的所管人员任某进行个别谈话，当谈及对扫黑除恶工作的认识以及有无再坦白检举的情况时，任某表现得不是很自然。凭着多年管教经验，崔可欣同志判断，任某一定在隐瞒什么。对待这样的所管人员，她有自己独特的方法，那就是细心、爱心加耐心。在其后的工作中，崔可欣同志重点加强对任某的个别教育和日常观察，并利用组织班组活动更加深入了解其内心，与其慢慢建立起相互信任的关系。经过近2个月的耐心工作，在8月的一次谈话中，任某检举了一条涉枪线索。崔可欣同志深知问题的严重性，立即向大队、业务科室报告，所党委当机立断，成立“扫雷行动”专班。作为专案组的主办人员，崔可欣同志全程负责与任某的个别攻坚谈话和政策宣传，同时向工作专班实时汇报进展情况，多次调整攻坚方案，尽全力寻找突破口。经过多次谈话交锋，任某终于消除了内心的顾虑，向民警更加详细地描述了藏匿枪支的有关情况，交代了被检举人的体貌特征、生活规律、家庭背景、人际关系等细节，描述了枪支大小、基本外形及子弹数量等情况。根据任某交代的去被检举人住处需要换乘的车辆，行走的线路，途经商场、建筑等参照物，崔可欣同志利用地图等工具，一点一点缩小目标地址范围。功夫不负有心人，在崔可欣同志及专案组的不懈努力下，初步确定了枪支藏匿的位置。确定地址后，崔可欣同志又与专案组连夜绘制了藏匿枪支房间的具体格局及物品摆放图，标注了藏匿枪支的卧室柜子的位置、枪支特征和子弹形状。公安机关根据涉枪线索，成功起获枪支。

接续再战　忠于使命担当

2020 年新冠肺炎疫情突如其来，监所进入全封闭执勤模式。接到通知后，崔可欣同志主动请缨申请第一批参战，匆匆收拾行李后，将年幼的孩子交给父母照顾，迅速到岗到位。进入住区封闭执勤后，崔可欣同志又承担起管理所管人员食堂、大队内勤及零用款账目等多项重点工作。她白天坚守在所管人员食堂，晚上归队后继续梳理、清点相关工作，确保每一项工作都不出现纰漏。

认真、用心、细致，是大家对她的评价，她总是默默完成每一项日常事务性工作，反复审核，确保绝不出错。正是这种“严、细、实”的工作作风，让崔可欣同志在与所管人员谈话中发现端倪，及时消除了重大隐患，正是耐心、细心、爱心的交融，让一个个失去希望的戒毒人员恢复了对生活的信心。

个人简介

佟丽华

1971年生，中共党员。中共十八大代表，北京市第十三届、第十四届人大代表，全国青联第十二届常委，公益法律专家，北京市致诚律师事务所主任，北京青少年法律援助与研究中心主任，北京致诚农民工法律援助与研究中心、北京市委法律专家库成员，最高人民法院少年司法研究基地专家委员，最高人民检察院全国检察机关未成年人检察工作顾问。

荣获“全国劳动模范”、“全国法律援助先进个人”（4次）、首届全国“十佳法律援助工作者”、“全国司法行政系统劳动模范”、第五届“中国优秀青年卫士”、“全国十大法治人物”（2次）、“全国优秀律师”、“北京市优秀共产党员”等荣誉称号，荣获“全国五一劳动奖章”“中国五四青年奖章”，2005年荣立北京市司法局司法行政系统个人一等功。

主 要 事 迹

20多年来，佟丽华同志为推动中国公益法律服务事业的发展作出了突出贡献。

积极为弱势群体提供公益法律服务

佟丽华同志于1999年、2005年先后创办的北京青少年法律援助与研究中心和北京致诚农民工法律援助与研究中心，成为国内率先面向全国服务未成年人和农民工的公益法律服务机构，积极为未成年人和农民工提供公益法律服务。20多年来，佟丽华同志所推动的公益法律服务让大量受众的合法权益得到保障。为了让公益法律服务惠及更多人，他向全国各地推广成功经验。在全国律师协会的支持下，佟丽华同志推动中国律师行业参与未成年人公益法律服务，使绝大多数省级律师协会成立了未成年人保护专业委员会，发挥专业保护作用。佟丽华同志还推动在全国设立40余家从事农民工公益法律服务的专门机构。在未成年人保护和农民工权益维护领域，他带动培养了一批在全国具有社会影响力的优秀公益律师，这些律师为促进当地公益法律服务事业发展作出了突出贡献，受到当地党委和政府的充分肯定。在国家有关部门的大力支持下，北京青少年法律援助与研究中心和北京致诚农民工法律援助与研究中心于2011年7月历史性地获得了联合国经社理事会特别咨商地位，成为中国首批获此殊荣的民办社会组织，也是目前中国政法领域仅有的两家具有联合国特别咨商地位的社会组织。他以此为依托，围绕未成年人保护和劳工保护公益法律服务事业，积极宣传中国成就。应有关部门邀请，10多年来他参加了中欧、中美等大量双边、多边人权对话或法律专家对话会议。他还积极参与联合国人权理事会各种活动，在联合国大会以及各种边会上发言，并主动举办边会，多次接待联合国官员等国际政要的参观访问，成为中国律师以及中国社会组织参与联合国活动的典范。

化解社会矛盾　维护社会和谐稳定

佟丽华同志在办案中坚持理性沟通，传递法律正义，取得了良好的社会效果。自 2005 年成立以来，他带领北京致诚农民工法律援助与研究中心共办结 5 人以上群体性案件 600 余件，涉及近万人，没有一起案件演化为恶性案件，疑难社会矛盾都得到了有效解决。为了根本解决类似社会矛盾，佟丽华同志从推动制度完善入手，广泛开展实证研究，积极为完善相关法律和政策建言献策。佟丽华同志在办理案件过程中不断总结经验，创作和主编了《未成年人保护法理解与适用》《未成年人法学》《和谐社会与公益法》《谁动了他们的权利》等 70 余本法律图书，其中 20 余本分别获司法部“金剑文化工程”一、二、三等奖。他还承担了国务院妇女儿童工作委员会、民政部、教育部等单位委托的重大课题研究，接受有关部门委托，先后参与《劳动争议调解仲裁法》《未成年人保护法》《工伤保险条例》《北京市未成年人保护条例》等上百部法律法规政策的起草或论证，提出专家意见稿或起草修订草案，是未成年人保护领域法律政策改革的主要参与者，他的很多建议转化为相关法律和政策。

天津

个人简介

邓昌贵

1956年生，中共党员。1974年参加工作，1977年参军服役于中国人民解放军某部队，1981年退伍。1987年进入天津市河西监狱工作，先后在天津市河西监狱防暴队、四监区、七监区、警卫队、十一监区，天津市长泰监狱九监区工作，历任副监区长、教导员、副调研员、调研员。

多次被评为优秀公务员，荣获“全国司法行政系统一级英雄模范”、首届“全国十大杰出青年卫士”、“天津市劳动模范”等荣誉称号，被天津市委宣传部作为“天津市重大典型”宣传。

主要事迹

无悔付出　无私奉献显担当

作为一名老兵，“退伍不褪色”在邓昌贵同志身上得到了淋漓尽致的体现，在防暴队当班长时，邓昌贵同志突然接到上级指示，要他带领全班同志执行一次紧急押解任务。就在准备出发的时候，他收到母亲病故的消息，悲痛欲绝。为了不贻误战机，他强忍悲痛，擦干泪水和同志们一起踏上征程。从警近30年来，邓昌贵同志与家人聚少离多，面对家人，他有愧疚，但面对挚爱的监狱事业，他心中充满了坦荡和无悔。

扎根一线　敬业笃行践使命

邓昌贵同志工作认真细致，乐于助人，从不计较个人得失。从后勤部门调到监区一线工作后，他埋头基层、默默耕耘。由于工作实绩突出，邓昌贵同志被提拔为副监区长。走上领导岗位，他始终不忘自己的本色和职责，用他的话说：“如果说以前我是一名战斗员，那么现在我既要当好战斗员，还要当好指挥员。”作为监区管教工作的带头人，邓昌贵同志始终严格要求自己，牢记党员身份，时刻用实际行动践行入党誓词和从警誓言，以高度的政治责任心和奉献精神，忠诚履行职责，勇挑重担，踏实工作，朴实做人，无怨无悔地奉献。邓昌贵同志用鲜血谱写了一曲监狱人民警察的英雄赞歌。

个人简介

谷书锋

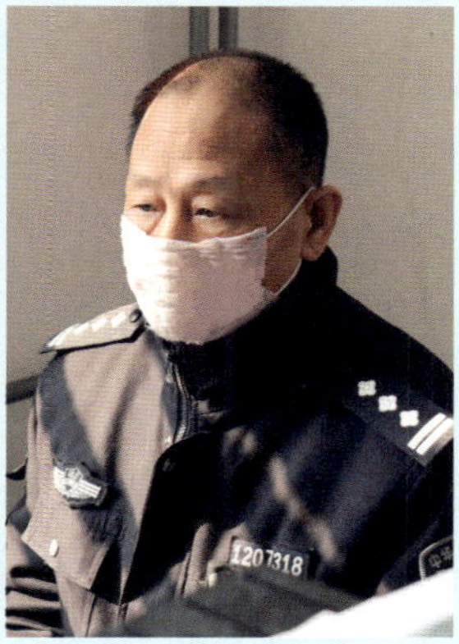

1964 年生。生前任天津市李港监狱十监区一级警长。1987 年参加工作。2020 年封闭执勤期间，突发疾病，抢救无效，不幸离世，时年 56 岁。

荣获司法部“全国司法行政系统二级英雄模范”荣誉称号。

主要事迹

2020年年初，新冠肺炎疫情汹汹来袭，监狱第一时间调整勤务模式，迅速进入战时状态。大年初三，谷书锋同志就接到通知，随战友提前返岗。作为“老兵”，他永远是冲得最快的那个，回到单位，他第一时间向监狱党委递交决心书，上面写道：“我是一名老干警，又曾经参加过抗击‘非典’斗争，封闭执勤的经验足，理应干在前面、作出表率，请组织相信我。”伴随庄严承诺，寒冬时节，他先备勤后执勤，始终不离岗位，第一轮次的封闭就是56天，等到他换防离开监区时，高墙外已然春暖花开。

监区值班警力少、任务重，夜班成了令人头疼的问题。由于谷书锋同志患有睡眠障碍，监区本没有安排他值夜班，但倔强的他不仅主动参与值夜班，别的同志值夜班的时候，他总是不到6点就起床接班。每当岗位轮空的时候，他都要抽出时间去替同志们值班盯岗，面对同志们，他总是笑着说：“在单位里，我是绝大多数人的老大哥，我带个头，大家的积极性也就高了。”

疫情期间，无论身体好坏、劳累与否，为了确保监管安全，他始终坚持和罪犯谈话，日均达15人次，每一次测温、发水、送饭时的细节都会被他密切关注。一次日常测温时，他从罪犯贾某迟钝的反应中察觉到异样，经过半个小时的交流，贾某终于吐露自己年过六旬且患有糖尿病，对生活渐渐失去了希望。发现了这个重要情况后，谷书锋同志立刻上报监区。从那天起，他坚持每天为该犯注射胰岛素，还结合自身病史对贾某进行心理疏导，感同身受的教育方式令贾某渐渐对生活重新产生了希望，避免了可能发生的危险。

谷书锋同志外表憨厚朴实、为人风趣幽默，总习惯以微笑示人，背后的心酸却令人动容：他的家庭条件十分困难，妻子是下岗职工，儿子尚未婚配且没有工作，他每个月的工资便成为家里唯一的收入来源；他的父母离世前曾多年瘫痪在床，上班忙于工作、下班照顾父母，“零休息”“连轴转”成为他的常态；为父母养老送终后，由于长期劳累、作息不规律等原因，心脏病、糖尿病等多种疾病又缠上了他……多年来，谷书锋同志饱受各类顽固疾病困扰。确诊患有心梗后，他先后 2 次进行手术，在冠脉放置了 3 个支架，却仍以超常的毅力奋斗在监管工作第一线，用毕生的精力诠释自己的情怀与担当。

2020 年 8 月 11 日，已经在行政区隔离 14 天的谷书锋同志不到 5 点就早早起床，热情主动地帮助战友收拾行装、搬运行李，准备第 9 次换防进入监管区执勤。进入监管区后，同志们都发现了他神色的异样，急忙安排他去监狱医院检查。他的心电图显示异常并伴随出现胸痛、呕吐症状，监狱第一时间为他急诊就医。11 日下午，谷书锋同志因大面积心肌梗死，抢救无效去世，永远地离开了他战斗过的战场、热爱的岗位和关心他的战友。

“老兵”谷书锋带着对监狱事业的热爱和遗憾走了。他虽然不是党员，却始终冲锋在前；他虽然不善言谈，却甘于无我奉献；他虽然不争名利，却用默默无闻的行动演绎着“平凡的伟大”。他是一名监狱人民警察，是一名为监管改造事业奉献一生的“老兵”，用自己宝贵的生命诠释了“铁军精神”，在监管战“疫”一线阵地上竖起了不朽的丰碑。斯人已去，逝者已矣。但忠诚的警魂犹如战地之花娇艳地绽放在每个人的心中，这永不凋零的精神花蕾必将赓续传承，寄托着人们对这名“老兵”最高的敬意和礼赞！

个人简介

王旭国

1963年生。生前任梨园监狱狱政管理科一级警长。1983年参加工作。2020年5月7日，在工作岗位上突发急症，经抢救无效于5月10日去世，时年57岁。

荣获司法部“全国司法行政系统二级英雄模范”荣誉称号。

主要事迹

不辞辛劳　立足本岗守初心

近10年来，王旭国同志主要负责会见室管理和罪犯释放工作。每逢罪犯会见周，他总是在单位一住就是一个星期，每天第一个来到会见室，开机调试设备，做好各项会见准备工作。会见工作时间紧凑、工作量大，有时赶上非会见周的外地犯会见就更不知要陪同到几时，往往会错过班车，他还要自己想办法回家，对冷饭冷菜早已习以为常。但无论多晚，王旭国同志总是服务到位、态度良好，因为他深知会见不仅仅是简单的见面，还是搭起一座罪犯与罪犯家属之间"爱"的桥梁，有时仅仅是一道希望的光，就会温暖高墙内一颗冰冷的心。

几度请战　不惧困难勇向前

己亥岁末，新冠肺炎疫情来袭，自2020年1月27日起，天津监狱系统启动战时机制，全狱进行封闭管理。王旭国同志不顾多种疾病缠身，毫不犹豫，主动请战第一批参加封闭执勤。他没有向组织提出任何要求，只是简单地通过电话叮嘱女儿照顾好体弱多病的母亲，随后仅携带随身药品就毅然奔赴抗疫一线。他主动申请前往高戒备监区执勤，主动上岗、积极补位，每天坚持天不亮就起床，早早到监控室接班。王旭国同志总是用这种最质朴、最真诚的方式温暖着身边每一个人。

2020年5月7日上午，在执行第三次封闭隔离备勤期间，王旭国同志突发急症，出现恶心、呕吐、虚汗等症状，监狱值班医生初步诊治后，建议他去医院做进一步检查，但他不愿轻易离开岗位。经过监狱领导和同事的极力劝说，王旭国同志才同意前往医院治疗。在上车前，他还不忘宽慰大家，“这个血压对我来说真不算高，什么事都没有，我简单治疗后再回来执勤”。谁知这一走竟成了永别。

热情好助　传递爱心显真情

王旭国同志虽然自身经济条件并不宽裕，但是他时刻关注“水滴筹”等捐助平台，经常对遭遇不幸的人进行捐助，还热心转发求助链接，号召身边朋友献出爱心，为他人提供力所能及的帮助。

这就是王旭国，一名普通的监狱人民警察。无论在哪个岗位工作，都认真履职、兢兢业业；无论身体状况如何，总是笑对人生、乐观豁达。他用自己踏实肯干的态度书写对监狱事业的热爱，用始终如一的恒心诠释了监狱人民警察甘于奉献的光辉形象。

个人简介

张治国

1977 年生，中共党员。生前任天津市长泰监狱六监区监区长、一级警长。1997 年参加工作。先后在天津市河西监狱九监区、侦查保卫科，天津市长泰监狱十监区、劳动改造科、六监区工作。2020 年 4 月 16 日，在监管区执行新冠肺炎疫情防控任务时，突发心脏病，经抢救无效去世，年仅 43 岁。

被追授“全国司法行政系统二级英雄模范”“天津市优秀共产党员”“天津市人民满意的公务员”“天津市政法系统人民满意的政法干警”“天津市抗击新冠肺炎疫情劳动模范”等荣誉称号。

主要事迹

勇当先锋　舍身忘我敢担当

面对来势汹汹的新冠肺炎疫情，天津市启动了重大突发卫生公共事件一级响应，天津市监狱局按照司法部、天津市司法局统一部署迅速执行战时机制，开启封闭轮勤值守模式。时任长泰监狱六监区监区长的张治国同志，接到集结命令后，主动请战，第一批投身监管一线，开始了封闭值守。从分配防疫物资到部署消杀工作，从监督测量体温到稳定罪犯情绪，从排摸安全漏洞到组织干警学习，从组织文体活动到开展警示教育，他事无巨细、事必躬亲，抓实管理、抓紧落实，为维护监区安全稳定、推动教改工作良性发展作出了突出贡献。

夙夜在公　鞠躬尽瘁铸警魂

2020 年 3 月 22 日，张治国同志再次进入行政区备勤。4 月 5 日转战监管封闭区值守，面对艰巨考验，他无私无畏、日夜奋战，不断鼓舞干警们要迎难而上，把牢了监狱防疫第一关，做到了守土有责、守土担责、守土尽责，取得了监区疫情“零感染”、情况“零报告”的阶段性成效。自参与疫情防控工作以来，张治国同志克服双警家庭困难，无私奉献、公而忘我，把所有的时间和精力都投入监区防疫一线。4 月 16 日上午，张治国同志照常前往监区指挥部汇报疫情防控工作情况，在返回办公室的路上，突感心脏不适，栽倒在路边。经多方抢救，也没能挽回他宝贵的生命。他倒在了终生坚守的工作岗位上，用生命兑现了入党誓言、诠释了铁血警魂。

扎根一线　勤勉奋进践使命

从警20余年来，张治国同志始终保持强烈的事业心和责任感，主动担当作为，勇于创新竞进，是领导和同事公认的“领头羊”。为缓解基层警力不足，他主动向领导申请，从行政管理岗位重返监区工作，埋头基层、默默耕耘。20多年来，张治国同志与家人聚少离多，年幼的孩子和年迈的母亲常常交给同是警察的妻子一人照顾。

张治国同志以实际行动诠释了对党的无比忠诚、对监狱事业的无限热爱，展现了新时代司法行政干警无私无畏、担当作为的良好精神风貌。

个人简介

武　麒

1960年生，中共党员。生前任天津市未成年犯管教所一监区监区长。1979年参加工作。2010年2月12日，在进行监狱安全检查时突发脑溢血，经抢救无效，于2月16日不幸去世，年仅50岁。

多次被评为天津市未成年犯管教所先进个人、天津市劳改工作管理局先进工作者；2001~2008年5次被评为优秀公务员；2002年荣立三等功1次；2008年被天津市委政法委、司法部表彰为“奥运安保维稳先进个人”，荣获司法部“全国司法行政系统二级英雄模范”荣誉称号。

主要事迹

穿上警服就把自己交给了监狱事业

武麒同志先后从事过管教干事、分监区长、副监区长、监区长等职务，可不管职务如何变化，他的脚步从未踏出监区一线，几十年如一日辛勤耕耘，默默地以实际行动在平凡的岗位上成就着不平凡的事业。

未成年犯的个人情况多种多样，在复杂的监管改造环境中常常遇到一些意想不到的事情，要教育改造好他们，还要掌握各种技能和方法。2005 年秋天，监区收押了一名聋哑人罪犯刘某某，刚入监时，几名主管警察因无法与刘某某沟通，教育改造工作面临很大困难。这时武麒同志主动站出来，边说边比画地和刘某某交流起来。几名年轻警察都愣住了，他们谁也没想到，武麒同志还会哑语。其实早在多年前，他也遇到过这个问题，为此特意到地方聋哑学校找老师，掌握了一些基本的手语，能够与聋哑人进行简单交流。从此，武麒同志就成了翻译，刘某某有问题，也最愿意找他谈。

在武麒同志从警的 31 年里，无论职务如何变化，他分管的未成年犯，从未发生过狱内重大违纪，数以千计的未成年罪犯在他的教育感化下获得新生，重新走上人生的正轨。

进入单位就用行动感染和影响战友

31 年来，武麒同志一直是遵守纪律和制度的典范，树立了一名优秀监狱人民警察的光辉形象，也用自己的大情大爱影响和感染着身边的同事。

武麒同志是个热心人，谁有困难，只要他知道总是想方设法帮忙。这个结婚，那个父母有病……都是他替的班，一起工作的同志，大都得到过他的帮助。

参加工作就把对家人的爱深藏心头

武麒同志一家三口，住着旧楼区顶层一间 23 平方米的房子，所有的家具都是 1986 年结婚时他自己打制的，一台 21 寸的北京牌电视是结婚后买的唯一电器，家中仅有的“奢侈品”是 3 年前女儿上大学时，他送给女儿的一台电脑。武麒同志不是不爱家的人，可他的家里却找不到第二张和妻子、女儿的合影，唯一的合影还是在外甥的喜宴上，母女俩站在他身后，由摄影师抓拍的。如今这张合影被女儿收藏到电脑里，制成桌面，作为对父亲最好的纪念。

2007 年，武麒同志的父亲患前列腺癌住院治疗，作为儿子，他要为父亲尽孝，可作为警察，他又不能离开工作岗位。为此，他和弟弟做了分工，不在单位值班时他每晚都在医院陪伴父亲，白天回单位上班。这一坚持就是一年多，直到父亲去世的当天。武麒同志尽到了一个儿子的责任，陪伴父亲度过了人生最后一段寂寞的夜晚，相信父亲会为他尽到一名警察的职责而感到欣慰。

大爱无言、大象无形，武麒同志默默走完了自己的一生，用汗水和生命实现了一名共产党员的诺言，为当代监狱人民警察树立了良好的学习榜样。

个人简介

李凤亮

1964年生。生前任天津市滨海监狱副政委，一级警督。1984年参加工作，历任中队长、副大队长、监区长、政治处主任、副监狱长职务。2014年1月3日因病逝世，年仅50岁。

荣获司法部“全国司法行政系统二级英雄模范”、“全国优秀监狱人民警察”、“廉洁执法、勤政为民优秀干警”、天津政法系统“人民满意的政法标兵干警”等荣誉称号，荣立个人三等功2次，多次被评为先进工作者。

主要事迹

李凤亮同志用自己的一生，诠释了一个朴素的真理：一个人只有把自己的生命奉献给事业，奉献给人民，才会收获事业的果实、人民的赞誉。

1984 年 8 月，20 岁的李凤亮成为一名监狱人民警察。他吃苦耐劳、甘于奉献，全部精力都用在了罪犯监管改造工作上，带领分监区全体警察从基础业务抓起，在强化耳目建设等重点工作上狠抓落实，严格遵守各项规章制度。认真总结梳理经验做法，从理论的高度进行思考，研究罪犯反改造的新动向，一心维护监管安全稳定和提高改造质量。

李凤亮同志担任港北监狱第一监区监区长时，首创“一日两会”制度，进一步规范了内部管理；率先强化支部建设，巩固了战斗堡垒。他一手抓队伍建设，一手抓机制建设，补充制定了 10 余项工作制度。与此同时，他还在罪犯中开展了“文明窗口”建设和“大练兵”活动，监舍的定置管理和业务基础建设制度在全监被推广，并顺利通过“规范达标”的复查验收，受到领导的高度评价。

2007 年 12 月，李凤亮同志被任命为天津市港北监狱副监狱长。他深感责任重大，对工作的每个细节逐一逐项地进行监督检查，平均每天工作 12 小时以上，他的奉献和敬业精神深深地感染了全体警察。由于长期的超负荷工作，他的身心健康受到了严重影响。但他多次病倒后仍坚持在工作岗位上，以榜样的力量、党员的示范作用，激励和带动全体警察齐心协力，攻难点、创佳绩，励精图治、互勉互励，为监狱的发展谱写了新篇章。

李凤亮同志参加工作 30 年来，始终兢兢业业、恪尽职守，为确保监狱持续安全稳定，他经常连续奋战，为他热爱的监狱事业付出了全部心血。2014 年 1 月 3 日凌晨 2 时 30 分，李凤亮同志突发心脏病，抢救无效，不幸辞世。

个人简介

韩学强

1968 年生，中共党员。1988 年参加工作，历任天津市第四劳改支队科员、副中队长，西青监狱六中队（现五监区）中队长、五监区副监区长、二监区副监区长、六监区教导员、二监区教导员、二监区监区长、五监区监区长。2014 年起任天津市西青监狱副调研员。2020 年 11 月 30 日，因病不幸逝世，年仅 52 岁。

2015 年荣获司法部“全国司法行政系统二级英雄模范”荣誉称号。

主要事迹

不畏艰辛　立志从警

1988 年，西青监狱独立建狱，时称天津市第四劳改支队，主要关押拘役犯和老残犯。那一年，韩学强同志开始了他的从警生涯。

1995 年，第四劳改支队正式更名为天津市西青监狱，他被任命为关押病犯的六中队队长，主要负责肝炎和肺结核病犯的管理工作。他曾请教师父如何管好一个病号中队，也曾和监狱医院院长彻夜长谈，最后想出一套按病种分类分押的方案，以杜绝不同传染病之间的交叉传染。这是监狱在管理上逐渐走向科学成熟的重要标志。他一心扑在工作上，却忽略了自己的健康问题。当方案实施时，他得了肝炎，并且肺上还有不少钙化点，监狱领导为了照顾他的身体，执意要为他调换工作岗位，可他却拒绝了。

开拓创新　铸造梦想

2000 年，西青监狱设置第五监区，专门负责关押病残犯及传染病犯。为了实现肺结核病犯的分类关押，韩学强同志一连几天吃住在监区，带领警察逐一翻阅 300 余名肺结核病犯的管理档案，根据服药、就诊记录和病情鉴定，划分出传染期、服药期和恢复期 3 个阶段的病犯，并初步实现了肺结核病犯的分类关押，有效降低了病犯之间交叉传染的危险。同时，他提出要从做好病犯及时有效治疗方面入手，制订了“监区监督服药”“看病管理流程”“病犯健康管理档案”等一系列管理制度。在他的带领下，五监区先后被共青团中央、司法部评为

“全国青年文明号”和第八届全国“人民满意的公务员集体”。

行动大于话语，他用战场上的冲锋，诠释出高尚的职业操守，扫清了青年警察乃至整个五监区队伍思想和心理上的阴霾。2000年9月，一名肺结核病犯突然口吐鲜血、呼吸困难。韩学强同志一把搂住病犯，背着他就往监狱医院跑，病犯喷出的血夹带着痰液，顺着韩学强同志的脖子往下流。经医院抢救治疗，病犯的病情得到了控制，日后该病犯逢人便讲：“我不努力改造，就对不起韩监区长。”

攻坚克难　实现梦想

2012年是监狱发展中具有划时代意义的一年。按照天津市监狱管理局的有关要求，突出提高病犯教育改造质量，努力提升病犯的康复治疗水平。这既是监狱社会责任的体现，也是监狱事业面临的巨大考验。时隔10年，韩学强同志再次直面挑战。

为提高病犯的思想认识，他组织病犯开展心理健康教育、思想道德教育和知法守法教育；为了陶冶病犯情操、调节身心健康，他倡导监区积极开展各种兴趣小组活动；为了提高病犯的身体素质，他推广了手语操、太极拳、广播操为主要内容的“二、三、四”康复工程。

由于长期直面传染病菌的侵袭，承担高强度的工作，他积劳成疾，患上了肝炎、肺炎、颈椎病、高血压等多种疾病，2014年5月被确诊为肺癌晚期，2020年11月30日因病逝世。

个人简介

郝德敏

1956 年生，中共党员。原天津市女子劳教所党委书记、所长。

荣立个人二等功，被授予“争创人民满意优秀政法干警标兵”“天津市特等劳动模范”“天津市优秀共产党员”“天津市政法系统人民满意的政法标兵”等荣誉称号，被评为“全国教育转化工作先进个人”。2002 年荣获司法部“全国司法行政系统二级英雄模范”荣誉称号，出席了全国教育转化工作表彰大会。

主要事迹

在郝德敏同志的带领下，干警们总结出了一套用理论政策管教、社会帮教、典型说教来教育转化的成功经验。她所在的大队先后共收到社会各界和劳教人员家属的感谢信280余封，锦旗110面。

郝德敏同志某次值夜班查岗时，隐约听到一名劳教人员的哀叹声和难以入睡的翻床声，就将该人员叫到办公室谈心。原来，该劳教人员的母亲去世了，孩子无人照管，更让她心烦的是房子要拆迁，落户又成问题。为了稳定该劳教人员情绪，让她能够安心改造，郝德敏同志先后带领民警们奔波40多公里多次到有关单位办理相关事宜。她凭着磨破嘴和跑断腿的精神感动了相关单位，解决了该劳教人员的后顾之忧。她在把教育转化工作立足所内的同时，还向社会延伸，积极加强与社会各界的横向联系，广泛邀请劳教人员家属及街道、当地公安部门、原单位等社会各界人士来队进行规劝和帮教。

这些成绩的后面，也留下了郝德敏同志诸多遗憾，丈夫患有严重的糖尿病没能陪在身边照顾，没有给儿子讲过一个完整的故事，没有在老人病榻前长久守候尽孝道。从任大队长到所长的这些年，她所有节假日都是在劳教所度过的。大年三十的晚上，当她在电话里听到儿子哭着喊着要妈妈回家时，内心的辛酸与艰难、牵挂和思念，化作两行热泪夺眶而出。然而，擦干了脸上的泪水，她依然是含笑面对着同事和劳教人员。

个人简介

张春艳

1975 年生，中共党员。1995 年参加工作。历任天津市板桥劳教所办事员、科员、副大队长，天津市女子劳教所副大队长、一大队大队长、二大队大队长。2011 年 2 月 27 日，因患癌症医治无效，不幸病逝，年仅 36 岁。

荣获司法部“全国司法行政系统二级英雄模范”、“全国教育转化工作先进个人”、“全国司法行政系统先进个人”、“第二届天津杰出（优秀）青年卫士”、“天津市政法系统人民满意的政法优秀干警”、“天津市司法行政系统抗击‘非典’先进个人”、“天津市劳教系统教育转化能手”荣誉称号，荣立个人二等功 1 次、三等功 2 次。

主要事迹

严于律己　以身作则带队伍

作为基层大队的领导，张春艳同志始终严于律己，以身作则。在2003年抗击“非典”、2005年亚欧财长会议、2008年奥运会、2009年国庆六十周年等一系列重大活动中，都以严格细致和求真务实的工作作风带领民警队伍，恪尽职守，顽强拼搏，圆满完成安全保卫任务。

心系事业　鞠躬尽瘁献忠诚

在处理集体与个人、工作与家庭、公与私的关系上，她总是自觉服从工作大局。

2004年5月，已怀孕临近分娩的她，始终坚守在工作岗位。直到分娩前几天才住进医院。

2010年6月初，所里组织民警进行年度体检时，张春艳同志被查出患上原发性肺癌并已到晚期。住院期间，她总是坚强地表示：“我没事，一定积极配合治疗，争取早日战胜病魔，尽快回到工作岗位上。”

2011年2月27日，张春艳同志怀着对党的劳教事业的忠诚信念和执着追求，怀着对美好生活的无限眷恋，永远离别了她热爱的岗位和朝夕相处的战友。她，一位平凡的青年女警，以满腔的热血和无悔的青春，书写了对党的劳教事业的无限忠诚，谱写出一曲新时期劳教人民警察的壮美赞歌！

个人简介

于军红

1973 年生，中共党员。现任天津市滨海监狱医院院长、一级警长。1992 年参加工作。

2020 年荣获“全国抗击新冠肺炎疫情先进个人”荣誉称号。

主要事迹

坚持党的领导　践行初心使命

于军红同志模范遵守党章党规党纪，始终坚持党对监狱工作的绝对领导，巩固深化“不忘初心、牢记使命”主题教育成果，持续深化政治建警，严格执行“三会一课”制度，不断强化理论武装，树牢“四个意识”，坚定“四个自信”，坚决做到“两个维护”，切实将党的领导贯穿于疫情防控、监管安全和队伍建设等各方面。作为党支部书记，他经常关心干部群众的家庭情况和实际困难，想方设法解决干警后顾之忧。

牢记从警誓言　忠诚履职尽责

于军红同志在监狱党委的培养下，始终践行“以人为本、医者仁心”的理念，逐步由一名主治医生成长为医院院长。他工作责任心强、踏实肯干、团结同志、为人正直，常年在医疗工作岗位上耕耘奉献、不辞辛苦。于军红同志既是执法者又是医生，在工作之余，总是在办公室内研读医疗书籍，认真钻研业务知识，制订和完善医院各项医疗工作计划、岗位职责和各种操作规程，建立罪犯健康档案，完善罪犯紧急就医绿色通道。他经常深入了解检查、诊断、治疗和护理工作情况，积极探索建立急诊、门诊和巡诊相结合的诊疗模式，加强与监区的密切配合，及时组织危重病犯的抢救和疑难病症的会诊，为确保监狱安全稳定提供坚强保障。在做好罪犯医疗工作的同时，于军红同志还根据罪犯的不同情况及时做好思想化解工作，维护了监狱安全稳定。他认真贯彻《传染病防治法》，常态化开展结核普查工作，加强肺结核病犯管理，主持撰写的《狱内肺结核病的防治和管理》一文荣获 2015 年中国监狱工作协会生活卫生专委会优秀论文三等奖。在工作中，他组织青年医生开展业务知识培训，不断丰富岗位练兵方式，提升医院救治能力。

敢于冲锋在前　彰显担当作为

面对突如其来的新冠肺炎疫情，于军红同志闻令而动、主动请战，认真学习习近平总书记关于疫情防控工作重要讲话精神，不折不扣地贯彻上级各项部署要求。在疫情初期，他潜心学习防治新冠肺炎医疗知识，专心研究罪犯群体防控措施，与值班医生相互交流经验，积极向监狱党委献计献策，在监狱防控新冠肺炎疫情工作中起到了重要作用。值班期间，他每天只睡几个小时，时刻准备组织危重病犯救治，确保第一时间就诊、第一时间施策，大大降低了病犯外诊概率，避免因病犯外诊带来的输入疫情隐患，为有效阻击疫情、确保监狱安全稳定作出了积极贡献。

于军红同志心系疫情灾区。得知司法部准备派遣医务人员援助湖北监狱系统的通知后，表示一定要到抗击新冠肺炎灾区第一线，实现自己多年来报效祖国的梦想。充分展现了一名共产党员的使命担当，体现了新时代监狱人民警察不怕艰险、无私奉献的大无畏精神。在援鄂医疗工作的 56 天里，于军红同志作为天津医疗队的党小组组长，熟练掌握了新冠肺炎患者管理办法和具体防护措施以及新冠肺炎病例确诊、诊治方法和护理知识。他严格落实各项疫情防控措施，认真研究病历，总结经验，提升业务技能，积极与地方援鄂医疗队通力协作，圆满完成了方舱医院救治任务。于军红同志不顾连续作战的疲劳，随即转入湖北兄弟监狱援助工作。

于军红同志持续坚守一线，在平凡岗位上默默无闻、耕耘奉献，用实际行动诠释着一名共产党员、一名监狱人民警察的使命担当。

个人简介

何　晨

男，1962年生，天津市少管所三级警督。2002年2月25日，在执行公务途中，与抢劫歹徒搏斗时身负重伤，经抢救无效，于次日不幸牺牲，年仅40岁。

不忘初心　牢记使命

1993年、1995年、1998年被评为监狱先进工作者；2002年被天津市人民政府追认为“革命烈士”，被司法部追记一等功。

敦厚朴实铸就了平凡的一生

在何晨同志平凡的一生里，没有豪言壮语、没有轰轰烈烈的事迹，只有一直默默无闻、敦厚朴实、乐于奉献、顽强坚韧的坚守。

何晨同志出生在一个普通干部家庭，父亲是一名监狱人民警察。家庭的熏陶，儿时的耳濡目染，使他从小就爱上了警察这个职业。高中毕业后，他被分配到天津市少年管教所，1985年转干，实现了自己的儿时梦想，成为一名光荣的监狱人民警察。他是一个思想要求进步的人，多年来积极参加监所组织的各项活动，坚持政治理论学习，在思想上始终与党中央保持高度一致，具有较高的政治素质。何晨同志豁达宽厚，与同事之间关系融洽，对领导和老同志尊重，对年轻同志爱护，许多同志都乐于与他相处。何晨同志关心同志、乐于助人，谁家中有困难他都热心帮助，凡是与他接触过的同志都对他称赞不已。

何晨同志性格坚韧，有一种不怕苦、不服输的精神。有一次监狱局组织足球联赛，何晨同志膝关节受伤，当时没有替补队员，他为了集体的荣誉，凭着不服输、不要命的劲儿，咬牙踢完了全场比赛。伤痛折磨了他几个月，可他没有休息一天，坚持上下班，坚守岗位，同志们对他这种精神都非常钦佩。

20年雨雪风霜承载了对事业的挚爱

在何晨同志近20年的从警生涯中，看不到金灿灿的奖章和鲜花，但能从他的战友的点滴追忆中感到烈士对事业的挚爱。

何晨同志在平凡的岗位上，一贯恪尽职守，兢兢业业，善于钻研业务知识，注意知识文化的更新，认真参加监所组织的各项学习培训，工作上有一股钻劲。他主要负责监区夜间罪犯的改造秩序维护及监区安全管理，责任重，危险大。何晨同志履职期间，监区未发生任何监管安全事件。他在工作中不分分内分外，只要到岗就全身心投入工作中，认真巡监查号，主动协助监区警察做好罪犯的思想转化工作。一次在夜间值班时，何晨同志发现新收组的一名罪犯在偷偷地哭泣，他及时找到该犯了解情况，得知该犯因新入监，生活不习惯，又想家，产生了轻生的想法。他耐心地教育开导，苦口婆心地劝说，终于做通该犯的思想工作，并及时向主管警察通报情况，使监区第一时间掌握了该犯情况，采取了有力措施，消除了安全隐患，避免了事故的发生。

正气浩然捍卫了警徽的庄严

2002 年元宵节前夕，何晨同志提前来监狱上班，途中被事先埋伏、伺机抢劫的 4 名歹徒踹下车。在生死关头，何晨同志没有屈服，而是与歹徒进行了殊死搏斗。何晨同志倒在了血泊之中，终抢救无效，壮烈牺牲。

何晨同志临危不惧、大义凛然的精神，源于他深厚的思想积淀，源于他多年的孜孜学习和不断的追求，源于一名监狱人民警察发自内心的自豪和使命感，他无愧于“金色盾牌”这一光荣的称谓。

“落红不是无情物，化作春泥更护花。”何晨同志虽然倒下了，但他的精神将永远感召和激励着每一名监狱人民警察。

河北

个人简介

支英杰

1975 年生，中共党员。1997 年从河北科技大学毕业后，在河北省冀东监狱工作；2002 年调入鹿泉监狱工作，为四监区科员。2008 年 9 月 25 日，在与罪犯搏斗中英勇牺牲，年仅 33 岁。

2000 年被评为优秀公务员并荣立公务员三等功 1 次；2001 年被评为优秀公务员并获嘉奖；2003 年被评为“十岗先进个人”；2005 年被评为“党风廉政建设先进个人”；2007 年被评为优秀公务员并获嘉奖；2008 年被河北省司法厅党委追授“河北省司法行政系统优秀人民警察”“河北省司法行政系统优秀共产党员”荣誉称号，并追记一等功；2011 年被河北省人民政府批准为“革命烈士”。

主要事迹

支英杰同志参加工作以来，一直高标准、严要求，认真履行工作职责，扎扎实实做好每一项工作，赢得了领导和同事们的一致赞誉。他爱岗敬业，勤于钻研业务知识，脚踏实地工作，一直是监区的业务骨干；他爱憎分明，在执法工作中严守纪律，依法办事，拒收馈赠；他品格高尚，在家庭条件差、困难多的情况下，全力投入工作，从未向组织提出任何要求，还经常资助家庭困难的罪犯。

2008 年 9 月 25 日 8 时 20 分左右，罪犯周某向支英杰报告，有一部手机藏在监舍。由于手机属于监狱管理中的一类违禁品，支英杰立即带领周某到监舍搜查。

到监舍后，周某突然从背后拿起木凳狠狠砸向支英杰的头部。支英杰同志头部被木凳击伤。面对突如其来的袭击，支英杰同志一边厉声制止周某，一边同周某搏斗。

在此过程中，支英杰同志再次被周某击中头部。随后，支英杰同志退向监舍干警值班室，寻找机会向其他同志报警。在值班室内，身负重伤的支英杰同志奋力与穷凶极恶的周某搏斗，第三次被击中头部后倒在了血泊中。支英杰同志遭袭倒地后，周某准备出逃。就在周某逃到监舍区大门内时，被值班人员发现并制伏。

支英杰同志立即被送往医院抢救。2008 年 9 月 25 日 12 时 5 分，鹿泉市人民医院宣告支英杰同志“因失血性休克，经抢救无效死亡”。

支英杰同志在工作上特别能吃苦，兢兢业业。支英杰同志刚调到鹿泉监狱时，工作环境和条件都比较差，他不怕苦、不怕累，很快就融入新的工作环境中，坚持一边工作，一边摸索熟悉情况。白天，他积极组织罪犯开展教育活动；晚上，还要深入自己包组的人员中，了解罪犯的思想变化，掌握他们的情况并及时进行疏导；深夜，还坚持巡查每一个监舍；到了休息日、节假日，他也很少休息，认真搜集每一项狱情，及时整理每一份档案……

支英杰同志的细致工作，也给罪犯留下了很深的印象。他包组的罪犯知道他牺牲的消息后，都十分痛心。一个罪犯给教导员的材料中写道："支队长待人和善，这件事给我们感触很深，也很震惊。以后，我将进一步团结组员，使整个组更加和睦……"

个人简介

梁小辉

现任河北省监狱管理局冀东分局第四监狱党委副书记、政委。1982 年参加工作。

2013 年荣获河北省“五一劳动奖章”；2014 年被河北省委政法委授予“最美政法干警”荣誉称号，荣获河北“十大法治人物”荣誉称号；2015 年被河北省委授予“百姓喜爱的好官”荣誉称号，被河北省委省直工会授予“第五届省直机关道德模范”荣誉称号；2016 年被河北省委评为优秀共产党员，被河北省委宣传部授予“燕赵楷模”荣誉称号，被司法部评为“全国司法行政系统先进工作者”；2017 年当选河北省第九次党代会代表；2019 年被授予第九届全国“人民满意的公务员”荣誉称号。

主要事迹

2009年年底，河北省监狱管理局决定在冀东分局第四监狱成立特管监区，对全省男性艾滋病罪犯集中管理。梁小辉同志毅然挑起了筹备和组建特管监区的重任。监区长是大家的主心骨，关键时候就要带头！艾滋病犯往往表现悲观，性格暴躁，具有报复社会等心理、行为。为制止一名艾滋病犯故意违规及搀扶一名病重艾滋病犯进行体检，他曾两次不慎将手划伤。面对极有可能被感染的情况，他首先想到的是责任，将自己的安危放到了最后。

对极端特殊的管理对象，就要有针对性的思路和方法。梁小辉同志注重在生活细节上的照顾，用真情感化艾滋病犯。对患病罪犯，他经常询问其病情，天凉时看见有些病犯衣服穿得少，就告诉他们多穿点防止感冒。这些细微、点滴的关怀，让艾滋病犯消除了受歧视的感受。

梁小辉同志身为监狱党委副书记、政委，仍要求直接分包、分管特管监区工作，坚持深入监区、进入病犯监舍，始终工作在艾滋病罪犯改造第一线。2020年9月，一名艾滋病犯病重，悲观绝望，甚至拒绝治疗。作为分包艾滋病监区的狱领导，梁小辉同志一连几天耐心做该病犯思想工作，同时联系该病犯家属，用亲情感化病犯。他多次与家属沟通病犯病情和改造表现，并和干警们给予其无微不至的照顾，这一切家属都看在了眼里。这名艾滋病犯病亡后，家属不仅没有对监狱提出任何诉求，反而感谢干警们对病犯的关心照顾，梁小辉同志将可能发生的纠纷隐患化解于无形。

2020年2月24日，监狱新冠肺炎疫情防控工作到了紧要关头，上级要求必须有一名监狱主要领导进入狱内。梁小辉同志坚持自己上，身穿防护服，开始在狱内封闭执勤。那一天，梁小辉同志在日记的最后一行写道：“在最重要的时刻，到最需要的地方，进行最光荣的战斗！”至5月26日，他在狱内连续执勤92天。接下来每逢重要节日，梁小辉同志都主动提出自己带队进狱执勤，无一例外。2020年他在狱内封闭执勤达106天。

个人简介

王　伟

满族，1973 年生，中共党员。1996 年参加工作，历任承德监狱副监区长、监区长等职务，2014 年任沽源监狱党委委员、副监狱长。

被评为优秀公务员6次，荣立个人二等功1次、三等功 1 次，2013 年荣获第八届全国“人民满意的公务员”荣誉称号。

主要事迹

从警以来，王伟同志服从指挥，听从召唤，认真履责，苦练内功，清清白白做人，踏踏实实做事，在平凡的工作岗位上作出了不平凡的贡献，以实际行动诠释了一名共产党员、一名监狱人民警察的使命担当。

要改造好罪犯离不开一个“细”字

王伟同志善于从经验中总结规律，从细节中发现问题，通过个别谈话和日常观察，发现罪犯王某某企图利用假存款诱骗刚出监的一名罪犯帮助其达到脱逃目的。他细致布控，一举将其计谋击破，并对其做思想工作，与该犯亲属联系，将其成功转化。他用心用情管教罪犯，组织干警为患眼疾的罪犯捐款，多次自费为家庭生活困难的罪犯提供帮助，想方设法帮助刑释人员联系就业，帮助他们重新融入社会，成功转化省级重点罪犯 19 名，罪犯称他为“最亲的监区长”。他舍小家、顾大家，春节总是主动要求在单位值班，曾连续 7 年没有回家过年。他潜心研究先进的罪犯管理经验和方法，担任监区长后，狠抓罪犯现场管理，创新管理理念，结合实际，创造性完善警察值班坐岗制度、警察车间现场巡查制度、罪犯现场管理制度等，提高监区规范化管理水平。其所在监区连续 7 年被评为“先进集体”。

要当一名党的好干部离不开一个“民”字

在沽源监狱期间，面对罪犯家属闹事，王伟同志坚持悉心安排，认真谈话，耐心细致做好解释工作。他始终保持执法为民理念，动之以情，晓之以理，使事件最终成功解决。他全力做好行政后勤工作，牵头转变干警食堂经营模式，有效改善了工作餐质量；集中整治监狱环境，为干警提供清新整洁的工作场所；积极开展节能降耗活动，制定制度，分解指标，3 年来为监狱节约资金 20 万元。到女子监狱任职后的第一个春节，他仍然坚持与大家一起在狱内封闭执勤。面对工作忙碌的妻子、正在上学的孩子和年迈的老父亲，他内心充满愧疚。但他明白，既然选择了监狱警察这一职业，就要忠于党，忠于祖国，忠于人民；不怕艰苦，不怕牺牲，为实现入警誓言而努力奋斗。

王伟同志就是以满腔的热情、绝对的忠诚和朴素的情怀默默奉献在自己的工作岗位上。

个人简介

陈国保

不忘初心 牢记使命

男，1941 年生，中共党员。1961 年参加工作。历任大清河盐场分队长、会计，河北省唐山少年犯管教所中队内勤、政治处内勤和政治处副主任等职。1982 年执行工作任务过程中，不幸牺牲，年仅 41 岁。

多次被评为先进工作者，1983 年被河北省民政厅追认为“革命烈士”。

主要事迹

陈国保同志1961年参加工作后，在党的培养教育下，努力学习马列主义、毛泽东思想，政治觉悟不断提高。他忠于党的事业，服从党的领导，把党的需要作为自己的崇高理想。20多年来，他兢兢业业、勤勤恳恳，积极肯干，很好地完成了各项工作任务。在从事管理罪犯工作时，上级号召对罪犯做到“四知道”，他勤学苦练，首先达到了要求。在抗震救灾中，他不顾个人安危，抢救他人。他一心扑在工作上，节假日也很少休息。他谦虚谨慎，严格要求，不计较个人得失。他平易近人，团结同志，主持正义，实事求是。陈国保同志把全部精力倾注在党的事业上，为党、为人民、为社会主义建设作出了积极贡献。

1982年12月中旬，陈国保同志发觉曾某和女工陈某两人连续两天旷工不归，进行调查后发现，该二人交代的旷工原因与事实不符。为了弄清真相，他决定对二人进行审查。他先对陈某进行了审查，经过教育，陈某交代了与曾某的问题。

1982年12月19日20时许，陈国保同志遵照领导部署对曾某进行了谈话教育，并告诫他说：“明天组织上可能找你谈话，你要实事求是地讲。”曾某听后，不但不悔悟自己的错误，反而感到不满，对陈国保同志怀恨在心，图谋行凶报复。当夜，曾某撬窗进入办公室，撬开枪柜，盗取手枪1支。第二天7时30分许，曾某趁陈国保同志不备，向其连开两枪，陈国保同志当场中弹牺牲。曾某行凶后，畏罪自杀身亡。

山西

个人简介

王文清

1962年生，中共党员。1981年参加工作，任长治县苏店镇武装部军械员、保险员、代理团委书记；1988年任苏店镇司法助理员。1989年12月11日，为保护群众英勇牺牲，年仅27岁。

1990年被追授“全国司法行政系统一级英雄模范”“雷锋式的司法助理员”荣誉称号，被山西省人民政府批准为“革命烈士”。

主要事迹

王文清同志短暂的一生是平凡而伟大的一生，是忠于党、忠于人民、忠于社会主义，无私奉献的一生。他呕心沥血，竭尽全力，为群众排忧解难，成绩斐然，所在的苏店镇民事纠纷比之前下降 43%，纠纷调解率达 100%，人民调解工作跨入了长治市的先进行列。

在党的怀抱里茁壮成长

1962 年 11 月，王文清同志出生在长治县苏店镇东申家庄村的一个农民家庭。上学期间他一直是品学兼优的“三好学生”，并逐步成长为一名有共产主义信仰的青年。1979 年高中毕业后，他为了照顾年迈的父母，减轻家庭负担，主动放弃参加高考，回乡务农。

1981 年村党支部根据苏店镇党委的要求，推荐王文清同志担任镇武装部军械员。不久，他向党组织递交了入党申请书，把崇高的理想付诸党的事业，勤奋努力地做好本职工作。5 年间，他多次受到山西省军区、军分区和县武装部的表彰。1988 年 12 月，苏店镇党委决定让王文清同志担任镇司法助理员，他无条件服从，第二天就投入新工作。

在“第一道防线”上勤奋耕耘

王文清同志担任司法助理员后，牢记全心全意为人民服务的宗旨，一心扑在人民调解工作上。他自费 200 元为调委会订阅了有关学习资料，并调整加强了长治县苏店镇 14 个民调组织，培养了 42 名纠纷信息员，建立健全了民调工作制度，使全镇形成了一个有组织、有制度、信息反馈快、发现纠纷有人管的民调工作网络。

他进村入户，热心为群众排难解纷。他用自己的心血，使有情者破镜重圆，反目兄弟泯怨仇，争吵邻居重和好，更使“兵戎相见”者化干戈为玉帛。

王文清同志对将要激化的纠纷有种特殊的敏感，即使是发现一点点苗头，他都揪住不放，积极做防范和制止工作。经过王文清同志的辛勤工作，苏店镇民间重大疑难纠纷大幅下降，避免了民间纠纷激化引发刑事案件。

在生死关头血染青春

在平凡的工作、生活中，王文清同志凭着对共产主义事业的执着追求、对共和国的无私奉献精神，作出了不平凡的业绩。在党和人民需要他的关键时刻，他毫不犹豫地献出了年轻的生命。

1989 年 7 月，女青年胡某某结识了张某某。随着时间的推移和双方了解的加深，胡某某提出终止恋爱关系。张某某不死心，两次托人传话要求确定关系，均遭胡家拒绝。张某某怀恨在心，多次对女方纠缠、恐吓。

1989 年 12 月 11 日，张某某带着雷管去胡家闹事，王文清得知消息后，匆忙赶到胡家，奋不顾身地用双手去夺雷管。雷管引爆，张某某当场毙命，王文清同志用自己的血肉之躯掩护了身后的 6 名群众；用满腔热血和年轻的生命实现了他“为共产主义事业奋斗终身”的誓言，树立了共产党员、司法干警的光辉形象。

个人简介

李培斌

1965年生，中共党员。1984年参加工作。曾担任司法助理员、龙泉镇司法所所长、阳高县信访服务中心主任等职，党的十八大代表、中华全国人民调解员协会常务理事。2015年10月15日，因连续工作劳累过度，突发心肌梗死不幸去世，年仅50岁。

荣获山西省优秀共产党员、山西省“十佳创先争优标兵”荣誉称号，获山西省“五一劳动奖章”；2011年荣获“全国模范司法所长”荣誉称号；2012年荣获司法部“全国调解能手”荣誉称号，荣获“CCTV 2012年度法治人物年度特别贡献奖”；2013年荣获“首届大同道德模范”荣誉称号；2014年荣获“山西省最美乡镇干部”荣誉称号；2015年被司法部追授“全国司法行政系统一级英雄模范”荣誉称号，被《法制日报》评为“2015年度法治人物”，荣登2015年“感动山西”人物榜；2016年被中央组织部追授“全国优秀共产党员”荣誉称号。

主要事迹

30 多年来，李培斌同志先后成功调解矛盾纠纷数千起，化解群体性事件上百起，同时结合工作实践，探索总结出了调解“十法”（以情感染法、以柔克刚法、先守后攻法、正义震慑法、亲情促动法、群众抨击法、稳定大局法、感化性教育法、诚信担保法、类同案推代教育法），教育 60 多名刑释解教人员迷途知返，挽救了 50 多个濒临破裂的家庭，被当地群众亲切地称为“李司法”。

一心为民　有求必应

在阳高县，流传“有困难，找培斌”的顺口溜。“有求必应，随叫随到”，这是李培斌同志 30 多年来一以贯之的工作作风。

2004 年夏天，兴隆堡村两户人家发生剧烈冲突，李培斌同志赶到现场之后，先拉开打架的两家人，然后分别对两家人进行调解，从下午一直到晚上 12 点才处理完，两家人气顺了各自回家后，一直饿着肚子的李培斌同志喝了一大瓢凉水，才骑上他的破旧摩托车往家赶。

2007 年，村民张某某去县城时把钱丢了，最后还是找到因工作搬到县城租房住的李培斌同志，才解决了回家难题。

尽管获得了无数荣誉，李培斌同志依然初心不改，一心为民。2014 年 1 月，他帮胡窑村残疾人曹某某要回了娘家父母遗留的承包地；2014 年夏天，他帮守口堡村村民将修水库占地的青苗补偿费由每亩 500 元提高到 800 元；2014 年 8 月，农民邵某某打工受重伤，法院判决执行遇到困难，又是李培斌同志帮着讨回了 4 万元补偿款……

把一个个“小事”当大事做

30多年来，李培斌同志经办的似乎都是些家长里短、鸡毛蒜皮的“小事”。但他始终把这一个个“小事”当作大事来做，收获了百姓的交口称赞和信任。

2015年10月24日，李培斌同志去世后不久，阳高县菜农何某某找到李培斌同志的老家——阳高县古城镇赵石庄村，打算将自己种植的4万斤白菜免费送给全村1000多户村民，他想以这种方式表达对李培斌同志的感谢。原来，何某某曾因拆迁房和村里、镇里闹矛盾，后来在李培斌同志的调解下圆满解决。

马家皂乡安家皂村村民吕某，一直不敢将李培斌同志去世的消息告诉自己的母亲。前些年，吕某80多岁的母亲住进了县医院，自己照顾不过来，他不好意思地找到了李培斌，“结果母亲住了7天院，培斌硬是挤出时间陪了两天，比亲儿子还亲！”

龙泉镇富贵村79岁的袁某某，得知李培斌同志去世的消息后泣不成声。袁某某的儿子张某某患脑萎缩，是李培斌同志帮张某某办了残疾证，配了轮椅，协调解决了医疗费、生活费。2013年大年初二，张某某过世，李培斌同志闻讯赶来，帮着料理完张某某的丧事。

山西省一位司法行政系统的老领导说，李培斌同志不是一时一事的典型，他30多年如一日，真正体现了一名普通党员干部“平凡中的伟大”。

个人简介

杨　鹏

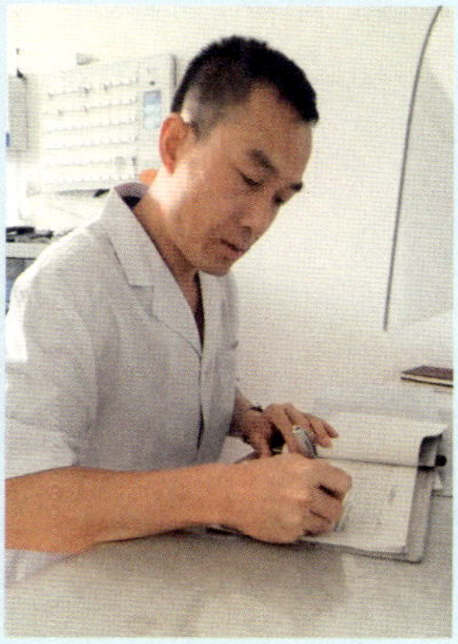

1983年生，中共党员。现任山西省阳泉固庄煤业医院外科护士长。2000年参加工作。

荣获中国人民解放军某集团军某师教导队“优秀学员”、中国人民解放军某集团军某部队“优秀士兵”、山西省阳泉第二监狱优秀共产党员、山西省司法厅优秀共产党员、2020年“全国抗击新冠肺炎疫情先进个人”等荣誉称号。

主要事迹

2020年2月14日，山西省监狱管理局在全省监狱系统征召医务人员紧急驰援武汉监狱工作，杨鹏同志率先响应号召报名应战，最后在层层选拔中脱颖而出，作为选定的出征者奔赴武汉监狱履行工作使命。

杨鹏同志成为山西省监狱系统第一批援鄂医疗队队员，进驻武汉袁家台方舱医院，与同事们奋战在战“疫”一线。

在抗疫的55天里，在任务重、医务人员少的情况下，他主动发挥党员先锋模范作用，冲在前，干在前，积极对护理工作中存在的问题建言献策；查看三区两通道的分区情况，消毒用品的配备，病人的个人生活用品摆放，血压计、额温仪编号，氧气瓶的安全放置；积极完善各种护理文书和资料，规范患者出入院的管理。在护理操作时，为更高效地完成任务，他承担起临时的人员和任务分配等工作，积极与国家应急救援队默契配合、精准对接。

杨鹏同志所在的医疗组负责160个病人，进驻第一天，他就与同事一道熟悉病人的情况，很快投入护理工作中，昼夜奋战，超负荷工作。他每天总是抢着值夜班，在晚上值班的八九个小时里，需要护理全部患者，随时观察他们的生命体征。由于病人在不同的方舱里，上班时间必须一直不停地来回跑。结束一班的“战斗”之后，杨鹏同志的汗水浸湿了防护服，口罩在他的脸上留下深深的印痕，耳朵也被口罩勒得钻心地疼，但他从来不叫苦叫累。

在抗疫期间，杨鹏同志累计工作超过400小时，经常十几个小时不喝水、不上厕所，为的就是与时间赛跑，同病毒战斗。经过他的精心救治护理，先后有多名患者治愈出院。

杨鹏同志只是一名平凡的护士，但作为一名党员，面对肉眼看不见的敌人，虽然艰险却没有退缩，主动请缨、以身涉险。他不忘初心，牢记使命，忠于党，忠于人民，以饱满的精神和昂扬的斗志投身监狱工作，为山西司法行政事业贡献了力量。

个人简介

李延军

1980年生，中共党员。现任山西省临汾监狱三监区教导员，一级警长。1998年参加工作，2003年被录用为国家公务员。

荣立个人二等功1次、个人三等功2次。2010年荣获“全国监狱劳教工作先进个人”荣誉称号；2014年荣获“山西省杰出政法干警”“山西省劳动模范”荣誉称号，获山西省“五一劳动奖章”；2015年荣获“全国先进工作者”荣誉称号。

主要事迹

参加工作20多年来，李延军同志一直坚守在监区监管一线。他经历过罪犯袭击的生死考验，面临过离开还是继续坚守一线的两难选择，感受过个别教育转化成功的欣慰和喜悦，也常怀对于家庭未尽责任的愧疚与自责。从一名普通科员、监区副教导员成长为教导员，无论在什么岗位，担任什么职务，李延军同志都坚信：把简单的小事做好，就是不简单；把平凡的事情做好，就是不平凡。

在李延军同志的从警生涯中，曾经历过一场惊心动魄的生死考验，当年他27岁。两名死缓重刑犯对法院判决不服，李延军同志在与该两名罪犯谈话时被其突然袭击，在身负重伤的危急时刻，他与二犯进行了殊死搏斗，最终成功制止了这起袭警越狱案。身体康复后，面临去机关和留监区的艰难抉择，他因为对监狱工作的坚定信念和对管教工作的无限热爱，在做通家人的思想工作后，义无反顾地重返监区一线继续坚守。

20多年来，李延军同志转化顽危犯近30人，对罪犯家访200余人次，努力帮助他们解决实际困难，尽量使罪犯卸下沉重的思想包袱，逐渐步入正常的改造轨道。有一次，他经过近5小时的车程颠簸，来到一名罪犯家中家访，寻求当地政府的帮助，解决了其孩子上学、家人低保的实际困难，使该罪犯增强了改造信心。他全身心致力于解决罪犯的后顾之忧，及时发现问题，消除隐患，确保了所在监区的长期安全稳定。

2009年，李延军同志在医院看押重症罪犯的同时，他的母亲生病住院，而李延军却选择继续坚守工作岗位。他淡淡地说，安全是对监狱警察最好的肯定，他只是做了应该做的。

工作中，李延军同志坚持原则，依法办事，对罪犯严格管理，把拒腐防变作为自己一生的坚持，把廉洁自律作为工作的基本操守，自觉筑牢思想防线，增强规矩意识，远离“红线”“禁区”；自觉抵制诱惑，并坚决予以回绝。一次罪犯会见，罪犯的亲属找到他，希望他在考核时对该犯进行照顾并许诺给予一定的好处。李延军同志对该家属开展思想教育，使其认识到错误并愿意与监狱共同努力，做好对该犯的教育工作。工作中和李延军同志打过交道的人，都有一种共同的感觉：他执法刚正不阿、无私奉献、不争名利，却又不失人情味，是值得信赖的好警察。

在日常工作中，李延军同志不仅严格管理，而且不断探索个别教育的新思路、新方法，营造了监区良好的教育改造氛围，使所有罪犯认识到，只有遵守监规才有机会获得减刑。李延军同志始终牢记人民警察的光荣职责，为确保监狱的安全稳定，为将罪犯改造成为守法公民，不断挥洒自己辛勤的汗水。

个人简介

冯守杰

中共党员，先后在山西省委党校、中央党校进修。1955年参军，曾任某军宣传处处长、秘书处处长，某师政治部主任、副政委。1986年转业到山西省司法厅，任机关党委书记，后任山西省政法管理干部学院党委书记。

在军队工作期间，荣立个人二等功2次、个人三等功3次，荣获“全国劳动模范”荣誉称号；在地方工作期间，被山西省委评为优秀共产党员，被中央组织部授予“全国优秀党务工作者”荣誉称号。

主要事迹

冯守杰同志多年来从事理论宣传工作，多次在中央党校、省委党校等报刊上发表文章；先后给山西省委党校领导干部培训班、省直工委、省妇联、社会主义学院、忻州地委机关等10多个单位作过理论辅导。

1997年，冯守杰同志光荣退休。退休后，他的“红色基因”犹存。他经常满怀激情地说：“退休未退党，在党就在岗，人老心不变，永远作贡献。”多年来，他积极宣传党的路线、方针、政策。每当党中央作出一项重大决定，他都主动给有关人员辅导，先后多次为司法厅机关、全系统干警培训班、厅机关离退休人员等辅导，内容包括文化大发展大繁荣，科学发展观，党的十八大政治报告，党的十八届三中全会、四中全会、五中全会、六中全会精神，习近平总书记在庆祝中国共产党成立95周年大会上的讲话等，讲稿材料达6万多字。

他的辅导深受欢迎。他认真研究辅导的功能，力求把辅导功能发挥到最大化。他坚持充实自己，对学习一直不放松。几年来，剪报达百余篇，笔记5万多字。他每发现一个对思想有启迪的观点或事例，都要记下来。每一次辅导，他都认真准备。鲁迅先生说的“无端地浪费他人时间，无异于图财害命”，他牢记心中。为充分发挥辅导的功能，不浪费大家时间，他每次都仔细推敲辅导稿。比如，为了辅导党的十八届六中全会精神，他准备了几个月，三易其稿。

他每次辅导都注重从马克思主义基本原理上讲解问题，力求使大家知其然又知其所以然；注重综合归纳，使人们对文件有更清晰、系统的认识；注重联系实际，帮助人们破除心中的疑虑；注重提供大量材料，帮助人们开阔视野，加深理解；注重修辞，不乏风趣，使人们在辅导中感到愉悦。

最近几年，每逢春节老干部座谈会，他都会把过去一年国家发生的大事和重大成就讲给大家，为大家节日增添一份好心情。他还创造性地提出“文化养老”的概念，撰写论文《重视文化养老，提高生活质量》。

王永茂

不忘初心 牢记使命

男，荣获“全国司法行政系统二级英雄模范”荣誉称号。

因工作特殊，个人简介、主要事迹略。

内蒙古

个人简介

翟甫卿

1918年生，中共党员。1939年参加革命，在人民军队中历任战士、通讯班班长、供给员、侦察员。1950年参加公安工作，历任看守所所长、人事股长等职，1962年调乌兰农场任大队长。1963年牺牲，年仅45岁。

1964年被内蒙古自治区民政厅批准为烈士。

主要事迹

翟甫卿同志曾参加大王力、景家口、伍仁桥、州里铺等战斗，三次负伤。在 1942 年 11 月进行侦察时被敌人抓捕，在敌人重刑之下，他不畏惧、不屈服，不出卖革命和同志，表现了共产党员的崇高革命气节。趁敌人不备深夜越狱逃出虎口，爬行两里多路，到部队驻地时，部队已转移，与部队失去联系。他回到本村，担任村长，继续与敌人斗争。

1963 年 9 月 7 日，翟甫卿同志执勤时，在与凶犯苏某的激烈搏斗中牺牲。

个人简介

兰建国

1975年生，中共党员。1996年以优异的成绩考入内蒙古供销学校，1998年毕业分配到呼和浩特第二监狱。1998年至2007年在呼和浩特第二监狱七监区工作，历任分队长、管教干事、副分监区长；2007年至牺牲前任呼和浩特第二监狱三监区分监区长。2009年10月17日，为制止罪犯脱逃、维护社会安全稳定，与4名罪犯英勇搏斗，身中56刀，不幸牺牲，年仅34岁。

2001年荣立三等功，2008年荣获“全区监狱系统奥运安全保卫先进个人”荣誉称号。牺牲后，被司法部追授“全国司法行政系统一级英雄模范”荣誉称号，被授予“革命烈士”荣誉称号。

主要事迹

兰建国同志热爱监狱事业，坚定履行人民警察忠于党、忠于人民、忠于法律的铮铮誓言，始终战斗在监狱管教工作的第一线，把自己的青春年华和黄金岁月奉献给监狱事业，在监管改造的岗位上留下了自己不倦的身影和坚实的脚步。无论在任何岗位上，他都严格执法，落实监管制度，依法维护罪犯的合法权益，总是全面细致地对狱情和犯情进行调研，及时了解掌握罪犯的思想情况，有效制订针对性强的管理教育措施；他时刻关注罪犯的思想变化，反复与他们谈理想、谈爱心、谈亲情、谈家庭、谈责任，引导他们形成积极面对人生、面对生活、面对社会的正确观念，用爱心去呵护，用真情去感化，教育改造了一批又一批罪犯。身为一名共产党员，他恪尽职守，处处以身作则，坚定党性原则，为党的事业无私奉献。当人民的安危、社会的稳定、法律的尊严受到侵犯时，他挺身而出，与罪犯展开殊死搏斗，直到生命的最后一刻，用自己的鲜血书写了“关键时刻豁得出去，危急关头冲得上去”的誓言。

在短暂的一生中，他以自己无私奉献、不断进取、埋头苦干的工作作风，塑造了监狱人民警察的良好形象；用自己的满腔热血诠释了一个共产党员高尚的人生追求和最可贵的人生价值；用自己的实际行动奏响了监狱人民警察为民执法、为国捐躯的人生乐章。

个人简介

张　体

1949年生，中共党员。1982年参加工作，原锡林浩特监狱三监区监区长、锡林浩特监狱副监狱长，2010年退休。

被评为内蒙古自治区及盟直两级司法、监狱系统先进工作者和优秀共产党员12次，荣立一等功1次、二等功1次、三等功3次。1995年获“内蒙古自治区劳动模范”荣誉称号，1996年获“全国司法行政系统英雄模范”荣誉称号，1997年获“锡林郭勒盟劳动模范”荣誉称号，1998年获“全国五一劳动奖章”，2000年获内蒙古自治区党委、人民政府“人民满意政法干警”荣誉称号，2003年当选锡林浩特市第十三届人民代表大会代表，2005年获“全国先进工作者”荣誉称号。

主要事迹

从警30年以来，张体同志始终如一地工作在基层一线，求真务实，勤于思考，勇于创新。对于监管改造场所来说，安全稳定是头等大事。然而，由于历史遗留下来的种种问题，20世纪90年代前的锡林浩特监狱，物资极度匮乏，监管安全也存在极大隐患。

在这种不利条件下，平日埋头苦干的张体同志挺身而出，勇挑重担。当时他39岁，妻子长期带病工作，两个儿子仍年幼，然而，为了顾全“大家”，他忍痛舍弃了小家的利益，义无反顾地走上了艰苦征程。

个人简介

丁为民

1963 年生。生前任呼和浩特第二监狱一监区一级警长。1981 年参加工作。2020 年 4 月 19 日，在组织罪犯教育改造工作中，突发疾病，经全力抢救无效，因公牺牲，时年 57 岁。

荣获司法部“全国司法行政系统二级英雄模范”荣誉称号。

他把对党的忠诚和对事业的热爱融进血液里

1981 年 5 月，丁为民同志成为内蒙古自治区保安沼农牧场的一名工人。凭着对知识的渴望和对建筑学科的喜爱，他在上班 4 个月后就努力考上了齐齐哈尔职业建筑工程学院，在供热与通风专业学习。1984 年毕业后，他回到家乡，成为一名技术室工人。1985 年 11 月，他成为保安沼监狱的一名民警。从此，丁为民同志把对党的忠诚、对监狱事业的热爱充分融入内蒙古监狱系统的规划、建设与发展中，为维护监狱持续安全稳定作出了积极贡献。

远离城市的保安沼监狱建设起点低、基础设施差，每年的基建任务很重，而专职人员仅有丁为民同志一人。从项目的立项、设计、预算、招投标，到现场管理、验收、结算审核、竣工备案等一系列烦琐的工作几乎都压到了他的肩上。不仅工作量大，而且必须精益求精，不允许出现丝毫差错。为了确保精准，丁为民同志都要进行现场勘察测绘，凭着钻劲、韧劲和不服输的劲，把一项又一项“硬骨头”工程啃了下来。据不完全统计，经由丁为民同志负责的维修改造工程有近百项，基建工程有几十余项，硬化、绿化面积达几万平方米，很多他参与设计、建设的基础设施都因为布局合理、适应监狱工作实际需要，成为值得参考借鉴的“样板工程”。

他把对初心的坚守和对法纪的敬畏融进骨子里

工作 39 年来，丁为民同志无论是在科室从事工程预算设计工作，还是在监区负责罪犯直接管理工作，都能自觉对照人民警察的标准严格要求自己，履职尽责、担当奉献、爱岗敬业、恪尽职守。

在监狱备勤楼、严管集训队改造工作中，因为工期紧、任务重，他主动放弃周末和节假日的休息，加班加点，充分利用自己的专业技术，高质量完成了改造工作，一干就是将近 4 个月。

在负责罪犯改造工作中，他始终把安全放在第一位。他常说，严是爱护、宽是祸害，画图量尺要严格，执行制度更要严格。

丁为民同志为人热情，但原则性强。设计工作岗位级别不大，可权力不小，对从业人员的综合素质尤其是政治素养要求极高。他在负责的工程里，每天必然风雨无阻盯在施工现场，施工队没来他先到、施工队收工他才退。回到驻地，他还要拉着施工单位负责人讨论接下来的施工，有的人想请他吃饭，丁为民每次都推辞，这股拗劲也让他“得罪”了不少工程建设方。但正因这样，他敢于主动接受来自各方面的监督、审查，并及时向有关部门提供相关数据信息资料，认真按照要求上报相关信息数据，各项质量过硬的工程成为丁为民的“名片”。

他把对使命的执着和对奉献的理解融进疫情防控的行动中

面对新冠肺炎疫情防控的严峻形势，丁为民同志主动请战、冲锋在前。监狱、监区考虑他已连续工作 4 个月没有休息，加上年龄较大，就把他的备勤、执勤轮次往后排，但他仍然提交了请战申请。

在岗执勤期间，他每日组织人员对监管场所进行规范消杀，带头严格执行疫情防控期间各项制度规定。他主动向监区提出监管重点罪犯，并深入犯群当中了解犯群动态，对思想有波动的罪犯及时进行个别教育。针对犯群中出现的问题，他顶住压力、迎难而上、勇挑重担，不仅每天至少与包组罪犯进行一次个别谈话了解情况，还主动结合掌握的情况向领导提出合理化建议，组织罪犯开展各类教育改造活动。

个人简介

杨宏彦

1955 年生，中共党员。1974 年参加工作，1993 年从事司法行政工作，1996 年担任司法所所长。2008 年 5 月 11 日，因肺癌晚期医治无效病逝，年仅 53 岁。

2004 年荣获“全区十佳司法助理员”“全市劳动模范”荣誉称号，2008 年被内蒙古自治区党委、政府授予“全区政法系统先进个人”荣誉称号，被司法部授予“全国司法行政系统二级英雄模范”荣誉称号。

主要事迹

2006年是撤乡并镇后的第一年，杨宏彦同志担任乌兰木伦镇司法所所长。乌兰木伦镇是全旗矛盾纠纷集中且多发的镇。杨宏彦同志带领司法所工作人员对本镇矛盾纠纷进行深入了解，发现矿区各项费用分配问题易引发矛盾，这些矛盾已经积压许久，短则五六年，长则数十年。杨宏彦等同志把情况汇报给镇党委、政府之后，镇党委、政府责成司法所牵头，在深入调查研究的基础上，草拟各项费用的分配意见。杨宏彦同志带领司法所工作人员利用3个多月的时间，走访了近200余名群众、10余个单位的领导和自治区、市、旗法律界的有关专家，召开专门会议研究讨论8次，6易其稿，最终制定出台了乌兰木伦镇人民政府《关于土地征收征用、环污搬迁等项费用分配的指导意见》(以下简称《指导意见》)。

为了进一步落实《指导意见》，具体指导实践，他带领司法所工作人员不厌其烦地到相关村组，逐组宣讲、解释、具体模拟计算，2006年共宣讲、解释35场次，受讲解人数达1750多人次。《指导意见》在2006年一年内解决了乌兰木伦镇7个村、44个村民小组各项费用共4100多万元分配难的问题。

杨宏彦同志在调处各类纠纷时不论大小，都要带领司法所其他工作人员认真摸底调查、取证，然后由参与调解的司法所人员共同分析讨论，甄别真伪，共同拿出调处方案：较简单的民事纠纷，当场解决；属于疑难、复杂、有关联性的案子，与村干部、包村干部交换意见，向领导请示后确定解决办法。

2006年以来他依据相关法律向旗党委、政府提出建议30多条，全部被采纳。2000年，布尔台格司法所荣获内蒙古自治区“三五”

普法先进单位及市、旗两级“人民满意的政法单位”称号；2003年，司法部基层司专程前来该所就人民调解制度与诉讼制度相衔接的问题进行学习和调研；2005年，在全旗农村牧区“三级联创”活动中，该所被评为“群众满意的站所”；2006年在全市十大法律事件评比中，由乌兰木伦司法所草拟并贯彻执行的《指导意见》被评为十大法律事件之一，同年，乌兰木伦司法所被旗党委、政府评为“人民满意的政法单位”。

百姓眼里，杨宏彦同志是一个顾不上家，却能用一种无形的力量撑起家的人。他上有两位80多岁的老人，下有3个子女，全家7口人，主要经济来源就是他的工资和妻子务农微薄的收入，日子过得很紧。世事变化无常，刚开始杨宏彦同志觉得身体不适，以为只是普通的感冒，后来村民也发现了，说杨所长走路迈不开步了。在这种情况下，他才到市医院检查，诊断结果是肺癌晚期，癌细胞已经转移到脑部，使脑部产生水肿，压迫神经，导致手脚不便。人们没有告诉他真实的病情。同事去医院看望他时，他嘱咐同事们：“你们把手头的案子尽快给群众办了，我再过一个月就可以出院了，到时再一起工作。”他全身心投入工作，住院期间仍惦记着在即将召开的全国人民调解工作会议上作典型发言。在他的生活中，工作总是排在最前面。

杨宏彦同志15年如一日，一片丹心，满腔热血，精心维护着脚下那片沃土的和谐与安宁。态度上敬民，诚心诚意；感情上爱民，真心实意；行为上为民，全心全意，是他的人生写照。15年来，他的足迹踏遍了服务区的山山水水，汗水洒遍了村村社社。由于长年累月的日夜操劳，他于2007年4月病倒在工作岗位上，但仍然坚守岗位带病工作，终因积劳成疾医治无效，于2008年5月11日不幸与世长辞，年仅53岁。

杨宏彦同志常年扎根基层、深入群众，为维护社会稳定、保障人民权益呕心沥血，殚精竭虑，把毕生精力都毫无保留地奉献给了国家和人民。

个人简介

苏　妮

1968 年生，中共党员。现任内蒙古监狱管理局第一医院第三党支部书记、护理部主任、住院部负责人。1986 年参加工作。

荣立二等功 1 次、三等功 4 次，获嘉奖 2 次，多次获优秀共产党员、优秀党务工作者荣誉称号，2020 年被党中央、国务院、中央军委授予“全国抗击新冠肺炎疫情先进个人”荣誉称号。

主要事迹

恪尽职守勤勉工作　不忘初心牢记使命

作为监狱管理局第一医院第三党支部书记、护理部主任、住院部负责人，苏妮同志带领50多人的护理团队默默奉献、辛勤耕耘在医疗一线。护理规范、护理查房、护理质量检查、护理技能培训、应急预案演练等，工作步步推进、任务项项落实。她每天总是第一个出现在住院部，在一天紧张忙碌的工作中，只要是她所负责的工作，她都要了解、管理。身体力行、率先垂范，是她一直以来的做事风格。

护理团队里大多是"90后"年轻人，在他们眼里，苏妮同志不仅是他们的领导，更像是他们的"家长"。她无微不至地关心大家的工作和生活，护士有烦心的事，她会第一时间了解情况，耐心贴心地做思想工作，直到心结打开；护士家中遇有困难，她会主动帮忙，共同想办法解决问题；护士有高兴的事，她会及时送上祝福，一起分享喜悦。正是这些苦乐相伴、风雨相随的每个瞬间，让护理团队形成了亲密无间的战友情谊。

"一个支部就是一个坚强的战斗堡垒，一名党员就是一面流动的红旗。"苏妮同志将这句话时刻铭记于心间，并用实际行动努力践行。作为支部"班长"，苏妮同志认真坚持"三会一课"制度，严格按照计划组织学习，不断提高党员的政治觉悟和工作水平，真正让每个党员学起来、做起来、改起来，使支部动起来、严起来、强起来。

白衣执甲战疫情　藏蓝卫士显担当

2020 年年初，新冠肺炎疫情暴发，苏妮同志及时返回工作岗位，带领全体护士奋战在医院护理岗位第一线，全力完成护理工作，以确保护理安全。上级下达援鄂任务后，她第一时间递交“请战书”，主动申请到疫情防控第一线。经过层层选拔，她成为内蒙古监狱管理局支援湖北医疗队队员之一，并担任由 10 人组成的医疗队队长、司法部援鄂医疗队总护士长、临时党支部书记。2020 年 2 月 17 日至 4 月 12 日，苏妮同志全程参与援鄂抗疫行动；肩负重任的她，带领 44 名护士在方舱医院开展护理工作，做好工作的协调与对接，参与护士长值班，协助发放医用物资等。

在援鄂护理团队中，虽然她是年龄最大的，但为了带动大家全力投入工作，她坚持做到全勤，直到援鄂任务结束。工作时，每次都要穿厚厚的防护服入舱，10 多个小时不吃不喝。为了保证整体护理工作顺利开展，她忙碌一天回到驻地，有时顾不上吃饭，就要召集临时党支部会议，安排工作。在方舱医院经过近 1 个月的艰苦奋战，疫情得到有效控制。方舱医院休舱后，已治愈患者全部转移到康复楼隔离观察、疗养，她又带领 40 余名护士，承担起隔离护理工作。护理团队高效完成隔离人员静脉采血、核酸采集、CT 检查、糖尿病患者血糖检测等工作，提供了规范、及时的护理保障。

忠诚铸就荣誉　榜样引领再出发

2020 年 9 月 11 日，监狱管理局向全区监狱系统民警职工发出向苏妮同志学习的号召，在同一天召开的全区监狱系统抗击新冠肺炎疫情先进事迹报告会上，苏妮同志作抗击疫情先进事迹宣讲。面对国家授予的至高荣誉，她感言：“这份沉甸甸的、来之不易的荣誉，不仅属于自己，更属于全体监狱人民警察和职工。这份褒奖，不只有自己的付出，更有千千万万坚守监管场所民警职工的辛勤付出。”

个人简介

刘喜

男，1965 年生，中共党员。生前任内蒙古第四劳改管教支队（扎兰屯监狱）一大队基建中队管教干事（民警）。1983 年参加工作。1989 年 11 月 22 日，因公牺牲，年仅 24 岁。

不忘初心 牢记使命

被内蒙古自治区机关团委授予优秀共青团员荣誉称号，被内蒙古自治区党委组织部追认为中国共产党党员，1989 年被内蒙古自治区司法厅追记一等功，1990 年被内蒙古自治区人民政府授予“革命烈士”荣誉称号。

主要事迹

刘喜同志生前3次积极参加灭火，临危不惧，表现突出，多次受到表彰。

1989年11月22日上午，大队基建中队仓库着火，刘喜同志闻讯后，第一个冲入火海，迅速切断火源，奋力扑救，保住了与基建中队仓库相连的供销科大仓库内价值几十万元的国家物资。当得知库房内有油桶，随时都有爆炸的危险时，刘喜同志再次毅然冲进正在熊熊燃烧的库房，不幸被大火烧塌的房架击中。年仅24岁的刘喜同志为保卫国家财产和人民生命财产的安全，献出了宝贵的生命。

为了表彰刘喜同志的英雄事迹，发扬刘喜同志为保卫国家财产和人民生命财产英勇献身的崇高精神，内蒙古自治区司法厅号召全区司法行政干警向刘喜同志学习：学习他无私无畏，为国家利益英勇献身的精神；学习他热爱党的劳改事业，服从组织调动，干一行、爱一行的优秀品质；学习他关心他人、助人为乐的高尚品德。

个人简介

王善从

1918年生，中共党员。1944年参加中国人民解放军，历任班长、副排长、排长等职，参加过济南、淮海、渡江等战役，负过伤。1950年转业担任办事员、分队长。1956年调保安沼机耕农场，担任中队长。1963年9月7日执勤时，在与凶犯苏某的激烈搏斗中牺牲，年仅45岁。

荣立三等功、四等功各1次，1964年被内蒙古自治区民政厅批准为烈士。

因工作特殊，主要事迹略。

辽宁

个人简介

王盛魁

1956 年生，中共党员。生前任辽宁省大连南关岭监狱狱政科科员。1976 年参加工作，在辽宁省复县横山公社花房大队为下乡知青；1980 年回城，为大连第三水泥厂工人；1994 年晋升为一级警司。1996 年在与罪犯的搏斗中壮烈牺牲，年仅 40 岁。

1982 年荣获“文明礼貌活动积极分子”“质量管理积极分子”荣誉称号，1983 年、1984 年、1985 年、1991 年被评为“工会积极分子”，1996 年被司法部追授“全国司法行政系统一级英雄模范”荣誉称号，1997 年被辽宁省人民政府追认为“革命烈士”，被民政部批准为“革命烈士”。

主要事迹

王盛魁同志热爱党的监狱事业，为人忠厚，作风朴实，工作勤奋，表现出一名共产党员高度的组织纪律性和崇高的敬业精神。参加工作后，因工作需要，多次调动岗位，但他每次都能服从组织安排，做到干一行、爱一行、干好一行，无论是当工人还是做警察，都在平凡的岗位作出了不平凡的业绩。

个人简介

田洪民

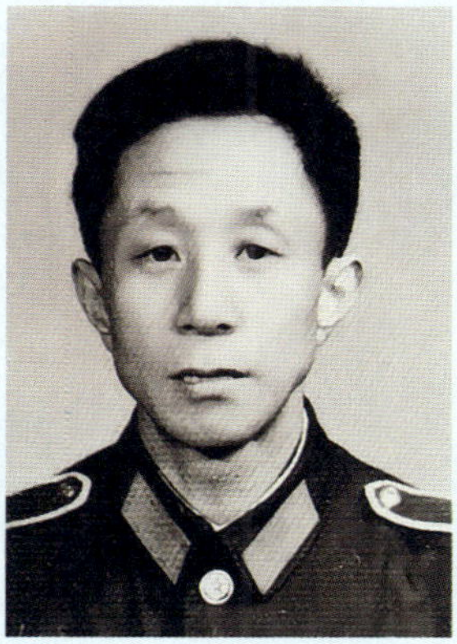

1942 年生。1962 年毕业于辽宁省政法干校，被分配至抚顺市公安局七处三大队。1964 年调入抚顺监狱工作，任保管员。1987 年 7 月 7 日，与罪犯英勇搏斗，壮烈牺牲，年仅 45 岁。

1984 年荣立三等功；1987 年被辽宁省司法厅追记二等功，被辽宁省人民政府授予“革命烈士”荣誉称号。

主要事迹

田洪民同志自参加工作以来，始终认真学习马列主义、毛泽东思想，认真执行党的各项方针政策。田洪民同志热爱党的监狱事业，具有高度的组织纪律性和崇高的敬业精神。参加监狱工作后，获得领导和同志们的好评。工作中，田洪民同志一贯表现积极，任劳任怨，吃苦在前，享受在后。服从指挥，加强业务学习，掌握管理技能。平时团结同志，为人忠厚，热爱本职工作，熟悉工作业务，坚持遵守库房管理制度。从事库房管理员工作以来，他一直坚守岗位、尽职尽责、严格要求自己，坚守原则底线，深受同志们的好评。

个人简介

洪连有

1929年生。生前任抚顺劳改大队狱政科科员。1949年参加工作，历任抚顺县人民法院书记员、清河水库劳改队管教员等职。1982年6月1日，壮烈牺牲，年仅53岁。

被评为“红旗手”“五好战士”，并多次荣获先进工作者荣誉称号，1983年被辽宁省人民政府批准为“革命烈士”。

主 要 事 迹

洪连有同志参加革命后，思想要求进步，工作积极肯干，特别是1952年10月调到劳改战线以来，表现得更突出。经常深入监舍了解罪犯思想情况，掌握重点罪犯的动态，为有针对性地改造罪犯提供材料。他在承担罪犯奖惩工作期间，对各种案件抓得紧，及时深入了解情况，提审罪犯，取证充分，做到了打击及时、奖惩有据、材料整理细致。

个人简介

贾锡荣

1945年生，中共党员，1965年参军，历任战士、副班长、班长。1970年复员后被分配到营口劳改总队二大队，历任小队长、副中队长。1983年11月11日，为保护群众生命安全，壮烈牺牲，年仅38岁。

在部队中连续5年被评为“五好战士”，多次荣获先进工作者荣誉称号，1984年被中共营口市委追授优秀共产党员荣誉称号，被司法部追授“全国司法行政系统二级英雄模范”荣誉称号，被民政部追认为“革命烈士”。

主要事迹

1970年，贾锡荣同志从部队复员到营口劳改总队工作。刚刚分配时，有人对他说："到哪都比到那个地方强！吃的是塘水，睡的是稻草；蚊子大、房子小；坏人（罪犯）多、好人少。就是操碎了心，也不会得个好！"贾锡荣同志却说："这话对！现在吃塘水，将来会有自来水；眼下烧稻草，以后能烧煤；跟罪犯打交道，这个工作很重要，这是党组织对我的信任，咱是党员，应该听从组织安排。"

刚到总队工作时，组织安排他当工人；后来，安排他当"以工代干"的小队长。当时许多复员战士都愿当工人，因为工人每月的工资比干部多，还可以享受一些劳保福利待遇。有人对他说："这年头当干部不吃香，还是当个工人吧！"贾锡荣同志却说："组织需要我去哪儿，我就到哪儿去，只有党的工作来挑选我，而不能由我来挑选工作，因为我是党员！"

贾锡荣同志从小队长到副中队长，工作了许多年，从不为自己和熟人谋取私利。自家房子坏了，他的爱人说："队里有水泥、白灰，你少弄点把墙抹一抹"，他却回答："我动了，别人动不动？！"对违反原则、徇私枉法的事，贾锡荣同志更不沾边，亲戚朋友求他，他从不"赏脸"。有一次，近邻的儿子被判刑入狱，求他帮忙分配到二大队照顾，他坚定地说："违反原则的事不能做！"

贾锡荣同志热爱党、热爱人民、热爱工作，发扬"一不怕苦、二不怕死"的革命精神，每天坚持早出晚归，在工作中认真负责，努力做好罪犯的思想教育工作。他数年如一日地艰苦奋斗，埋头苦干，严格遵守党的纪律，秉公执法，时刻把群众的安危冷暖挂在心上，默默地为党的事业奉献自己的青春和热血。

1983年秋，上级交给贾锡荣同志所在中队一项紧急基建任务。1983年11月11日，是全大队干警的公休日，但贾锡荣同志为了争取提前完成基建任务，主动放弃个人休息，大清早没吃饭就坐着中队的马车到总队去锯木料，再到商店拉建筑材料。上午9时，马车到总队商店时，有几辆警车从门前通过，商店周围站了许多围观的群众，由于人多嘈杂，在马车夫装车时，3匹马突然受惊狂奔起来，没跑出多远，撞在树上，被车夫拦回。虽然被拦回了，但是马依然惊恐不安，贾锡荣同志怕伤害群众，迅速从车夫手中接过马的缰绳，站在车的前面，拦住马的去路。停了一会儿，马再次受惊，周围群众的生命安全受到了严重威胁。在这危急时刻，贾锡荣同志双手抓住马的笼头，拼命地往下拽。见此情景，车夫和周围许多群众都冲着贾锡荣同志大声喊："危险，松开手，快躲开！"这个时候，贾锡荣同志如果松开手，自己就可以脱离危险，但他看了一眼周围的群众，仍毅然死死抓住马的笼头不放。3匹马像发了疯一样拖着他向前冲去。拖出一段距离后，贾锡荣同志被马蹄踩倒，撵在车轮下。群众全都脱险，贾锡荣同志却光荣牺牲。

个人简介

邱建国

1958年生，中共党员。历任人民解放军某部队战士，辽宁省凌源第一劳改支队工人、干部、纪委副书记、七监区教导员、二监区副调研员、调研员。2018年退休。

被朝阳市委授予优秀共产党员荣誉称号，被共青团辽宁省委授予“新长征突击手”荣誉称号，1986年荣获司法部“全国司法行政系统一级英雄模范”荣誉称号，1987年荣获“辽宁省特等劳动模范”荣誉称号，1991年荣获“全国自强模范”荣誉称号。

主要事迹

有一种青春叫无怨无悔，有一种气概叫英勇无畏，有一种精神叫坚韧质朴，有一种胸襟叫淡泊一生。有这样一名警察，曾用生命捍卫法律的尊严，他就是邱建国。

永葆军人本色　保卫国家安宁

在荣誉面前，邱建国同志从来没有居功自傲、停步不前。工作中，他始终把组织的关怀和鼓励，作为自己工作的鞭策与动力，时刻牢记一名共产党员的宗旨，时刻保持军人本色，严格要求自己，工作走在先、干在前。20 世纪 90 年代中期，监狱发展举步维艰。很多人迫于生活压力，纷纷离开监狱。邱建国同志家里也十分拮据，有时候连一包盐都要出去借，亲属劝他转行，但被他严词拒绝。他说："做一天监狱警察，就要站一天岗，保卫国家的安宁是我们的责任。"这就是一个普通退伍老兵的心声，这就是一位曾舍命斗凶犯的监狱警察的无悔选择。

扎根基层建功勋　春风化雨育新人

进入 21 世纪，监狱工作步入法治化、规范化的轨道。在后勤工作的邱建国同志主动申请调入监区担任分监区长。他说："我是一名监狱警察，改造罪犯是我的天职。"凭借过硬的军事素质，他带的队伍口号响亮、动作规范，是全狱罪犯队列的标杆；他深信身教重于言教，他的一言一行让人敬佩信服。对于分监区顽危犯王某，邱建国同志入情入理地做王某的教育转化工作。通过几个月有针对性的教育，王某由当初的“老大难”转变为遵规守纪的罪犯，成为监区技术能手，多次被评为“省级改造积极分子”。

光阴似箭，从警36年，邱建国同志始终坚守在监管改造第一线，从事改造教育的基层工作。时代变了，观念变了、角色变了，但是他的军人本色始终没有变。

个人简介

张晓兵

1967年生，中共党员。1988年参加工作，1992年调入辽宁省女子监狱，历任分监区长、罪犯医院副院长、生活卫生科科长、罪犯会见室主任、狱政管理科科长、狱内侦查科科长、一监区监区长，一级警督警衔。2017年12月22日，因病医治无效去世，年仅50岁。

荣获“全国监狱劳教工作先进个人”、辽宁省“司法行政系统优秀党务工作者”等多项荣誉称号，荣立个人二等功1次、个人三等功3次。去世后，被辽宁省司法厅追记个人一等功、追授优秀共产党员称号，被司法部追授“全国司法行政系统二级英雄模范”荣誉称号。

主 要 事 迹

张晓兵同志从警25年来，始终以强烈的事业心、责任感和饱满的工作热情模范履行岗位职责，在平凡的岗位上作出了不平凡的业绩。

信念坚定　恪尽职守

张晓兵同志始终以党员标准严格要求自己，践行初心使命，严守廉洁纪律，先后办理千余起“减假保”案件，未出现任何纰漏和差错；从不接受罪犯家属的吃请馈赠，保持了监狱人民警察忠于使命、清正廉洁的政治本色。

甘为“人梯”　大力培养人才

张晓兵同志重视关心年轻干警成长成才，经常组织监区干警开展岗位培训、练兵比武，提升业务能力；通过交任务、“压担子”，让年轻人在重要任务中和关键岗位上历练成长；通过传帮带教、以老带新、以强带弱等办法，培养了一批业务尖子、转化能手、行业标兵，先后有24名干警走上监狱中层领导岗位。

善于钻研　勇于创新

张晓兵同志积极研究探索罪犯悲观、偏执、消极抗改问题，提出个性化心理干预和心理治疗方案，将思想教育、亲情关爱、精准帮扶、鼓舞激励4种方法结合起来，因人施教、有效改造。她个别教育谈话

3 万余人次，直接管理教育罪犯 2000 余人，教育转化顽危犯 170 余人，转化率达 100%。她十年如一日，资助 4 名罪犯子女圆了大学梦，帮助遭遇离婚、财产纠纷等的多名罪犯申请法律援助，保障她们的合法权益。

勇于担当　主动作为

张晓兵同志积极探索，改革创新发展思路，摸索出“双定考核”办法，健全、完善监区安保措施，推动监狱教育改造工作规范化发展。她负责的监区连续 10 年实现“四无”，各项工作考评长期名列前茅，成为全省监狱系统教育改造工作的“排头兵”。

个人简介

石宝森

1953年生，中共党员。生前任辽宁省凌海市司法局法宣科科长。1969年参军入伍。1976年从部队复员到地方。1984年调到辽宁省凌海市司法局，从事法宣工作27年。2011年3月31日，突发脑溢血去世，时年58岁。

多次被评为优秀公务员，被锦州市委市政府授予“法制宣传教育先进个人”荣誉称号，2011年被辽宁省委政法委授予“雷锋式政法干警”荣誉称号，被辽宁省司法厅授予优秀共产党员、“全省模范法宣工作者”荣誉称号，被司法部追记“全国司法行政系统二级英雄模范”荣誉称号，锦州市司法局、锦州市委政法委和辽宁省司法厅先后下发《关于开展向石宝森同志学习的决定》。

主要事迹

信念坚定　舍己为人

1976年，当时还是一名战士的石宝森同志在执行公务时，为了保护人民生命财产安全，勇拦惊马，被辗断4根肋骨。疗伤期间，正赶上大裁军，已经被确定提干的他，为了不给国家添麻烦，复员回了家。可这段拦惊马救人的故事，他却从未向人说起，直到他去世，大家才知道他曾是一名英勇的好战士。

1989年3月，凌海市温滴楼乡发生重大森林火灾。面对肆虐的火海，石宝森同志不顾旧伤复发，冲在最前面；而在受表彰时，却主动把荣誉让给别人。

恪尽职守　心系群众

石宝森同志20多年如一日，带着病走遍了凌海市的28个乡镇（场）、440个行政村、84个企事业单位，一步步丈量了凌海市从“一五”到“五五”普法和依法治理工作的深度和广度。

在南岗子村，石宝森同志吃着粗茶淡饭，住着村部简陋的木板床，一待就是半年。白天，他顶着烈日书写制作普法宣传标语，晚上深入农家给村民普法，并通过调解帮助村里解决了多件“老大难”问题。通过石宝森同志的法律宣传，南岗子村成为“全国民主法治示范村”“辽宁省精神文明建设示范村”。

石宝森同志的身体不好，常年吃药打针。在血压高达180mmHg的情况下，他仍坚持写完了“五五”普法汇报材料，心脏支架手术也因工作一拖再拖，直到牺牲都未施行。在“五五”普法总结验收评审中，凌海市在锦州市排名第一，被评为辽宁省普法先进城市。

克己奉公　淡泊名利

石宝森同志的大儿子因患尿毒症在5岁时夭折，为给孩子治病他花光了家里所有积蓄，并欠下一大笔债。但即使穷到租住一个月60元的小农房，他也不占公家一分钱便宜。20多年里，经他手的普法经费达100多万元，但他未挪用过一分钱。他常年穿的是泛白的工作服，每天上下班，他能步行就步行，只为省下从金城到凌海的2元公交车票钱。到市里开会、办事，下乡进村普法宣传，他总是坚持坐公交车，从没报销一次车票钱，从不接受乡镇和老百姓的吃请。自家人婚丧嫁娶，他都没有声张，没收过一分钱礼金。2011年3月31日，整理石宝森同志的遗物时，在他身上只找到3元现金，他家的餐桌上摆着半块豆腐、一小碟咸菜、一大堆普法资料和起草中的“六五”普法规划手稿。

这就是石宝森同志，一个普普通通的基层司法行政干警，一个把忠诚、为民、公正、廉洁融入整个生命，数十年默默无闻、始终坚守的共产党员。

辽宁监狱援鄂女警队

2020年3月2日，在湖北疫情防控工作最吃紧的关键时刻，辽宁省监狱管理局积极响应司法部号召，第一时间选拔30名政治过硬、业务过硬、作风过硬、纪律过硬的女警组成工作队，星夜出征，火速驰援湖北监狱系统。援鄂期间，她们以不怕牺牲、排除万难的勇气担当，圆满完成了疫情防控和监管改造任务。

2020年被司法部通报表扬，被共青团辽宁省委员会、辽宁省青年联合会授予“2019年度辽宁青年五四奖章集体”荣誉称号，其临时党支部获“全国抗击新冠肺炎疫情先进集体”“全国先进基层党组织”两项国家级荣誉。

主要事迹

党旗所指　心之所向

这支以青年民警为主的援鄂女警队平均年龄37岁，党员占90%。为全面完成司法部临时党委部署的工作目标和重点任务，按照习近平总书记“不麻痹、不厌战、不松劲”的要求，辽宁监狱援鄂女警队成立了由27名党员组成的临时党支部，吹响了让党旗在“抗疫”阵地上高高飘扬的号角。她们以临时党支部、党小组为战斗单元，坚持理论学习，不断提高政治站位，坚定了忠诚为民、担当奉献的初心和使命，全员写下“疫情不退，坚决不退”的请战书。女警郝赫受身边党员的熏陶影响，在战“疫”一线递交了入党申请书，火线入党。

日夜奋战　舍生忘死

从抵达武汉的第一天起，女警们就投身到疫情防控最前沿。她们的工作地点在武汉市蔡甸区袁家台方舱医院，援鄂队的30名女警以24小时“四班三运转”的方式上岗执勤，每名女警每天平均工作时长在10小时左右。为了防护安全，她们忍痛割爱，集体剪去飘逸的长发。她们克服温差大、条件艰苦等困难，和医护人员一样全副武装进舱工作。为了节约纸尿裤等物资，她们在执勤的10小时里禁食禁水，口干舌燥到嘴里发苦；密不透风的防护服常使她们阵阵眩晕，护目镜布满汗水，模糊不清，双层口罩和护目镜的带子更是勒得她们头晕眼花；酒精消杀对脸部、眼睛造成刺激，引起大片的皮肤过敏……40天的顽强坚守，辽宁监狱援鄂女警队接管的新冠肺炎病犯全部治愈出舱，无一例重危病犯转院，无一例死亡，实现了“打胜仗、零感染”的工作目标。

女本柔弱　为警则刚

援鄂期间，她们舍弃肩上作为女儿、妻子、妈妈的许多责任：她们中有父母年事已高生活不能自理的，却隐瞒目的地毅然前往；她们中有孩子面临升学的，却无暇顾及；她们中有的是双警家庭，爱人同在抗“疫”一线，只能撇下幼子独自在家……“90后”女警刘思宇的孩子仅8个月，为了出征武汉，她忍痛给还在母乳喂养期的孩子断了“口粮”。

担当有为　接续奋斗

2020年4月10日，女警们圆满完成使命，踏上归途。经过为期14天的隔离医学观察和休整后，30名女警将援鄂战斗经历转化为工作动力，继续奋战在监狱疫情防控第一线。面对反复无常的疫情，营口监狱援鄂女警许敏继续和丈夫一同义无反顾地投身到这场没有硝烟的战役中。大连的抗疫姐妹花杨子墨、李梓维再一次身穿防护服站上一线：杨子墨同志顶着7月的酷暑，主动请缨，义无反顾地加入全民核酸检测的志愿者队伍，协助社区完成了8000余名居民的核酸检测信息登记工作；12月24日大连开始新一轮全民核酸检测，李梓维同志穿上防护服，坐在零下15度的街头连续工作9小时，帮助社区作核酸登记，换上警服后，她挨家挨户走访排查，绝不放过任何一个可能潜藏病毒的角落。

疾风知劲草，烈火淬真金。辽宁监狱援鄂女警队在这场战“疫”中勇毅担当，经受住了淬炼，展现了越是艰难越向前的战斗精神，以优异的成绩交出了令党和人民满意的答卷。

个 人 简 介

李成华

1931 年生，中共党员。1945 年参加革命工作。离休前任辽宁省大连南关岭劳动改造管教支队（现为大连南关岭监狱）党委书记、支队长。1991 年离休后继续在支队工作到 1993 年。

1983 年获“大连市一九八二年度劳动模范”荣誉称号。1989 年获“辽宁省劳动模范”“全国先进工作者”荣誉称号，并于 9 月 28 日参加国务院在北京召开的全国劳动模范、先进工作者表彰大会，参加首都国庆 40 周年观礼活动。1990 年 12 月 18 日，作为全国司法行政系统先进集体、先进工作者表彰大会特邀代表，参加人事部、司法部举行的全国司法行政系统先进集体、先进工作者表彰大会。

主要事迹

在政治上，李成华同志要求干部职工特别是领导班子始终与党中央保持一致，坚决拥护和贯彻执行十一届三中全会以来党的路线、方针、政策；在管理上，他建立健全了各项规章制度，使管理逐渐趋向正规；在工作中，他以身作则，率先垂范，团结一班人，多渠道发挥干部职工的积极性，艰苦创业；在作风上，他始终艰苦朴素、扎实肯干，主动深入基层，调查研究，帮助基层解决问题，耐心细致地做好干部职工的思想政治工作，解决群众困难。

1984 年 6 月，辽宁省司法厅党组提任李成华同志为辽宁省大连南关岭劳动改造管教支队队长、党委副书记；1985 年 6 月，李成华同志任支队党委书记。为了确保支队改造罪犯秩序稳定，李成华同志始终保持谦虚谨慎、不骄不躁的扎实工作作风；对于自己不懂不熟悉的问题，虚心地向领导班子和群众学习；充分发挥主观能动性和积极性，支持班子成员主管的工作。他深入群众、关心干警职工的生活，早出晚归，没休过一个完整的节假日。1984 年冬季，从警校分配一批新干警到南关岭劳改支队工作，当时支队条件很差，李成华同志想方设法为他们解决集体宿舍问题、热水问题、取暖问题，并加强警校毕业生爱岗敬业教育，使他们很快适应支队工作，成为支队的骨干力量。

他良好的工作作风，带动了整个领导班子，使支队各方面的工作均取得优异成绩，多次受到辽宁省司法厅和省监狱管理局党委的表扬。

个人简介

刘恩禄

1923年生，中共党员。1945年参军入伍，任辽宁省辽中县某团战士、副班长，1947年后任班长、副排长、排长、副连长、连长，1950年后任河南省空军连长、副营长，1952年任空军干校中队长，1970年任凌源第一劳改支队副科长，1978年离职休养。

1947~1949年先后荣立大功2次、一等功3次，1949年出席全国青年代表大会，1950年出席全国英雄模范代表大会，1958年获“中国革命战争时期解放奖章”，1991年被评为辽宁省“十大新闻人物”。荣获“全国战斗英雄”荣誉称号。

主要事迹

“孤胆英雄”威震沙场

1923年，刘恩禄同志出生在辽中县一个贫苦农民家中，1945年参军入伍，成为一名光荣的解放军战士。1946年5月，刘恩禄同志所在的连队，接到攻打营口小桥村国民党军山炮营的艰巨任务。国民党军依仗重武器，顽抗固守小桥村。由于小桥村四周都是开阔地，没有任何掩体，部队伤亡严重，情况十分危急。关键时刻，连长命令刘恩禄同志带领一个战斗小组，夺下国民党军前沿阵地。刘恩禄同志二话没说，提起只有三颗子弹的步枪，迂回到国民党军占领的一个大院，扔进一颗手榴弹，迅速跳进院内，俘虏了两个炮手。令他没有想到的是，这个院子居然驻着一个连。趁国民党军惊慌未定，刘恩禄同志一个箭步冲进去“啪啪”打了两枪，大声喊道：“你们被包围了，赶快投降！”刘恩禄同志看国民党军没有动静，又举起手榴弹，“不投降我扔手榴弹了”，吓得国民党军纷纷把枪扔到窗外。这时，连长带人及时赶到，押走了俘虏。这次战斗将山炮营彻底歼灭，俘敌200余人，缴获轻重机枪29挺、迫击炮2门、步枪100余支。战斗结束后，刘恩禄同志被军部表彰为“战斗英雄”，成为这个军第一位战斗英雄。

奉献是毕生追求

刘恩禄同志1949年出席全国青年代表大会，1950年出席全国英雄模范代表大会，被誉为“孤胆英雄”。1958年刘恩禄同志从部队转业后，他把军功章默默地压到箱子底下，服从组织分配，工作勤勤恳恳、任劳任怨，始终保持军人本色。作为全国战斗英雄，他每年都应邀到各机关团体、厂矿企业、学校院所进行革命传统教育，始终保持着一名共产党员无私奉献的高尚品德，被人们誉为“三不英雄”。几十年来，他到各单位作报告达200余次，没吃过一次饭，没坐过一次车。在他看来，一名经历了战斗洗礼的共产党员，活着就要为党和国家多做事，要待遇、讲排场、讲奢华与“战斗英雄”的称号永远不相称。

越是艰苦越向前

1976年，刘恩禄同志还有两年就到离休的年龄。由于战争创伤，随着年龄增大，他逐渐两耳失聪。为了不影响管教工作，他辞去管教科科长职务，主动请缨到20公里外的储备仓库工作。他每天天不亮就出发，7点准时到达工作岗位。仓库的办公条件十分简陋，一间20平方米的小屋，不但要办公，还要作为职工的宿舍。没有电，水是从几里外挑的山泉，也没有炉灶。渴了，喝点凉水，饿了，就啃几口凉窝头。没有蔬菜，就在仓库旁开荒种地。夏天还算好过，冬天的办公室四处漏风，全靠火盆取暖。子女怕他吃不消，纷纷劝他下山，他执意不肯，他说：“这点苦比起战争年代根本算不了什么，两名工人都能坚持，我一名党员还怕什么！”就这样，他一干就是两年。两年间，他管理的仓库没有丢失任何物资，账目清楚，物资保管井井有条，领导和同志们都说“刘老是仓库的‘保护神’”。

疾风知劲草，板荡识英雄。尽管耳朵听不见，但刘恩禄同志对党无比赤诚的火热情怀依然不减当年。每当组织要去探望他，他都婉言谢绝。他总说，“没有共产党就没有新中国，没有共产党就没有我今天的幸福生活。我现在什么都不缺，我生活得挺好的”。

个人简介

薛广生

不忘初心 牢记使命

男，1943 年生，中共党员。自 1980 年起担任青堆子村调解主任。1989 年 12 月 6 日，为保护他人生命安全，光荣牺牲，年仅 46 岁。

连续 6 年被市、县、镇评为“先进调解工作者”，被锦州市委授予优秀共产党员荣誉称号，被司法部授予“无私无畏的调解主任”荣誉称号，被辽宁省政府批准为“革命烈士”。

主要事迹

作为一名调解主任，薛广生同志满怀对事业的一片赤诚和对乡亲们的无限深情，从解决一件件小事儿、难事儿、烦心事儿做起，化解纠纷，为民解难，维护稳定，为基层党委政府分忧。乡亲们都能过上安定和谐的好日子，是薛广生最大的心愿。担任青堆子村调解主任的10年中，他调解了440余件民间纠纷，防止7件纠纷激化，避免15人非正常死亡，把9人从犯罪的边缘拉了回来。在调解民间纠纷时，他多次面临险情，数次因公负伤。

1989年夏，青堆子村张、黄两家因稻田灌水发生纠纷。张某某家承包田地势较高，本就上水困难，而地处上游的黄某却挖开豁口往自家地里灌水，二人为此发生口角。黄某被张某某一气之下推到了水里，住进医院，并向镇派出所报案。派出所责令张某某负担黄某的医疗费，并罚款500元，不服气的张某某拒不赔偿。

得知此事的薛广生同志担心矛盾激化造成严重后果，主动向派出所请缨调解，却因双方各讲各理、互不让步，调解进展得异常艰难。黄某住在医院不出来，惹得张某某气急败坏。为此奔波期间，薛广生同志被狗咬伤，他拖着伤腿多次到医院对张家进行劝解，双方都深受感动，终于达成和解。但在医药费赔偿数额问题上又产生了争执，黄某按实际支出要300元，张某某只同意拿250元，僵持不下。薛广生同志见状，要自掏腰包50元补上差额。这令双方既钦佩又羞愧。黄某作出了让步，接过张某某赔偿的250元，拿出20元硬塞给薛广生同志。他推辞不掉，接在手里，随即从自己兜中又掏出10元，一并塞给了黄某，说是营养费。为调解这起纠纷，薛广生同志连治疗共花费了70多元，张、黄两家都要拿钱给他，村委会也要给他报销，但都被他一一谢绝。

1989 年 12 月 6 日 19 时多，村民刘某生、刘某成兄弟俩因谁负担母亲 500 元的丧葬费发生了纠纷，而且越吵越厉害。这时，人们自然地想到了薛广生同志。果然，经过他一番苦口婆心的劝说，兄弟俩同意各负担一半丧葬费。可刘某生突然发难，非让弟弟当场拿出钱来不可。刘某成认为这是哥哥有意刁难，挥起手掌照着哥哥的脑袋就是一巴掌。刘某生转身“回敬”一脚。刘某成恼羞成怒，掏出怀揣的刀猛地刺向哥哥。见此情景，薛广生同志奋不顾身地向刘某成扑去，意欲夺下其手中尖刀。不料，刀已经刺了过来，正好扎在薛广生同志的前胸上，他当即倒了下去……

1989 年 12 月 12 日，虽经医生全力抢救，薛广生同志终因伤势过重牺牲，年仅 46 岁。

个人简介

杨翠环

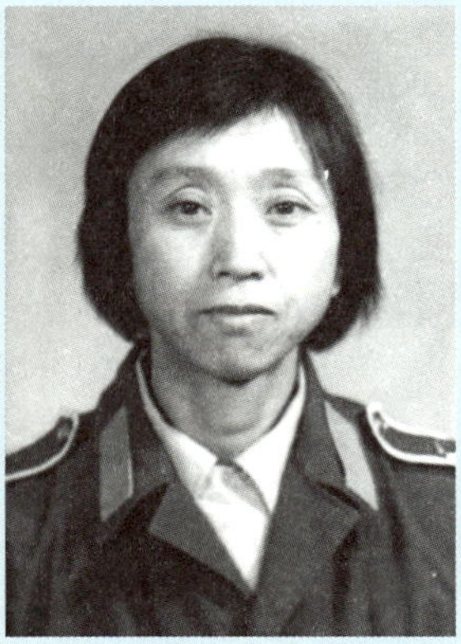

1941年生。生前任锦州劳改支队（现辽宁省锦州监狱）助理工程师。1989年1月，在与罪犯搏斗中英勇牺牲，年仅48岁。

获“支队年度考核二等奖”“支队年度考核三等奖”等奖项，1989年被追记个人二等功1次，1989年被追授“革命烈士”荣誉称号。

因工作特殊，主要事迹略。

个人简介

张铁林

1964年生，中共党员。1983年参加工作，1990年毕业于中央司法警官学院。1998年任辽宁省抚顺第一监狱副监区长，2002年任监区长，2011年任辽宁省抚顺第一监狱监督部部长。2020年1月22日，因公殉职，时年56岁。

多次被评为优秀公务员、先进工作者、优秀共产党员、先进个人，荣立个人三等功4次，2021年荣获司法部“全国司法行政系统二级英雄模范”荣誉称号。

因工作特殊，主要事迹略。

个人简介

胡和顺

1928 年生，中共党员。1952 年参加革命。

1959 年以“全国劳动模范”的身份出席了全国先进集体和先进生产者代表会议，先后荣获各级先进个人和劳动模范等荣誉称号 20 多次。

因工作特殊，主要事迹略。

吉林

个人简介

刘一群

1968年生。生前任吉林省长春劳改支队狱政科干事。1990年6月13日，在长春市青云街一起特大抢劫杀人案中，与歹徒搏斗，壮烈牺牲，年仅22岁。

牺牲后，被司法部授予“全国司法行政系统一级英雄模范”荣誉称号，被吉林省政府授予“革命烈士”荣誉称号，被共青团中央和司法部共同授予“见义勇为的青年英雄”荣誉称号，被共青团吉林省委授予“优秀共青团员”荣誉称号。

主要事迹

青春在奉献中闪光

刘一群同志出生于一个革命干部家庭，父母都是新中国成立前参加革命的老同志，在政法战线工作了几十年。在家庭的熏陶教育下，他有着高度的职业自豪感和社会责任感。

1984 年，刘一群同志当上监狱警察后，勤奋工作、勇挑重担、任劳任怨。他常常主动加班，多次受到上级表扬。1986 年 7 月，在一次追捕逃犯的行动中，刘一群同志不顾身体患病，坚持顶风冒雨昼夜顶岗值勤、搜索疑点。过度劳累使他发高烧到 39℃，同志们强令他休息，待大家刚刚离开，他又悄悄地跟上了。他坚持原则，清正廉洁。有的罪犯亲属向他塞钱送东西，他严词拒绝；还有的罪犯家属干脆放下东西就跑，他立即把东西交给有关部门。同志们都说："一群同志一身正气，不正之风什么时候也吹不透他身上的'橄榄绿'。"

心存正义　勇于担当

刘一群同志牢记人民警察的职责，多次见义勇为，奋不顾身勇斗歹徒，维护社会的稳定。1988 年 8 月，他在散步时看见流氓调戏一个姑娘，就立即冲上去拦住歹徒。歹徒抽出刀威胁，他挥拳朝歹徒打去，歹徒朝他划了一刀撒腿就跑。他不顾左臂被划伤，坚持把姑娘送回了家。1988 年 10 月，一个歹徒驾驶偷来的汽车撞倒一名老太太后欲逃跑，刘一群同志迎面挡住车，与公安干警和群众一起将歹徒抓获。1989 年 1 月 15 日晚，已睡下的刘一群突然被枪声惊醒，当听说两名歹徒抢劫后挟持一名女青年逃离现场时，他毫不犹豫地主动参加战斗。他和民警发现一名歹徒，一番搏斗后将其押回派出所。之后，他又同民警连夜把另一名歹徒捕获归案，整个行动持续了一个通宵。清晨，他便不声不响地去支队上班了。派出所同志提出要到他的单位送表扬信，他说什么也不让。

英勇献身　气贯长虹

刘一群同志在生日寄语中写道："我有一种预感，我的人生道路绝不会风平浪静。我时刻准备着去迎接命运的挑战。匡扶正义、除暴安良是我人生之最高理想。为此，我即使失去一切，也在所不惜。"

1990 年 6 月 13 日，下夜班在家休息的刘一群同志正在伏案读书，忽听楼下传来凄厉的喊叫声——楼下发生了一起特大抢劫杀人案！一名犯罪嫌疑人携带匕首等作案工具，窜至居民楼，进入二楼户主家行窃。正当他翻箱倒柜时，户主的两个女儿领着 3 岁的孩子返回。发现有人行窃，大女儿忙转身下楼准备报警。该犯察觉后从屋内冲出，追到楼梯转角处用刀将她杀死。随后，又返身朝拼命呼叫的女人和孩子刺去。刘一群同志听见哭喊声穿着拖鞋冲出门，当他见一名妇女已被刺倒在地，歹徒正挥刀向另一人刺去时，他大喝一声："住手！"随即挥拳朝歹徒打去。两人扭打在一起。在打斗中，刘一群同志被刺中，鲜血喷涌而出。他顾不得伤痛，拼死揪住歹徒不放，竭尽全力朝惊呆了的妇女喊："快！快去喊人！"如梦初醒的妇女抱起孩子朝楼下跑。歹徒又狠命朝刘一群刺去，由于失血过多，刘一群同志的体力明显不支，但他仍死死拖住歹徒的下身不放。眼看着有人跑出楼外呼救，歹徒朝刘一群乱刺，刘一群同志倒在了血泊中。歹徒随后被闻讯赶来的干警当场擒获。

个人简介

许宏远

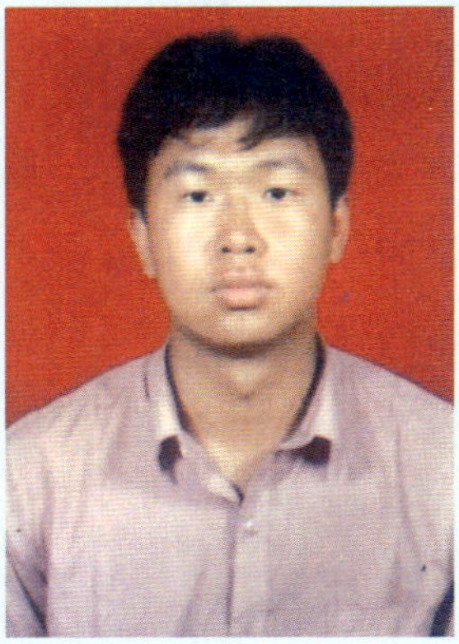

1979年生，中共党员。生前任吉林省通化市监狱民警。1999年参加工作。2000年6月2日，为了营救落水的妇女和儿童献出了年轻的生命，年仅21岁。

被授予“革命烈士”荣誉称号，2000年被司法部追授“全国司法行政系统二级英雄模范”荣誉称号。

主要事迹

从小，许宏远的父母就教育他要好好学习，做一个诚实、有责任心的人，为社会、为国家建设多作贡献。于是他立志当一名人民警察。1999 年许宏远同志以优异的成绩从吉林司法警官职业学校毕业，2000 年被分配到通化市监狱，成为一名光荣的监狱人民警察。2000 年 6 月 2 日，许宏远在通化市江南大桥附近执行任务时，为了营救落水的妇女和儿童献出了年轻的生命。

许宏远同志天资聪慧，从小学到高中学习成绩一直在班级名列前茅。1997 年，他高中毕业后，考入了吉林司法警官职业学校。原吉林省司法警官学校副校长杜学全、班主任崔惠良还清楚地记得许宏远，说他是一个勤奋好学的好学生。他如饥似渴地学习，尊师爱校，乐于助人。班长吴晓枫听说同学许宏远为救人牺牲了，抑制不住内心的悲痛，满眼含着泪水，说道："他是一个热心肠的人，总是默默无声地为同学做好事；扫地打水，他干得最多。特别是 1998 年那场特大洪水，一些灾民来到警校，许宏远热情地为他们送水送饭，还掏钱为孩子们买雪糕、火腿肠、矿泉水。"

监狱工作期间，许宏远同志倾注了自己的全部精力，他不满足已有知识，积极参加单位组织的业务培训，并写了大量的心得笔记。在笔记中，他表示要为创建现代化文明监狱竭尽全力、贡献青春。分到二监区后，他更是满腔热情地投入罪犯的改造工作中。他出色地完成了上级交办的各项任务，所负责的押解看押工作，没有出现任何差错。严格执法是他心中的一把尺子。为了有的放矢地教育罪犯，他把自己所管的罪犯的基本情况、犯罪性质、刑期、心理特征都一一记录下来，做到"四知道"。平时，他也经常深入监舍，热情帮助罪犯矫正恶习，重塑新的人生。一名罪犯因家人长期未探视，思想很悲观，以致生病。许宏远同志便耐心地做他的思想工作，鼓励他振作起来，重新开拓新的人生，还帮他寻医问药，掏钱买药品和食物。这名罪犯非常感动，称赞许宏远是为心灵送阳光的人，并表示一定要安心改造，用实际行动报答党和政府的挽救之恩。

许宏远同志是家里的独生子，可他却始终过着简朴的生活，从不讲吃讲穿。在监区当看守员时，无论是朔风凛冽的早晨，还是大雪飘飞的夜晚，他都像钉子似的，牢牢地站在自己的岗位上。许宏远说："为人民站岗，我感到光荣，我愿干一辈子。"在许宏远同志参加工作的短短 5 个月时间里，他得到领导、同事们的一致好评，人们都为失去这样的好战友、好同志而惋惜。

许宏远同志牺牲了，虽然他的生命短暂，却熠熠生辉。2000 年 6 月 5 日，许宏远同志遗体告别仪式在通化市殡仪馆举行。人们怀着无比悲痛的心情缅怀和送别这位英雄。

许宏远同志在工作中恪尽职守、无私奉献，坚定地履行监狱人民警察的神圣职责，战斗在教育改造的第一线。当人民群众的生命受到威胁的紧急关头，他不顾个人安危，牺牲自己挽救了他人。许宏远同志舍己为人的大无畏精神和震撼人心的英勇壮举，将永远铭记在人民的心中！

个人简介

任　福

1952年生，中共党员。生前任吉林省监狱管理局镇赉分局七监狱后勤中队中队长。1970年从白城市平安镇粮库调入镇赉劳改总队。1979~1983年任小队长；1984年起，历任七监狱四中队、五中队、后勤中队、畜牧中队、狱政中队中队长、中队指导员。1998年3月29日，不幸以身殉职，年仅46岁。

12次被评为先进个人、学雷锋积极分子和优秀共产党员，1998年被吉林省司法厅追记个人一等功，被司法部追授“全国司法行政系统一级英雄模范”荣誉称号，1999年被吉林省直机关党工委追授“优秀共产党员”荣誉称号。

主要事迹

任福同志出生于辽宁省康平县一个农民家庭，父亲是土改干部、村党支部书记，父亲的熏陶、工作中的磨炼、组织的培养，使他成长为思想过硬、业务素质强的基层领导干部。他心系事业、无私奉献，对工作尽心尽力、勤勤恳恳。他到哪里工作，哪里的面貌就会大为改观。他先后工作过的 5 个中队都被评为先进单位。

1998 年 3 月，任福同志为护理中队新购进的 22 头母猪崽，每天只睡三四个小时，在中队场院连续值了 8 日 8 夜的班。1998 年 3 月 29 日下午 3 时，他在从作业区到中队巡查的路上，见中队拉沙的马车陷在沙坑里赶不出来，就帮助往外赶。由于过度疲劳，加上赶车又喊号子、又甩大鞭子，其腹压突然增高，昏倒时头部右太阳穴撞在车辕的三棱铁上，造成颅内大出血，经抢救无效，不幸以身殉职，年仅 46 岁。

司法部号召全国司法行政系统学习任福同志心系事业、勇挑重担、无私奉献的思想境界，学习他清正廉洁、一心为公、忠于职守的高尚情操，学习他艰苦奋斗、严于律己、乐于助人的优良品质。

任福同志的事迹是平凡的，但又是伟大的，他的伟大在于用一名共产党员的模范行动，描绘了一名普通民警的绚丽人生。他是一名普通的监狱基层干部，却用自己的实际行动，塑造了人民警察的光辉形象。

个人简介

张立平

1958年生，中共预备党员。生前任吉林省长春监狱总机班维修员，一级警司。1979年到吉林省长春监狱工作。2000年10月9日，因患肺癌，医治无效去世，年仅42岁。

12次被评为吉林省直机关和长春监狱先进工作者，荣立个人一等功，荣获司法部“全国司法行政系统一级英雄模范”荣誉称号。

主要事迹

参加工作的20多年间，张立平同志始终拼搏工作，坚持为集体分忧。在监狱改革的艰难时期，身患绝症的张立平凭借超人的毅力与时间赛跑，与病魔斗争。他刻苦钻研业务，先后自行设计、组织施工、多次完成监狱通信、监控设施的安装与改造工程，总计为监狱节约资金60余万元。

1996年，为提高罪犯改造质量，长春监狱拟在全监安装闭路电视监控系统。监狱经费紧张，领导找到张立平同志，询问能不能由监狱自己施工。喜欢拣重担子挑的张立平同志立刻答应下来。他白天跑图书馆、请教专家，晚上挑灯夜战，研究设计方案，连续8天8夜吃住在工地上，人瘦了10多斤。在他和攻关小组同志们的共同努力下，终于按期完成了任务。经测试，监控系统完全符合技术要求，为监狱节省资金15万元。

1998年12月，张立平同志被确诊为未分化小细胞肺癌，属于少见的特殊型恶性肿瘤，而且已经到了中晚期，随时可能恶化，危及生命。但他顽强与病魔作斗争，继续坚持工作。1999年3月，张立平同志刚刚做完第三次化疗，听说监狱新建宿舍楼需安装有线电视网，便主动请战。监狱领导考虑他需要治疗和休息，没有答应。张立平同志几乎找遍了所有监狱领导，带着哭腔说："让我参加吧，与其憋憋屈屈地躺着，不如让我痛痛快快地干活。"在他的坚持下，监狱领导含泪答应了他的请求，张立平同志又全身心地投入新建宿舍楼有线电视线路的安装工作。爬梯子、上楼台，一干就是一身汗，谁也看不出他是一名癌症患者。

某日，储运大队库房失火，家住附近的张立平同志立即给总机班打电话，要他们迅速报告监狱领导，然后不顾一切地冲到火场，同大家一起参加扑救。同志们知道张立平的病情很重，拦着不让他靠前，他却怎么也不肯。大火扑灭了，张立平担心余火复燃和物资丢失、损坏，又悄悄拿来板凳坐在库房门口，承担起了现场警戒的任务，一坐就是大半天，早、午两顿饭都由妻子送到现场。

2000 年年初，监狱内部调整，新增设了十几个监区，为确保通信线路畅通，张立平同志提出要全面调整线路。为此，他一连几天没回家。过度的劳累使他头痛难忍，呕吐不止。此时，癌细胞已经扩散至张立平的头部。监狱领导强令他停止工作，回家卧床休息。分管总机班的办公室主任王建群近乎恳求地劝阻他，但张立平说："主任，我知道自己现在是什么样子，我还能干几天？干一天少一天啊，你就让我为单位的发展振兴尽最后的力量吧。要是真让我每天在家待着，我还活着干什么！"面对如此坚强的战友，王建群不禁热泪盈眶，什么话也说不出来。无奈之下，监狱只好特别在总机班的旁边给他腾出了一间房子，安了床，既方便他工作，又方便他治疗和休息。

某日，长春市电信局召开业务电话会议，在病床上的张立平听说后，挣扎着要听电话。他说："电信部门开会行业术语多，其他同志听不大懂，这些业务术语我熟，还是由我来听吧。"于是张立平同志忍着气喘，一边听一边记，不一会儿便汗流浃背，手也哆嗦起来。妻子一边给他擦汗一边流泪："要不你边听边复述，我来替你记吧。"张立平同志点点头，吃力地复述电话内容，坚持了整整 30 分钟，直到电话会议结束。

在最后的日子里，张立平同志不但承担起全监电话线路的调整维修工作，还主动承担了监狱和干警职工家里每月电话费的收缴工作。

癌症的治疗费用十分高昂，张立平同志坚持让医生少用药、用低价药，自己用土方、偏方治病，竭力为单位减少医疗费用。自 1998 年年末他被确诊为癌症晚期以后，在将近两年的时间里，除到医院化疗外，他未休息过一天。双休日、节假日几乎都在加班中度过。

张立平同志是时代的楷模，是监狱警察的榜样。他把奉献当作乐趣，在平凡的岗位上作出了不平凡的事迹，用实际行动树立了共产党员的崇高形象。

个人简介

刘玉杰

1954 年生，中共党员。历任镇赉劳改总队二大队学校教师、宣传干事，总队宣传科、组织科科员，五支队政工科科长，总队组织科副科长，分局二监狱监狱长、党委书记，分局副局长。

1998 年荣获司法部“全国司法行政系统二级英雄模范”荣誉称号，荣立个人一等功。

主要事迹

嫩江大堤新生段27~31公里是二监狱责任段，且29~31公里处又属重要险段。在1998年抗洪期间，二监狱在4公里长的堤段上，突出重点，全面设防。1998年7月5日，嫩江第一号洪峰到达白沙滩，大风和恶浪袭击大堤，29~31公里处严重塌方。二监狱民警在监狱长刘玉杰同志的指挥下，排除了险情，确保洪峰顺利通过。1998年7月26日、8月12日该段又连续发生两起重大险情，均被及时除险。

1998年8月12日，为迎战第三号洪峰，二监狱按照分局的部署全线加固子堤。210名民警蹚着齐腰深的水背沙袋，苦战一昼夜，动用土方近万立方米，完成了责任段子堤的加固任务，在第三号洪峰通过时，险段安然无恙。

1998年8月16日，当新生段32公里处发生重大险情时，刘玉杰同志奉命率民警迅速赶到险段并立即投入抢险战斗。在抢险最紧张的时刻，刘玉杰同志始终站在最险处靠前指挥。此时他旧疾发作，在堤上一边打吊针，一边指挥抗洪抢险。在刘玉杰同志的指挥下，民警们出色地完成了“五战大塌方”、抢筑戗堤等各项艰巨的除险任务。

1998年8月28日，抗洪胜利后，二监狱同志奉命徒步向月亮泡转移。天下着小雨，大堤顶狭窄，泥泞难走，刘玉杰同志脚踝处肿起一个鸡蛋般大的包，但他仍忍着脚部剧烈的疼痛，艰难地向前走。

刘玉杰同志舍小家顾大家，在抗洪期间，几次过家门而不入。在洪水到来的时刻，他想着的是监狱和罪犯的安全，想着的是把监狱财产损失降到最低。几次到分局开会，他散会后就立即驱车返回监狱，组织抢救国家财产。

个 人 简 介

朴昌浩

朝鲜族，1962年生，中共党员。生前任长春兴业监狱七监区副监区长。1980年参加工作。2005年10月21日，工作期间突发脑溢血。10月26日，经抢救无效，不幸殉职，年仅43岁。

多次被评为先进工作者、优秀公务员和优秀管教员，被评为优秀共产党员1次，受到吉林省司法厅表彰2次、吉林省监狱管理局表彰3次，荣立个人三等功1次、个人二等功1次，2007年荣获司法部“全国司法行政系统二级英雄模范”荣誉称号。

主要事迹

恪尽职守　牢记使命

朴昌浩同志从走上监狱民警岗位起，始终牢记人民警察职责，时刻保持高度警惕以确保监狱监管安全。2002 年 9 月的一天，朴昌浩同志在监狱大门口看见一个人穿着便服上衣、运动裤，拿着一条白毛巾捂着脸，神色慌张地混杂在出入监门用餐的民警中，在经过检查通道时没有出示证件，转身就向门外走。朴昌浩同志觉得异常，便立即对值班民警说："用毛巾捂脸的人不正常，快出去看看。"值班民警将那个人叫到跟前，扒开外衣一看，里边穿着囚服，就这样阻止了一起脱逃事故的发生。

为警清廉　一身正气

从警 20 多年来，朴昌浩同志始终坚持一身正气，为警清廉。一位农民老伯拿着朴昌浩朋友写的纸条找到他，希望能给儿子多加几分，以便减刑。他还拿出一个塞满了钱的信封，非要朴昌浩同志收下。朴昌浩同志再三推辞，老伯执意不肯收回。朴昌浩同志便让管教员把钱存到了该罪犯的账上。待这名罪犯被释放时，将钱如数还给了前来接他的父亲。

艰苦朴素　无私奉献

朴昌浩同志上下班总是骑着一辆旧自行车，生前仍住在一套不足

20 平方米的简易房内，吃着远处挑来的井水，烧着炉子取暖。

朴昌浩同志热爱自己的工作，在他的时间表上，没有双休日、节假日。平时，每天他都提前赶到单位，最晚一个回家。结婚 18 年，为了工作，他没在家里度过一个除夕，没和爱人吃过一顿年夜饺子。1998 年 8 月，肆虐的嫩江洪水淹没了吉林省最大的关押罪犯场所——镇赉分局，万余名罪犯需要紧急转移。上级要求兴业监狱接收 2000 余名罪犯。朴昌浩同志当时担任特警大队副大队长，负责全监狱内的警戒工作，罪犯的大批量增加，给监管安全带来了巨大压力。在看押警力严重不足的情况下，他提出合理安排警力、增加看守哨位的建议。凌晨，是大脑的疲劳期。他就从凌晨开始，查岗查哨，巡视监舍。为了使夜班民警保持最佳状态，他每天午夜为民警送饭，凌晨 2 点再给各岗位送一遍茶水。两个多月的时间里，他没有休息一天。

抗击病魔　英雄无悔

朴昌浩同志经常带病坚持工作。由于长期过度劳累，他患上了高血压、胃溃疡、肾结石、胆结石等多种疾病，可他很少为此耽误工作。2000 年 10 月 1 日，本不该朴昌浩同志值班，但他仍然按时去单位忙了一天，回家后感到胃部疼痛难忍，刚到医院打针，就接到了值班干部的电话，说有罪犯打架，已被制止。不一会儿，朴昌浩同志便带领干事赶到了监狱。他用手按着胃部，连夜突击审讯罪犯，直到凌晨 4 点多才处理完毕，第二天又正常上班。

朴昌浩同志在牺牲前的一段时间里，经常头晕、头痛，打不起精神，血压常在 180mmHg 以上。监区领导劝他去医院看看，他却说："监区这么多事，不在这，我不放心啊！"没想到这却成了他的遗言。

个人简介

梅国刚

1957年生，中共党员。生前任吉林省监狱管理局镇赉分局后勤管理处办公室副主任兼环保大队大队长。1975年参加工作。历任镇赉劳改总队三支队工人，四方坨子公安局治安科民警、副科长，镇赉分局环保中队中队长、环保大队大队长、社区管理办公室副主任兼环保大队大队长。

被评为“抗洪抢险嘉奖个人”、优秀公务员、优秀共产党员、“全省优秀监狱人民警察”，荣立个人三等功1次，2008年被吉林省司法厅追记个人一等功，被司法部追授“全国司法行政系统二级英雄模范”荣誉称号。

主要事迹

梅国刚同志几十年如一日，以高度的责任感和忘我的工作精神奋战在第一线，为镇赉分局的公益事业和居民的生活环境倾注了全部心血。在身患重病的几年中，他不顾领导、同志和亲人的劝阻，仍然坚持战斗在一线工作岗位上，直到生命的最后一个月。

爱岗敬业

梅国刚同志干一行、爱一行、专一行、精一行。他带领全体民警职工，实现了环保大队连续 8 年“六个零”工作目标，所在单位每年都被嘉奖或评为“立功先进集体”。他狠抓监管改造工作，经他转化的罪犯改好率达 100%，罪犯“三课教育”及格率达 100%。他乐于助人，经常自费为无人管、无来信、无汇款的“三无”罪犯购买药品和生活必需品，对罪犯做到既不歧视也不放弃。

坚持原则

梅国刚同志坚持原则毫不动摇，没有违反程序私调一个关系犯。一个亲属多次央求他，希望能把自己不符合宽管条件的儿子调到环保大队改造，梅国刚同志耐心细致地做解释工作，晓以利害，始终没有答应这件事。为此，亲属责怪他不近人情，甚至和他断绝了来往。

2003 年 9 月的一天，梅国刚同志正带领环保大队的民警清运分局场区内的垃圾，忽然感到身体强烈不适。在这之前，他已经持续高烧几天了，可是因为连天阴雨使垃圾的清运工作很是艰难，他就一直带病坚持工作。在同志们的反复劝说和分局领导的反复督促下，梅国刚同志把工作交接好后才去医院检查，后被确诊为胆结石、胆息肉、胆道低位梗阻，必须进行手术，手术时间长达 11 小时。他在医院整整躺了 3 个多月，由于放心不下工作，病情稍有好转，就向院方提出出院请求，坐了近 9 小时夜车回到单位。第二天，他就拖着虚弱的身子走上了工作岗位。

2005 年 2 月，梅国刚同志又因为患胆总管息肉，住进了医院，并进行了第二次大手术。术后，他的体重下降了 30 斤。住院期间，他仍然放心不下单位的工作，经常打电话询问工作开展情况。2005 年 3 月，当得知分局防治禽流感工作进入攻坚阶段时，他极力和院方争取，带着引流瓶从医院回到家里。第二天就回到单位，手托着引流瓶和同志们一起制定方案、研究对策，投入紧张的禽流感防治攻坚战和春季绿化工作中。司机少，梅国刚同志就自己开着四轮车，带领大家起早贪黑地清运垃圾，做到了不留卫生死角，有效防范了疫情。这些年，双休日、“黄金周”都与他无缘，他把精力都用在了环保大队的建设上。夏季忙时，工作时间从早上 4 时到晚上 6 时，长达 14 小时。就连过年、过节也要到分局小区内巡查，看小区内的垃圾是否得到及时清运，新栽的树苗成活率怎么样。他每年累计超时工作多达千余小时。

在三伏天，每当同事们看到他腹部缠着厚厚的药棉、纱布，挂着引流瓶，忍受着常人难以想象的痛苦，强撑着病躯工作时，都心疼地劝他休息，他却倔强地说：“只要还有一口气，我就不能离开自己的工作岗位；就是倒下了，也要倒在岗位上，倒在为分局城市化建设的征途上，倒在为群众造福、为百姓解忧的事业中。”

个人简介

魏铁顺

1973年生，中共党员。1991年参军入伍，历任排长、副连长、连长。2004年转业到延边州劳教所（现延边州强制隔离戒毒所），历任监控中队中队长、警戒科副科长。2013年9月29日，在指挥训练时因过度劳累，突发脑溢血，经抢救无效，不幸去世，年仅40岁。

荣立个人三等功2次。去世后，被吉林省司法厅追记个人一等功；2014年被司法部追授“全国司法行政系统二级英雄模范”荣誉称号。

主要事迹

立场坚定　善于学习钻研

魏铁顺同志具有坚定的共产主义理想信念，平时积极学习党的路线、方针、政策，具有极强的政治敏锐性。党的十八大召开以后，他积极学习党的十八大精神，用以指导工作，思想体会写了厚厚的一大本。他立足自身岗位，刻苦钻研警戒业务知识，思路清晰，逻辑性强，具备过硬的业务能力。他的文章《加强警戒护卫工作，确保场所安全稳定》被国家级刊物发表。另外，他还在吉林省司法厅、监狱管理局的工作简报及《矫治论坛》等报纸杂志发表文章10多篇。

严谨细致　业务能力过硬

魏铁顺同志无论在部队还是在戒毒所，无论是当战士还是当警察，总是对自己高标准严要求，爱岗敬业，奋发进取。转业到戒毒所后，他充分发挥在部队练就的一身过硬的军事技能，担任岗位练兵总教练10年，每天保质保量完成岗位练兵任务，使全所民警的岗位技能和身体素质得到明显加强。2013年岗位练兵活动中，魏铁顺同志身兼队列指挥员与警棍术教练两职，他以十分严格的标准要求自己和受训的同志，一个动作一个动作地进行反复训练，直至达到标准，训练中从不敷衍、糊弄，从不降低一丝要求，这让他所带领的班级成为全所的标杆班、示范班，而他却倒在了训练场上，再也没能站起来。

攻坚克难　工作作风优良

魏铁顺同志舍小家顾大家，充分展现了一名优秀共产党员的品质。为了把工作做到最好，魏铁顺同志总是早来晚走。科里老同志多，值班任务重，同事有困难时，魏铁顺同志总是积极地帮助解决，把难题都留给自己。2012 年全所监控系统升级，为了节省安装费用，魏铁顺同志带领 4 名民警施工。他以前虽担任过监控中队中队长，但对监控系统安装只是简单了解，而在安装中涉及的不仅有监控工程，还有光纤传输设备、监听设备、红外无线触发报警设备、对射报警设备、对讲设备、手机屏蔽系统、门禁系统、分控系统的安装问题等。监控系统升级改造工作，对于魏铁顺同志来说，是一个全新挑战。在施工中，魏铁顺同志协调小组成员密切配合，克服了大量难题，出色地完成了工作任务，实现了管理区内监控全覆盖，达到了看得见、听得清、防得住、连得上的标准，为管理区内的安全防范工作筑起了一道铜墙铁壁。魏铁顺同志充分发挥了共产党员的先锋模范作用。他积极上进、不畏艰难、吃苦耐劳、任劳任怨的工作作风，是每一名民警学习的标杆；他为人正派、勇挑重担的高尚品德，是每一名民警对照自查的镜子。

热心公益　真情服务群众

魏铁顺同志乐于助人，热心公益。他生前有句座右铭：“人有所呼，我有所应；人有所求，我有所为；人有所困，我有所助；人有所盼，我有所办。”他带头开展警民共建活动，从 2007 年起无偿献血 32 次，受到广泛好评。在同事的眼里，魏铁顺同志没有一件时髦的便装，每天上下班，穿的就是一身警服。他说，严肃的警服，是最美的时装，永远不会过时。魏铁顺同志用实际行动证明了他是最美的司法行政戒毒人民警察。

个人简介

赵春芳

1955 年生，中共党员。现任吉林泉成律师事务所主任。

荣获“全国劳动模范”“全国创先争优优秀共产党员”“全国优秀律师”“全国三八红旗手”“全国司法行政系统劳动模范”“全国十大政法英杰”“吉林省特等劳动模范”“吉林省优秀共产党员标兵”等荣誉称号。

主要事迹

赵春芳同志凭着对党的一片赤诚、对律师职业的执着追求、对人民群众的浓厚感情，扎根山区、倾情奉献，以德为先、服务大局、不图名利。

寻找事实真相　维护公平正义

1990年，某村电工王某按照施工队要求，关闭村里电闸方便施工，他拉下电闸后，将保险丝摘下藏到电闸下方一个木墩底下后离开。村里开磨坊的赵某发现停电，就来到电工房自行找到保险丝，踩着木墩推上电闸，导致正在施工的一名工人触电身亡，检察机关以涉嫌责任事故罪起诉王某。赵春芳同志接受委托后，反复查看现场，从木墩下发现了保险丝留下的压痕，验证了王某的说法。同时，她敏锐地意识到：如果只是把保险丝放在木墩下，不会留下如此深的压痕，应该是有人踩着木墩推上电闸才能产生这种压痕，肇事者另有其人。赵春芳同志的意见引起法庭的高度重视，后经公安部门进一步侦查，终于确认赵某是推闸的人。王某被无罪释放！

发挥职能作用　服务经济发展

赵春芳同志长期担任靖宇县政府法律顾问，积极为当地经济建设提供法律服务。1984年，靖宇县政府与某林业局签订了一份联营合同，双方共同出资组建联营参场。后因资不抵债，林业局起诉靖宇县政府，要求偿还贷款，一审靖宇县政府败诉。靖宇县政府委托赵春芳同志代理二审诉讼。此案时间跨度达10年，困难重重。为查找证据，她不辞辛劳跑了近万里。就在案件调查进入关键阶段时，赵春芳同志因甲状腺癌住进医院，术后第 7 天，她就强拖病体参加二审开庭。二审法院没有支持上诉请求，她又坚决提出申诉。最后，靖宇县政府胜诉，她却因过度疲劳晕倒在法院的走廊上。

心系人民群众　服务弱势群体

一位老人有 7 个子女，但 5 个子女不履行赡养义务。法庭调解时，因为差 45 元赡养费而达不成协议，赵春芳同志说："赡养费算我一份儿，这 45 元我拿了。"她的言行感动了老人的子女，最后终于达成协议。她又帮助老人讨回小女儿欠其的 1 万元钱，为老人办理了免费提存公证，约定只能作为老人医药费及死后丧葬费支出。

恪守职业道德　情牵一方群众

2002 年，赵春芳同志接受靖宇县妇联委托代理一起案件，在外地办案返回途中遭遇车祸，头部受伤，鲜血直流。医生建议住院观察，她却因不愿给县妇联增加费用，不但没有住院，而且坚持换乘长途汽车返回。

坚强抵抗病魔　展现人间大爱

1999 年以来，赵春芳同志先后罹患甲状腺癌、宫颈癌、乳腺癌，但她从没有因此而消沉，她说："死亡并不可怕，可怕的是人活着的时候做的事太少而愧对人生。"2020 年年初，新冠肺炎疫情暴发，她向党支部捐款 1000 元，又向县红十字会捐款 5000 元。赵春芳同志说："我是一名共产党员，许多同志们都在卡点昼夜值勤，我身体不好无法上卡点工作，这是我的心意，用这点钱买些防疫物资，盼望国家早日战胜疫情。"

黑龙江

个人简介

刘建民

1959 年生，中共党员。生前任佳木斯监狱看守大队枪械室负责人，一级警员（二级警督警衔）。1976 年参加工作，历任莲江口监狱八监区看守所所长、佳木斯监狱看守大队第二警卫室主任等职。2019 年 2 月 15 日，因公牺牲，时年 60 岁。

获荣誉 20 余项，其中 3 次荣立个人三等功，2 次被评为黑龙江省直监狱系统优秀共产党员，3 次被评为监狱优秀共产党员，4 次被评为监狱先进工作者，4 次被评为优秀公务员，2019 年被司法部追授“全国司法行政系统二级英雄模范”荣誉称号。

主 要 事 迹

2019 年 2 月 15 日，刘建民同志像往常一样早早来到单位后就开始忙碌。同事小伊看到他后，问道："刘叔，您又来这么早啊！"刘建民边忙活边说："快退休了，站好最后一班岗。"当日 8 时 5 分，刘建民同志突然晕倒。同事立即找出他一直随身携带的硝酸甘油给其服下，并紧急组织监狱医务人员抢救。最终还是没能挽回刘建民同志的生命，待急救车赶到时，刘建民同志已经停止了呼吸，时年 60 岁。那句"快退休了，站好最后一班岗"，竟成了他人生中的最后一句话。

44 年里，刘建民同志扎根基层一线，始终坚守在岗位上默默奉献；在工作中他有担当，遇到困难敢于迎难而上。他勤勤恳恳、踏踏实实做好本职工作，乐于助人。有一次因工作需要，他二话不说，没穿防护服就带头跳入寒冷的水池中作业。由于经常在冰冷的水中作业，他患上严重的关节炎，膝盖经常肿得很大，行动不便。

2006 年至 2014 年，刘建民同志任佳木斯监狱看守大队第二警卫室主任，无论春夏秋冬、风霜雪雨，他每天都早早来到警卫室。第二警卫室民警年龄都偏大，他就身先士卒，什么事情都带头干、抢着干；只要有人去学习或请假，他就主动顶班。在第二警卫室的 8 年间，他未休过一次年假。

2014 年 10 月，刘建民同志被调任看守大队枪械室负责人。他深知枪械库是监狱重点区域，责任重大，所以即便是节假日，他都全天候待命，只要有需要，哪怕是深夜也保证随叫随到。他自己从不请假，也要求枪械室的同志按时到岗；无论谁家有事，他都是第一时间帮忙顶班。即便是临近退休，刘建民同志也仍保持着以往的工作状态，诠释了监狱人民警察忠诚履职、无私奉献的精神。

刘建民同志踏实做事，朴实做人，从不计较个人得失，任劳任怨，凭着赤诚的奉献精神，践行着自己对监狱事业的追求，以自己无声的行动展现了一名共产党人的可贵品格。2019 年春节后上班没几天，刘建民同志与同事说起身体有些不舒服，同事劝他赶紧去医院检查一下，他却说，“刚过完年，工作太忙了，等忙过了这阵子再说吧”。他经常对年轻民警说：“监管工作中的小事儿，其实都是安全稳定的大事儿。监狱工作岗位不分主次，任何岗位的民警都要尽职尽责。”

60 年人生，44 年工作，31 年党龄……

几十年如一日，刘建民同志用 60 年的人生历程，书写了一部爱岗敬业、执法如山、履职担当、公正廉洁的感人篇章。他把生命最后一刻定格在自己热爱的工作岗位上，用生命诠释了监狱人民警察的忠诚和担当，谱写了新时代共产党员、监狱人民警察全心全意为人民服务的壮烈篇章。

个人简介

薛玉娟

1975 年生，中共党员。现任黑龙江省女子监狱党委委员、副监狱长。1997 年参加工作。

荣立个人三等功 3 次、个人二等功 1 次，多次荣获优秀共产党员、先进工作者、“全国五一巾帼奖”等荣誉称号，2020 年被党中央授予“全国抗击新冠肺炎疫情先进个人”荣誉称号。

主要事迹

2020年，新冠肺炎病毒肆虐武汉，汉口监狱警力极缺，严重危及监管安全秩序，在湖北告急、武汉告急、监狱告急的关键时刻，为响应中央、黑龙江省委号召，薛玉娟同志带领来自黑龙江省20所监狱的50名女警逆行出征，毅然驰援武汉。

怀着最坚定的心　强忍心中的不舍

“妈妈，我不想让你走！”儿子那天的哭腔，至今还不时回荡在薛玉娟同志的耳旁。临行前，薛玉娟同志思绪万千，彻夜未眠。她的爱人也在监狱隔离工作，她出征武汉后，年迈重病的父母无人照顾，放假在家的儿子也将独自生活，她的心中十分酸楚。她将家里需要交代的事都写好装在信封里，本想清晨悄悄离开，却被儿子堵在了门口。薛玉娟同志强忍心中的不舍，转身离去。

扛起监管压力　率领全队克难攻坚

在汉口监狱，黑龙江省援鄂工作队接管了三个监区和一个方舱隔离区的监控执勤任务。作为领队的薛玉娟同志需要克服诸多困难。首要便是克服队员恐惧心理，凝聚全队力量。在直面武汉疫情危险和挑战的情况下，薛玉娟同志提出了“危难关头看干部，关键时刻党员上”的号召。队员全部上岗后，为保证战时队伍的稳定和激发队伍战斗力，薛玉娟同志将思想政治工作作为重点，以党建带队建，及时了解队员思想动态，每天轮流与各小组组长谈话，全方位掌握每名队员工作、生活、家庭情况，一旦发现队员存在困难，及时沟通、快速解决，保证队员思想稳定，没有后顾之忧。在她的带动下，全体队员凝神聚力，团结一心，成为一支能打敢拼的巾帼队伍。这支临时组建的队伍，除了 5 名来自女子监狱的队员之外，其他人都没有直接管理罪犯的经验。薛玉娟同志从统筹警力配置、组织机构、规章制度三方面入手，制定了相关规章制度，将队伍管理纳入规范化轨道。上岗后，这支队伍靠着岗前的突击培训以及每位队员尽职履责的担当精神，十分圆满地完成了汉口监狱交付的监管工作任务。

创新“菜单式”特色改造模式　取得特殊时期的非凡成绩

面对疫情暴发以来罪犯情绪波动大的情况，汉口监狱确定了大力开展教育改造活动的工作思路，并将这一任务交给了黑龙江省援鄂工作队。薛玉娟同志接过这一重任后，迅速抽调精干人员成立工作小组，开展包括“心理大讲堂”“狱园好声音”“我运动，我健康”“在我心中你最美”抗疫征文、心愿箱等系列主题活动；针对不同监区的不同情况，设置了因区、因人开展的“菜单式”特色改造模式。各监区从被动接受命令转变为主动选择适合自己的活动模式，开展教育改造活动的主动性、适应性、成效性均得到提升。黑龙江省援鄂工作队女警一系列教育改造的创新做法，极大地稳定了罪犯的改造情绪，确保了汉口监狱监管的安全稳定。

上海

个人简介

谷志明

1965年生，中共党员。1984年被上海市司法局分配到白茅岭农场，成为一名司法干警。1984年6月16日，在郎溪地区抗洪救灾中英勇牺牲，年仅19岁。

1984年被上海市人民政府、安徽省人民政府授予“革命烈士”称号。

主要事迹

1984年6月12日至14日，皖南郎溪地区连降暴雨，昼夜不停，导致山洪暴发，滚滚洪水冲进了白茅岭农场的宿舍区，农场地区群众的生命和财产安全受到严重威胁。白茅岭农场的干警、职工，义无反顾地投身到这场抗洪抢险的斗争中，谷志明同志是抗洪抢险队伍中表现最突出的一个。抗洪抢险队冒着暴雨赶到抢险地点，谷志明同志第一个跳入水中用自己的双手堆砌一个个沉重的沙袋填堵堤坝缺口。但洪水来势凶猛，眼看堤坝缺口越来越大，越来越难以控制，这时又是谷志明同志第一个把麻袋挡在自己的胸前，用自己的身体堵住堤坝缺口。其他队员随后也纷纷跳入水中和谷志明同志一起肩并肩战斗，连续奋战十几个小时。堤坝抢险任务完成后，农场宿舍因洪水冲坏了水泵，供水出现问题，居民的饮用水失去保障，农场党委决定从营盘山接水过来解决居民的饮水问题。谷志明同志刚刚结束抗洪抢险，身体已疲惫不堪，但当听到要到营盘山接水时，他不顾劳累，顶着风雨，又与其他干警一起出发，把一卷卷50千克重的消防帆布水管往山上搬，由于天降暴雨，山路十分难走，谷志明同志一次又一次跌倒，一次又一次爬起来，毅然坚持，就这样他又连续奋战几个小时把消防帆布水管抬到山上。

1984年6月15日，由于暴雨一直未停，河水陡涨，超过了1983年大洪灾时的最高水位，郎溪地区遭受了历史上罕见的特大洪灾。农场附近红星大队的3000多名群众被围困在圩堤上，整整两日两夜未进一餐，急待救援。农场党委接到郎溪县委救援急电后，立即组织司法干警营救队实施营救，谷志明同志不顾疲劳和伤痛，主动要求参加营救队，他说：“在农场利益和群众安全受到威胁时，我就要挺身而出，这个时候农场需要我，群众也需要我，我要为农场贡献我自己的一份力量。”农场领导考虑谷志明同志在之前的救援抢险中已经受伤，不让他参加救援队，但他强烈要求参加。就这样谷志明同志还是参加了救援，和队员们一同带上干粮和营救物品前往郎川河畔进行救险。1984年6月16日上午，救援队员准备强渡郎川河，但当他们上了竹筏才发现由于水流太急，完全无法控制竹筏前进的方向，没办法到达对岸。经紧急研究，最后决定救援队员身背尼龙绳索，在水流比较平稳且河道比较窄的中斗村渡口强渡郎川河。谷志明同志和几位队员，手拉绳索泅水拉排横渡。与洪水的战斗持续了将近一个小时，谷志明同志和援救队员都已精疲力竭，但看到对岸数千名群众为他们焦急担心，为他们加油鼓劲，他们又有了力量，信念支撑着他们奋勇前行，当竹筏离对岸还有40米左右时，胜利就在眼前，谷志明同志高呼“同志们坚持住，要到岸了！”但洪水在加速，突然一个大浪冲着救援队员们拍来，拍打在他们身上，由于谷志明同志身体比较单薄，再加上身上还有伤，大浪把谷志明卷入了激流中。几名救援队员见状，第一时间跳入水中营救谷志明同志，但洪水凶猛，漩涡越来越大，队员用尽全力也无法营救谷志明同志，就这样谷志明同志身体浸没在漩涡中再也没有浮出水面，献出了年仅19岁的生命。其他抢险队员化悲痛为力量，奋力拼搏，最终成功到达了对岸，给岸上的群众带来了生命的希望，取得了抗洪抢险战斗的胜利。

谷志明同志去世后，白茅岭农场组织了追悼会。白茅岭农场的干警、职工还有当地群众上千人眼含热泪，参加了追悼会，对谷志明同志的离去深深地哀悼。

个人简介

朱惠国

生前任上海市五角场监狱监审室副主任兼警务督察分队队长。1989 年参加工作，历任分监区中队长、指导员等职。2015 年 1 月 12 日，在通报警务督察工作后，突发脑干出血，经抢救无效去世，年仅 45 岁。

2015 年被司法部追授“全国司法行政系统二级英雄模范”荣誉称号。

主要事迹

朱惠国同志自参加工作以来，秉持严谨认真的工作作风，业务上刻苦钻研，不断改进工作方法，努力提高工作成效；在艰苦的环境中任劳任怨、兢兢业业，从不计较个人得失；在生活上严于律己，作风正派，关心同志。他以高尚的精神境界和踏实的实干精神，生动塑造了一名信念坚定、勤勉务实、敢于担当、清正廉洁的共产党员和监狱人民警察的形象。

一线摸爬滚打铸就多面手

朱惠国同志生前常说："干我们监狱警察的，有信仰，才能不患得失；站得稳立场，才能扛住压力，把工作干好。"从警26年来，他长期扎根监管改造第一线，在日复一日的"开封、收封、带队、包组"中，磨炼执法功底，逐渐成长为监管改造工作的行家里手。

在负责管教工作时，他坚持钻研管教业务，在各类管教业务培训及岗位练兵活动中，总能看到他的身影。从事督察工作后，他利用业余时间，收集大量法规资料，勤奋自学，熟练掌握监狱各项制度规定，成为监狱有名的"活字典"。

改造罪犯　"用一把钥匙开一把锁"

在长期一线改造工作中，朱惠国同志积极探索教育改造罪犯的方法和手段，逐步摸索出一套行之有效的管教办法。

他对罪犯并非简单处理，而是坚持"用一把钥匙开一把锁"，帮助他们解开心结。罪犯金某是一名累犯，改造中情绪波动大。朱惠国同志明之以法，反复为金某解读刑事司法政策；晓之以利害，最终促其安心改造。朱惠国同志在执法中还注重宽严相济，既坚持对罪犯严格规范管理，又依法保障罪犯合法权利。

“啄木鸟”式的“警中警”

“人人怕他，却无人恨他。”这是五角场监狱的同事对朱惠国同志的吊唁。朱惠国同志担任警务督察分队队长后，铁面无私，有效提升了监狱警务执法工作质量。监狱工作的一些问题往往是“常见病”“多发病”，容易反复。面对单警装备佩带不规范这个“老大难”问题，朱惠国同志从思想认识入手，教育民警，“单警装备在执法过程中对罪犯是一种震慑，对民警是一种保护，是规范执法、安全执法的保障”。

朱惠国同志作为“警中警”，为了帮助监区更好地改进和规范执法工作，每次督察他都随身带着摄像机，随时记录问题，并向监区下发工作提示，要求大家对照检查、举一反三、限期整改。

半个家在五角场　半个家在崇明

“他用生命完成了最后的发言，虽是绝唱，却精彩异常。”有一名同事这样悼念他。去世那天，朱惠国同志原本要带眼部受伤的儿子去医院就诊；当得知有会议安排时，不得已，让妻子请假陪儿子去了医院。但是谁也没有想到，在会场上的发言成为他人生最后一次发言。

朱惠国同志所在的五角场监狱在杨浦区，而妻子却在崇明区工作。小家庭就此“一分为二”，隔江相望。在妻子眼里，朱惠国同志是父母的好儿子、儿子的好爸爸、自己的好丈夫，更是一名好警察，他努力扮演好了每一个角色。

个人简介

殷光辉

1963 年生，中共党员。生前任上海市监狱管理局劳动管理处处长。1982 年参加工作。2020 年 1 月 5 日，倒在工作岗位上，时年 57 岁。

被司法部追授“全国司法行政系统二级英雄模范”荣誉称号。

主要事迹

殷光辉同志用一生的行动，忠实履行了一名党员领导干部和监狱人民警察的神圣职责，在平凡的岗位上作出了不平凡的业绩。他是新时代上海监狱人民警察“不忘初心、牢记使命”的好榜样。

殷光辉同志身上，体现了一名共产党员矢志不渝的理想信念，体现了献身党的监管改造事业、岗位建功、尽忠职守的优秀品质。担任农场公安民警时，他维护农场治安稳定，在抗洪抢险中舍身营救群众，守护一方平安；担任监区长时，他光明磊落、公正执法，潜心教育罪犯，模范践行党的改造宗旨；担任领导干部后，他勇挑重担、呕心沥血，不畏挑战、攻坚克难，持续推动上海监狱管理工作提质增效，为推进“五大改造”工作夯实了基础。在从警生涯中，殷光辉同志政治立场坚定，模范履行岗位职责，在平凡的岗位上书写了不平凡的人生华章。

在监管安全管理工作中，殷光辉同志坚持关口前移、战线前置，从基础一线入手，从小事抓起，主动防范，主动出击，始终坚守自己尽职的安全底线。作为多次移押任务的领队，他主动部署每一项具体工作。他深刻把握“危险源—隐患—事故”链条，在日常隐患排查基础上，向前一步开展危险源辨识防控工作，将风险扼杀在萌芽状态。

殷光辉同志对工作充满热情，真情对待同事战友，真切关爱家人，以实际行动培育一名党员领导干部的良好“家风”。他生于农场、长于农场，在艰苦的成长环境中养成了胸怀坦荡、纯真质朴的良好品格。对久病的母亲，他精心伺候，煲汤喂药，细心周全，力行孝道；对同事，他随和亲切，关心爱护，授业解惑；对朋友，他诚实谦和，扶危解困，古道热肠。在基层工作时，每当民警遇到困难总能看到他的身影。他为人随和，从不摆架子，总是冲在第一线。到了局机关，下基层检查调研，他总会组织犯情分析会、民警座谈会，用自己多年经验为改造罪犯提供建议。为了更好地培训民警，他主动放弃休息时间，担任兼职教官，利用业余时间备课，编写“上好罪犯的第一堂课”教案材料。无论在任何工作岗位上，他都重情重义，示范引领；无论是亲人、同事还是朋友，都把他当作心目中最信任的人。

个人简介

周　盟

1979 年生，中共党员。现任上海市新收犯监狱狱政管理科（狱内侦查科）科长、党支部书记。

荣获“全国监狱先进工作个人”、第七届上海市“十大平安英雄”、上海市“司法行政工作先进个人”、上海市“人民满意的公务员”等荣誉称号，荣立公务员个人三等功，2020 年被授予“全国先进工作者”荣誉称号。

主要事迹

人民警察是国家重要的治安行政和刑事司法力量，在佘山脚下的上海市新收犯监狱，有这样一支特殊的监狱人民警察队伍，他们心系社会，为平安上海、法治社会建设默默奉献着自己的青春和热血，周盟同志就是这支队伍中的一员。

踏实肯干　做监管改造实在人

工作中，周盟同志始终践行一个“实”字：实实在在做人，脚踏实地做事。作为上海监狱罪犯收押的“头道关”，面对每年大量的罪犯收押和分流遣送任务，他立足源头，主动思考想办法、积极应对出实招，完善内部收押流程，牵头制定了“收、关、管、训、教、评、分”7字工作标准，有效提升了新收工作的规范化水平。针对新收犯情的复杂性，他主动探索，总结形成了“13712”新收犯情快速摸排法，更加准确、迅速地摸排、掌控犯情，该摸排法已成为新收犯监狱民警的一门必修课。

勇挑重担　做安全稳定守护人

安全是监狱工作的永恒主题。周盟同志带领基层民警苦练基本功，人人练就“火眼金睛”，织密安全防控网。面对突如其来的新冠肺炎疫情，他主动请缨，带头冲进监管安全第一线，牵头组建新收隔离监区，精心制定收押方案，开展模拟推演，制作《新收隔离监区工作手册》等规范，圆满完成防疫期间罪犯的收押任务，确保了监管安全。

示范引领　做“深挖”工作内行人

多年来，周盟同志和战友们面对每年数以万计的新收罪犯，在没有案发现场第一手资料、没有被害人指控的情况下，年均向公安机关提供犯罪线索千余条，协助破获各类案件百余起，让新收犯监狱的美誉历久弥新，为社会和谐稳定作出了积极贡献。

“黄沙百战穿金甲，不破楼兰终不还。”从警20多年来，周盟同志在监狱这个没有硝烟的战场上，默默奉献、守护平安，用执着和坚守诠释了“申城多少平安夜，监狱几代守夜人”的职业情怀和价值追求，成为监狱人民警察学习的榜样与标杆，谱写了无愧于“新时代监狱人民警察”称号的华丽篇章。

个人简介

吴桂堂

1961年生，中共党员。现任上海市四岔河监狱狱政管理科二级高级警长。1980年参加工作。

2000年荣获“全国先进工作者”荣誉称号。

主 要 事 迹

在四岔河这块远离上海的“飞地”上，有一群“献了终生献子孙”的守夜人，他们把满腔赤诚奉献给了上海监狱事业。吴桂堂同志，就是他们中的一员。

1984年，吴桂堂同志从部队转业。面对全新的工作内容、全新的环境、全新的要求，吴桂堂同志没有迷茫和迟疑，一头扎进了工作中。不懂，就问；不会，就学；不精，就练。正是凭着这份用心，吴桂堂同志在工作上一路成长，不断超越。

用心才能卓越

工作中，吴桂堂同志总是比他人多花心思。在对管理对象的“深挖”上，他更是细而又细，善于从蛛丝马迹中探寻疑点和突破口。1999年，一批人员被送到中队。在与江某的第一次谈话时，该人面无表情地说着自己的情况，而吴桂堂同志凭着多年的职业敏感性察觉到异常。结束谈话后，他立即和该人员户口所在地派出所取得了联系，得到的回复是“查无此人”。吴桂堂同志迅速采取行动，他一方面安排专人对其进行了严密监控，防止意外；另一方面调阅江某档案，制定了攻坚策略，确定了突破口。

吴桂堂同志将江某叫到中队办公室，趁其不备，突然问他到底叫什么名字。江某在慌乱中交代了一个假名和一起团伙抢劫案。综合分析江某的情况，吴桂堂同志深感他可能还有更大的问题。

春节将至，教育改造人员心理普遍放松，江某的戒备之心也明显松懈下来。吴桂堂同志决定再次突击审问。大年三十，他再一次找江某谈话并单刀直入，江某百般抵赖，又编造了好几个假身份，可在确凿的证据、严谨的逻辑面前，都一一被拆穿。看着江某额头上的汗珠和苍白的脸色，吴桂堂同志再次郑重其事地宣讲了党的有关政策和相关的法律条文，并晓以利害，一下子就击垮了江某的心理防线。最终，江某交代了自己的真实身份和杀人案件。历时近10个月的“深挖”，终于水落石出。

转型更显执着

2014年，顺应司法体制改革要求，戒毒所转型成为上海市四岔河监狱。早在2009年，吴桂堂同志就带着一批同志组建了“吴桂堂工作室”，主要目的就是更加专业地开展“深挖”和教育培训工作，以点带面，为监管改造事业培养更多行家里手。2016年11月，“吴桂堂教育矫正创新工作室”成功申办，成为上海市级劳模创新工作室。新的台阶，意味着新的要求；新的要求，更需要新的作为。吴桂堂同志主动请缨，要求到更需要的地方去。他说：“整个上海监狱系统正在深化严管监区建设，我的工作室应该扎根基层，经验、能力从基层中来，效果、文化到基层中去，和严管监区工作结合起来，工作室才会有更大的舞台。”从科室到监区的工作只是一小步，但把想法变为行动，有更大一步要迈。到了严管监区，吴桂堂同志通过调研、论证，制订了工作室“三步走”行动计划。第一步是“搭起架子”，组建团队，形成机制；第二步是“作出样子”，探索规范，形成标准；第三步是“树好牌子”，创新生效，形成典型。“别小看迈出的第一步，它说明离第三步更近了”，面对工作室今后的发展，吴桂堂同志信心满满。吴桂堂同志更忙了，但他更加渴望，能在深化监狱体制改革大潮中做成一些事情。

个人简介

倪 宁

1954 年生。1971 年参加工作。

被授予“上海市劳教局深挖工作先进个人”、上海市劳动模范、“上海市深挖工作先进个人”等荣誉称号，2010 年被授予“全国先进工作者”荣誉称号。

主要事迹

作为改造战线的一名老兵，倪宁同志始终怀着高度的责任心和事业心，立足本职，踏实工作。他在改造战线普通的工作岗位上为清除改造场所不稳定因素，惩治违法犯罪行为，守护人民利益，维护社会稳定作出了积极而有成效的努力，有力地打击了违法犯罪分子的嚣张气焰，在平凡的工作岗位上创造了不平凡的业绩。

多年来，倪宁同志凭着锲而不舍的韧劲、穷追不舍的钻劲、斗智斗勇的巧劲，接连协助公安机关破获伤害致死案、抢劫伤人案、赌博案、卖淫嫖娼案……因此，他常被同志们亲切地称为新收中队的“过滤网”“防火墙”。

“不打无准备之仗”，是倪宁同志从事“深挖”工作的最大体会，他的经验就是“二真三勤四心”。

“二真”：一是认真。“深挖”工作是新收中队一项重要的常规工作。每一批新收改造人员进队之后，倪宁同志做的第一件事情就是找小组成员每人个别谈话一次，通过谈话了解情况，从中查找不安全因素，一旦发现蛛丝马迹就认真排查，深究下去，直到水落石出。二是真心。对待改造人员要真心。曾经，他为一名脚伤的改造人员挤脓水、消毒、包扎，该改造人员极为感动，提供了一起赌博案件的重要线索。上海市闵行公安分局根据此线索一举端掉了聚众赌博窝点，抓获涉赌人员30多名，缴获赌资数万元。

“三勤”：一是勤动脑。在倪宁同志看来，“深挖”工作难就难在怎么找出疑点，如何分析疑点，又怎样解开疑点，找到答案。这就需要搞“深挖”的人多动脑筋勤思考。2005年9月上旬，当面对一名有意主动检举的改造人员时，他及时把握疑点，并经过长时间的劝说，使该名改造人员作出了正确选择。根据该线索，上海市公安机关协助重庆警方成功破获了一起持刀抢劫摩托车的恶性案件。二是勤动口。勤动口就是要求干警有耐心，不厌其烦地对罪犯进行反复教育，也许机会就出现在面前。2003 年倪宁同志在“深挖”一名改造人员时，通过网上比对，确认该人员就是福建警方通缉的一名盗窃犯，但其矢口否认。为此，倪宁同志以不同的方式教育他，终于在第七次谈话以后，该人员交代了案件。三是勤动笔。“深挖”工作中，制作笔录是件很重要却又很烦琐的事。每年倪宁同志上报的线索材料数量是全中队最多的，线索内容也是最详细的。2006 年 4 月，新收改造人员检举其老乡在老家将人打死后躲藏在某小区内，但具体的地址和门牌号他不记得了。倪宁同志根据他的记忆描绘了一张大致的地形图，根据这张地形图，闵行警方迅速将凶犯抓捕归案。

“四心”：一是决心。对“深挖”工作，要有决心，要想干、肯干、巧干，勤动脑，多下功夫，在失败面前不气馁、不妥协，憋着一股劲，始终钻、始终做。二是信心。在“深挖”工作中，要有必胜的信念作鼓舞和引导，并把这种信念作为自己在“深挖”工作领域不断前进的动力和方向。三是耐心。在“深挖”工作中，不能有急躁、急于求成、急功近利的心理，要有坚韧不拔的意志、锲而不舍的精神、耐心细致的态度。四是细心。“深挖”工作要有细心的观察、细致的分析，这样才能找到问题的症结，找到切入点；应步步引导，考虑周全。

在艰巨的“深挖”工作中，倪宁同志始终兢兢业业，时刻体现着勤奋、奉献、开拓的“红烛”精神，保持着工作认真、勤奋忘我的精神状态；他的一言一行影响着身边的每一个人。

个人简介

洪　亮

1975 年生，中共党员。现任上海至合律师事务所高级合伙人。

多次荣获世界顶级法律评级机构钱伯斯的“最佳商事律师奖”，荣获《商法》杂志 2020 年度“The A-List 法律精英 100 位中国业务优秀律师”、“全国劳动模范”、“上海市劳动模范”等荣誉称号，荣获“全国五一劳动奖章”、上海市“青年五四奖章”，2018 年入选司法部“全国千名涉外律师人才库”，2019 年入选“上海市涉外法律人才库”。

主要事迹

洪亮同志作为专业骨干，在法律事务方面，尤其是在国资国企、政府公共法律服务、公司法、房地产、建设工程、金融法、外商投资等领域有突出贡献。在执业期间，洪亮同志已为多个国内外重大项目提供诉讼以及非诉讼法律服务，例如，2016年以当年度最大规模（近百亿元人民币）帮助国内著名国有融资租赁公司成功融资。他善于总结实务经验，发表了大量理论研究和实务分析文章。

洪亮同志参加上海市人民检察院、国有资产监督管理委员会主持的“近年来国有企业资产评估环节职务犯罪案件的调查分析报告”课题组，开创性地提出增加评估机构事中监管、事后追责制度，该报告的发布直接影响了上海市新一轮国企改革中关于资产评估环节的制度设计。2016年、2017年、2018年，洪亮同志参与了上海国资系统“‘容错机制’的论证设计”“党建条款加入企业章程”等课题，最终被国有资产监督管理委员会采纳并适用于上海市属国企。

在担任上海市党代会代表、上海市政协委员期间，洪亮同志多次提出专业建议、议案，用自身行动努力践行社会主义法治理念；提出党代会代表的常任制建议。2020年年初，新冠肺炎疫情暴发，他密切关注疫情动态，共提交5项关于社情民意的建议以及1份提案，推动了相关政府部门相应政策的出台。

在担任上海市国有资产监督管理委员会兼职法律顾问期间，洪亮同志积极参与各项课题研究，就相关案件提出建设性意见。

在担任上海市律师协会国资国企业务研究委员会主任期间，洪亮同志积极履职，参与了上海市国有资产监督管理委员会《国有非上市公司章程指引》、上海市律协《律师办理国有企业改制法律业务操作指引》的制定工作以及上海市人民检察院预防职务犯罪案件课题的调研工作，并积极接受上海市人民政府法制办、市人大法工委等机构的邀请，对其制定的法规、条例、政策等草案提出修改意见。

洪亮同志为基层矛盾化解作出贡献。他热心社会公益事业，主动承担社会责任，具有强烈的奉献精神。2006 年，在他的倡导引领下，全国首家中学生法治教育实验基地成功组建，帮助中学生开展模拟法庭、法制教育、法制宣传等活动，将社会调研的调研结果提交政府部门，积极倡导将法制教育课程纳入中学生思想道德课程中。2012 年，洪亮同志资助青海、西藏地区的学校，在历年“蓝天下的至爱”活动中积极筹款。自 2012 年起，持续资助一困难家庭学生（父亲患肝癌过世，母亲为务工人员）近 10 年，不仅在物质上给予帮助，还时常与其通信交流。2019 年，洪亮同志牵手上海规模最大的成年自闭症患者帮扶组织“湛蓝工作室”，发起关爱自闭症人士公益计划，积极帮助成年自闭症患者康复、生活、创业。

个人简介

戴岱元

1956年生，中共党员。历任上海市嘉定区外冈镇团委书记、村党支部书记、综合治理办公室主任、外冈司法所所长、外冈司法所主任科员，2016年退休。

荣获2005~2007年度上海市“优秀人民调解员”、2007~2009年度上海市先进工作者等荣誉称号，2015年被授予“全国先进工作者”荣誉称号。

主 要 事 迹

百姓心中的“守护神”

在从事司法行政工作的数十年间，戴岱元同志始终保持对司法行政工作的热情，钟爱人民调解事业，常年骑着他的“小毛驴”奔走在大街小巷、田间地头，忙着做老百姓的“主心骨”，把外冈镇大大小小的纠纷都处理得妥妥当当。在处理矛盾纠纷过程中，戴岱元同志心里始终装着社会的稳定、群众的利益，工作中主动“换位思考”，巧解心结、巧理纷争、巧化矛盾，群众遇到“急、难、愁”的事都愿意请他这个“老娘舅”出来帮忙。他被群众赞誉为“我们身边的守护神”，共调解各类纠纷千余起。

2012 年 1 月 22 日，某公司门卫值班员朱某身亡，报警后经公安机关鉴定为猝死。死者家属赶至公司后，情绪非常激动，强硬要求公司按照《劳动法》及《劳动合同法》规定，以工伤死亡标准赔偿损失。而公司方以意外为由，不同意承担赔偿责任。纠纷双方对赔偿意见不一，促使矛盾加剧。戴岱元同志接到求助以后，对事件的过程进行仔细的调查和分析，在与死者家属沟通中，把事件的过程和责任一一分析讲明，使死者家属情绪渐趋缓和，同意着手操办朱某后事。戴岱元同志又从公平原则考虑，做通企业工作，使其同意给予死者家属部分补偿。一场持续半月之久的意外死亡补偿纠纷，终于在他的努力下得到圆满解决。

干部心中的“老法师”

担任外冈司法所所长期间，面对外冈镇辖区面积大、流动人口多，各类社会矛盾频发的势态，戴岱元同志坚持从加强司法所规范化建设入手，狠抓队伍建设和制度建设，坚持用制度建所、用制度管人。他先后制定司法所工作人员守则、岗位责任制、执法过错责任追究制等10多项内部管理制度，对司法所工作人员的工作作风、思想作风、业务技能、服务态度等方面提出了明确的要求。他积极推进司法行政工作向基层村居延伸，着力强化人民调解组织网络建设，着力加强基层调解组织建设，在辖区21个村居中建立健全人民调解组织，同时积极发展区域性、行业性人民调解组织，不断拓宽调解工作领域，先后建立"诉调对接"工作机制、"公调对接"工作机制、劳动争议调处工作机制，初步形成了具有外冈特色的、以司法所为基础平台的大调解工作格局。通过建立"重大时节每天报、重要时节每周报、日常时期半月报"的纠纷排查机制，及时将矛盾纠纷解决在萌芽状态，有效实现了"一般矛盾不出村、复杂矛盾不出镇、矛盾不上交"的工作目标，有力地提升了司法所在党委政府和群众心目中的地位。在他的带领下，外冈司法所1998~2004年连续7年被上海市司法局评为"红旗文明岗单位"，2005年被司法部授予"全国先进司法所"荣誉称号，2007年被上海市司法行政系统评为先进集体，2010年被评为上海市"示范司法所"。

戴岱元同志数十年爱岗敬业、无私奉献，源于他对司法行政工作的挚爱，源于领导和群众对他的信任，也源于家中贤内助的理解与支持。

无数个日夜，他进园区、跑企业、入车间、下班组，宣传法律、调解纠纷、处理矛盾；每年调处各类纠纷近百起，为企业开设法制讲座10多期。

2016年9月退休后，戴岱元同志返聘成为一名普通的人民调解员，继续从事人民调解和法律服务工作，依旧为百姓的和睦，为社会的和谐，为他热爱的乡村调解事业忙碌奔波着，发散着自己的光和热。

江苏

个人简介

余林生

1947 年生，中共党员。1968 年入伍，在济南军区守备三师历任战士、班长、排长、副连长等职。1979 年转业至地方。1984 年进入江苏省丁山监狱工作，历任中队干事、副中队长、中队长、副大队长、狱政科副科长等职。1998 年 3 月 9 日，在与罪犯搏斗中壮烈牺牲，年仅 51 岁。

被评为“五好战士”“双增双节先进工作者”，荣立个人三等功 2 次，受到师部的通令嘉奖 1 次，被评为江苏省监狱管理局先进工作者 1 次、监狱先进工作者 5 次，1998 年被江苏省人民政府追认为“革命烈士”。

主要事迹

1979年10月，余林生同志从部队转业至宜兴市食品公司和桥食品站任副站长，在新的环境、新的岗位上，他发扬部队的好思想、好作风，坚持摆正位置，用好权力，踏实工作，受到领导和同志们的一致好评。

1983年年底，监狱警力严重缺乏，余林生同志主动投身党的监狱事业，到江苏省丁山监狱工作。在为监狱事业奋斗的十几年中，余林生同志始终克己奉公、恪尽职守，为丁山监狱监管秩序的稳定洒下了辛勤的汗水。在担任四中队中队长主持工作期间，中队工作业绩年年有提高。在担任押犯多、任务重、危险大的中队队长期间，他带领全队迎难而上，提前两三个月完成工作任务。

1994年年底，余林生同志调任狱政科副科长，负责新成立的内看守中队工作。他深感责任重大，工作极其负责，长期不顾劳累，抱病工作。在手术清除胆结石后，他住院仅10天就不顾医生和家人劝阻，一头扎进繁忙的工作中。组织考虑他的身体状况，已安排他不再参加禁闭室值班；牺牲当日恰是他的最后一班岗。1998年3月9日早晨，家属见其身体不适，劝他到医院看病，他却坚持带病上岗。当日8时30分许，罪犯黄某某将值班工人汤某某打昏后，闯进值班室袭击余林生同志，余林生同志壮烈牺牲。

余林生同志具有坚强的党性和高尚的品德。在30年的工作生涯中，始终以一名共产党员的标准严格要求自己，保持坚定的政治立场，遵守党的纪律，弘扬党的优良传统和作风，在思想上、行动上与党中央保持一致。他始终坚持党的事业高于一切，只讲奉献、不求索取，吃苦在前、享乐在后，在平凡的工作岗位上，兢兢业业、恪尽职守，作出了不平凡的业绩。他一贯生活俭朴、作风正派、严于律己、为警清廉，深受同志们的敬重，是党的好干部、人民的好警察、监狱事业的忠诚卫士。

个人简介

罗永言

1942 年生，中共党员。生前任江苏省盱眙县铁佛乡司法助理员。1962 年参加工作，历任江苏省盱眙县铁佛乡召五村党支部书记、铁佛乡农业助理员兼水利站站长。1991 年参与并指挥抗洪救灾，因劳累过度病情加重，1991 年 11 月 3 日不幸病故，年仅 49 岁。

立功受奖 22 次，1991 年在抗洪救灾中荣立个人一等功，被司法部授予“全国司法行政系统一级英雄模范”荣誉称号。

主要事迹

罗永言同志干一行爱一行，忠于职守，勤恳扎实。1985~1991 年任铁佛乡司法助理员期间，罗永言同志对工作高度负责，对群众无比热忱，急群众所急，想群众所想，呕心沥血，竭尽全力为群众排忧解难。据统计，7 年间，经罗永言同志调处的各类民事纠纷 636 件，防止“民转刑”案件 31 件，1990 年民事纠纷发案率比 1985 年下降 75.1%。罗永言同志十分注重民事调解组织建设，在他的努力下，铁佛乡全乡共健全和完善调解委员会 28 个、调解小组 239 个，形成了强有力的三级调解网络。罗永言同志还非常重视法治宣传工作，“一五”普法期间，他共授法治课 87 场次，法治广播讲话 48 次，出墙报 210 期，受教育者达 13 万人次，使铁佛乡的普法教育工作名列全县乡镇之首。

1991 年 6~7 月，盱眙县遭到百年不遇的特大洪涝灾害的袭击，人民的生命财产受到严重威胁。在这危急关头，有多年肝病史的罗永言同志主动挑起了铁佛乡防汛指挥部助理指挥的重担。他以对党、对人民的赤胆忠心，强忍病痛，坚持上险堤指挥。他既当指挥员，又当战斗员，同民工一起挖土顶包、跳水堵决口，不分白天黑夜奋战不停。在抗洪斗争中，罗永言同志由于劳累过度、肝痛不止，晕倒在泥水中。他醒过来后，不顾高烧、头昏，仍坚持在一线工作，实在支撑不住，也只是到乡医院输两瓶盐水，就又返回抗洪第一线。就这样，罗永言同志在抗洪斗争中奋战了 40 个日日夜夜，当抗洪斗争基本胜利时，组织上安排他住进医院，经诊断为中晚期肝癌。

罗永言同志在平凡的岗位上作出了不平凡的业绩，用自己的实际行动践行了司法行政人员全心全意为人民服务的宗旨。

罗永言同志是党教育培养的优秀司法助理员，是伟大的抗洪英雄，他热爱党、热爱人民、热爱社会主义，有为共产主义事业奋斗终生的高度政治觉悟；他恪尽职守、秉公执法、任劳任怨，有全心全意为人民服务、乐于为他人排忧解难的高度责任感和强烈事业心；他在洪涝灾害严峻考验面前，有舍小家、保大家的无私奉献的优秀品质和生命不息、工作不止、顽强拼搏的革命精神。他是全体司法行政干警学习的榜样。

个人简介

刘荣贵

1957 年生，中共党员。生前任江苏省如皋市江安镇司法所所长。2014 年 1 月 8 日，不幸遭遇交通事故，经医院抢救无效离世，时年 57 岁。

被评为如皋市首届“十佳和谐卫士”、南通市“创先争优”优秀共产党员、江苏省“优秀人民调解员”，荣立个人三等功 2 次，2014 年被司法部追授“全国司法行政系统一级英雄模范”荣誉称号。

主要事迹

29 年执着如一日

1985 年，刘荣贵同志成为江苏省葛市乡司法办的一员，从此司法行政成为他毕生热爱的事业，他在基层司法行政工作岗位上默默坚守 29 个年头。

他深入化解社会矛盾纠纷，严格落实矛盾纠纷“镇月排查、村居周排查”制度，加强与单位部门的沟通协调，抓好矛盾纠纷的源头治理、过程管理和末端处理，力求小事不出村、大事不出镇。刘荣贵同志先后化解各类疑难复杂纠纷 1127 件，预防和避免“民转刑”案件 105 件。仅 2013 年，他就经手处理非正常死亡案件 27 件。他总结推广的换位思考法、亲情唤醒法、因案制宜法、合力调解法等调解工作“十法”，在基层调解实践中被广泛学习借鉴。

“既然领导信任我，把 10 万多人的大镇维稳工作交给我，我就要干好。‘金杯银杯’不如老百姓的口碑，这是我一直追求的目标。”刘荣贵同志始终把群众满意作为工作评判标准，群众的事再小也是大事，把群众的事办好、办实，是他矢志不移的追求。

永不停息的创新劲头

刘荣贵同志善于组织发动群众、巧解群众“闹心事”。2012 年 7 月，他在全镇组建成立金牌调解专业队，13 名村居专职调解员入选。专业队成员擅长农村家庭、邻里或土地等矛盾纠纷调解，由司法所组织调配，实行跨地区调解服务，配合协助各村居调委会调解重大疑难纠纷，先后成功化解疑难纠纷 31 件。2013 年 7 月，刘荣贵同志在全镇启动实施调解“金钥匙”工程，用“金钥匙”开启“锈锁”，集中排查沉积多年的矛盾纠纷，分片包干，包案到人，先后解决“锈锁纠纷”17 件。

刘荣贵同志创新劲头十足。他创新社区服刑人员教育关怀，组织开展“缅怀革命先烈，珍惜矫正机会”红色革命教育，通过听红军故事、唱经典红歌、瞻仰红色遗址，教育引导社区服刑人员自觉接受改造；定期组织社区服刑人员体检，聘请心理咨询师开展心理体检；其红色教育法、“双体检”等做法被司法部简报推广。

认认真真干好每一天

“做好每件事，干好每一天。”这是刘荣贵同志的口头禅。任江安镇司法所所长期间，他在发挥表率带头作用的同时，加强所务内部管理，推行所务精细管理法，完善司法所人员岗位绩效考核办法，明确细化人员工作职责，使人人有事干、事事有人干。全所 11 名工作人员中，老中青结成“传帮带”小组，相互学习，相互竞赛，创先争优蔚然成风。刘荣贵同志在任期间，江安镇司法所被表彰为江苏省规范化司法所、首批江苏省优秀司法所。

刘荣贵同志在全镇广泛传播法治理念，扎实开展“法律六进”活动，不断创新普法教育的形式和载体，打造了周庄居群众大舞台、格林机械法治文化园等特色法治文化阵地，其中《江安号子》等法治文艺节目深受群众喜爱。他在各村居建立法律援助工作联系点，为年纪较大、行动不便的当事人提供上门服务，先后办理赡养、工伤、劳资纠纷类法律援助案件 57 件。

“工作不为名、不为利，做点事情自己心里踏实。”刘荣贵同志用他的言行践行了“为人民群众服务一辈子、为党的事业奉献一生”的庄严承诺！

个人简介

张以春

1986 年被扬州市人民政府授予“优秀人民调解员”荣誉称号，1989 年被江苏省司法厅授予“优秀司法助理员”荣誉称号，1991 年被江苏省司法厅记个人一等功，1991 年被司法部授予“全国司法行政系统二级英雄模范”荣誉称号。

主要事迹

在1991年百年未遇的特大洪涝灾害中，张以春同志危急关头冲在前，舍小家保大家，投身抗洪不忘本职。

当地势很低的荡朱乡水位暴涨到3.2米，与江苏省高邮市横泾乡毗邻700米长的姜戴圩出现险情时，张以春同志以非凡的组织能力，集中了4个村的300多人赶赴现场，连续战斗4日4夜，保住了圩堤；在中丁圩农科站坝头涵管穿通的危急时刻，他毫不犹豫地冒着生命危险跳入水中，带领群众奋战4小时，筑起了防护堤坝；与干部群众在一起，死保粮库，使1700多万斤的粮食免于受灾。

在抗洪斗争的27天里，他共指挥并参加保护圩堤2个、粮库1个，抢险12次，就地调解各类纠纷18起，受到干部群众的高度赞扬。

个人简介

纪浩生

1940年生，中共党员。1951年至1973年在部队服役，1973年至1981年在建湖塑料厂工作，1981年至2000年任江苏省原建湖县沿河镇司法干事。

在职期间，年年被评为市、县先进工作者。1990年被江苏省司法厅评为先进工作者，1991年被司法部授予“全国司法行政系统二级英雄模范”荣誉称号，在全国人民调解知识竞赛中获个人一等奖，1998年被盐城市委市政府授予“双十佳政法干警”荣誉称号。

主要事迹

1991年7月8日，沿河镇方姚村遭受特大洪水灾害，纪浩生同志发现闸下猛烈向外冒水，情况非常危险，他不顾个人安危3次冒死潜入闸底堵住出水口，保住了良田，也保住了村民人身安全。1991年，纪浩生的先进事迹被省、市电台电视台，以及《江苏法制报》《盐城晚报》报道。

纪浩生同志在法律服务所工作期间，吃苦耐劳，敢为人先，时刻以一名共产党员的标准要求自己；无论是在普通岗位还是在领导岗位，都能模范带头，上对领导负责，下对单位每名同志负责。退休后，他仍然发挥余热，关心国家法治建设，并在关心下一代健康成长方面作出了突出贡献，于2017年7月受到建湖县委组织部的表彰。

个人简介

曹仕祥

1965年生，中共党员。生前任扬州市司法局办公室主任。1985年参加工作，历任扬州市司法局教育科办事员、科员、副科长，扬州市法律援助中心主任。2003年12月4日，因患肝癌医治无效病逝，年仅38岁。

5次被评为扬州市司法局机关先进工作者，2次受到嘉奖，1999年被扬州市委市政府授予“人民满意政法干警”荣誉称号，1999年和2001年2次被市级机关工委评为优秀共产党员，1999~2002年连续4年被评为优秀公务员，2002年荣立个人三等功，2004年被司法部追授“全国司法行政系统二级英雄模范”荣誉称号。

主要事迹

曹仕祥同志政治坚定，旗帜鲜明，在思想上、组织上、行动上时刻与党中央保持高度一致，在工作中任劳任怨、不知疲倦，有着甘为司法行政事业奉献青春的坚定信念。他在创建并主管扬州市法律援助中心工作期间，工作成绩显著，该单位 2001 年被江苏省司法厅授予“全省法律援助先进集体”荣誉称号。

曹仕祥同志的生命短暂而灿烂，工作平凡而伟大。1998 年，在筹建扬州市法律援助中心和开通“148”法律服务热线工作期间，他积极研究制定方案，与各部门协调，落实硬件设施，制定各项制度，狠抓内部管理，经常加班加点，付出了艰辛的努力。由于白天忙于接待来访群众，进企业、跑农村走访援助对象，他就利用晚上赶写材料至凌晨一两点，从不叫苦叫累。扬州市法律援助中心成立后，曹仕祥同志一心扑在法律援助工作上，始终战斗在第一线，不辞辛苦为受援人四处奔走，在核实情况的基础上，不但为受害人提供法律援助，有时还给予其经济上的资助，有效保障了社会弱势群体的合法权益，受到了人民群众的一致好评。

曹仕祥同志处处以身作则，始终以共产党员标准严格要求自己。工作之余，他自费购置法律援助方面书籍，潜心研究法律援助制度，积极撰写法律援助调研文章。他先后起草了一系列法律援助规范性文件，有效提高了全市法律援助工作的规范化水平，在他的指导下，全市法律援助工作呈现蓬勃发展的局面。自担任扬州市司法局办公室主任后，在人员少、日常事务繁杂的情况下，他团结并带领办公室同志勤业敬业、无私奉献，对每一项工作都做到超前思考、理性思考。在他的爱人随国家医疗队“援非”期间，他不仅尽到了做父亲的责任，承担着家庭的重担，而且时刻铭记自己的工作职责，任劳任怨、不知疲倦。2003 年 9 月，领导与同事发现他脸色蜡黄，一再催促他去医院检查，他上午向调研组汇报工作情况后，下午才到医院做检查；被确诊为肝癌晚期后，他依然坚持回到办公室处理完成当天的工作。2003 年 12 月 4 日，曹仕祥同志因医治无效病逝。

曹仕祥同志严于律己，廉洁奉公，自觉遵守国家法律法规和机关各项规章制度，经常参加各种社会公益活动，待人谦和、为人诚实，尊重领导、团结同志，有着深厚的群众基础。在他身上充分体现出一名共产党员矢志不渝、兢兢业业、克己奉公的高尚思想品德，他用自己年轻的生命为司法行政事业谱写了一曲壮丽的乐章！

个人简介

王立步

1951年生，中共党员。江苏省原灌南县司法局堆沟港镇司法所所长、政法党支部书记。

2003年被江苏省委省政府授予全省“人民满意政法干警”荣誉称号并记一等功，2005年被司法部评为“全国模范司法所长”，2006年被司法部授予“全国司法行政系统二级英雄模范”荣誉称号，2006年被评为全省优秀共产党员，2008年荣获“江苏省道德模范提名奖”，2009年被评为“50位新中国成立以来感动江苏人物”，2010年被江苏省委政法委表彰为全省“杰出政法干警——优秀人民调解员”。

主要事迹

2012年，王立步同志从灌南县司法局堆沟港镇司法所所长岗位光荣退休后，成立王立步调解工作室，在化解纠纷、维护和谐稳定、促进乡村振兴发展中作出了新贡献，其个人调解工作室获“江苏省金牌个人调解室”称号。

调解工作室建立以来，王立步同志运用工作26年来积累总结的调解方法，倾心开展调解工作。在化解社会矛盾调解纠纷中，他以“群众利益无小事，件件要办好”为服务理念，将“调解千家事，安定万人心，连接百姓情”作为工作追求，热心抓好人民调解和“五调”对接大调解。与此同时，王立步同志积极参加市县人民调解工作业务培训，认真学习宣传《人民调解法》等法律法规，继续发扬忘我的工作精神，不怕吃苦，任劳任怨，一心服务群众，努力维护乡村的和谐稳定。

堆沟港镇某村兄弟俩因老宅基地分配不均产生矛盾，多次发生纠纷。2014年，兄弟俩矛盾更加激化，甚至上升到肢体冲突的地步，还影响对父母赡养的住处安排问题。于是，两人父亲带着兄弟俩到王立步调解工作室申请调解。王立步同志热情接待了他们，详细询问情况；根据调解需要，还邀请该村村民小组组长参与调解。调解当天气温高达37℃，王立步同志顶着烈日，和该村组长从上午10时到下午3时30分左右，拉皮尺丈量面积，衣衫湿透。之后，他多次分别做父子三方工作，宣之以法、晓之以理、动之以情。在他的耐心调解下，这起持续5年的宅基地使用、赡养纠纷终于得到圆满化解，父子三方最终达成书面和解协议，兄弟俩从此和睦相处。

在堆沟港镇九队街经商的张某、郭某服装生意做得很红火，一家四口生活得其乐融融。可是在2021年1月，女方郭某突然执意提出离婚，王立步同志得知后，立即登门了解情况，得知是夫妻双方因性格不合发生家庭矛盾导致女方提出离婚。他认为，冲突导火线都是些小事，有时是无端猜疑引起的，他们夫妻之间没有到丧失感情的程度，只要经过调解，一定能避免离婚的发生。于是他向双方父母反映了此情况，建议迅速劝说挽救。他分别4次向该夫妻做工作，宣传我国婚姻家庭方面的法律法规，宣讲夫妻“八互”原则，用“人以和为贵，家和万事兴”“家有一条心，黄土变成金”等道理感动说服他们。王立步同志苦口婆心的调解，终使近乎决裂的夫妻俩回心转意。

王立步同志扎根基层40余载，以调解千家事、安定万人心为天职，为维护稳定、构建和谐、促进乡村振兴发展作出了重要贡献。进入司法行政队伍28年来，他主持调解各类民间纠纷3000余起，其中防止民间纠纷激化196起，避免非正常死亡68人，劝阻化解上访28起180余人；以各种形式普法1200余场次，受教育面达20余万人次，解答法律咨询2万余人次；提供法律服务保障地方经济发展，协办公证、自办见证6800余件，为社会挽回或避免损失3500余万元。王立步同志的“调解30法”被《人民日报》宣传，其事迹被中央电视台新闻联播“劳动者之歌”报道。

个人简介

汪家杰

1968 年生，中共党员。现任徐州监狱狱政管理支队二级高级警长。1989 年参加工作，历任徐州监狱管教干事、教导员、刑罚执行支队支队长等职。

荣获“全国司法行政系统先进个人”“江苏省人民满意政法干警”“江苏省监狱系统十大杰出青年”等荣誉称号，荣立个人一等功 1 次，2011 年荣获司法部“全国司法行政系统二级英雄模范”荣誉称号。

主要事迹

坚持公平正义　以强烈的社会责任心对待监狱工作

汪家杰同志始终坚持规范执法、“阳光”执法，有效确保了公正文明执法。他负责办理的3262起减刑假释案件及137起暂予监外执行案件，无一例差错，依法办案率达100%。2009年，在徐州监狱罪犯许某即将被呈报假释时，汪家杰同志得知许某的儿子因为和他人发生矛盾而自杀。对此，汪家杰同志在对许某进行危险性评估的基础上，驱车千余公里，先后4次深入当地乡村为许某回归社会消除障碍。许某最终被感动，刑满释放后，一直遵纪守法，并被一家机械加工企业聘请为质量总检验员。

坚持以德育人　以高尚的人格魅力和职业操守教育感化罪犯

针对自己的工作对象多数为暴力犯和顽危犯的特点，汪家杰同志摸索总结出一套“德、威、严、情、爱”的五字教育法。坚持以德育人，用自身高尚的人格魅力和职业操守去教育感化罪犯，先后使30余名有自杀、行凶、脱逃等倾向的重危分子消除危险，为监狱的安全稳定作出了突出贡献。

坚持廉洁奉献　以自身的行为树立监狱警察的良好形象

汪家杰同志牢固树立“立警为公　执法为民”的思想，始终保持清正廉洁执法。参加工作不久，汪家杰同志父母相继罹患绝症，使他从 1998 年开始就负债 20 余万元，但他从未运用手中权力谋取私利，没玷污过法律的尊严和警徽的光彩。汪家杰同志母亲癌症复发住院，自己和父亲正为母亲医药费发愁时，姐夫带着几个朋友来看望母亲，不但在高档饭店安排了一桌饭，还当场拿出 2 万元现金支付母亲的医药费。此时汪家杰急需用钱，但在席间言谈中，他发觉姐夫的朋友其实是一名罪犯的家属，当即将现金交还姐夫，用为母亲治病的钱支付了昂贵的餐费。汪家杰同志因结肠癌待查住院等待手术时，考虑到自己分管的监区组建不久，集中了全监大部分顽危犯，不顾医生叮嘱，找到主治医师要求出院。正是他这种舍小家顾大家的奉献精神，为监狱的长期安全稳定消除了隐患、奠定了基础。

坚持工作创新　以“规范执法”提升监狱执法的社会公信力

2014 年 2 月至 2017 年 3 月，汪家杰同志被选派到徐州市司法局担任互帮共建工作组组长兼徐州市司法局社区矫正处副处长。在此期间，汪家杰同志带领徐州互帮共建工作组 12 名民警积极融入当地社区矫正工作，先后查处违规违纪社区服刑人员 100 余人，收监执行 5 人；编印社区矫正系统化教育资料和教材，引导互帮共建民警备课授课，形成集约化的矫正教育模式；率先提出“拟假释罪犯矫正环境调查评估”设想，受到最高人民法院审判监督庭和江苏省高级人民法院的高度肯定，被写入监狱减刑假释工作有关法规。

个人简介

符雯艳

1982年生，中共党员。生前任南通女子监狱六监区三级警长。2005年毕业于中央司法警官学院，同年到南通女子监狱工作。2019年10月1日，完成当天国庆安保任务后，在下班途中遭遇交通意外不幸遇难，年仅37岁。

2021年被司法部追授“全国司法行政系统二级英雄模范”荣誉称号。

主要事迹

信念坚定　忠诚于党　忠诚于事业

早在大学期间，符雯艳同志就加入了党组织，树立了坚定的政治信仰。在入党申请书中，她这样写道："我一直在为成为合格的共产党员努力，我希望通过自己的不懈努力，不辜负党对我的期望和要求。"她是这样说的，也是这样做的。2019 年国庆前夕，她心系监狱安全稳定，放弃与丈夫、儿子回广西老家团聚的机会，全身心投入国庆安保工作，奋战在监区执勤岗位，直至生命华章戛然而止。她的朋友圈永远定格在 2019 年 10 月 1 日下午她上班的前一刻，她真挚地表达了一名共产党员对新中国成立 70 周年的祝福："今天是你的生日，我的中国，祝福你，我的中国。"

爱岗敬业　勤勉务实　争创一流业绩

从 2005 年参加工作起，符雯艳同志一直负责监区罪犯行政奖励工作。14 年来，她办理的 6380 份罪犯行政奖励材料无一差错。她春风化雨润泽女犯心灵，用女警的柔情与韧劲重塑"迷途者"新生。她积极发挥拥有三级心理咨询师资质的优势，在团体心理辅导、个体咨询、危机干预、亲情帮扶等工作中潜心钻研，呕心沥血。针对女犯中普遍存在的消极悲观、偏执极端等问题，她积极寻找破解良策，打开了一扇扇心门，成为女犯眼里的"知心人"。一次她腿部骨折，在医院短暂治疗后，又迅速回到工作岗位。她说："选择了这身警服，我就应扛起这份责任。"同事在整理她的遗物时，看到她的警用包中有一张纸，上面工工整整地记录着值班时罪犯的异常表现、需要提醒下一个班注意的事项。她对事业执着的追求、对信念始终如一的坚守，以及一丝不苟的争先创优精神，感染了身边每一位同事。

钻研业务　攻心治本　践行教育改造新理念

符雯艳同志努力探索教育改造罪犯的方式和方法，在重点罪犯的转化教育上勇挑攻坚重担，敢于“啃硬骨头”，通过情法相融的科学施教，转化了很多顽危罪犯，将她们逐步引上了改造的正途。罪犯王某为监狱挂牌攻坚顽危犯。符雯艳同志主动“包干”，多次对王某进行个体心理咨询，带其参加监狱的罪犯亲情修复矫正项目，并在生活上予以关心帮助，动员其 7 年未曾探视的女儿来监会见，彻底改变了王某的悲观心态。王某从此积极投身改造，先后 3 次被法院裁定减刑。近 5 年来，她成功转化稳定了具有自杀、行凶等危险倾向的高危罪犯 18 名，负责的 3 名监狱级顽危犯均按期转化，转化率、巩固率均为 100%，所分管的 60 多名丧失生活和改造信心的罪犯无一自暴自弃、自伤自残。

埋头苦干　自觉奉献　展现了新时代党员民警的风采

符雯艳同志坚持以单位为家、以事业为重，以强烈的政治责任感和使命感，把全部精力和心思投入工作中。她心里装着集体、想着同事，遇到任务，迎难而上，遇到荣誉，先人后己，不计个人得失，用优良品格展现了新时代共产党员、监狱人民警察应有的风采。符雯艳同志的一生，于平凡中显伟大，在坚守中见境界，充分展现了她对党忠诚、信念坚定的政治品格，爱岗敬业、勤勉务实的职业操守，扎根一线、任劳任怨的奉献精神，积极向上、乐于助人的优秀品质，为全省监狱民警树立了时代标杆、精神榜样。

个人简介

沈瑞康

1940 年生。1965 年毕业于无锡轻工学院。1974 年到南通监狱工作，任副支队长等职；1985 年任江苏省第十八劳改支队支队长、高级工程师；1995 年任南通监狱党委副书记、政委；2000 年退休。

1986 年被评为江苏省“两劳”系统先进工作者；1987 年荣获南通市“先进企业家”称号；1989 年荣获南通市“先进厂长”“优秀企业家”称号，被江苏省司法厅荣记个人二等功，被国务院授予“全国先进工作者”荣誉称号。

主要事迹

加强监管　全面提升改造质量

沈瑞康同志经常深入基层检查督促现场办公，投入大量精力分析研究狱情动态，参与制定教育改造措施，切实解决监管改造中的突出问题。1985年以来，该支队连续3年实现无逃跑、无自杀、无重大事故，刑释人员的重新犯罪率逐年下降。

比学赶超　打造过硬警察队伍

沈瑞康同志注重加强干警队伍建设，充分发挥政治优势，增强干警队伍的凝聚力和战斗力。他把思想政治工作列入支队管理目标，重视开展经常性思想政治工作，大力改革人事制度，注意关心人、理解人、尊重人，切实保证了江苏省第十八劳改支队全面建设年年有发展，年年迈大步。1986年江苏省第十八劳改支队被评为全省“两劳”系统先进单位，1987年被江苏省司法厅荣记集体三等功，1988年被江苏省司法厅荣记集体二等功，1989年6月荣立全国司法行政系统集体一等功。

个人简介

王兴土

1936年生。1984年调入盐城监狱（支队）主持工作，任党委书记、政委。1986年被选为中共江苏省委省级机关工作委员会第六次代表大会代表。1996年退休。

1989年被中央组织部、江苏省委组织部评为全国和省优秀党务工作者；1994年荣立个人二等功；1995年被司法部授予“优秀监狱长（政委）”荣誉称号，被国务院授予“全国先进工作者”荣誉称号。

主要事迹

大中农场的党组织是个坚强的战斗堡垒。大中人知道，党委书记王兴土为这个堡垒的建设，倾注了无数心血……

1984 年 3 月，江苏省劳改局决定由王兴土同志负责组建劳改农场，要求他 3 月 10 日前报到，3 月 20 日开始收押。王兴土同志二话没说，风尘仆仆赶到大中农场。然而，困难也接踵而至。

在生活条件一时无法提高的情况下，最迫切需要的是奉献精神。王兴土同志想，要稳定全场干警的思想情绪，首先需稳定党员干部的思想情绪，使每个党员时刻牢记自己是共产党员。经过他不懈的努力，讲理想、争奉献在大中农场蔚然成风，党员干部良好的思想状态，为农场各项工作的开展打下了良好的基础。

王兴土同志和党委一班人除研究落实“一级抓一级”党风责任制外，还在农场挑选了 105 名同志担任党风监督员，要求他们随时监督，每个季度还将他们召集到一起，排查党风中存在的问题，研究落实整改措施。

从严治党，不但教育了有错误的党员干部，也震慑了大家。1988 年后，全场 500 余名党员仅有 2 人受到处分，证明了王兴土同志的观点：从严治党、从严处理违纪党员干部，可以防止更多的党员干部犯错误。

王兴土同志在调查中发现，有些基层党组织之所以缺乏战斗力，大多是由于纪律松弛，没有制度约束。建场不久，他就和有关同志一起研究出台了党内生活制度 15 项，包括党委抓党风工作责任制、民主生活会议制度、党员评议制度、“三会一课”制度、党组织负责人报告工作制度等，并逐一检查落实。有的支部“三会一课”制度流于形式，变成工作例会，他便主持制定了检查考核办法——每月汇报一次，每季检查一次，尤其是对党内民主生活会质量严格检查，并把检查结果同单位年终奖挂钩。

党组织的威信提高了，入党申请报告一份接一份飞向各党支部。王兴土同志深知，新形势下党建工作会不断遇到新的难题，党组织这一坚强的战斗堡垒会不断遇到新的考验，他和其他同志将一道去研究、去解决。

个人简介

李灯兰

1965年生，中共党员。现任南通女子监狱二级高级警长。

多次被评为优秀公务员，被司法部授予“全国个别教育能手”“人民满意公务员”等荣誉称号，荣立个人二等功1次、个人三等功2次，2000年被国务院评为“全国先进工作者”。

主要事迹

李灯兰同志参加工作以来，始终以高度的政治自觉和严谨的工作作风，以身作则、率先垂范，她带领的七中队在1996年被评为江苏省“青年文明号”，被省局评为“规范化管理示范单位”。在创建现代化文明监区过程中，李灯兰同志带领中队树立争先创优意识，扎扎实实开展工作，为女子分监获“文明示范监区”的称号贡献了自己的力量。

不断超越

自分监进行创建动员后，李灯兰同志认识到“创建”是监狱事业适应自我要求的重大举措，作出以下响应：一是针对中队搬迁至新监房的特点，修订了中队罪犯的每日行为规范和制度，强化罪犯规范意识，使罪犯“言有戒律，行有规范”；二是把创建细化为每个干警的工作职责，明确责任目标，严格检查考核；三是进行积极探索，实行干警上岗制度规范化，值班干警必须做到“三会一规范”，即会点名、会讲评、会领唱歌曲、实行规范操作。分监向其他中队推广这一做法，在全监开展示范引领，推行干警工作标准化制度。

默默耕耘

有人把监狱比作特殊学校，把管教干警比作灵魂工程师。担任指导员的李灯兰同志，在创建过程中，一方面，严格履行执行刑罚的职能，公正文明执法；另一方面，潜心钻研科学文明管理和因人施教的课题。

李灯兰同志与中队全体对罪犯的减刑、假释、请假、荣誉等敏感问题，均做到“四公开”，提升了工作透明度，有效地调动了犯人的改造积极性，增加了罪犯对政府的信任度。李灯兰同志恪守一名共产党员的行动准则，以实际行动自觉维护人民警察的良好形象，“拒腐蚀，永不沾”。

“三防”无事故是直接衡量中队监管工作实效的标准，李灯兰同志以“三防”为中心，把防自杀、防逃跑作为防范的重点，严格落实“三包”“五必谈”等制度，使中队连续 8 年“三防”无事故。

中队罪犯马某因想不开于夜间吞下指甲剪。当时已是寒冷的半夜，李灯兰同志得知这一情况后，迅速从家中赶回监狱，一面安排补救措施，一面找其谈话。寒气导致李灯兰同志原本的咳嗽更加剧烈，而她忙得连看病的时间也没有，她的举动令马某十分感动，马某终于悔悟。

不懈追求

面对诸多的荣誉，李灯兰同志表现得十分平静，她说：“与其说七中队有一个李灯兰，不如说七中队有一群‘李灯兰’，功劳其实是大家的。”她给自己定下了最高的目标——没有最好，只有更好；她用年轻和赤诚的心，在平凡的岗位上谱写了不平凡的乐章。

简　介

溧阳监狱

创建于1951年8月，坚持以习近平新时代中国特色社会主义思想为指导，深入贯彻落实习近平法治思想和总体国家安全观，着眼“争当表率、争做示范、走在前列”新使命，紧扣高质量建设“新时代全国一流的现代监狱”总目标，加快推进监狱治理体系和治理能力现代化。尤其是党中央、国务院部署开展扫黑除恶专项斗争以来，溧阳监狱按照省委省政府、司法部部署安排及省委政法委工作要求，在江苏省司法厅及江苏省监狱管理局的领导下，充分发挥“第二战场”作用，3年挖出3起重大命案线索。

2021年荣获“全国扫黑除恶专项斗争先进集体”荣誉称号。

主要事迹

坚持深挖彻查　确保安全稳定

2020年，溧阳监狱十三监区罪犯陈某收到自家老屋即将拆迁的书信，这本是件高兴的事，陈某却表现出惊慌和焦虑。在随后的“亲情电话”中，监区民警发现陈某反复提醒其哥哥，要好好保管存放在老屋阁楼上的箱子。因为陈某犯有运输、贩卖毒品罪，民警起初怀疑箱内藏有毒品，于是立即成立专案组进行侦查。然而，专案组协助公安机关在罪犯家中搜出的大旅行箱中竟有一具怀孕女尸。陈某拒不配合、百般狡辩，连续73天，专案组民警全天盯控，防止他自伤自残，同时集中力量在他的日常言行中寻找蛛丝马迹。后来民警发现，陈某时常在夜里用指甲抠手背上的姓氏文身，经公安机关和溧阳监狱联合查实，发现该文身为14年前一名失踪女性的姓氏，而该女尸系当年那名失踪女性。至此，一起尘封14年的杀人藏尸案得以成功告破。

坚持严管严控　彰显公平正义

坚持把严管严控贯彻至涉黑涉恶罪犯日常改造全过程，充分彰显刑罚执行公平正义。严格行为整训，建立涉黑涉恶罪犯行为规范“四强化”工作机制，即强化认罪教育、强化规范训练、强化安全管控、强化打击处理。对违规违纪行为，做到当日发现、当日查清、当日处理、当日建档，严明法纪监规。对涉黑涉恶罪犯严格分级处遇，严把通信会见关，严控狱内消费，严格邮政汇款审核，严格改造岗位管理，严格刑罚变更。完善涉黑涉恶罪犯提请减刑假释择优呈报、执法办案权力运行制约、案件提级审核和挂钩指导、案件提级审议、减刑假释集中办案、违规办案预警预防“六项机制”，依照规定严格控制涉黑涉恶罪犯减刑假释流程。

坚持攻坚转化　服务社会大局

以改造人为宗旨，坚持源头治理，强化因人施教，引导涉黑涉恶罪犯改邪归正。制定“科学性评估、项目化矫正、全周期管理”三步走战略，助力顺利回归。2020 年 5 月，河南新乡警方办案人员致电溧阳监狱，感谢溧阳监狱在协助当地警方侦破的一起杀人碎尸案中的大力支持。2020 年 8 月，江苏省公安厅扫黑办向溧阳监狱发来感谢信，对溧阳监狱在短时间内运用狱侦手段，促使在押犯费某主动交代 10 年未破的砸车顶包案表示感谢。2021 年 2 月，江苏江阴警方向溧阳监狱在侦破杀人藏尸案中，提供关键线索及教育攻坚表示感谢，并赠送“精诚合作，攻克大案”锦旗。2021 年 4 月，溧阳监狱代表全国监狱参与央视一套《致敬扫黑英雄》专题片录制，节目播出后，溧阳监狱系统因在扫黑除恶“第二战场”作出的突出贡献广为人知。“扫黑除恶，民心所向，向全国监狱民警致敬！”“向甘于奉献的监狱人民警察致敬！”“为江苏监狱骄傲！为溧阳监狱骄傲！”溧阳监狱在扫黑除恶斗争中所发挥的积极作用得到了全社会的肯定。

浙江

个人简介

周根富

1960年生，中共党员。遂昌县北界镇人民调解员。2016年9月28日，在救援行动中，不幸被泥石流卷走，因公殉职，时年56岁。

被司法部追授“全国模范人民调解员”荣誉称号，被浙江省司法厅授予“司法行政系统第五届百名优秀人物”荣誉称号，被丽水市委追授“忠诚履职情系群众乡镇好干部”荣誉称号，2016年被浙江省人民政府追认为烈士。

主要事迹

周根富同志扎根乡镇38年，长期担任乡镇领导职务，群众工作经验丰富，工作责任心强。从事人民调解工作后，他深入了解基层群众生活情况，积极主动调解邻里纠纷，调解中，他坚持依法调解与灵活处理相结合，热情周到、细致入微、注重细节、以理服人，努力使矛盾纠纷得到合情合理解决，做到小事不扩大、大事不激化，获得广泛称赞，为维护社会和谐稳定作出了积极贡献。

周根富同志自觉把群众利益放在首位，以“群众事无小事”为理念，着眼大局、勇于担当、自觉学习、扎实工作，在不到2年的时间里成功调解几十起矛盾纠纷。

在石练镇工作的3年多时间里，周根富同志先后主持完成了连接宏岗、象岗、项岭头等村庄间的接卫桥，6.5公里的三石公路改线，11万伏石练供电所，以及230多户的应村电站移民安置等10余个重点项目，件件落到实处，受到群众称赞。2001~2004年，周根富同志任濂竹乡党委副书记。他了解到千义坑村生活用水仅靠村中几口老井勉强维持，积极奔走，让村民在春节前喝上了放心水。2004年11月，他退出领导岗位，来到北界镇。12年来，面对组织交办的“五水共治”、生猪养殖场整治、村规模调整和村级组织换届试点等棘手任务，周根富同志从不退缩，毫无怨言。G20峰会期间，他和其他干部一起在高速公路口通宵值班，连续半个月没有回家。

“我是农民的儿子，从农村出来，要将心比心地去帮助他们。我做乡镇公务员，就是为农民服务，就是要站在农民的角度替他们出点子、想办法解决一些问题。”周根富同志这样说道。北界小官塘修建康藏路那年，筑路正好要经过一家农户的毛竹山，当时毛竹价格很高，农户说什么也不同意。镇里很多干部上门做过工作，都吃了“闭门羹”，周根富同志接手后，多次和农户谈心，他的真诚让农户袒露了心声：是因为转业回到农村后，政府补贴未得到解决，心存委屈。周根富同志了解情况后，一次次帮他找资料、查档案，几个月后，终于落实了政策。

2016 年 9 月 28 日，为防止台风“鲇鱼”给人民群众造成生命财产损失，周根富同志响应遂昌县北界镇党委政府号召，与其他干部一起前往该镇地质灾害隐患点苏村做动员群众转移的工作。在得知有的村民已经折返后，周根富同志冒着生命危险第三次进村入户劝导村民撤离，17 时 28 分，北界镇苏村发生重大泥石流山体滑坡事故，他不幸牺牲。

周根富同志因公殉职的事迹引起很大反响，《浙江日报》、人民网、新华网等媒体纷纷报道了他的事迹。

个人简介

缪保中

1938年生，中共党员。生前系浙江省第五监狱干部。1956年参加工作，历任文书、保卫干事、办事员等职。1976年8月1日，因抢救落水儿童壮烈牺牲，年仅38岁。

1980年被浙江省人民政府追授“革命烈士”称号，后被追认为中国共产党正式党员。

主要事迹

1976 年，缪保中同志被派往浙江省金华县人民法院帮助工作。8 月 1 日 17 时许，缪保中同志在金华婺江边洗衣服时，突然从上游传来一阵呼救声，他发现有两名小孩溺水，在水中不断挣扎。缪保中同志没有丝毫犹豫，奋不顾身地跳入江中，以惊人的毅力和勇气先把 10 岁的女孩抢救上岸，又急速返身纵入水中，抓住 7 岁的男孩，竭尽全力将其托出水面。缪保中同志最终因气力耗尽而淹没在深水急流之中，抢救无效，壮烈牺牲。

个人简介

金　涛

1931 年生，中共党员。1977 年调入乔司农场工作。1983 年 12 月 27 日，在与企图越狱的罪犯搏斗中不幸牺牲，年仅 52 岁。

1984 年被浙江省人民政府追认为“革命烈士”。

主要事迹

20 世纪 60 年代初，金涛同志从公安队伍复员，分配到浙江省第一监狱，担任监狱看守员（直属管教科）。1977 年上半年，金涛同志调至乔司农场所属杭江五金厂监房看守组。

当时，传说金涛队长有武功，有一名罪犯出来挑衅，金涛一个擒拿动作将其制伏在地。事情传开，众犯震慑。

金涛同志坚守岗位，严阵以待，与楼顶武警岗哨密切配合。曾有数次出现险情，武警鸣枪警告后才得以制止。为加强看守组力量，金涛同志总是下班不离岗，继续坚守，他说："我离开这里不放心。"这充分展示了他的大局意识和高度的责任心。

罪犯徐某某被关押在禁闭室，由金涛等同志负责看守。检察机关拟就了对徐某某的起诉书。管教部门授权金涛同志将起诉书副本当面交给徐某某。徐某某自知罪行严重，在禁闭室内开始做越狱准备。

1983 年 12 月 27 日中午时分，徐某某向金涛同志报告，借口要晒被子。金涛同志遂开启禁闭室铁门。就在开门一刹那，一把石灰粉末向他脸部袭来。徐某某手持木条冲出禁闭室，金涛同志紧追不舍，与徐某某展开殊死搏斗。而后赶到的干警将身受重伤的金涛同志紧急送医救治，但他最终因伤势过重，抢救无效，不幸牺牲。

1984 年 2 月 28 日，浙江省人民政府追认金涛同志为革命烈士，在乔司农场场部大礼堂召开大会，全场干警、工人和群众代表参加，深切缅怀金涛同志，向金涛同志学习。金涛同志的姓名被镌刻在临平山的余杭革命烈士纪念碑上，永受后人纪念。

个人简介

龚顺忠

1959 年生，中共党员。生前任浙江省义乌市江东街道司法所所长、人民调解委员会主任。1983 年参加工作，1991 年起从事基层司法行政工作。2006 年 8 月 9 日，在工作岗位上被车撞倒，当场牺牲，年仅 47 岁。

多次被评为先进个人；2003 年被评为浙江省“普法先进工作者”；2005 年被记个人三等功 1 次，被授予“全国标兵人民调解员”荣誉称号；2006 年被浙江省司法厅追记个人一等功；2007 年被司法部追授“全国司法行政系统二级英雄模范”荣誉称号。

人们叫他“拼命三郎”

龚顺忠同志在司法所一线岗位十年如一日，经他主持调解的各类纠纷达 1500 多起，调解成功率高达 99% 以上，被大家誉为“调解高手”。由于忙于工作，饮食没有规律，他患有严重胃病，可他克服疾病的困扰，经常带病加班。

2003 年 7 月 25 日，龚顺忠同志一天调解了两起非正常死亡纠纷。某公司职工曹某在工厂宿舍中因病休克，经抢救无效死亡。曹某家属听说龚顺忠同志是一个能够主持公道、为弱势群体说话的人，便请求他出面调解。死者家属要求赔偿 10 万元，而厂方则认为曹某是在放假期间因病死亡，同意补偿 1 万 ~2 万元。龚顺忠同志通过摆事实、讲道理，耐心细致地做工作，终于让双方达成协议。

当天下午，他又主持调解了另一起非正常死亡案例，直到深夜，他因为胃痉挛住进医院打了吊瓶。

1991 年之前，龚顺忠同志还是一名乡镇文化工作者。凭着共产党员的责任心和对司法行政工作的热爱，他认真参加各类培训，每天坚持学习 1~2 小时，还攻读了东南大学的法学本科。就这样，他在干中学、学中干，逐步成长为掌握丰富法律知识、会做群众工作、敢打硬仗的司法行政干部，赢得了领导和群众广泛赞誉。

一身正气　两袖清风

为了司法行政事业，龚顺忠同志常年奔忙在外，每天早出晚归，多年来，没过一个完整的节假日。

龚顺忠同志所在的司法所连续多次被评为义乌市、金华市和浙江省司法行政先进集体。2002 年，龚顺忠同志所在的江东街道被浙江省人民政府授予“人民调解先进街道”荣誉称号。

龚顺忠同志牺牲后，同事们去看望他的家人，被他的清贫和节俭深深震撼，家里的门窗和地板都很简陋，没有一件像样的家具。龚顺忠夫妇使用的床还是 10 多年前结婚时添置的木板床。床底下放着大量的旧塑料袋，他的妻子说：“他总说这些是还能用的东西，不要扔。”

为人民调解事业献出生命

2006 年 8 月 9 日，37 省道义乌市青口圆盘改造工程开始便道施工。有 2 家农户认为施工的道路离自己的房屋很近，致使他们的利益受损害，情绪很激动。这天，龚顺忠同志与往常一样，7 时刚过就第一个来到办公室。前几天，他跟办公室的同事小朱说，背上的肿瘤越来越疼了，医院催促了他很多次，可能这几天要安排去做手术。在去开会的路上，他接到了单位电话通知，要赶到施工工地维持秩序。他赶到现场后，与工作人员一起劝导吴某等人。9 时许，吴某不满，开着一辆翻斗车撞向维持秩序的工作人员，龚顺忠同志当场牺牲。

个人简介

金 萍

1933 年生，中共党员。1950 年参加工作，1960 年调至浙江省第三劳动改造管教队（现金华监狱）工作，1988 年退休。

多次被评为“监狱先进工作者”，1982 年被评为“浙江省劳改系统先进工作者”，1983 年被浙江省妇联授予“三八红旗手”荣誉称号，1985 年被司法部授予“全国司法行政系统二级英雄模范”荣誉称号。

主要事迹

金萍同志热爱改造罪犯的事业，她常说，把罪犯改造成对社会有用的人，不仅是人民的愿望，更是劳改工作干警义不容辞的责任。为了教育改造罪犯，她全身心扑在工作上。她勤于思考，敢于探索，担任女犯大队管教干事期间，积极探索和创新教育改造方法，多项工作走在司法行政系统的前列。

1978 年管教队率先开展扫盲教育，21 名一字不识的青年文盲犯，经过 4 个月的扫盲教育，有 10 人能读报、写思想汇报，4 人会写简单的家信，5 人能大致理解报纸的内容。女犯大队是浙江省监狱系统办学最早的单位之一，其办学工作得到浙江省监狱管理局领导的肯定和支持，并作为成功的典型予以推广。

1982 年，金萍同志率先开始对刑满出监人员举行“嘱咐会”，像父母对待远行的孩子一样对刑满出监人员语重心长地嘱咐，对她们在监狱的改造表现作出肯定的评价，提出希望和要求，并向刑满出监人员征求对监狱工作的意见和建议。“嘱咐会”使刑满出监人员再次受到教育，巩固了改造成果。这一形式被逐渐认可，形成了被普遍推行的出监谈话教育。

金萍同志善于利用节日和一些有教育意义的事项，组织罪犯举办文娱活动，寓教育于活动之中。例如，监区放映电影《她从雾中来》后，她就组织青年女犯开展“谈影片女主人公形象”的讨论，要求参加讨论的每个罪犯结合自己的思想谈谈通过观影吸取了哪些教训；“三八”妇女节到来时，她找资料、写讲稿，组织节日报告会，从“三八”妇女节的由来讲到中国妇女的昨天和今天，启发罪犯用先烈们的事迹对照自己，许多罪犯听后都非常激动，表示一定要好好改造，争取早日重新做人。

对罪犯的教育，不是靠训斥压服，而是通过细致的思想工作来说服。金萍同志根据女犯内心矛盾多等心理特点，因人施教，对症下药，“一把钥匙开一把锁”。

罪犯桂某某，1975 年入监后，一直留恋监外的生活，时常对抗管教，虽经多次批评教育和实施惩罚措施，但改造效果不佳，成为监内反改造的“尖子”。身为大队管教干事的金萍同志，面对困难没有退缩，下决心做好桂某某的教育转化工作。她通过了解该犯的家庭状况和犯罪情况，耐心帮助桂某某找出犯罪原因，向其指出抗拒改造的严重后果，促使桂某某转变认罪态度；在桂某某出现违规行为时，金萍同志不急躁、不气馁，抓住问题，逐点剖析，转变桂某某的侥幸心理和不认错的抗改态度。1982 年法院判决桂某某与其丈夫离婚，使其思想更加悲观，产生了“破罐子破摔”的念头。金萍同志除做好桂某某的思想工作外，多次积极与其丈夫的单位联系，一道做好调解工作，终使桂某某的丈夫回心转意，与她复婚。1984 年 6 月，桂某某刑满释放时，丈夫与儿子一起专程来监狱接她，一家人对金萍同志的感激之情溢于言表。

罪犯金某某是金华监狱附近农村的人，家离关押点 5 公里。金某某 1983 年入监后，对丈夫与其离婚时家庭财产处理不合理耿耿于怀，又担心两个小孩无人照顾，心事繁重，经常吵闹。金萍同志从解决金某某的实际困难入手，通过耐心地做思想工作，稳定金某某的情绪，并多次来回步行 5 公里到金某某家里做其丈夫的思想工作，终于感动了金某某的丈夫，同意让两个孩子来监探望。细致入微的工作终于感动了金某某，她稳定了情绪，进而走上积极改造的道路。

个人简介

柯甫贤

1963年生，中共党员。2007年任浙江省第六监狱党委委员、副监狱长。因劳累过度肝病发作，2008年病倒在工作岗位上，年仅45岁。

2009年被司法部追记个人一等功，2011年被司法部追授“全国司法行政系统二级英雄模范”荣誉称号。

主要事迹

在柯甫贤同志心中，工作始终是第一位的。“小柯这人不计较名利，特别敬业”，这是与他共事多年的同事说得最多的一句话。无论是分内工作，还是分外工作，只要是工作需要，他都勇于承担，从不计较个人得失，毫无怨言地从事各种繁重、复杂、琐碎的工作。

2000 年 12 月，柯甫贤同志为了做好相关案件的审核工作，连续加班近一个月，在此期间，他肾结石发作，高烧 39℃。但他硬是一手按着肚子，一手翻阅罪犯档案，直至审核工作全部完成才住进医院。2005 年，为了确保工作顺利进行，他主动承担档案审查工作，连续 10 个工作日吃住在阅卷专用办公室；家虽不远，但换洗衣物都是由他爱人送来拿去。近年来，柯甫贤同志身体一直不是很好，医生特别叮嘱他要多注意休息，不要太累，身体不适要及时检查治疗。可是这些年来，他始终如一，勇挑重担。2007 年，浙江省监狱管理局党委拟提拔柯甫贤同志到省六监担任监狱副职领导，他清楚这个岗位将给自己身体带来严峻的考验，也曾犹豫。但是，当组织要求他承担重任时，柯甫贤同志没有提任何要求，只是请组织放心，他会把工作做好，也会把身体照顾好。到省六监工作后，他了解到，省六监是浙江省监狱系统中保持监管安全时间较长的一所监狱。这不仅是一项莫大的荣誉，更是一股无形的压力。分管监管改造工作的他，深知其中的分量，也知道工作上没有捷径可走，只能以勤补拙。对于他来说，放弃双休日、节假日是常有的事，遇到重要行动或突发事件需要值班、加班而连续多天不能回家，也早已成为习惯。在多项狱内重要案件处置过程中，都能见到他忙碌的身影。在多个专项工作任务中，柯甫贤同志都担任调遣指挥部前线指挥长。他认真考虑，精心制定方案，及时解决困难问题，圆满完成各项任务。任务结束后，柯甫贤同志因肝部的剧烈疼痛，到杭州市中医院接受检查治疗，当检查结果出来，医生让他住院治疗时，他还说："单位还有很多事情要回去处理，没时间住院。"在医生与妻子的劝说下，他才住院接受治疗。在医院病床上，柯甫贤同志在意识清醒和疼痛缓解时期，放心不下的还是工作，经常向前来看望的同事询问相关工作的开展情况。因柯甫贤同志疾病的性质，他的亲人、朋友、同事及医生都向他隐瞒了病情。但在柯甫贤同志去世后，家人整理他的遗物时，在他的衣物里发现了一张杭州市第六人民医院的 B 超化验单，上面清清楚楚地写着：右肝内实质占位性病变，肝 Ca（肝癌）可能，建议进一步检查明确诊断，时间是 2007 年 11 月 10 日。化验单中肝部 B 超的显示图像，即便是普通人，一看也能知其病情的严重性。再回想起这段时间，他在省六监努力工作的情形，不禁让人肃然起敬。

个人简介

吴美丽

1957 年生，中共党员。原全国人民调解员协会副会长，浙江省织里镇司法所所长。

荣获“全国先进工作者”“全国三八红旗手”“全国模范司法所长”“全国模范调解员”“浙江省劳动模范”“浙江省司法行政系统十大最具影响力人物”等荣誉称号，荣获“全国五一劳动奖章”。

主要事迹

怀着强烈的事业心

吴美丽同志常说:“我多化解一起纠纷,织里镇就多一份平安;多为当事人提供一次法律帮助,创建平安织里就多一份和谐;多流一滴汗水,织里的社会稳定就多一块基石。”30多年来,通过成功实践,吴美丽同志探索出以真情相待稳“情绪”、法治宣传明“事理”、深入细致摸“实情”、多方协调凝“合力”、依法调解维“权益”为主要内容的调解工作“五步法”,得到司法专家的一致好评。

抱有朴素的爱民心

她用一颗“诚心”,奉献一颗“爱心”,去纠正一些“偏心”,温暖当事人的“伤心”。调处纠纷时,她急当事人所急,想当事人所想,尽力为双方当事人解决困难,使当事人感受到她的“诚心”、“真心”和“爱心”。

罗某因身体不适请假,厂方批准;第二天,在未经厂方同意的情况下她擅自离厂休息,被厂方辞退。罗某索要工资无果,找到了吴美丽同志。吴美丽同志主动将双方安排到调处中心,通过深入细致的思想工作、法律宣传,厂方同意按期支付罗某工资583元,双方达成调解协议。厂方代表走后,吴美丽同志才知道罗某现在身无分文无法回家,于是,她就先拿出583元钱垫付给罗某。罗某非常感激,还执意要给吴美丽同志50元钱,以表谢意,被吴美丽同志婉言谢绝。后来罗某送来一面绣有“公正的司法所长　民工的知心大姐”的锦旗和一封感谢信。

坚守永恒不变的责任心

敢于碰硬，迎难而上，坚决履行职责，是吴美丽同志一贯追求的工作作风。李某夫妇在老板杨某处打工一个月后被辞退，当李某夫妇索要工资时，却被杨某恐吓。吴美丽同志“登门拜访”杨某，表明身份后，对杨某说：“我现在代表织里镇矛盾纠纷调处中心通知你参加调处，你有正当理由可向我们说清楚，如无正当理由拖欠民工工资，法律是不容许的，后果由你承担。”30分钟后，杨某主动来到调处中心，却以种种借口拒付工资，临走时被李某夫妇挡在了楼梯口。吴美丽同志迅速意识到此刻是调处的最佳时机。她把杨某单独叫到办公室，立即开展思想工作。一番情理结合的思想引导工作后，杨某终于同意支付李某夫妇的工资。

永葆共产党员的廉洁心

在平凡的岗位上，吴美丽同志兢兢业业、任劳任怨、率先垂范，用她扎实的工作作风赢得了各级领导的信任和支持，用她爱岗敬业的实际行动得到全体同事的敬意，用她娴熟的法律知识和灵活的工作方法获得当事人的信赖，用她善良高尚的人格换取广大人民群众的赞叹。

她用“走千家万户、出千方百计、讲千言万语、吃千辛万苦”的“四千”精神，用“细、活、情、正、硬”的工作作风，探索出一条“司法调解，防范在先”的工作新路子。她在平凡的岗位上，做出了令人感动的事迹，体现了共产党人的高风亮节和一心为民的崇高思想。

个人简介

李旺荣

1963年生，中共党员。现任浙江大公律师事务所发展与战略委员会主任，一级律师。

荣获“全国劳动模范”“全国优秀律师”“国务院政府特殊津贴专家”“全国政法系统优秀党员”“全国党员律师标兵”“浙江省有突出贡献中青年专家”等荣誉称号。

主要事迹

从业30年，李旺荣同志始终走在时代前列，永葆先进本色。他用过硬的专业服务能力，为绍兴轨道交通地铁一号线、二号线、嘉绍跨江大桥等20多个国家重点建设项目以及国家级开发区绍兴高新技术开发区、绍兴袍江新区提供专业、高效的法律服务，在服务中心和大局，构建和谐社会中作出了突出贡献。此外，李旺荣同志作为一名人大代表，不辱使命，忠诚履职，积极建言献策，努力为政府解忧，为百姓解难，始终以一种强烈的社会责任感，奉献着自己的爱心，用专业优势践行为民履职的承诺。

2008年年末，一场罕见的金融危机波及中国，全国民营企业500强之一的浙江纵横控股集团因无力清偿到期债务濒临破产，如处置不当，将严重危及绍兴社会稳定。危急之中，李旺荣同志率领30多名律师进驻该企业。面对43家关联企业组成的集团公司，2400多名职工，26家担保企业，近千个债权人申报债权金额高达279亿元，李旺荣同志在现场连续工作6个多月，经过艰辛努力，管理人团队终于在第三次债权人会议上，以82.84%的高票，通过重整计划草案，实现了绍兴市委、市政府提出的“企业生产不停、资产不流失、职工不下岗、社会秩序不乱”的工作目标。近年来，李旺荣同志还成功处置了浙江越红控股集团有限公司等30多家大中型企业的破产案，为有效防范和化解社会危机，确保社会稳定作出了突出贡献。

为了提供最优的法律服务，李旺荣同志节假日加班是惯例，每天19时后下班是常事。勤奋、务实、专业是他的工作准则，从业30年，承办了上千件诉讼和非诉讼法律事务，无一例有过错。他积极参与了浙江化纤联合集团有限公司等大型企业的资债处置、城区人力三轮车整治等重大敏感事件，向绍兴市政府提交重大事项实施方案法律意见，为依法妥善处置危机企业和突发事件，贡献了一名法律人的力量。同时，他为绍兴市政府及其职能部门50多件重大行政决策、重大项目出具法律风险评估意见，充分发挥了一名专家在政府决策和公共服务中的智囊作用。

在担任浙江省人大代表的8年里，李旺荣同志向省人大递交了《关于行政机关内部重大决策应由专家律师进行合法性审查并出具法律意见》等建议46件，其中，他领衔提出的《关于尽快制定〈浙江省个人信息保护条例〉的议案》被评为“2017年度浙江省人大代表优秀议案”，《关于省政府应协同杭绍甬更好地融入长三角区域一体化发展的若干建议》被评为“2020年度浙江省人大代表优秀建议”。此外，他还参加对浙江省“一府两院”进行监督、评议等座谈会70多次，在浙江省人大代表履职平台上发布履职信息500多条，充分展示了一名基层人大代表服务大局、关注民生的风采。

2013年2月，李旺荣同志收到一封求助信：多年前，当事人在上班时发生意外事故，右眼失明，因医院治疗不当，致其左眼也几近失明，通过仲裁、民事诉讼等程序，仍未根本解决问题。收信后，李旺荣同志马上约她到律所见面，全面分析案情，建议她通过申诉来解决问题。当天，李旺荣同志就为她代拟了申诉书，并系统整理了相关申诉材料，第二天驱车陪她到法院立了案，引导她通过法律途径维护权益。

2015年2月5日，《人民日报》刊登了以“向政府提建议，为人民谋福利”为题的文章，详细介绍了李旺荣同志担任人大代表期间履职的实践和体会，受到了普遍好评。2019年，李旺荣同志将多年的履职经历进行总结，编著出版了36万字的《在路上——我当人大代表这五年》一书，社会反响良好。

个人简介

胡志平

1953年生，中共党员。历任浙江省女子监狱四监区文艺分监区指导员、十监区主任科员、副调研员，2008年退休。

被评为浙江省“司法行政系统先进个人”、全国司法行政系统“十岗千优”优秀管教员、浙江省监狱系统“十佳民警”，1999年获“浙江省劳动模范”荣誉称号，2000年获“全国先进工作者”荣誉称号，2007年获“全国优秀监狱人民警察”荣誉称号。

主要事迹

始终践行一名监狱人民警察“挽救人”的初心使命

胡志平同志身为文艺分监区指导员，几十年如一日，长期奋斗在管教和法制宣传教育的第一线。她在“挽救人、改造人”这个特殊而神圣的岗位上，一直默默地坚守。她认真贯彻党的监狱工作方针，热爱管教事业，酷爱其为之付出心血的艺术团。她带领的由服刑女犯组成的浙江省女监育新艺术团，在浙江省各地以文艺演出的形式进行普法教育，不仅在监狱系统有一定的知名度，而且赢得了社会各界的一致赞誉。10 年来，她所带领的文艺队演出场次达 2000 多场，观众达 200 多万人次，她创作的艺术作品在历届浙江省“育新杯”文艺会演中多次获奖。她创作改编的节目构思新颖、独特，富有情趣、哲理，受到国内外来宾的高度赞誉，为监狱、为社会法制宣传作出了贡献。

始终坚守一名教育工作者“改造人”的言传身教

她 20 多年来一直坚守在教育改造工作的前沿，为了这支文艺队伍，呕心沥血，倾注了极深的情感。为了给女犯们讲行为规范，她长年累月带病坚持工作。她患有严重的类风湿性关节炎，血液化验一年四季呈阳性。她忍着声带息肉的痛苦一遍又一遍地讲解，把嗓子都说哑了；为了教会女犯们跳舞，她忍着风湿病的痛苦一遍又一遍地示范。当病痛发作厉害时，膝盖肿得碗口大，钻心地疼，人始终蹲不下，但她始终坚持着，不喊疼，不埋怨……这些苦痛她都不曾多言，只为让一个个曾经失足的身影重放生命的光彩。她用对艺术执着的追求、高度的责任感和甘于奉献的工作精神，为教育改造罪犯工作、稳定社会秩序作出了贡献。

始终传递一名文艺创作者“激励人”的人文情怀

在对女犯的个别教育过程中，胡志平同志善于把握女犯的心理特点，创造良好的改造氛围，以“情”字为突破口，消除罪犯的对抗心理。正是因为这种因人施教、寓理于情的教育方式，她成为女犯们的“好妈妈”“好老师”“好警官”。在她的开导下，多名抗拒改造和不服管教的女犯被转化为改造积极分子。她是出色的“个别教育能手”，秉持独特的“情感教育”方法去感化挽救罪犯，以高尚的品质、修养去净化罪犯的心灵，以特有的言行举止成功地矫治一批又一批罪犯。

她的先进事迹先后受到浙江电视台、浙江教育电视台、明珠电视台、《浙江法制报》、《杭州日报》、《博爱》杂志等 10 多家电视台和报纸杂志宣传报道。她从不因诸多荣誉的光环而骄傲自满。退休后，她欣然接受监狱返聘，成为艺术团的乐器指导老师，无论刮风下雨，每周她都坚持到监狱指导女犯学习音乐，继续用真情点燃女犯们的改造热情。她以自身的光和热温暖着身边的所有人，激励着曾经的失足者重返正道。

个人简介

沈忠乾

1926年生，中共党员。1944年参加新四军浙东游击纵队，历任战士、副班长、班长、副排长、副政治指导员等职，曾参加抗美援朝。转业后任浙江省第一监狱大队副教导员、分场医院院长等职。1960年4月25日，受单位委派采购物资，途中不幸翻车牺牲，年仅34岁。

1960年被浙江省人民委员会追授烈士称号。

因工作特殊，主要事迹略。

个人简介

杭黎方

1972 年生，中共党员。现任浙江省绍兴市司法局律师工作管理处处长，兼任绍兴市司法局扫黑办主任。

荣获“全国扫黑除恶专项斗争先进工作者”“绍兴市优秀政法干警”荣誉称号。

因工作特殊，主要事迹略。

个人简介

鲍以安

1963年生，中共党员。现任浙江省第一监狱十一监区二分监区四级高级警长。1982年毕业于浙江冶金经济专科学校，1996年毕业于杭州大学。1982年被分配到浙江省第一监狱，历任办公室科员、副主任、主任，首任审计监察室副主任，七大队大队长等职。

荣获浙江省“统计先进工作者”、浙江省“司法系统优秀科技工作者”、浙江省“监狱系统优秀科技工作者”、衢州市“统计工作先进工作者”、浙江省“工业普查工作先进个人”等荣誉称号，1988年被国务院评为“国家级先进工作者”。

因工作特殊，主要事迹略。

安徽

个人简介

吴其祥

1963 年生。现任安庆监狱机关党委主任科员。1988 年参加工作。

连续 6 年被评为优秀公务员，荣记个人一等功并荣获安徽省“五一劳动奖章”，2006 年荣获司法部“全国司法行政系统一级英雄模范”荣誉称号。

主要事迹

吴其祥同志长期工作在监管改造第一线，十多年如一日，数以千计的罪犯从这里走出大墙，成为社会守法公民。吴其祥同志用自己的忠诚、信念和执着，诠释了一名监狱民警“立警为公，执法为民”的深刻内涵。

拯救灵魂的工程师

吴其祥同志任安庆监狱十一分监区政治指导员时，组织把重任交给他，他没有半句怨言就接受了。

吴其祥同志用他的真心、诚心、爱心，感动着、转化着每一名罪犯。其中最典型的是因抢劫、伤害、诈骗等数罪并罚判刑17年的金某，他1992年进入安庆监狱后，经常对抗民警，先后调队7次，受到过5次从严集训、1次警告、1次禁闭的处理。

2002年11月29日，金某被调到吴其祥同志所在的十一分监区改造。当他提着行李走下囚车时，吴其祥同志便热情地走上前去说：“欢迎你到我们分监区改造！”说着便接下他的行李。一个微小的举动，使横眉冷脸的金某一下怔在那里。看到金某总是乱扔脏衣服，不符合卫生规定，吴其祥同志就盯着他按时换洗。有一次，吴其祥同志还帮他洗了扔下的衣服。金某回来见了深受感动。出狱后，他做的第一件事不是回家，而是去医院看望自己的恩人吴其祥。

2000年以来，吴其祥同志每年都要放弃40多个休息日，加班加点1000多小时。哪怕在治疗前临上车时，他还反复向前来送行的同事交代工作。正是以这样一种敬业精神和细致入微的工作态度，他所在的分监区取得了连续 6 年没有发生一起监管和安全事故的优异成绩。

廉洁奉公的践行者

吴其祥同志家庭经济十分困难。临去苏州治病时，家里能拿出来的钱，只有吴其祥同志工资卡上的 1200 元。他从不以工作之便或手中的权力谋取不义之财和私利。

他公私分明，对自家人也是如此。他的哥哥、弟弟家住宿松农村山乡，都种了许多毛竹。由于分监区基建需要大量的毛竹搭建脚手架，所以吴其祥的哥哥和弟弟知道情况后，就央求 70 多岁的老父亲来安庆找吴其祥，希望吴其祥可以购买他们的毛竹，吴其祥没有答应。他说："这样做是不行的。要知道，监狱把这么重要的任务交给我，是监狱党组织对我的信任，我不能以权谋私。"

简　　介

安徽监狱援鄂抗疫临时党支部

2020年2月，在湖北新冠肺炎疫情防控工作的关键时刻，安徽省监狱管理局选派安徽省女子监狱19名、淝河监狱1名共20名女民警组成援鄂抗疫工作队驰援湖北。在这支正式党员占80%的队伍中，年龄最大的51岁，最小的26岁，有一半在监狱中层领导岗位，3名民警有医疗工作经验。

作为全国司法行政系统第一支援助湖北的女干警工作队，自抵达湖北后，先后在武汉汤逊湖临时关押点和袁家台方舱医院执行任务，作出了突出贡献。被司法部记二等功1人、三等功2人、嘉奖17人，荣获“全国抗击新冠肺炎疫情先进集体”荣誉称号；被援鄂干警临时党委通报表扬，荣获“安徽省先进党组织”荣誉称号。

主要事迹

2020年2月11日，安徽监狱援鄂抗疫临时党支部火速驰援湖北监狱系统，受到省委、司法部主要领导关心鼓励。

最迅速的精锐部队　最“皖美”的守护者

兵贵神速，这支精锐力量在短短半天内迅速集结，作为全国司法行政系统第一支援助湖北的女干警工作队，也是全国第一个到达主战场的警队。抵达武汉后，她们来不及休整，就接到32小时后到武汉女监汤逊湖临时关押点收押的紧急任务，而当时，关押点还处于施工状态……

队员们说，她们就是来啃“硬骨头”的，放下行李立即赶到关押点，与施工方协调进度，连夜开展安全隐患和防疫漏洞“拉网式”排查，并协助湖北各方奋战几个通宵，圆满完成了收押任务，展示了“皖美”的安徽速度。

最繁重的工作任务　最强大的巾帼力量

在汤逊湖临时关押点收押工作完成后，工作队主动承包了所有夜值班。每晚9小时、6个执勤点、6个楼层、每15分钟巡查一次，队员们马不停蹄、夜夜无休。

排班时，4名支委打头阵，每人带领一组民警排在了最前面的班次。她们说：“支部是堡垒，党员是旗帜，支委就是扛旗的人，急难险重，我们先上！”由于安徽监狱工作队敢于担当、执勤负责、防护有力，2020年2月23日，工作队又接到转战并接管湖北监狱系统第一个方舱医院——袁家台方舱医院的命令。

在方舱医院，“零距离”接触确诊、疑似病犯，队员们面临的危险系数直线攀升，不仅有病毒的侵袭，还要承担罪犯袭警的危险和病犯因心理异常导致的自杀、自伤、哄闹等监管安全压力……队员们每天要穿着防护服执勤近 10 小时。长时间佩戴口罩、护目镜对头面部挤压造成的疼痛、过敏她们可以忍受，10 小时不吃不喝出汗又脱水的生理困难她们也能克服，但在密不透风的防护服里穿着成人纸尿裤的孤独和尴尬挑战着她们的极限。一天，一名民警刚下夜班又接到临时紧急任务，当时的她已经关节酸痛、大脑缺氧。在此种情况下，其他民警纷纷主动要求替她顶班：“只要组织需要！”如此简单质朴又掷地有声的表态，凸显的正是逆行警花无私无畏的英雄品格！

最高级别的表扬鼓励　最不能忘却的从警初心

在这场不见硝烟却危机四伏的战场上，队员们克服常人难以想象的心理压力和执勤强度，发扬安徽监狱民警“平常时候看得出来、关键时刻站得出来、危急关头豁得出来”的精神，在超负荷履职的同时，承担了“传帮带”外省新队员的任务。她们编撰《防护执勤手册》，毫无保留地将丰富经验传授给不具有押犯监区执勤经验的民警，在最短时间内将各个执勤点工作带入正轨。

再苦再累从未言说，她们反馈到大后方的，永远只有乐观、勇敢、奉献、坚守。临时党支部获得了援鄂干警临时党委的通报表扬。安徽监狱援鄂抗疫临时党支部 20 名精兵强将为湖北监所疫情防控、监管安全工作作出了积极贡献，在荆楚大地上有力践行了新时代监狱人民警察忠诚担当、恪尽职守的初心使命！

个人简介

陈　贤

1972 年生。安徽开仁律师事务所执业律师。

荣立三等功 2 次，荣获“中国十大正义人物”、“2016 年度 CCTV 十大法治人物”、“全国司法行政系统劳动模范”、“中国好人”、“中华慈善奖”慈善楷模、全国学雷锋志愿服务“四个 100”最美志愿者、“心动安徽 · 最美人物”、“西藏人民群众满意律师”等荣誉称号，并被授予“1+1”中国法律援助志愿者行动突出奉献奖，2017 年与爱人曹旭一起当选第六届“全国道德模范”。

主要事迹

2014年以来，陈贤同志连续参加由司法部、团中央发起的“1+1”中国法律援助志愿者行动，共办结法援案件512件，为当事人挽回经济损失1000多万元。

藏族群众心中美丽的“格桑花”

用自己的力量回报社会，这个想法就像一颗种子，很早就在陈贤同志的心中生根发芽。第一次报名参加“1+1”中国法律援助志愿行动，她就在申请书里写下誓言：“我愿发扬不怕吃苦、顽强拼搏、无私奉献的精神，让法治的阳光照亮雪域高原的每一个角落！”

2014年7月，陈贤同志作为安徽省首位援藏女律师，来到服务地西藏自治区昌都市卡若区。这里平均海拔3500多米，群山连绵、谷深坡陡。初来乍到，面对高寒、缺氧的环境，她极不适应，不仅鼻子时常出血，而且皮肤过敏，令她“痒不欲生”，此外生活不习惯、语言又不通……但她没向困难低头，而是勇敢挑战自我，全心投入法律援助工作。

某位藏族姑娘因工伤致八级伤残，医药费花了几万元，与被告公司在赔偿数额上调解不成而起诉到人民法院。经过一审、二审、重审，在陈贤同志的不懈努力下，藏族姑娘拿到近17万元的工伤保险金。

“我要用办理的每一起案件告诉少数民族兄弟姐妹，法律面前只有公平正义。”她心中有爱、脸上有笑、肩头有责，赋予法律以人性的温度。一些藏族群众这样评价她：陈贤同志在我们心里，就像格桑花一样美丽。

内蒙古法援路上的律师伉俪

陈贤同志的爱人曹旭也是一名律师。2015 年春天，二人商量，放弃所有的客户资源和顾问单位，共同加入“1+1”法律援助志愿者行列。很多人对此不理解，但陈贤同志说，每次看到因为她的帮助，让本来无助的当事人露出难得的笑容，她就觉得一切付出都是值得的。

“第一次看到她，她的眼神是那么的无助与绝望，提到她丈夫的名字，整个人都在颤抖。”这是一名家庭暴力受害者，她有家不敢回，在外打工艰难度日。耐心听完她的哭诉后，陈贤同志劝她不要担心，“我一定会帮你”。

开庭当天，陈贤同志和当事人刚从车上下来，就有五六个男子从另一辆车上冲过来，气势汹汹地要将当事人拖走。她死死拽着当事人的胳膊，大声向法院门卫求救。法官闻讯赶来制止。她说：“当事人绝望的眼神，让我横下一条心，必须帮她打赢官司。”法庭上，她据理力争，人民法院最终判决当事人离婚。

“我相信法治的力量，犹如灯塔一般，足以照亮每一个人前行的路。”这种力量给了她勇气，让她一次次在开完庭后的漆黑夜里，即便踩着没膝的大雪艰难跋涉，也敢独自返回住处；这种力量给了她坚韧，让她在黄沙遮日前去取证的路上，即便连人带自行车一次次跌倒在风沙里，也能一次次爬起来重新上路。

个人简介

张文博

1982年生，中共党员。现任安徽省白湖监狱管理分局沐集监区党委副书记。2006年参加工作。

荣获“全国监狱劳教（戒毒）工作先进个人”“全国司法行政系统先进工作者”“全国先进工作者”等荣誉称号，获安徽省“五一劳动奖章”。

主要事迹

100 多名特殊罪犯的“摆渡人”

2013 年 4 月，组织上安排张文博同志到肺结核病康复分监区担任政治指导员，该分监区关押着 136 名身患肺结核病的罪犯。肺结核病通过呼吸道传播，一旦吸入带菌的飞沫或尘埃，就可能引起感染，风险很高。

结核病康复分监区罪犯是出了名的难管理，他们把自己当病人，却不把自己当犯人，大多意志消沉、抗拒管理、嚣张跋扈。张文博同志赴任第一天在监舍巡查时，一名罪犯“呸”的一声，往他面前吐了一口带血的浓痰，威胁说，“我吐血了，你以后不要来检查，不然，被传染可不关我的事”，企图让他知难而退。可是一天、两天……张文博同志依然雷打不动地出现在监舍，丝毫没有退缩。

在张文博同志主管肺结核病康复分监区期间，他一个一个问题地解决，一项一项制度地建立，摸索创建了现场管理、康复治疗、生活照顾、思想教育“四步走”的结核病罪犯改造流程，实行“黄、橙、红”三级预警分类管理机制，推行“发药到手，服药到口，咽下再走”工作法。分监区改造秩序持续好转，3 名重点挂牌攻坚顽危犯获得成功转化，197 名罪犯病愈并诚心悔改、回归社会。张文博同志与罪犯个别教育谈话达到 2300 余人次，先后教育转化重点罪犯 16 人，确保了监管场所持续安全稳定。

创建青年示范监区的“样板”

“如何推动青年示范监区创建？”“如何发挥‘以点带面、示范引领’作用？”白湖监狱管理分局创新性成立“青年示范监区”。因改造罪犯经验丰富，2016 年 7 月，张文博同志被调入串河监区青年示范监区担任政治教导员。

张文博同志以青年示范监区为“试验田”，创新教育改造手段方法，制定罪犯矛盾调处“四步工作法”。短短两三年时间，他带领的示范监区，便成为分局基层监区的“样板”。

“张警官经常找我谈心交流，化解了我内心的矛盾，让我认识到亏欠家人太多。”一直抗改的罪犯朱某，在一次“讲故事”比赛中，鼓起勇气与大家分享了自己的经历。朱某的女儿逢人便说：“白湖监狱的警察叔叔帮我带回来了一个好爸爸，真的感谢警察叔叔！”

忠诚奉献的“硬标杆”

从警 15 年，张文博同志有 14 个除夕是在监狱度过的；错过女儿多少个重要的成长片段，他已经记不清了。越是逢年过节，罪犯思想越不稳定，这个时候作为主管民警的他更要坚守在岗位一线。

在病犯外出就医、住院治疗等危险突发的情况下，他却总是第一个冲上去。他在给女儿的信中这样写道：“亲爱的女儿，爸爸不能只做你一个人的盔甲，因为有更多需要爸爸的人在等待，希望你能够理解。”

个人简介

邹守科

1955年生，中共党员。管教员，一级警督警衔。1974年参加工作，历任中国人民解放军某团高机连班长、某师后勤部战勤科参谋等职。1994年任安徽省第二劳改支队监察室副主任。1997年任合肥监狱纪委副书记、监察室主任，第三监区政治教导员，第二监区管教员、政治教导员。2004年任纪委副书记、监察室主任、管教员。2011年任监察室管教员。2015年退休。

荣获全国优秀共产党员、安徽省优秀共产党员荣誉称号。

主要事迹

畅通渠道　让“一碗水端平”

1994年，邹守科同志从军分区副团职岗位转业至安徽省第二劳改支队。在安排工作时，他主动要求到纪委监察室工作，重视畅通罪犯反映问题的渠道。他与同事一起在罪犯改造的三大现场都设置了民警违法违纪行为检举箱，让罪犯可以通过检举箱反映在服刑期间遇到的问题。一次，一名罪犯反映民警在处理一起罪犯违纪事件时，没有“一碗水端平”。邹守科同志经过调查，发现问题很小，但仍然纠正了，并向这名罪犯说明。这名罪犯非常感动，从此，邹守科同志“认真负责”的名声便在罪犯中传开了。

有一次，一名因违纪被关了禁闭的罪犯要求见邹守科同志。邹守科同志知道，这个屡教不改的罪犯多次违反监狱纪律。他来到监区后没有对罪犯大声呵斥，而是细心倾听，循循善诱，明法析理，说得这名罪犯无地自容，痛悔地说：“邹书记，您放心，下次我再也不违纪了！”

通过审阅罪犯来信，邹守科同志进一步发现，由于受到环境和认知的局限，绝大部分来信反映的问题，实际上都源于他们对监狱民警工作的猜测和误解。因此，邹守科同志通过召开座谈会谈心、走访和问卷调查等形式，耐心细致地做解释宣传工作，逐步消除了罪犯的误解和疑虑，架起了民警与罪犯之间沟通的桥梁。

秉公执纪　奋战办案前沿

多年的工作实践，让邹守科同志深深体会到，查办案件是维护党纪政纪的关键，有案不办是“失职”，该办的案件没有办好是“不称职”。

在查办一起受贿案中，邹守科同志和同事深入临泉县农村调查取证，面对大雪纷飞、交通不便的状况，他毅然步行十几里泥泞土路，饿着肚子坚持走访调查，终于完成了取证任务，将案件移交司法机关，使当事人受到了应有的处罚。在参加安徽省监狱管理局某重大案件侦破时，他不怕苦，不怕累，与办案人员一起，先后两次连续3天不休息，承担对不同涉案对象的看守和调查审讯任务。

近年来，经他办理的30余起案件，都事实清楚、认定准确、处理恰当，即使受到处分的人也心服口服，挽回经济损失共计上百万元。

常敲警钟　构筑反腐防线

邹守科同志时常给一些重要岗位上的民警“敲警钟”，告诫大家要自重、自省、自警、自励。

邹守科同志和纪委监察室的同志们，始终把筑牢民警职工思想道德防线放在首位，撰写和组织编印《基层干警学习教育材料》《监狱案例警示录》《我的忏悔——来自大墙内的声音》等警示教育读本，增强民警职工遵纪守法、勤政廉洁意识和拒腐防变能力。

他拟制并参与制定了合肥监狱有关廉政建设方面的办法、规定、细则、制度20多项，既规范了民警的行为，理顺了工作程序，又促进了党风廉政建设工作的深入开展。

2010年7月29日，由于连续办案，邹守科同志累倒了，被紧急送往医院。经过手术治疗，医生从他的胆囊里取出了足有半茶杯多的结石。医生说，没见过像他这样能忍的，如果再不来治疗，胆囊就穿孔了。

个人简介

余红生

1963年生，中共党员。安徽省南湖戒毒所党委委员、政治处主任。

2002年荣记个人二等功，2009年、2010年连续两年被评为“全省劳教系统优秀党务工作者”和“全省劳教系统优秀公务员”，2011年荣获“全国司法行政系统先进工作者”荣誉称号，2015年被党中央、国务院授予“全国先进工作者”荣誉称号。

主要事迹

余红生同志从警20多年来，一直坚守在基层一线。在教育矫治戒毒人员、公正廉洁执法、所政管理创新等方面，均取得了优异成绩。他坚持以队为家，忘我工作，创新实行“三包三挂”考核标准；推行“三等六级”管理机制，始终坚持把真情融入执法全过程，将人文关怀体现在执法活动的各环节，用诚心、耐心、爱心教育挽救了数以千计的失足劳教、戒毒人员，成功转化难改和重危人员200多名，转化率达100%，所在场所连续11年实现“六无”安全年。

民警职工的“贴心人”

余红生同志认为：做好民警职工的思想政治工作是确保队伍稳定的关键；唯有付出真情，才能换来人心。

由于历史遗留原因，余红生同志原工作单位有退休工人70多人，他们大多过了古稀之年，年老体弱。2011年3月，孤寡人员林某病倒在自家床上，生活不能自理。余红生同志得知后，立刻前往他家帮他擦洗，之后送林某到养老院，定期探望，嘘寒问暖，直至其安然离世。其他退休职工都十分感动，逢人便夸他是“党的好干部，困难群众的贴心人”。

失足浪子的“亲人”

在对重危难改人员的管理教育过程中，余红生同志能做到超前谋划，有预案、有监控、有转化、有防范，采取针对性对策，使难改人员转化率达 100%。徐某家境贫寒，系“八进宫”人员，恶习较深，遵章守纪意识较差，经常与“同教”发生纠纷，态度消极。余红生同志对症下药，开展个别教育，经常与其谈心，生活上给予关心。当冬天来临时，余红生同志把自己的衣服给他穿，生病时给他送药、端病号饭，帮他分析思想问题根源，促其加快转化。

韩某系“四进宫”，入队之初，表现极差，整日抱着“破罐子破摔”的想法混时度日。余红生同志在谈话中了解到韩某有一个心结：父母离异，担心母亲只抚养弟弟而抛弃自己。针对此种情况，余红生同志多次与其母沟通，邀请她前来会见，从而解开了韩某的心结。韩某洗心革面，积极投身改造。

福建

个人简介

李木盛

1970 年生，中共党员。生前任福建省建阳监狱一大队一中队中队长。1989 年参加工作，历任福建省建阳监狱五大队办事员、五大队九中队科员、七大队科员、一大队一中队政治指导员。2004 年 7 月 13 日，被罪犯用剪刀刺中，光荣牺牲，年仅 34 岁。

多次受到监狱、省局表彰，1995~2003 年 4 次被评为优秀公务员，1990~1996 年 4 次被评为先进工作者，1996 年、2003 年 2 次被评为优秀共产党员，2003 年被评为优秀党务工作者，1995 年被评为福建省监狱系统先进工作者，被追授为“革命烈士”。

主要事迹

忠诚勤勉　以责任履行宗旨

李木盛同志严于律己、爱岗敬业、无私奉献。多年来，李木盛同志始终秉持一颗赤子之心，守着“火山口”“炸药库”，无怨无悔地将青春奉献给监管改造事业。在担任罪犯食堂司务长时，认真履行岗位职责，注重罪犯伙食管理，他常常说：“搞好罪犯伙食和环境卫生就是为监狱改造好罪犯提供坚强有力的保障。”他一心扑在工作上，精打细算、科学安排，严于律己、不贪不占，真正做到了让罪犯吃熟、吃饱、吃得卫生，出色地完成了本职工作，稳定了罪犯改造情绪，推动了监狱工作健康发展。

春风化雨　用爱心感化罪犯

李木盛同志富有爱心、勤学好思、积极进取，善于分析研究监狱工作的新情况、新特点、新问题，具有很高的执法执纪水平，依靠个人魅力和工作能力，教育、感化、挽救了一批又一批罪犯。罪犯彭某因拐卖人口罪与其妻双双入狱，留下一个 10 岁的儿子和 6 岁的女儿寄养在他人家中。该犯对生活悲观，多次企图自杀都被制止，后又借口腿部有疾病，卧床 2 年多拒不参加改造。2003 年，彭某被调至李木盛同志所在中队，因长时间卧床没有活动，彭某两腿已高度萎缩，不能正常行走，生活不能自理。李木盛同志经常抬彭某去卫生间洗澡，帮他擦身、穿衣裤。当彭某心情平稳时，李木盛同志就找他谈心，还多次联系在女监服刑的彭某妻子写信以安慰鼓励彭某。经过 1 年多的努力，彭某终于被李木盛同志的真诚感动，安心服刑改造。

李木盛同志把心思都用在了工作上、用在了犯人中，却忘记了要照顾好自己，废寝忘食工作的他最终积劳成疾。在担任中队长一年多时间里，他的体重从原来的120多斤降到100斤，还患上了慢性胃炎和神经衰弱。当护士的姐姐先后20多次帮他联系好了医生，可他都因为工作太忙没能去看病。

牢记初心　用鲜血践行使命

李木盛同志忠诚如铁、恪尽职守、不辱使命，始终牢记党的监狱工作宗旨，把赤胆忠心献给了党和人民，把热情和爱心献给了战友，他是一个好党员、好领导、好同事，却不是一个“好儿子”“好丈夫”“好父亲”。李木盛同志的家离监狱不到10分钟路程，可他连续5年没有在家过除夕。2004年7月13日上午，李木盛同志在监狱例行检查时，突然遭遇罪犯袭击，同事们紧急把他送往医院抢救，却无力将他从“鬼门关”中拉回来。在送李木盛同志去医院的途中，他艰难地睁开眼睛，颤颤地问身边的战友：罪犯制服了没有，其他民警有没有受伤，其他罪犯呢……看着他颤抖的嘴唇，同事们知道他还有太多的话、太多的牵挂、太多的依恋，可是他再也没能说出一句话。

李木盛同志的一生是光辉的一生，是战斗的一生，他是党和人民的优秀儿女，是监狱事业的忠诚卫士。在他和同事们的共同努力下，2002年建阳监狱一大队被福建省监狱管理局授予“规范化达标单位”“省级文明监区”荣誉称号。

个 人 简 介

林建权

1965年生，中共党员。生前任德化县司法局宣教股股长，后挂职担任上涌镇党委副书记。1985年参加工作。2004年2月28日，在扑灭山林大火中不幸遇难，年仅39岁。

多次受到泉州市司法局和德化县委、县政府的表彰，荣获1992年度及1995年度“泉州市司法行政系统先进工作者”、1996~2000年全市“‘三五’普法先进个人”、2000年泉州市“人民满意的政法干警”、优秀共产党员等荣誉称号，2004年被福建省人民政府授予“革命烈士”荣誉称号，2006年被司法部追授“全国司法行政系统二级英雄模范”荣誉称号。

主要事迹

烈火中永生

2004年2月28日上午11时，由于高压电线被风刮动碰撞燃起火星，德化县上涌镇下涌村琵琶山突然起火。接到火情报告时，林建权同志正在前往矿山检查安全工作的途中，闻讯后他立即调头赶到火灾现场。

下涌村共有23个组，有3个应急分队，加上自发组织的群众，上山救火的共400人左右。镇领导将救火人员分成5个小分队。林建权同志带的是第四小分队，约20人，他们向一处起火点赶去。由于数月没有降雨，山上草木异常干燥，沾火就着；又遇上7级大风，火势极其凶猛。林建权同志带着群众一边顺着崎岖陡峭的山势向上爬，一边挥舞着柴刀割草开辟了一个切断“火龙”的隔离带。经过1个多小时的奋战，这座山头的火势已基本得到控制。正当他们要坐下休息时，突然发现琵琶山对面300多米的另一座山头冒起了浓烟。

“一定要将火龙斩断！”林建权同志当机立断，带领小分队群众沿着山间小道一路小跑冲向800多米外的葫芦坂山脚下。他将群众分为两路，自己和组员冲上李树园开辟防火隔离带。他们一字排开，挥舞柴刀割杂草，这时火源在300米以外的地方燃烧。凭经验，火烧到李树园至少要半个小时，半小时后隔离带早已开辟好了。出人意料的事情发生了，一股强劲无比的大风忽然从左面吹来，火苗从一个山头刮到另一个山头，很快席卷而来，以迅雷不及掩耳之势扑向救火群众。火借风势，浓烟迅速变成了“火舌”。

突然逆转的火势让救火人员猝不及防，林建权同志一边大喊“赶快跑”，一边指挥后面的群众往山顶跑。不断有人从他身边跑过，同伴叫他赶快往上跑，他应了一声，没想到这一声竟成了他们最后的诀别。

林副书记找到了。但是，他永远也不可能再指挥大家撤离了，在场的群众泣不成声。人们无论如何也没有想到，一场火灾就这样夺走了他们的好领导、他们最亲的人。

忠孝可两全

在上涌人的心中，林建权同志是个“忠孝两全”的好领导。他工作时恪尽职守，经常利用闲暇时间进入村庄，帮助村两委出谋划策，同时还了解社情民意、调解邻里纠纷。上涌村林某曾与同村村民发生矛盾。林建权同志多次到双方家中了解情况，做思想工作，最终化解了双方心头沉积多年的不满。

此类事件在林建权同志身上数不胜数，他把为民排忧解难当成“好差事”，乐此不疲。林建权同志牺牲之后，上涌村 79 岁的村民林某泪流满面地说：“他是难得的好人啊！”原来，林建权同志在牺牲前一个月，曾悄悄把 300 元钱送到老人手中。如果老人没有说破，这可能成了永远的秘密。

林建权同志不仅以解决群众难题为己任，也是一个大孝子。他平日对父母十分孝顺，每月都要回家两次以上看望父母，而且每月都要从为数不多的收入里匀出 200 元给二老作生活费。

个人简介

李崇贵

1943年生，中共党员。1964年至1968年历任厦门后埔新兵团新兵、龙岩某部队战士、龙岩市永定县人武部通讯员、龙岩某部队战士、晋江市某部队战士（1967年5月随某部队参加援越抗美战争），1968年至1969年转到南平市公安局军管，1969年退伍后留任南平市公安局干部，1971年至1984年历任邵武市吴家塘公社保卫干部、胡书公社生产干部、屯上公社司法助理员。1986年5月25日，任邵武市屯上乡司法办主任时，与逃犯英勇搏斗，壮烈牺牲，年仅43岁。

1981年出席福建省司法厅人民调解工作先进表彰会议，被福建省司法厅评为"人民调解工作先进工作者"；1986年被福建省人民政府授予"革命烈士"荣誉称号；1987年被福建省委组织部追认为中国共产党正式党员。

主要事迹

李崇贵同志生前热爱本职工作，工作中踏实肯干、任劳任怨，积极参与人民调解，努力提升纠纷调解成功率，主动配合辖区派出所做好法制宣传和社会治安综合治理工作，为维护社会治安、优化综合治理作出了贡献。

李崇贵同志既是一名指挥员，又是一名战斗员。1986 年 5 月，严厉打击盗窃犯罪活动第三战役第一仗的战斗打响后，他积极投入战斗，为打击盗窃犯罪活动时刻保持高度警惕。1986 年 5 月 26 日凌晨，李崇贵同志外出返回乡政府途中，发现乡政府附近的岔路旁有两个黑影，只身上前盘问，被两名歹徒举刀伤及多处，李崇贵同志大声呼叫："快来人啊，抓贼啊！"两名歹徒见闻声而来的乡干部及群众，便丢下赃物——两辆自行车，仓皇而逃。而李崇贵同志伤势严重，衣服早已被血染成了红色。但他将自己的生命安危置之度外，对扶他的同志说："别管我，你们赶快去抓坏人要紧。"由于伤势过重，经抢救无效，李崇贵同志光荣牺牲。

个人简介

陈黎华

1976年生，中共党员。现任福建省女子监狱第七监区四级高级警长。2000年参加工作。

荣获“个别教育改造能手”、优秀公务员、“福建省监狱管理局优秀共产党员”、“省直机关优秀共产党员”、“福建省三八红旗手”、“福建省先进工作者”、福建省第三届“道德模范”、“2013感动福建十大人物”、“福建省最美家庭”、“全国司法行政系统先进个人”、“全国三八红旗手”、“全国三八红旗手标兵”、“全国先进工作者”、“全国司法行政系统二级英雄模范”等荣誉称号，并获“全国最美家庭”提名、第四届“全国道德模范”提名。

主要事迹

用爱的教育治愈童年的救赎者

“感谢陈黎华工作室的警官，尤其是陈黎华警官，入监服刑3年来，我第一次感受到有人管、有人爱的温暖，原来厌学时有人严格要求、耳提面命是一种爱，原来冲动争吵甚至想动手打人时，有人抓住我的手，严厉斥责、教我克己也是一种爱，我将带着这些爱，在成年后的未来，勇敢走下去。”这是福建省未成年犯胡某在成人礼上的心灵剖白。她是陈黎华同志悉心教育、用爱转化的未成年犯的一个代表，陈黎华同志用其独特的“爱的教育”治愈了一个个迷失的少年。

陈黎华同志是福建省陈黎华劳模工作室的核心成员，也是大家的“主心骨”，在她的带领下，工作室结合未成年罪犯身心发展状况，针对其普遍存在的问题，有针对性地开展文化与法制教育、规矩与行为养成教育、通识与角色教育、底线教育。在工作中，她勇于开拓、锐意进取，勤奋学习、提升能力，认真研究解决工作中出现的新情况、新问题，主动学习心理学、教育学、管理学知识，想方设法做未成年罪犯的教育改造工作，积极探索符合未成年罪犯教育改造工作规律的方法，总结出了感恩教育法、母爱教育法、宣泄教育法、转移教育法等20多种教育改造方法。

与婆婆共克病魔的刚硬军嫂

陈黎华同志的丈夫曾是守卫祖国蓝天的部队飞行员，公公航行在各国海域，她全力支持丈夫的国防事业和公公的海航事业，从不给丈夫和公公增添负担。在女儿幼小，婆婆患重病多次住院、需靠每周数次血液透析维持生命等艰难情况下，陈黎华同志常年奔忙在单位、托儿所和医院之间。陈黎华同志多次婉拒组织照顾、同事帮助，特别是她因操劳过度罹患胃癌，饱受放疗化疗痛苦折磨，却依然乐观向上，顽强与病魔作斗争，从不向组织提条件、求照顾，从不向病魔屈服，独自一人默默承担赡养婆婆、抚养孩子等重担，生活艰难却依旧乐观豁达，被誉为尽忠、尽孝、尽职、尽责的好媳妇、好母亲、好警官。婆婆在她的细心照料下，多次转危为安，身体逐渐好转。她用自己的言行充分展示了新时代监狱人民警察拥有积极向上的情操、良好的职业道德，和弘扬社会公德、家庭美德的良好形象。

清正廉洁坚守初心的孺子牛

陈黎华同志认真做事、干净做人、快乐工作，不追名、不逐利、不浮躁，经得住考验、抵得住诱惑，洁身自好、清正廉洁。面对众多关心亲人、关注减刑、热切求助的罪犯家属，她细心解答、耐心解惑，多次拒收罪犯家属谢礼，保持两袖清风、一身正气。从警 20 年来，她获得无数的荣誉与掌声，但依然保持公正司法的初心与使命，扎根监狱基层一线，勤勤恳恳做罪犯的教育工作。她总说：“工作 10 年后，依然会认真做罪犯教育改造工作的民警都拥有‘情怀’！在实际工作中用心比能力、技能更重要，技能可以学习，能力可以培养，用不用心只能靠自己。如果不用心，即使是再强的能力、再精的技能，也无法发挥它们应有的作用。”

她认为，教育的核心目的是指引前行希望的明灯，她希望自己能够成为监狱里那个执灯的人。

个人简介

杨义才

1966年生，中共党员。生前任福建省龙岩监狱直属三中队副中队长，三级警督警衔。2007年7月31日，因突发心脏病牺牲在工作岗位上，年仅41岁。

5次被评为优秀公务员、5次受嘉奖、3次被龙岩监狱评为先进工作者，2008年被司法部追授“全国司法行政系统二级英雄模范”荣誉称号。

主要事迹

杨义才同志 1986 年参加工作后一直坚守在监狱一线，先后任职于教育改造、生活卫生等多个岗位。工作中，他始终认真负责、兢兢业业，无论在哪个岗位，都努力把工作做到最好。在教育改造工作中，不断探寻改造罪犯的方法途径，成功改造 200 多名顽危犯；在监狱后勤岗位上，精打细算，经手的账目未出现一笔错账。他品格高尚，在执法工作中严守纪律、依法办事，拒收馈赠；在家庭条件差、困难多的情况下，全身心投入工作，从未向组织提出任何要求，还尽力帮助他人。

牢记使命　忠诚履职

把罪犯教育改造好，使他们顺利回归社会，成为守法公民，是杨义才同志最大的愿望。他 21 年如一日，始终战斗在基层第一线，无怨无悔、忘我工作，他家距离龙岩监狱 16 公里，骑车需要 1 个多小时，但他上班从未迟到。但凡罪犯的思想有大的波动，总是逃不过他的眼睛，他能及时、有效、有针对性地做好教育转化工作，将各类隐患排除，用亲情帮教的方法，使许多顽危犯迷途知返，自觉接受改造。他常说，“监管工作无小事，在岗一天就要保一日平安，只有这样，才能对得起党的培养，才能对得起头上的警徽”。

舍小家　为大家　无私奉献

杨义才同志自小丧父，家境贫寒，妻子没有正式工作，但他从未因家庭而耽误工作。在他妻子住院的 10 多天里，中队警力不足，杨义才同志没请过一天假。由于长年超负荷工作，他年纪轻轻就患上了神经衰弱等疾病，但他始终坚守在工作岗位上。2006 年 7 月 29 日杨义才同志突感胸痛难忍，在同事的催促下才到医院做了检查。经检查，他出现了严重的心肌梗死，心肌已开始坏死。2006 年 7 月 30 日，医院为他进行了心脏搭桥手术，住院期间他还经常打电话了解中队的工作和罪犯改造的情况。出院后，医生嘱咐他要休息 3 个月，他却把医院的休息通知书藏起来，只休息了一周就上班了。之后的一年里，他常常夜以继日地做教育改造工作，最终在工作岗位上突发心脏病以身殉职。他不计得失、任劳任怨，视事业为生命，把毕生精力献给党和崇高的司法行政事业。

两袖清风　一身正气

杨义才同志虽然家里经济拮据，但他甘守清贫、不图名利，从未向组织提出任何要求，甚至从参加工作至因公牺牲，还没有一套属于自己的房子。他从当分队长直接管理罪犯的考核奖，到在供应站负责全监犯的物资供应，再到食堂担任副中队长负责罪犯伙食，始终秉公执法、刚正不阿。

杨义才同志在龙岩监狱平凡的工作岗位上，以对党和人民的无比赤诚之心，为党的事业和人民的利益无私奉献，充分体现了共产党员的先锋模范作用，生动展示了新时代监狱人民警察良好的精神风貌。他牢固树立正确的世界观、人生观、价值观，始终高举旗帜、忠诚履职，坚定不移地做中国特色社会主义事业的建设者和守卫者，是司法行政干警学习的楷模。

个人简介

吴发诏

1968 年生，中共党员。生前任福建省三明司法强制隔离戒毒所三大队教导员。1992 年参加工作，先后在福建省清流监狱、三明司法强制隔离戒毒所工作，2011 年挂职担任福建明溪县盖洋镇温庄村党支部第一书记。2013 年 4 月 11 日，因积劳成疾不幸去世，年仅 45 岁。

多次被评为优秀公务员、先进工作者，2013 年被司法部追授“全国司法行政系统二级英雄模范”荣誉称号，2013 年度法治人物获奖者。

主要事迹

2011 年 1 月，吴发诏同志响应福建省委关于选派党员干部驻村任职的号召，主动请缨到福建省明溪县盖洋镇温庄村任党支部第一书记。此后，他以温庄为家，一心扑在工作上。

两年多来，吴发诏同志为温庄村累计争取到各类帮扶资金 526.16 万元；使农民人均纯收入提高到 7800 余元，全村 85% 的村民都盖了新房；让村集体收入由原来的每年 2 万元增加到每年 7 万余元，实现了一个贫困小山村到文明小康村的“华丽转身”。

恤民情 “把脉问诊”的好专家

温庄村 10 年前兴建的“U”形水渠，早已不能排灌；温庄河更是让农户们饱尝“河患之害”，下一阵中雨便涨大水，使几百亩的庄稼地被淹。吴发诏同志看在眼里急在心里，下决心务必解决并身体力行，带头兴修水利。温庄村老支书诉说道，“现在村委会拦河大坝已铲除新建，日后可自动调阀。河岸两边，河床全面清淤疏通，部分河堤砌塝加固，此外又新建了 3 条 3500 米长的农田线渠，原本大旱地摇身变成了高产田，年产量增收了 8 万公斤！光这两项工程就花费了 100 多万元”。

温庄小学是一所有 300 多年历史的老校，岌岌可危的木质危楼让老师和学生们“寝食难安”，2011 年盖洋镇规划将高年级合并到中心校。吴发诏同志给自己立下“军令状”：“再穷不能穷教育，再苦不能苦孩子，修建温庄小学本人任上必须解决！”这是吴发诏同志对自己的承诺，也是对温庄无声的承诺。他逐层向各级政府部门汇报，反复沟通，一次又一次奔波于福州、温庄之间，最后终于拿到那张沉甸甸的近百万元的经费批条。学校综合大楼拔地而起，宿舍楼破土而立，干净整洁的水泥路串起了孩子们银铃般的笑声和老师们的张张笑脸。

惠民意 “康庄大道”的铺路人

2013 年 4 月 9 日，吴发诏同志为争取温庄村的河堤修复资金到福州出差，他马不停蹄、多方协调沟通，终因劳累过度于 2013 年 4 月 11 日离开了他心爱的劳教（戒毒）工作岗位，离开了他心爱并为之奋斗不休的农村基层岗位。吴发诏同志坚持践行一名戒毒民警、一名普通村干部的理想信念，是忠诚，是大爱，是强烈责任感与满腔热血支撑他一路前行，直至生命的最后一刻。

个人简介

方秋轩

1966 年生，中共党员。原任福建省明溪县司法局党组成员、副局长、城关司法所所长。2021 年退休。

荣获第九届“全国人民满意的公务员”、“全国模范司法所长”、“三明市先进工作者”、“福建省十大法治人物”、三明市“金牌调解员”、“福建好人”、“中国好人”、首届“平安之星”等荣誉称号。

“把文章写在大地上” 虽然质朴却掷地有声

作为一名基层司法所所长，方秋轩同志秉持“守土有责、守土负责、守土尽责”的理念，30余载如一日，在基层一线忠于职守、勇挑重担，当好辖区群众的“贴心人”，做好群众的“娘家人”。她走遍辖区80个村民小组，成功化解重大矛盾纠纷20余起，帮扶、救济社区矫正对象和困难群众680余人次，为基层群众提供法律服务、法律援助共1000余件，调处率达100%。

“把司法行政人特别的爱献给特别的人。”为创造更好的社区矫正环境，帮助社区矫正对象按时解矫并顺利融入社会，方秋轩同志经常入户走访谈心，并帮助他们找住房、找工作，切实为他们解决实际困难。近两年来，她先后组织建立了2个安置帮教基地，安置帮教人员13人，开展精准扶贫33人，组织职业技能培训12人。一名社矫对象因贩卖一只白鹇被判处缓刑2年，她多次上门谈心，了解其发展意愿，通过协调，请到高级农艺师为其做淮山种植技术培训指导。经过2年种植摸索，该社矫对象掌握了淮山种植技术，并成为“淮山种植大户”，每年收入近10万元，不仅摘掉了“贫困帽”，还盖起了新楼房。除“淮山种植大户”外，方秋轩同志还结合实际，培养了水稻种植“科技示范户”、孝老爱亲典范、技术创新领头人等改造积极分子15人。

勇于实践 发挥守正创新的探索精神

基层司法所是司法行政的基础，是司法行政工作在基层的延伸。

为更加精准、有效地护航发展大局，方秋轩同志在实践中积极发挥首创精神，努力推动基层司法行政工作创新融合发展，带领城关司法所先后获评“省先进调委会”“市优秀司法所”等荣誉称号。

“要从根上减少矛盾纠纷，就得让老百姓学法，知法才能守法，办事才会寻法。”“吃透”了《宪法》《民法典》《人民调解法》等多部日常需要的法律法规，方秋轩同志开始创新实施“菜单式”法治宣传教育。针对农村妇女弱势群体，她组建“女子普法宣传队”；针对社区矫正人员，她组建“社区矫正人员义务普法志愿者”队伍；针对青少年群体，她精心设计《成长之路与法同行》漫画图册；利用各村的宣传栏，她适时宣传法治知识……近年来，她为中小学、农民群众及县、乡、村干部讲法治课 300 余场次，受众达 1.5 万余人次。

紧扣“发动和依靠群众，坚持矛盾不上交，就地解决”的“枫桥经验”新内涵，方秋轩同志结合明溪实际，推动建设坪埠村“村民评理说事点”和“法律明白人说事点”，打造“枫桥经验明溪版”，为村民搭建一个“有事大家说、有难大家帮、有理大家评”的家门口矛盾纠纷一次性解决平台。同时，她创新实施“12345”矛盾纠纷化解工作法，并创立“成轩调解室”，实现了“小事不出村、大事不出乡、矛盾不上交”，切实将矛盾彻底化解在基层。如今，“成轩调解室”已经成为家喻户晓的“法律诊所”。

2021 年 3 月 13 日，年满 55 岁的方秋轩同志从县司法局副局长岗位上退休。3 月 17 日，方秋轩同志便郑重地向党组织缴纳了 1 万元党费，感谢党的培育，感谢人民的信任，也表示对党百年生日的庆祝。

方秋轩同志以其对司法行政工作的使命和担当、以人民群众对美好生活的向往为出发点和落脚点，牢牢坚守基层第一线，在平凡的岗位上忠诚履职、扎实工作、担当作为，成为党和政府联系服务群众的桥梁和纽带，赢得了广大群众的赞誉。

江西

姚知和

1935 年生，中共党员。生前任江西省第五劳改支队（现江西省豫章监狱）三大队一中队中队长。1956 年参军。1961 年始，从事劳教工作，历任教干事、副连长。1985 年 5 月 27 日，与罪犯搏斗，伤势过重，经抢救无效，于 1985 年 5 月 28 日光荣牺牲，年仅 50 岁。

1987 年被江西省人民政府追认为烈士。

主要事迹

1985 年 5 月 27 日，姚知和同志不顾已经连续值班 10 多个小时的疲劳，主动要求加班。傍晚结束工作后，他又继续在大队办公室整理罪犯考核材料，至 21 时临近罪犯休息时，罪犯邬某、陈某以向管教干部汇报改造体会为名闯进大队办公室，趁姚知和同志不备，向其头部猛烈砸去。姚知和同志在头部严重负伤的情况下，同邬某、陈某展开殊死搏斗。搏斗中，他右手被打成重度骨折，脑内大量出血，终因伤势过重昏倒在地，经多方抢救医治无效，于次日 13 时光荣牺牲，年仅 50 岁。

言传身教的好父亲

姚知和同志祖辈世代农耕，家境贫寒，他很小的时候父亲就去世了，母亲迫于生计改嫁。新中国成立后，他怀揣着从军的梦想报名参军，加入中国边防公安部队，后听从组织安排，从福建押犯转至江西，直接转业成为一名监狱警察，是豫章监狱的首批建设者。他生活简朴，工作勤勉，就连妻子患上绝症时，也未向组织提出半点要求、请过半天假。那时，他既要坚持每天认真上好班，又要照顾病床上的妻子，还要照顾好儿女。为了减少家庭开支，他甚至自己种菜。姚知和同志这种坚毅的品格，感染了他的 5 个儿女，从小培养了他们吃苦耐劳的品质，培养了他们对党和国家的感恩之情。

思想改造的特殊园丁

从警20多年以来，姚知和同志对待本职工作任劳任怨、兢兢业业，几乎把全部的心血都倾注到改造罪犯的工作上。在实际工作中，他从不打骂、体罚、虐待罪犯，真正做到像老师对待学生一样，做到从思想上教育罪犯认罪服法，从行动上帮助罪犯接受改造，使其早日成为自食其力的新人。罪犯郭某在改造时，表现很不好，经常打架斗殴。姚知和同志知道情况后，先后10多次找其谈心谈话，关心其改造生活。郭某受感化，改过自新，认真接受改造，连续3年被评为改造积极分子。罪犯易某的妻子和小孩第一次从赣南来到支队会见易某，因钱、粮没有带够，姚知和同志主动拿出饭菜票安排他们吃饭并拿钱给他们当路费。易某受到感化，几年来改造一直表现较好。像这样的事例，在姚知和同志的工作中举不胜举，他以细心和耐心成功地改造了一大批罪犯。

岁月长河，历史足迹不可磨灭；时代变迁，英雄精神熠熠生辉。逝者已矣，精神永驻。浩然警魂，薪火相传。30多年来，姚知和同志"英勇搏斗护平安，甘洒热血铸忠诚"的精神成为豫章监狱凝聚警心、激励斗志的支柱，激励着新一代豫章人继续前进。

个人简介

查有根

1960年生，中共党员。生前任江西省第三劳改支队供电所所长，一级警司警衔。1977年参加工作，1985年被招录为江西省第三劳改支队（现赣江监狱）管教干部，历任江西省第三劳改支队一大队水电中队办事员、副中队长。1994年5月26日，在与罪犯英勇搏斗时光荣牺牲，年仅34岁。

1980年受到部队嘉奖，被评为“学雷锋先进个人”；1992年荣立个人三等功；1994年被司法部追授“全国司法行政系统一级英雄模范”荣誉称号；1995年被江西省社会治安综合治理委员会追认为“全省维护社会治安见义勇为先进分子”，被民政部追认为“革命烈士”，被追认为中共党员。

主要事迹

查有根同志出生在一个共产党员、监狱干警家庭，从小受到老一辈监狱干警艰苦创业、无私奉献革命精神和高尚品德的熏陶。参加工作后，他虚心好学、积极工作，圆满地完成了各项工作任务。1978 年 12 月至 1982 年 12 月，查有根同志光荣参军服役。1982 年 12 月至 1985 年 2 月，查有根同志服从组织分配，在农场一大队水电中队当电工。在此期间，他热爱本职工作，刻苦钻研技术，很快掌握了电路维修和外线安装技术，在参加行业技术培训考试中，成绩名列第一，多次受到组织肯定。

1985 年 2 月，查有根同志通过考试考核，经江西省人事厅批准，被吸收为国家干部，分配在江西省第三劳改支队一大队从事管教工作。他忠于职守，严格执行党的劳改工作方针、政策，依法管理，耐心做好罪犯教育转化工作。与此同时，他勤奋好学，刻苦钻研业务，熟练掌握了支队高低压、内外线、供配电以及机电安装、修理的整套技术和管理技术。特别是担任供电所所长以来，他敢于迎难而上，建立了一整套行之有效的管理制度，很快厘清全所工作，对支队有线电路的架设、养护和管理以及无线通信的建设和发展都作出了积极贡献，受到了组织表彰。1992 年 7 月朱港农场溃堤时，他不顾个人安危抢救国家财产。

1994 年 5 月 25 日，查有根同志为完成架设通信电缆突击任务，加班到 23 时多才回家休息。26 日凌晨 3 点，当他得知有人在一大队财务室行窃时，不顾身体疲劳，立即起床，并叫醒隔壁干警一起赶去抓盗窃犯。后考虑场所的复杂性和存在团伙作案的可能性，他主动留下监视，让同事找人前来增援。当罪犯作案后欲逃离现场时，增援人员尚未到达，查有根同志见状，立刻奋不顾身地冲上前去将其拦住。罪犯掏出尖刀凶残地向他刺来，查有根同志临危不惧，一面紧紧抓住凶器与之搏斗，一面高呼："抓小偷！"在身负13处重伤的情况下，仍与罪犯搏斗并被拖行7米多远，终因流血过多，抢救无效，于1994年5月26日光荣牺牲。

牺牲后，江西省司法行政系统广泛深入开展向查有根同志学习活动，全系统干警、职工化悲痛为力量，学英雄精神，创英雄业绩，振奋精神、勤奋工作，以确保监所改造秩序安全与稳定，为监狱各项工作的顺利开展及社会的稳定创造良好的环境。

个人简介

陈国忠

1942年生。1958年在江西省景德镇监狱参加工作，担任汽车驾驶员。1983年6月，在与越狱罪犯搏斗中，壮烈牺牲，年仅41岁。

1983年被江西省人民政府批准为“革命烈士”。

主要事迹

自参加工作以来，陈国忠同志热爱党，热爱社会主义，热爱监狱工作，积极要求进步，工作吃苦耐劳，认真负责，服从指挥，遵守纪律制度，一向表现突出。

1983年6月11日上午，陈国忠同志开车出监执行公务。当他行至工地西面转弯减速行驶时，突然间，罪犯熊某、袁某二人手持三角尖刀和单刀匕首从汽车驾驶室左右两边跳上踏板，强行进入驾驶室（袁某扭断了左边车门外把手），持刀胁迫陈国忠同志开车带他二人出监。在熊某、袁某的挟持下，陈国忠同志无所畏惧，大声呵斥其不法举动，毅然拒绝，同时拉紧手刹把车停死。当他正想张口请求支援时，熊某、袁某用手紧紧捂住他的嘴，并用刀猛刺他的身体。陈国忠同志在生死存亡的紧要关头，不顾个人安危，用右手紧按喇叭长鸣报警，直到昏迷倒在血泊之中。之后，袁某坐在驾驶位置上，几次启动，妄图开车脱逃未逞，被路过的罪犯孙某、宁某发现。袁某、熊某见劫车杀人罪行败露，自感走投无路，便同时扑向电网自杀，袁某当即触电身亡，熊某被电击晕。陈国忠同志因伤势过重，流血过多，抢救无效，于6月12日下午停止了呼吸。

陈国忠同志用鲜血和生命粉碎了罪犯劫车脱逃的阴谋，保护了人民群众的生命和国家财产的安全。

陈国忠同志赤胆忠心，临危不惧，英勇顽强，狠狠打击了罪犯的反改造嚣张气焰，维护和捍卫了监狱的安全稳定。充分彰显了在党的阳光雨露哺育下，监狱人为了党的监狱事业舍身忘己、视死如归的共产主义高贵品质和不畏强暴、宁死不屈的革命英雄气概。

陈国忠同志一生艰苦朴素、勤恳忠实、立场坚定、作风正派、助人为乐、平易近人，为监狱建设作出了积极贡献。监狱车队一致反映，陈国忠同志每年完成任务数量一直位居前列。他曾因汽车少、运输任务重，常常连饭都端到汽车上吃；不管严寒酷暑，中午也很少休息，总是力争跑在前面。

陈国忠同志在爱护国家财产、坚持节约原材料方面，表现突出。景德镇监狱车队 10 多辆汽车，陈国忠同志的汽车是保养最好的一辆。他人汽车大修，司机就休息；他的车子大修，自己参加修理。车子小毛小病，他自己包修；途中遇到同事汽车坏了，他就停下来帮忙修理。

陈国忠同志多次拾金不昧，为群众做好事。一次行车途中，偶然捡到一麻袋茶叶，他见麻袋上印有单位名称，就专程开车把这些茶叶送还失主。还有一次，他遇到一位农民急病困在路边，家属在旁哭泣不止，他便专程开车把病人送到医院抢救，病人家属感激得热泪盈眶，而他始终未吐露自己的姓名。

陈国忠同志在党的教育培养下，经受长期的考验和锻炼，为党的监狱事业流尽了最后一滴血，在广大监狱人心中树立了光辉的榜样。许多年过去了，陈国忠同志的先进事迹仍然铭记在广大监狱人民警察和人民群众心中，新一代监狱人将传承、弘扬其英模事迹，顽强拼搏、真抓实干、善作善成，确保监狱安全稳定。

个人简介

徐　杰

1962年生，中共党员。现任江西省南昌市新建区司法局二级主任科员。1992年2月24日，为了抢救国家的财产和保护人民的生命安全，在与大火的搏斗中，全身被烧伤，烧伤面积达75%。

1992年荣获司法部“全国司法行政系统一级英雄模范”、江西省“维护社会治安见义勇为先进分子”等荣誉称号。

主要事迹

坚定信仰　离岗不离党

心中有信仰，脚下才能有力量。徐杰同志经常和身边的人强调，一个人的理想信念最重要，它是精神的支柱。负伤之前，他就时刻以党员的标准严格要求自己，一直积极参加单位组织的各项政治活动，处处起到党员的模范带头作用。负伤之后，由于身体原因，无法到单位上班，但他从来没有因为身体原因放弃政治理论的学习，一直认真履行党员义务。他说，“只要我还是一名共产党员，我就一定要履行好党员义务。只要党和国家还需要我，我就继续发挥自己的光和热”。

逆行而上　舍身战火情

1992 年 2 月 24 日，徐杰同志和同事在岭背林场司法所检查工作。突然，当地一位防火员匆匆跑来报告，“不得了咯，十八岭那边发了火”。徐杰同志开着车风驰电掣般地赶到山脚下，下车后第一个朝山峰冲了上去，山高、林密、坡陡、谷深、天黑，他高一脚低一脚地艰难往山上攀登。攀上山顶后，眼前一片火光。他顾不得劳累，第一个冲到火场，挥动手中的树枝，和随后赶到的同事一起拼命地扑打，10 米、20 米、100 米……火龙被他们一段又一段地截断了。突然，山上刮起一股旋风，火借风势，风助火威，顿时燃起了 10 多米高的火头，直冲徐杰而来。此时，徐杰同志没有考虑自己的生命安全而选择躲避，一心只想把火头打灭。也就在此时，无情的山火把徐杰团团围住，在场的其他同志拼命地喊：“徐杰，快离开！”但已经来不及……徐杰同志为了抢救国家的财产和保护人民的生命安全，昏倒在山火之中，经医院检查，他全身二度、三度烧伤，面积达 75%。

爱岗敬业 廉洁严自律

在日常工作中，徐杰同志始终以高度的政治责任心和奉献精神，履行自己的岗位职责，勤勤恳恳、任劳任怨、脚踏实地，在平凡的岗位上做着不平凡的工作。徐杰同志受伤以前既是局里的总务干事，又是局里的司机，他手上经管的物资没有少过一件，对自己负责的小汽车更是十分爱惜。1991 年 6 月的一天，徐杰同志开车随局长下乡开展执法检查。起初，骄阳似火，爱车如命的徐杰把小车停在树荫下。突然，乌云滚滚，暴雨倾盆而下，不久飞沙走石，旋风见屋倒屋，见树拔树。徐杰担心车被树砸到，便一头冲进了暴风雨中，钻进车内，就在他把小车刚刚开动的一刹那，一棵大树“轰”的一声倒下了，砸在车尾的边缘上，在场的同事惊呼起来：“徐杰，是车要紧还是命要紧？！”徐杰回答说：“车是国家的，就是豁出命也要保住它。”

乐于助人 传递正能量

助人为乐是徐杰同志的秉性。他正直朴实，把帮扶他人作为生活快乐之源，每次看到困难群众，都会尽己所能，主动施以援手。司法局每位与其共事过的同志，都得到过徐杰同志的帮助，他被大家誉为“活雷锋”。徐杰同志有一位邻居黎某，因患小儿麻痹症，行走不方便，但要到离家 7 公里远的印刷厂去上班。徐杰见她步履艰难，就坚持每天早上用自行车送她上班。无论是寒冬酷暑，还是风霜雨雪，他从未间断。他喜欢帮助别人，唯独对自己少了份关爱。他说，党和国家已经给了他很多帮助和照顾，只要自己能过得下去，就不会给国家和单位添麻烦。

个人简介

刘安生

1960年生，中共党员。生前任江西省饶州监狱七大队党支部书记、大队长，二级警督警衔。1976年参加工作。历任中队管教、副中队长、中队长、改造副大队长。1996年11月26日，在追捕逃犯途中发生车祸，不幸以身殉职，年仅36岁。

荣立二等功1次、三等功3次，数次被评为江西省监狱系统及江西省先进人物，11次被评为监狱先进工作者或优秀共产党员。因公殉职后，饶州监狱党委和江西省监狱管理局党委先后作出《关于开展向刘安生同志学习的决定》，号召全省监狱系统人民警察向刘安生同志学习。1997年被司法部追授“全国司法行政系统二级英雄模范”荣誉称号。

主要事迹

刘安生同志自参加工作以来，一直奋战在教育改造罪犯的第一线，具有扎实的工作作风和卓越的基层领导才能。在六大队任改造大队长期间，该队改造工作成为全监乃至全系统学习的榜样；在八大队工作时间虽然很短，但他的思想作风和工作作风给该监区留下了一笔宝贵财富；在一大队和七大队主持工作期间，成绩出色，使单位面貌焕然一新，令人难以忘怀。总之，刘安生同志调到哪里，哪里的工作就有起色；他在不同的工作岗位上，都作出了不可磨灭的贡献。

刘安生同志 20 岁出头便被提拔为中队领导，年仅 26 岁就走上中层领导岗位，深得各级组织的信任。

刘安生同志系革命烈士后人，其祖父早年即参加革命，是江西省北部建立赣东北革命根据地时期的革命骨干。先辈遗志，代代相传。刘安生同志从小就受到了良好的革命传统熏陶，树立了远大的共产主义理想，确立了为党的事业奋斗终生的人生目标。坚定的理想信念促使他一直保持着永不枯竭的奋斗精神和动力。他对监狱工作有着强烈的事业心和责任感，工作不讲条件、不计时间，殚精竭虑，发奋努力，不知牺牲了多少个节假日、放弃了多少个周末。为了工作，他每天起早贪黑，早出晚归，没有时间照顾家庭。他提任大队领导后，每逢除夕、春节总是先在监房同罪犯一起过年，再回家团聚。刘安生同志心中装满了事业，经常带病坚持工作，殉职时，人们还在他的手提包里发现了待服的药片。

在短暂的一生中，刘安生同志怀着对党、对人民的无比忠诚，为监狱事业忘我工作、无私奉献，谱写了一曲人民警察为国家的监狱事业、为社会的安宁鞠躬尽瘁、死而后已的壮丽篇章。

个人简介

程红军

1977年生，中共党员。生前任江西省饶州监狱纪检监察室副主任，三级警督警衔。1995年参加工作。2013年3月6日，在工作中不幸去世，年仅36岁。

2014年被司法部追授“全国司法行政系统二级英雄模范”荣誉称号。

主要事迹

爱岗敬业

在熟识的领导、同事们眼里，程红军同志是个做事认真、爱岗敬业的好同志。1995年，程红军同志从鄱阳师范学校毕业分配到监狱工作，无论在哪个单位、什么岗位，他都勤勤恳恳、扎实工作，处处留下良好的口碑。

2010年5月，全系统干部风险岗位廉能管理工作启动，程红军同志受命具体负责此项工作，对全监1000多位民警分层分类逐人查找岗位风险点，落实廉能防控措施，累计制作表格材料2200多份，装订台账20多册，形成了完整的廉能风险管理体系。2011年，他具体负责监狱惩治和预防腐败体系建设基本框架制度汇编工作，精心编制了《饶州监狱惩治和预防腐败体系基本框架构建情况台账资料目录》，有力推动了监狱反腐倡廉工作制度化、规范化建设。他说："工作总要人做，明天要的东西，今天晚上哪怕不睡觉，都要搞出来，习惯了感觉也没什么。"

品德高尚

程红军同志出身贫苦，在农村长大，父亲曾是乡村教师，从小受到了良好的传统教育。在老同事、老邻居眼里，他是个孝顺忠厚、热心善良的大好人。除抽空回家看望爷爷和父母外，他对在他家生活了十几年的岳母也是关怀备至、竭力尽孝。

每天一下班，他就忙着帮岳母洗碗扫地。"程红军同志的老领导对他的孝心敬佩有加。

民警杨诚忠与程红军同志两家仅有一墙之隔，他说："程红军每天下班回到家，都会主动和岳母讲讲话、拉拉家常。他岳母患有高血压，他每天嘘寒问暖、拿药递水，多年从不间断。工作不忙的时候，他傍晚时还会陪岳母一起到广场散步、上街逛超市。十几年来对岳母恭恭敬敬、笑脸相迎，生怕让岳母在自己家里受了委屈，简直比亲儿子还亲。""这年头，能陪老岳母散步的女婿真是不多见！"每当程红军同志陪岳母出去散步，街坊邻居们都夸老人家好福气。

艰苦朴素

程红军同志总是宁可自己吃亏受累，也不愿别人吃亏。他时时处处勤俭节约，近乎苛刻。

邻居们说："除了制服，他没有一件像样的衣服。"一次，因办案要随领导去赣西监狱出差，同事见程红军同志穿了一件十分普通的棉毛衫，觉得和领导出门穿成这样有点寒酸，于是善意地问："红军啊，这件棉毛衫好漂亮啊，应该是穿在里面的，你怎么当外套穿啊？""这是老婆送给我的礼物，又实惠又保暖，今天才第一次穿咧！"他满足地回答。

在遗体入殓的时候，亲人们在他家中竟然找不出一套像样的衣服。按照程红军老家的规矩，过世的人必须穿新衣服才能上路。于是，家属只好临时到超市买了一套新内衣；没有像样的外套，大家就找来一套新的制服给他穿上。

愿君西行无风雨，英华早逝留忠魂。在众人的评价中，无论是工作能力，还是道德品行，程红军同志都出类拔萃。或许正因为他热爱生活，热爱监狱事业，才无怨无悔燃烧自己，奉献青春。

个人简介

刘　球

1962年生，中共党员。生前任江西省洪都监狱党支部书记、副厂长。1978年参加工作，历任知青队班长、排长、中队长、副大队长等职。1995年10月20日，因车祸不幸殉职，年仅33岁。

荣获“江西省司法行政先进工作者”及洪都监狱优秀共产党员、先进个人等荣誉称号，1996年被司法部追授“全国司法行政系统二级英雄模范”荣誉称号。

主要事迹

作为一名监狱人民警察和共产党员，刘球同志十几年如一日，兢兢业业，辛勤工作在第一线。他短暂的一生，是对党的事业无限忠诚、执着追求、无私奉献的一生。

在从事监管改造工作时，他每天第一个到单位，严格落实各项监管改造制度，认真做好严管和细管，始终准确掌握犯情动态，并真心实意对罪犯进行教育转化，动之以情、晓之以理，取得了良好的改造成绩，确保了监狱的安全稳定。在历年的防汛抗洪中，他总是扎根圩堤、日夜奋战，无论是组织巡堤查险，还是处置险情，抑或转运物资，都能看见他坚实的背影。

母亲去世时，他依然坚守在工作岗位上，料理完后事后，第一时间返回工作岗位，并一直坚守到生命最后一刻。

工作、生活中，刘球同志作风正派、清正廉洁，并时刻严格要求自己，牢牢把握住拒腐防变的思想防线。在他人眼中，刘球同志是一个为人和善、团结同事的好民警。他大事讲原则、小事讲风格，常常帮助他人，获得了良好的口碑。

刘球同志在平凡岗位上，出色地履行了当代监狱人民警察的光荣使命，为江西监狱事业的发展、为党和人民奉献出了自己的毕生精力和宝贵生命。他的一生是战斗的一生、光荣的一生，他无愧为一名优秀共产党员，无愧为江西司法行政系统的先进典型。

个人简介

晏玉红

1985 年生，中共党员。现任江西省女子监狱狱内侦查科科长，二级心理咨询师。

荣立个人三等功 2 次，荣获江西省监狱管理局“消防大比武先进个人”及江西省女子监狱优秀共产党员、优秀公务员、“三八红旗手”等荣誉称号，2020 年被中共中央、国务院、中央军委表彰为“全国抗击新冠肺炎疫情先进个人”。

主要事迹

主动请缨　勇敢逆行　信仰如柱

2020 年 3 月 1 日深夜，接到司法部援鄂命令后，来自双警家庭的晏玉红同志没有丝毫犹豫，第一个主动请缨参战。监狱领导考虑她丈夫已在封闭执勤，建议她和家人商量。面对组织需要和家庭困难，她说："我是警察、是党员，国家需要，我就上！我相信，家人能理解我的选择！"就这样，完全没有医学经验的她，毅然选择将年幼的女儿托付给姐姐照看，告别家人，奔向了疫情防控主战场、最前沿！一家三口分处三地，再相聚已是 90 天后。每当看到 3 岁多的女儿因为太想她，而呼唤大姨为"妈妈"的视频时，她眼角的泪总是悄悄滑下。如今，年幼的女儿依然有分离焦虑，她说："是我让女儿丢失了曾经的那份安全感，但我相信，有一天，她定能理解妈妈和战友们共同的选择！"

不惧风险　坚守一线　使命如山

在武汉，晏玉红同志所在工作队的支援点是一所特殊的方舱医院，收治的都是确诊罪犯，不仅感染风险高，临时改建的场所还存在巨大的监管安全压力。身穿二级防护服的她与同事们一起，每次执勤 6 小时，加上交接班、穿脱防护服、消杀、往返驻地等时间，每轮班差不多 10 小时不吃不喝。面对身体、心理和监管安全的三重压力，她依然一丝不苟地落实方舱管理制度，妥善处理各类监管事务。有一次执勤，忙碌了 3 个多小时后，她突然感到头痛、胸闷、喘不上气，心脏就像要蹦出来一样。值班医生发现异常，建议她立即出舱。此时，离交接班还有 2 个多小时，如果出舱，现场警力不足，监管安全将无法保证。她心里默默给自己加油打气：没事的，坚持就是胜利！她坐在医生值班室，抱着空气消毒机大口大口地喘息，半小时后，才缓过来。她调侃道："我像抗美援朝凯旋的外公一样，做了回自己的英雄。"

发挥专长　尽心尽力　责任如天

看着方舱里那一扇扇紧闭的窗户，听着此起彼伏的咳嗽声，想着空气中弥漫的病毒，说不害怕是假的。但她依然选择向前。为了缓解病犯的情绪，她顾不上心里的恐惧，一头扎进方舱开展工作。她积极发挥自己心理学知识的特长，向病犯宣传政府的政策，努力帮助她们坚定抵抗病魔的信心。有一天，方舱里响起歌声"我不知道你是谁，我却知道你为了谁……"那一刻，泪水模糊了护目镜，她知道所有的付出都值得。

心细如丝　热情服务　情怀如水

担任组织委员的她，执勤之余协助临时党支部开展工作队的组织管理工作。由于支部没有生活联络员，为了更好地为工作队提供生活保障，她利用休息时间积极做好后勤服务，大家都喜欢称她为"晏管家"。工作队组建之初，她就和队友连夜拟定了长达 3 页的物资清单，大到防护服，小到发夹。这不仅为江西省监狱管理局和监狱党委快速高效筹备物资提供了重要参考，还为武汉联络点减轻了物资保障压力。抵汉后，来不及整理自己的行装，她就开始为队员们分发物资。同时，她规范物资管理，细化用量，确保了各类防疫物资都被用在"刀刃"上。

个人简介

阳昌绍

1964 年生，中共党员。江西省芦溪县宣风镇珠亭村村委会主任、人民调解员。

荣获“全国人民调解能手”等 30 多项荣誉，2015 年当选“敬业奉献中国好人”，2018 年荣获司法部“全国新时代最美法律服务人”“全国人民调解工作先进个人”荣誉称号，2019 年荣获江西省首批“人民调解专家”荣誉称号，2020 年荣获司法部“调解为民好榜样”、“全国劳动模范”荣誉称号。

主要事迹

“没自我，翻山越岭鞋底全磨破，吼一句，困难算什么，走街串户乡亲称赞多……”这首由江西省芦溪县音乐舞蹈协会创作的《独臂铁嘴之歌》，歌颂的是当地一位家喻户晓的人民调解员——阳昌绍。

阳昌绍同志年轻时因工作断了手，落下终身残疾，但他身残志坚，积极投身人民调解事业。15 年来，他凭着直爽亲和的性格和雷厉风行的做事态度，为民排忧解难，任劳任怨，大家都亲切地称他为“老绍”。

单手骑车　访遍全村 515 户家庭

2005 年，阳昌绍同志以高票当选为珠亭村村委会委员，并担任调委会调解员。从此，只要老百姓有纠纷，他就会把“闲事”管到底。

2020 年的一天，珠亭村上阪莲组一村民在外务工时，不慎被巨石砸伤头部，经抢救无效身亡。死者家属与施工方为死亡赔偿金争吵了一星期，互不相让，眼看矛盾就要进一步激化而酿成群体性事件。阳昌绍同志得知后主动介入调解，经反复调查、了解案情，耐心细致地开导双方当事人，最后促成双方握手言和，施工方一次性给予死者家属赔偿。

从家里到珠亭村村委会上班，他每天要骑半个小时的自行车。珠亭村村委会紧邻 320 国道，道路上车辆来往甚多，但是他每天依然风雨无阻，靠着单手骑车访遍了珠亭村 16 个村民小组、515 户家庭。这些年来，阳昌绍同志骑坏 4 辆自行车、跑烂 10 多双解放鞋，累计成功调解各类矛盾纠纷 1200 余件，调解成功率达 100%。

建“老绍之家” 提供便民服务

2015年，珠亭村以阳昌绍之名成立了综合便民服务工作室——“老绍之家”，将群众调解、信息咨询、普法等工作汇集于一个活动场所内进行，充分发挥党组织的堡垒作用和共产党员的先锋模范作用，成为宣风镇一张亮丽的“法治名片”。

如今，“老绍之家”从最初的1人扩充到10多人。为村民调解民事纠纷800余件，接待法律咨询1000余人次、心理咨询900余人次，举办法治宣传培训24期，为群众挽回经济损失800余万元，为农民工追讨薪金110余万元。“老绍之家”现已是当地家喻户晓的“心灵驿站”，是化解基层矛盾纠纷的“桥头堡”，也是服务基层群众的“连心桥”。

珠亭村自从有了阳昌绍同志带领的这支调解队伍，法治建设工作硕果累累，先后被评为芦溪县“秀美村庄建设示范点”、萍乡市“依法治理工作单位”等。

做好疫情防控 彰显责任担当

2020年春节期间，阳昌绍同志积极投身新冠肺炎疫情的防控工作。疫情防控期间，他每天早出晚归，走村串户，耐心细致地向群众宣传疫情防控最新动态和防疫要点，珠亭村515户农户家都留下了他的足迹。乡亲们都心疼地劝他：“老绍歇歇脚，今天做不完的事还有明天呢。”他总是微笑着回应：“为了你们的生命安全和健康，苦点累点也值得！”

个人简介

杨斌圣

1957 年生，中共党员。原江西省萍乡市芦溪县宣风镇副镇长、法律服务所所长。2014 年 12 月 18 日去世，时年 57 岁。

在学习实践科学发展观活动中，被确定为江西省第五个学习实践科学发展观活动先进典型；2010 年当选江西省“致敬 2009”年度致敬人物；荣获全国“创先争优”优秀共产党员、“全国模范司法所长”、“全国模范人民调解员”、全国“我为和谐作贡献人民调解主题实践活动先进个人”、“2008 年度萍乡市司法行政系统十大有影响人物”、江西省劳动模范、第四届全国道德模范候选人、“CCTV2014 年度法治人物”等 40 余项荣誉称号。

主要事迹

杨斌圣同志1983年从部队退伍后，一直在宣风镇从事基层司法调解工作，身患重病仍然默默坚守工作岗位。他一直扎根农村，扎根基层，坚持以事实为依据、以法律为准绳，以情感化、以理说服的工作态度，不断创新调解理念，改进调处方法，用真情暖人心，春风化雨解民怨，和谐乡邻泯恩仇，维护了一方的和谐稳定。他赢得了组织的高度肯定和群众的广泛赞誉。作为基层一线的人民调解员，杨斌圣同志始终用真诚对待事业、用真情关爱群众、用真心化解难题，成功调解各类矛盾纠纷3700余件，挽回经济损失累计3600余万元，被群众称为“乡村判官”“和谐卫士”。

杨斌圣同志数十年如一日，一直在基层司法所工作。为了维护农村社会稳定和人民群众安宁，他积极开展人民调解，有效防范和处置群体性、突发性事件和有可能转化为恶性案件的事件100余件。多年来，经他调解的矛盾纠纷，没有一起因调解不当或调解不及时而转化为刑事案件。经他调解，许多濒临破碎的家庭重归于好，多户反目成仇的邻居握手言和。他在调解工作中，始终恪守“一心为百姓解忧难”的工作准则，用“婆婆嘴”“妈妈心”“媒人腿”，以心换心，化解千家难事，温暖万人心田，换来社会和谐平安、人民群众安居乐业。

杨斌圣同志从事人民调解工作，始终坚持以人民满意为标准，把执法为民作为人民调解工作的出发点和落脚点，认真履行一名共产党员对人民群众的诺言。他经常废寝忘食，早出晚归，异地办案。他的行动感染着每位受助群众，他们视杨斌圣同志为家人。杨斌圣同志作为一名基层法律服务工作者，始终把维护人民群众合法权益、促进社会公平正义作为自己人生的最高追求，他以执着的信念、丰富的知识、过硬的本领，不辞辛劳，据理力争，帮农民工讨回公道。“有困难找杨所长”，已成为当地老百姓的共同心声。多年来，他为开展维护农民工合法权益的法律援助工作，远赴浙江、上海、广东、福建、辽宁等地，为农民工挽回经济损失累计 3000 余万元。

杨斌圣同志生长在农村，工作在基层，深知老百姓的艰辛和难处。作为一名党员干部，他在外出为农民工维护权益的过程中，始终坚持“七不原则”：不坐卧铺、不住宾馆、不下饭馆、不收报酬、不打的士、不抽烟、不喝酒。他全身心投入基层人民调解和农民工维权工作，农忙时，为了办理案件不得不请人种地；孩子读书时，没有参加过一次家长会；父亲身患重病去世，因为在外地办案没有见上最后一面……他的父亲出殡那天，群众主动送葬，数不清的花圈，数不清的人，他深深地感受到支撑他走下去的力量，就是群众这份朴实的感情。

个人简介

廖泽方

1964年生，中共党员。现任江西南芳律师事务所党委书记、主任，江西省律师行业协会党委副书记、副会长，党的十八大代表。

荣获江西省劳动模范、全国优秀律师、“全国政法系统优秀党务工作者”、“全国爱国拥军模范”、“全国优秀党务工作者”荣誉称号，2019年获中共中央、国务院、中央军委颁发的“庆祝中华人民共和国成立70周年”纪念章。

主 要 事 迹

廖泽方同志始终以履行社会责任、探索律师行业乃至社会组织党建工作为己任，带领江西南芳律师事务所（以下简称南芳所）走“抓党建、带群建、促所建”的特色发展之路。南芳所先后荣获“全国创先争优先进基层党组织”、“全国法律援助工作先进集体”、全国优秀律师事务所等200多项荣誉称号，形成了新时代律师行业党建工作的“南芳路径”。

探索新时代南芳党建的发展路径

第一，创新律所党建模式。廖泽方同志带领南芳所坚持把抓党建作为律所发展的根本之路，南芳所党委是江西省首个律所党委。2010年制定南芳所《党建工作条例》，以党组织与合伙人联席会议制度确立了党的政治核心地位。党建与所建同步规划、同步实施，形成“党建促所建、党务促业务”的良性循环。第二，构建大党建格局。他带领南芳所先后成立工会、团委、妇委会，设立所纪委、党校、参政议政办及全国律师行业第一个“双拥”办、统战工作部，使该所成为党建工作机构最健全的基层党组织。第三，提出党建“三境界”。他带领南芳所发挥“党建+”力量，将4个党支部分别对应“双拥”、职工妇女青少年维权、法治乡村建设及信访值班特色建设。他提出抓党建要促进员工和单位事业同步发展，积极履行好社会责任，围绕党的中心服务好大局，以党建促发展。“党建”“社会公益”“专业特色”成为南芳所事业发展的“三驾马车”。第四，培养一支讲政治的高素质律师队伍。实行“党员优先聘用、党员优先上岗”原则。第五，服务律师人才成长。“做当事人认可的专业型律师、社会认可的事业型律师、党委政府认可的政治型律师”是廖泽方同志多年实践总结的律师成长“三段论”。他培养和造就了一批法律专业领军人才，打造了一支让党放心、让人民满意的律师队伍。

贡献党建智慧 擎起律师行业一面旗

第一，总结南芳党建经验。廖泽方起草制定的江西省律师行业《党的建设工作规程》等成为江西省党建工作的规范性文件。在中组部、司法部召开的全国律师行业党建座谈会上，南芳所党建经验被讨论、交流。他编写了《新时代中国特色社会主义律师行业党的建设南芳路径》。第二，推动南芳党建走向全国。党的十八大以来，廖泽方同志先后到全国 20 多个省份及全国组织干部学院、国家律师学院进行党建讲座 120 多场。接待省内外 500 余批次、8000 多人次学习考察。《人民日报》、新华社等媒体对南芳所党建特色进行了 3000 多篇次刊播。

勇担社会责任 丰富党建工作的内涵

廖泽方同志在办理彭昌华烈士法律援助案时，敏锐地发现烈士抚恤待遇偏低，主动与媒体联系，由新华社记者写成《江西一些律师认为革命烈士抚恤金偏低》报道文章，中央领导作出重要批示，成为重新修改《军人抚恤优待条例》的直接动因。该案被评为“全国 100 例优秀法律援助案例”。廖泽方同志办理该案，不但分文未收，还倒贴数千元。

个人简介

游启红

1967 年生，中共党员。现任江西省赣州市司法局人民参与和促进法治科科长。2012 年，从部队转业分配到赣州市司法局工作。

被评为优秀共产党员、“精准扶贫先进个人”、“优秀村党组织第一书记”，荣立个人三等功 1 次，2019 年被中央退役军人事务工作领导小组、中央组织部、人力资源和社会保障部、退役军人事务部、中央军委政治工作部授予“全国模范退役军人”荣誉称号。

主要事迹

以敬业的精神创新工作

“要做好工作，必须要懂业务，只有业务熟悉，才能创新工作。”这是游启红同志常挂在嘴边的一句话。刚到地方工作，他不断提高自身的业务工作能力。忙碌工作一天后，同事们还时常能够看到他在办公室孜孜不倦学习的身影。为了提高自己的法律素养，他转业第一年就报名参加了国家司法考试，并于 2013 年顺利通过。

法律知识、业务知识的熟练掌握，为游启红同志做好工作奠定了基础。他在深入基层做好调查研究、详细掌握赣州市人民调解工作实情的基础上，先后牵头制定了《关于进一步加强全市人民调解工作的实施意见》《赣州市创建个人调解工作室实施办法》，推动赣州市委全面依法治市委员会出台了《关于推进行业性、专业性人民调解工作的实施意见》《关于规范我市矛盾纠纷调解奖补措施的通知》，在江西省率先创立个人调解工作室、规范人民调解奖补措施。自 2016 年以来，赣州市司法局连续 3 年在江西省人民调解工作会议上作经验介绍；连续 5 年被中华全国人民调解员协会评为“全国人民调解宣传工作先进集体”；2021 年，被江西省司法厅评为“全省人民调解工作先进单位”。

以奉献的理念驻村扶贫

游启红同志在部队服役 26 年。他常说，年轻时把青春献给了国防事业，转业后能为百姓做事也深感自豪。

2017 年，瑞金市率先在赣州市提出脱贫摘帽，游启红同志主动向领导请战，担任赣州市司法局驻瑞金市泽覃乡安治村精准扶贫工作队队长、第一书记。安治村是瑞金市唯一的少数民族村，地处偏远山区，脱贫攻坚有着特殊的困难。在扶贫工作期间，他走遍了安治村每个角落，访遍了每户贫困户，做到底数清楚、情况熟悉，对全村所有贫困户家庭人口、生产生活、帮扶措施等情况做到“一口清”，村民们都知道村里工作队有一位亲切的“游队长”。

游启红同志还主动发挥自身优势，在村里举办法律大讲堂，提升村民法律素养；协助制定乡规民约，使村里的乡风文明得到进一步提高，安治村获评“全省民主法治示范村”。扶贫工作队在他的带领下，扎根基层一线，密切联系群众，攻坚克难，高质量地完成了脱贫攻坚任务。

以为民的情怀永葆军人本色

游启红同志退伍不褪色，始终保持军人的优良作风，做到忠诚、干净、担当，以自己的实际行动践行为民服务的铮铮誓言。

2013 年 1 月，为破解医疗纠纷频发问题，赣州市委政法委牵头组建赣州市医疗纠纷调解处理中心，需从市司法局抽调人员参加。医疗纠纷的矛盾较尖锐、调解难度较大，在别人眼里这是一项“棘手”的工作，但游启红同志作为一名毫无调解经验的转业军人却毅然接受了任务。在医疗纠纷调解处理中心工作的 2 年多时间里，他既负责中心的日常行政工作，又担任一线调解员，牵头制定了中心工作制度、规范了调解文书和程序、编写了详细的工作指南，平均每年成功调解医疗纠纷 60 多起。

山东

个人简介

李朝明

1942年生，中共党员。生前任山东省监狱一大队副政治教导员。1960年应征入伍，1968年复员至山东省监狱。1979年8月17日，牺牲在工作岗位上，年仅37岁。

入伍期间，2次被评为“五好战士”；被授予烈士荣誉称号。

主 要 事 迹

宝剑锋从磨砺出　梅花香自苦寒来

李朝明同志应征入伍时身高只有1.58米，体重不超49公斤，大量的军事训练科目，对瘦小的他来说无疑是艰巨的。于是，李朝明就成了军营中起床最早、入睡最晚的战士之一，他总挤时间加练，大家跑10圈，他就在大家休息时再来2圈；大家做3组引体向上，他就做4组、5组……不知流了多少汗水，身体被擦伤、碰破多少处。终于，在军事训练考核中，他的各项成绩都在优良以上，瘦弱的身材变得健壮了，浑身透着干练与英气。他在训练中勤学苦练，劳动中吃苦耐劳，生活中艰苦朴素，给领导与战士们留下了深刻印象。

苦口婆心　忠心戍守

1968年6月，李朝明同志复员到山东省监狱。凭着吃苦耐劳的精神与坚强的意志，他很快适应了监狱人民警察这一角色，摸索出开展工作的方法。

有的罪犯由于刑期较长、家庭变故等原因，产生厌世情绪，每次遇到这种情况，李朝明同志都苦口婆心地作心理疏导。被判无期徒刑的罪犯刘某，因妻子和他离异后再婚，多次产生轻生情绪。李朝明同志在采取包夹措施之后，多次找刘某“拉家常”、摆事实、讲道理。精诚所至，金石为开，刘某终于打消自杀的念头，回到积极改造的道路上来。李朝明同志以强烈的责任心和质朴的情感，像父母对待犯错的孩子，像医生对待病人、老师对待学生那样，动之以情，晓之以理，使无数个“刘某”重新拾回了生活的信心，让无数个“张某”认罪服法，积极改造。

热血铸金盾　长歌慰英灵

李朝明同志工作兢兢业业，任劳任怨。早上现场巡查，找罪犯谈话。考虑值班任务较重，中午即使不值班，他也多数时间留在队上。晚上，他总是坚持下监室巡查，风雨无阻。

与李朝明同志接触过的人都说他是个好人。同事家中有急事，只要说一声，李朝明同志总回答：“我替你值班吧。”他总是急他人所急，想他人所想。1975 年 7 月，李朝明同志被任命为一大队副政治教导员，33 岁的他，是当时监狱最年轻的副科级干部之一。

1979 年 8 月 17 日中午，李朝明同志替家中有急事的同事值班。13 时许，他正在办公室整理文件，罪犯孙某某猛地撞开办公室的门，用铁锤砸向李朝明，李朝明同志迅速站起来躲过了，锤子砸到了桌边。可穷凶极恶的孙某某一次次将铁锤举起又抡下，李朝明同志就这样倒在了血泊中，不幸牺牲。

个 人 简 介

沙庆春

回族，1968 年生。生前任山东省德州监狱政治处保卫组治安员。1986 年 11 月应征入伍。1990 年 7 月退伍安置到山东省德州监狱，先后在德州监狱行政科、办公室工作。2002 年 4 月 1 日，为了保护人民群众的生命安全，与歹徒殊死搏斗，壮烈牺牲，年仅 34 岁。

1989 年被中国人民解放军赤峰守备区通信营接力连嘉奖，2002 年被山东省人民政府追认为“革命烈士”，2003 年被司法部追授“全国司法行政系统二级英雄模范”荣誉称号。

主要事迹

参加工作16年来，无论在部队还是在监狱，沙庆春同志都以对党和国家的无限忠诚，兢兢业业、勤勤恳恳，在平凡的岗位上默默奉献，受到领导和同志们的一致好评。

他像一团火　给周围的人送去温暖

在德州监狱，沙庆春同志的质朴爽直、古道热肠是有口皆碑的。有的老同志煤气罐搬不动了，他主动帮助送到家中；有的同志买煤球了，他主动上前帮忙；有的老人急病发作，他护送到医院……他就像一团火，给别人送去温暖。

监狱宿舍区有一位石大娘，患脑血栓多年，行动不便。石大娘的孩子因工作无暇顾及她，沙庆春同志便经常到石大娘家嘘寒问暖，和她聊天，背她到室外晒太阳，给她端水喂药。

1990年夏天，监狱机关办公楼停车棚因摩托车汽油自燃突发大火。沙庆春同志闻讯赶到后，不顾个人危险，冒着滚滚浓烟冲入车棚。他奋力扑火时，双手被烧伤，衣服被烧坏，脸上沾满炭灰。当人们夸他时，他却笑着说："不是还有许多人在救火嘛！"

他像一堵墙　守护着居民的安全

在沙庆春同志的日历里，几乎没有节假日、双休日，无论是风霜雨雪，还是酷暑难耐，总能见到他认真巡逻的身影。1999年冬天，解放北路房屋开发，监狱宿舍区一侧围墙被拆除，安全隐患增多。为防止盗窃分子乘虚而入，白天，他注意盘查可疑人员；夜间，他选择视野开阔处蹲守监视。某日，一窃贼趁夜潜入宿舍区伺机作案，面对危险沙庆春同志毫不畏惧，终将窃贼制伏，扭送到派出所。事后，有人问他："这么危险你不害怕吗？"他却说："我哪来得及害怕！当时只有一个念头，就是绝不能让群众的财产受损失！"

他是一寸金　在烈火中永生

无业青年刘某某与德州监狱某退休干部之女陈某恋爱不成，遂起报复杀人恶念。刘某某于 2002 年 4 月 1 日上午，持刀将一出租车司机绑架作为人质，并将自制炸药包捆绑在司机身上，后至德州监狱居民区陈某家，骗开门后即对其全家实施报复。此时，刚刚下班回到家的沙庆春同志听到呼救声，不顾一切地冲出家门向案发地跑去。当看到陈某及其父亲被歹徒刺成重伤躺在血泊中时，他迅速冲向二楼。

面对杀红了眼的歹徒，手无寸铁的沙庆春同志不顾安危冲上前去与歹徒展开殊死搏斗……他身中数刀，仍全然不顾，一直试图夺下凶器，拉断炸药包导火索。然而，丧心病狂的歹徒乘躲闪之机引爆了炸药包……歹徒和人质当场被炸死，沙庆春同志也不幸壮烈牺牲。

沙庆春同志走了，带着对生命、事业和亲人的无限眷恋，永远地离开了我们，可他留下了一颗滚烫的心和不朽的灵魂。他的人生就如一篇精彩的乐章，他的精神就如一尊伟岸的雕像，他永远活在人们的心中。

个人简介

高昌牛

1953年生，中共党员。生前在微湖监狱四监区污水处理站工作。1969年应征入伍。1989年被微湖监狱录用。2001年8月22日，在与罪犯搏斗中英勇牺牲，年仅48岁。

2002年被山东省人民政府授予“革命烈士”荣誉称号。

主要事迹

高昌牛同志爱岗敬业，艰苦朴素，思想进步，任劳任怨，服从组织分配，认真遵守单位的各项规章制度，有强烈的事业心和责任感，干一行、爱一行，在平凡的工作中取得了不平凡的成绩。在任门卫值班员期间，他严格落实制度，坚持原则，维护生活区秩序。他爱护公共财产，遵守操作规程，对自己操作的污水处理设备定期检查、定时维修保养，保证了设备的正常运转，他所在的微湖监狱多次被省、市、县评为环境保护和排污管理先进单位。

高昌牛同志从事监狱工作以来，始终不忘自己是一名共产党员，忠于党的监狱事业，并为此献出了宝贵的生命。正是有了高昌牛同志这样长期默默无闻地战斗在监管改造第一线的人民警察，监狱工作才得以顺利开展，社会才得以安全稳定，人民群众的生活才得以安宁祥和。高昌牛同志虽然离开了我们，但他所展示的忠于监狱事业、热爱本职、认真负责、扎实工作的敬业精神，坚持原则、坚守岗位、恪尽职守、任劳任怨的工作作风，团结同志、作风正派、清正廉洁、乐于助人的高尚品质，先人后已、艰苦朴素、淡泊名利、无私奉献的良好风范，以及生命不息、战斗不止的浩然正气值得广大警察职工学习。

个人简介

李太俊

1945 年生，中共党员。1963 年应征入伍。退伍后在山东枣庄煤矿、江苏大屯煤矿任团委干事、工会副主席等职；1982 年调任商河县白桥乡司法助理员；1991 年任白桥乡司法所所长，兼任乡纪委书记、乡党委委员。1995 年 10 月 12 日，在上班途中遭到蓄意报复的歹徒突然袭击，不幸牺牲，年仅 50 岁。

曾连续 7 年被评为地市司法行政系统先进工作者，2 次荣立个人三等功；1996 年被司法部追授“全国司法行政系统一级英雄模范”荣誉称号，被山东省人民政府追认为“革命烈士”，被中共济南市委、市政府分别追授优秀共产党员和“模范司法所长”荣誉称号。

主要事迹

牢记党的宗旨　忠于党的事业

李太俊同志对党忠诚，具有高度的革命事业心。他积极参与农村经济体制改革，帮助 14 个村建立与完善了土地联产承包责任制和统分结合的双层经营机制，协助 9 个乡办和村办企业完成了筹建和转产工作，为促进白桥乡经济的发展做了大量工作。1987 年他在商河县率先建立了乡法律服务站，相继为乡政府和 44 个村民委员会及 16 个乡直企事业单位担任常年法律顾问，代理经济案件 486 起，为当事人避免和挽回经济损失 308.5 万元。1992 年年底全乡对土地联产承包调整和企业承包转换期间，李太俊同志带领法律服务所的两名同志深入 56 个村和企业，每天工作 10 小时以上，对 4482 份土地承包、林木承包和企业承包合同进行审查、修订并协助办理公证，保证了新一轮"三项"承包的顺利进行。1994 年春，他对有棉花种植任务的村逐个调查了解，协助各村对 11,000 亩棉花种植计划一一签订合同并协助办理公证。

热爱调解工作　竭力维护稳定

李太俊同志把维护基层社会稳定，为农村经济发展提供良好的社会环境作为自己的神圣职责，对人民调解工作倾注了极大热情和心血。他刻苦学习法律知识，撰写了《当前农村纠纷类型、特点及其对策》等文章，积极探索民间纠纷的发生、发展及变化的规律，业务水平和工作能力不断提高。他帮助 44 个村的人民调解委员会落实人员、健全制度、改善条件、开展工作，强化了一线防范力量。他任职期间，全乡

60% 的民间纠纷及纠纷苗头都能在村内得到调解和消除，调处各种纠纷 867 起，防止“民转刑”案件 132 起，避免非正常死亡 114 人。

一切服从人民需要　无私奉献

李太俊同志常年工作在基层，日夜奔波在白桥乡村之间。有次，一位无人赡养且吃饭都没有保障的孤寡老人发烧到 39℃，他听到消息后立即带上自家的粮米赶去。就在李太俊牺牲前的 1995 年 10 月 8 日，他的妻子因挂念他，带着小儿子到乡里看他，结果等了两天，因李太俊同志下村调解纠纷未归，始终没能见面。

勇于坚持原则　敢于同违法犯罪作斗争

李太俊同志甘于牺牲个人利益，维护党和政府在人民群众中的威望。担任乡党委委员、司法所所长以来，他始终坚持原则，崇廉拒腐。1992 年 6 月，白桥乡村级领导班子调整，李太俊的一个朋友带着厚礼找到他，想通过他“活动”个村干部的职位，他当即严肃地说：“村干部是为群众服务的，应当具备良好的素质，而不是用金钱换来的。”

1993 年 7 月，侯某孟因故将侯某杰用刀捅伤，李太俊同志受乡政府委托召集派出所、法院共同处理，对侯某孟依法进行惩处。对此，侯某孟怀恨在心。1995 年 10 月 12 日，侯某孟埋伏在李太俊上班的途中。当李太俊经过时，他从后边突然袭击，向李太俊连捅 5 刀。李太俊同志当场壮烈牺牲。李太俊同志兢兢业业、任劳任怨、无私无畏，是党的优秀党员，是人民的忠实公仆，是维护基层社会稳定的忠诚卫士，是司法战线上的光辉典范。

个人简介

张宪宽

1936年生。1960年毕业于北京大学，分配到山东大学任教。后在监狱系统任工程师、技术科科长。

荣立个人二等功1次，被评为“全国司法行政系统先进工作者”，荣获司法部“全国司法行政系统一级英雄模范”荣誉称号。

主要事迹

张宪宽同志年幼时曾经历战争、逃难，后随家人辗转到海外。新中国成立后，他回到祖国读书并在山东大学任教，因家庭问题被下放到齐河县改造。其间，他克服心理困扰，怀着生存的勇气和必将平反的希望，积极参加可控硅脉冲电加工机床研制并获得成功。

身处逆境　矢志不渝

张宪宽同志是新中国培养的大学生，内心充满对党的热爱。他用积极的态度对待生活，立志用所学的科学文化知识干一番事业，为祖国作一番贡献。1964 年，所在单位让他到科研组参加可控硅脉冲电加工机床的研制。当时，有关晶体管和可控硅的中文资料极少，他又是生化专业的，对电学方面的技术知之甚少。可他知难而进，在原来学过一点日语和德语的基础上，刻苦学习，利用各种工具书、资料，逐步掌握了有关电加工技术方面的知识。

1972 年，张宪宽同志结束了 10 年的改造生活，他毫不犹豫地选择留队就业，继续从事机床研究。他说："这里是我获得第二次生命的地方，这里有我的事业，有理解我的人，士为知己者用，我舍不得离开啊！"他坚持每天 4 点半起床，学习 2 个多小时，平时无论出差还是节假日从不放过学习的机会。

数年拼搏　硕果累累

十几年的时间，张宪宽同志翻译了数百万字的外文技术资料，取得了一系列科研成果。1969 年，张宪宽同志和其他技术人员一起，试制成功了我国第一台 D5540 可控硅脉冲机床，标志着我国第三代脉冲电源的诞生。这项成果获得了 1978 年全国科学大会奖，并被写入中国工业丛书电加工发展史的章节。

1976 年，张宪宽同志与其他技术人员共同研制成功了 DM540 电加工机床，填补了我国全静压精密电加工机床的空白，获得了全国科学大会奖。1978 年，他与其他技术人员共同研制成功了我国最大的一台电加工机床 D61125 机床，获山东省科学大会奖。此外，他还独立完成了“镀液成分自动控制”“高级节能可控硅回路”等十几项成果，其中“直流保护”经苏州电加工机床研究所介绍推广到全国，“易关断测试仪”被选为全国可控硅经验交流会资料。他在全国性刊物上发表 5 篇论文，其中，《一种尖锋连续波电源》被日本《未踏加工》摘译。他利用业余时间翻译日本版《自动滴定》、英文版《高速试验》、各种说明书、手册、论文和电加工资料，总计百万余字。他编写了 DM5440 机床常见故障排除方法和工艺图表。他利用业余时间设计了广自由度电加工机床，在泰安电子设备厂试制成功。1986 年他利用广自由度机床解决了显像管玻壳模打标记问题，为国家节约外汇 800 万日元。

拒绝出国和招聘

党的十一届三中全会后，张宪宽的妹妹劝他到美国定居。然而，他给妹妹复信：“三中全会以后，许多冤假错案正在迅速得到纠正，知识分子从来没有像现在这样得到党的信任和重视，我是党和人民培养的知识分子，祖国是我的母亲，我虽然受了很大委屈，但孩子怎能怨恨母亲，我的生命属于生我养我的祖国，我应该生活在祖国的大地上。”

1984 年，在支队领导的帮助下，张宪宽同志终于得到了彻底平反。平反后，他谢绝了国内数家知名科研单位的高薪聘用，继续留在监狱系统工作，后晋升为工程师、技术科科长。

个人简介

李开运

1949年生，中共党员。1988年进入司法行政系统工作，历任马集乡司法所所长、齐河县司法局副局长，2009年退休。

1995年荣获全国“十佳基层法律工作者”提名奖，1996年荣获司法部“全国司法行政系统二级英雄模范”荣誉称号，1998年荣获人事部全国“人民满意的公务员”荣誉称号，1999年国庆节被列入一年一度的全国政法界知名人士座谈会首席代表。

主要事迹

李开运同志自1988年从事司法行政工作后，扎根基层，勤奋工作，为当地的经济发展和社会稳定作出了巨大贡献。

在马集乡任职期间，李开运同志全心全意为党委政府保驾护航，为人民群众排忧解难，从“依法治乡”着手，指导全乡48个村依法制定《村民自治章程》，从根本上改变了14个后进村的落后面貌；采取“以案释法”等形式，广泛深入地开展法制宣传教育，耐心细致地做好轻微违法犯罪青少年的帮教工作，使300多名重点管理对象走上正道，运用法律武器化解矛盾，防止激化；共调处各类民事纠纷2200余起，避免非正常死亡32人，防止“民转刑”案件63起，使马集乡成为德州市“无因民事纠纷调处不当引起的治安案件、刑事案件、非正常死亡、群众性集体上访”的“四无”乡镇之一；积极参与农村经济建设，努力为乡村发展提供优质法律服务，先后为162家企事业单位担任常年法律顾问，起草、审查、完善各类经济承包合同12万余份，帮助企事业单位追回外欠款600余万元，避免、挽回经济损失800余万元，有力地促进了全乡经济的发展。在职期间，李开运同志共收到社会各界人民群众赠送的镜匾150余件，感谢信120余封。

李开运同志常年带病坚持工作，舍小家，顾大家，时时处处以一名合格共产党员的标准严格要求自己，得到了党和人民的充分肯定。

他的模范事迹，被中央电视台“新闻”栏目、“焦点访谈”栏目多次专题报道，被新华社、《人民日报》、《解放军报》、《工人日报》、《光明日报》等百余家媒体详细报道。中央文明办、原国家人事部、司法部，省、市、县多次下发决定、通知，号召全体党员干部全面深入地学习、宣传李开运同志的英雄模范事迹。李开运同志参加了中央电视台现场直播的“全国十佳人民满意的公务员”事迹报告会并在现场发言，多次参加山东省委、省政府组织的全省英模报告团和青岛市委、市政府组织的巡回报告。

个人简介

胡宝海

1942 年生，青岛市城阳区原流亭街道司法所所长。1967 年参加工作。1978 年从部队转业到青岛市城阳区流亭镇工作，历任司法助理员、司法所所长兼法律服务所主任。

1990 年荣立个人一等功，1991 年荣获司法部“全国司法行政系统廉洁勤政先进工作者”荣誉称号，1997 年被评为山东省“十佳司法所长”，1998 年荣获司法部“全国司法行政系统二级英雄模范”荣誉称号。

主要事迹

胡宝海同志时刻牢记全心全意为人民服务的宗旨，模范履行司法行政干警职责，自觉把党委、政府的工作难点当作自己的工作重点，积极推进依法治理，努力为经济建设提供法律服务，大力开展民间纠纷排查。先后提出各类合理化建议 120 余条；协办公证 9760 余件，通过诉讼、非诉讼代理和审查经济合同，为国家、集体和当事人避免或挽回经济损失 2800 余万元；调处各类纠纷 2000 余起，其中防止民间纠纷激化 72 起；避免非正常死亡、重大伤害 83 人，使 100 多对夫妻破镜重圆。他忠于法律，坚持原则。凭着对事业执着的追求和对人民高度负责的精神，多次在民间纠纷即将激化的危急关头挺身而出。他 4 次放弃进城工作机会，扎根基层，严格执法，热情服务，廉洁奉公，以实际行动树立了司法行政干警的良好形象。

胡宝海同志具有强烈的事业心和高度的责任感，忠于党，忠于人民，具有长期扎根基层的政治觉悟和精神境界。他讲政治、讲学习、讲正气，时刻听从党召唤，自觉把本职工作同党的事业紧密联系起来，同人民群众的根本利益联系起来，认认真真不折不扣地把党的路线、方针、政策贯彻落实到基层。他守土有责，不辱使命，真心实意地为人民群众办实事、办好事，甘当人民群众的合格公仆。在基层司法行政工作岗位上，他兢兢业业，扎扎实实做好本职工作，为司法行政事业的改革与发展、基层民主与法制建设、经济社会的发展和稳定，努力拼搏，贡献力量。他坚持原则，秉公执法，危急时刻挺身而出。胡宝海同志对事业勇于开拓进取，锲而不舍，具有高度的党性观念，严格执法，热情服务，是维护国家法律尊严、甘愿奉献的忠诚卫士。

个人简介

聂岱松

1953年生，共产党员。1972年参加工作。1985年从事司法行政工作，先后担任羊里司法所所长、莱芜区司法局副主任科员。2013年退休。

30多次立功受奖，1999年被山东省人民政府荣记个人一等功，2000年荣获司法部“全国司法行政系统二级英雄模范”荣誉称号。

主要事迹

以深化法治宣传教育为先导　全力促进社会稳定

“三五”普法以来，聂岱松同志指导帮助52个村建起了法治一条街、户户建立了法治档案，自行设计刻制了20套大型法治宣传栏模版，印制了600余个法治宣传栏。1997年他总结推广了“四化四导”教育法，并督促中小学校与7000多名学生家长签订了《联教协议书》；1998年创作了包含42部法律法规的千言《普法五字歌》。他的事迹和经验多次在《大众日报》《莱芜日报》上登载。他敦促羊里镇52个行政村普遍健全了村民代表议事会，建起了大型村务公开栏，印发了11,000册《村务依法管理手册》。他调解各类民间纠纷千余件，使羊里镇连续14年无民间纠纷激化。

以强化法律服务为重点　加快农村经济发展步伐

十几年来，聂岱松同志办理各类代理案件826件，办理非诉讼代理1468件，为当事人挽回或避免经济损失1100多万元；协助44个村依法清理各类尾欠款460多万元，清退（还）群众欠款360万元；协办公证5669份，办理见证1.2万件，证后合同履行率达到99.8%；积极为22家民营企业担任常年法律顾问，协调企业与所在村签订《守法经营合同书》1100份，在企业内部合伙人之间签订《合伙协议书》600余份。

以净化干警思想为基点　保持长盛不衰的发展后劲

聂岱松同志坚持抓好三个方面的工作：一是强化思想政治教育，增强职业道德意识，使敬业爱岗、奉献社会成为“两所”同志的自觉行为。二是加强纪律和制度建设，建立并完善自律和监督制约机制，健全了以岗位目标责任制为主体的12项规章制度，确立公正执法、廉洁执法“四不为”和行为准则“十要十不准”。在1998年队伍集中教育整顿活动中，他制订了10个方面57条指标，实行百分考核，使每个工作人员言有规、行有矩，保持了良好的行业新风。三是定期组织业务学习和交流活动，积极参加省厅、市、区局组织的业务培训和理论研讨。他写作的3篇论文先后在山东省司法行政工作研讨会上参加研讨，并被收入论文集；3篇调研文章在市级理论刊物《莱芜调研》上发表，并被评为年度优秀调研成果二等奖。他领导的司法所先后13次被评为先进集体，荣立二等功、三等功各一次。1998年，在市、区两级政法委召开的英模事迹报告会上，聂岱松同志作为济南市司法行政系统唯一的代表作了事迹报告，被评为济南市政法战线六大典型人物之一，济南市政法委专门发文号召全市政法干警向他学习。

个人简介

宋正品

1951年生，中共党员。曾任运河监区四监区监区长、老干部科科长、副调研员等职务，2011年退休。

多次被评为优秀共产党员、先进工作者，被山东省监狱管理局评为“全省优秀管教员”“全省优秀监区长”，先后荣立个人一等功1次、个人二等功1次，2000年荣获司法部“全国司法行政系统二级英雄模范”荣誉称号。

主要事迹

春风不叫一木枯

运河监区四监区是一个专门关押老弱病残犯的监区。宋正品同志坚信，影响老残犯改造的不是身体的老残，而是心理的“老残”。他经过深思熟虑，变消极防范为积极进攻，实现老残犯改造新突破的大胆尝试与艰辛探索。

为提高改造效果，宋正品同志精心设计了“五个一”改造法，即罪犯每天写一百个字、每周做一件好事、每月写一份改造小结、年终向家中写一封改造汇报信、监区每季度开展一次全员文体活动。他还开办了读报学习班，坚持一周一次“五星级”改造小组评选活动，实行全员风险抵押制度。通过这些措施，老残犯们身体动起来了，自我改造的热情高涨起来了，监区形成了崭新的改造局面。

不信东风唤不回

为加大亲情教育力度，宋正品同志多次组织“童心呼唤亲人归”帮教活动，邀请罪犯子女到狱中与亲人共度“六一”儿童节，作规劝发言。孩子们的发言感人至深，罪犯的心灵受到强烈的震撼，流下了愧疚悔恨的泪水。

1998 年 3 月，宋正品同志发现罪犯丁某在会见后情绪异常，当即找他谈话，了解到丁某的二女儿患有严重的肾病急需住院做手术，丁某想到自己没有尽到一个父亲应尽的责任，无颜面对生病的女儿，失去了活下去的信心和勇气。宋正品同志在对其进行耐心细致的说服教育的同时，动员监区全体干警捐款。监区罪犯也深受感动，纷纷为丁某捐款。

咬定青山不放松

对极个别消极抗改、极为顽固的罪犯，宋正品同志没有放弃对他们的挽救。罪犯胡某入狱之初得过眼病，此后一直闭眼装瞎，企图保外就医。经过宋正品同志苦口婆心的谈话教育和软硬相济的改造策略攻心，胡某气焰不再嚣张，可仍不承认自己是装瞎。他押送胡某到菏泽监狱进行了一次特殊的会见，见到服刑妻子的胡某失声痛哭起来，终于睁开双眼。

衣带渐宽终不悔

宋正品同志到四监区工作的时候承受着巨大的家庭压力，他的妻子患有严重的肾积水，孩子幼小无人照顾。他每天骑自行车往返于医院与监狱之间，十里长的路上洒满了他的汗水。他每个春节都坚持在监区和罪犯一起度过，即使是除夕之夜，他仍然和一名意欲自杀的“六进宫”老年犯促膝长谈，直至该犯打消自杀念头。

宋正品同志和监区同事让老残犯这个特殊群体燃起了希望之灯、改造之火，使他们树立了重新回归社会的信心和勇气。宋正品同志用自己的实际行动树起了一面旗帜，一座丰碑！

个人简介

陈志斌

1971 年生，中共党员。现任德州监狱狱内侦查科一级警长。1991 年毕业于徐州煤炭建工学院，同年分配到山东省七五劳改支队。1994 年调入山东省德州监狱，历任德州监狱七大队办事员、科员，狱政科内看守监区科员、狱政科副主任科员，狱内侦查科副科长、主任科员、一级警长。

多次被德州监狱授予嘉奖；2002 年荣立个人一等功，被山东省政府授予优秀公务员荣誉称号，被共青团山东省委授予“杰出青年卫士”称号；2003 年被司法部授予“全国司法行政系统二级英雄模范”荣誉称号；2004 年被共青团中央授予“第四届全国优秀青年卫士”荣誉称号。

主要事迹

注重理论学习　提高自身素养

参加工作以来，陈志斌同志认真学习马列主义、毛泽东思想、邓小平理论、“三个代表”重要思想、科学发展观、习近平新时代中国特色社会主义思想，自觉树立正确的人生观、价值观，养成爱国主义、集体主义精神和见义勇为、助人为乐的优良作风，表现出对党和监狱事业的无限忠诚。2019 年 9 月，陈志斌同志积极响应司法部号召，主动报名参加山东省司法行政系统第四批援疆工作队。在新冠肺炎疫情期间，主动要求第一批次进驻监管区，带病坚持工作，共计隔离值班达 180 余天，在年终测评中，得到同支部 34 名同志的一致肯定，顺利完成援助工作，受到司法厅奖励。

热爱监狱事业　甘洒青春热血

陈志斌同志参加工作近 30 年来，一直在基层岗位工作，无论从事哪一项工作，他都时刻把维护监狱的安全和法律的尊严放在心中，把严谨细致的工作作风贯彻到行动中。调到德州监狱七大队后，陈志斌同志经常带队到地形复杂的场地，始终坚持有利于监控的原则，消除隐患。在狱政科任职时，陈志斌同志与每一位新收监和到期释放的罪犯，都要进行一次谈话，了解掌握罪犯的思想动态，及时消除不安定因素。2000 年至 2010 年 6 月，陈志斌同志累计收押罪犯 4000 余名，释放 3400 余名，无一差错。

2010 年，陈志斌同志通过竞争，走上狱内侦查科副科长的岗位。

他克服专业知识不足的困难，向老领导、老同志认真学习，很快适应了新工作。2012 年 12 月 16 日发生罪犯预谋脱逃案件，陈志斌同志连夜突审。通过耐心细致的工作，最终使罪犯如实交代了犯罪过程，然后他又不顾疲劳，忙碌到凌晨 3 点，及时对犯罪现场进行复查、拍照、固定证据，为案件顺利起诉提供了第一手资料，维护了法律的权威和监狱的安全。

敢于见义勇为　尽显责任担当

2002 年 4 月 1 日上午，社会无业青年刘某某因与德州监狱一退休干部之女陈某恋爱不成，恼羞成怒，携带自制炸药和凶器，劫持绑架了出租车司机并在其身上捆绑炸药，窜至德州监狱居民区，对陈某全家实施行凶报复。陈志斌同志恰好下班走到楼下，当看到已被歹徒刺成重伤的被害人父女躺在血泊中呼救时，他迅速跑向被害人家中。当他冲上楼时，正遇到歹徒手持凶器下楼追杀被害人父女，他厉声喝令歹徒“住手”，歹徒闻声举刀向他刺来。搏斗中，陈志斌同志乘躲闪之机进入卧室，在前阳台拿起一盆花，正当他准备砸向歹徒时，歹徒将绑在出租车司机身上的炸药包引爆。陈志斌同志当即昏倒，两耳鼓膜穿孔失聪，左手及左小臂烧伤，头发、眉毛被烤焦，一身警服也被巨大的冲击波撕烂。当他从昏迷中醒来后，见屋内烟雾弥漫，沙发及其他物品起火，又立即接水将火扑灭。

陈志斌同志在人民群众生命受到严重威胁的紧急情况下，不顾个人安危，挺身而出，与歹徒展开搏斗，表现了他崇高的理想境界和大无畏的革命精神，表现了他作为一名人民警察无私无畏的崇高品德。

个人简介

周长青

1960 年生，中共党员。1982 年参加工作，历任科员、分监区长、副主任科员、主任科员等职，退休前任山东省邹城监狱政治处二级警长，2020 年退休。

荣立个人一等功 1 次，荣获司法部“全国司法行政系统二级英雄模范”、“全国政法系统优秀党员干警”、“齐鲁先锋共产党员”、“省直机关优秀共产党员标兵”、“‘感动邹城’十大道德模范”等荣誉称号。

主要事迹

奉献无悔　创先争优当先锋

周长青同志办事沉稳，具有丰富的教育改造经验，监狱筹建第一个老弱病残监区时，他成为首选人员之一，被安排到三分监区主持工作。集中关押在这里的罪犯身体状况差、改造信心严重不足、思想顽固、反管抗改。面对这一特殊的改造群体，周长青同志付出了全部精力和心血。在他的日历里根本没有节假日，20 多年的春节他都在监狱和罪犯一起度过。他像一头老黄牛，不知疲倦地默默耕耘在改造最前线，坚持不懈地寻找能使罪犯认罪服法、积极改造的切入点和突破口；按照自己摸索总结的“以行为规范为基础，以教育引导为重点，生活上多关心，心理上多疏导”的工作思路和方法，严管细教。他曾为住院的罪犯义务当护工，倒大小便、吸痰；为家庭拮据的罪犯购买急需营养品、赠配老花镜；曾不顾路途遥远、身体不适，赶往冰封雪掩的东北，为罪犯办理保外就医。周长青同志的铁骨柔情和无私付出，换来了上千个迷途浪子的成功改造和分监区 12 年的零事故。

廉洁奉公　捍卫法制无私奉献

周长青同志从不计较个人名利得失，当一名称职的监狱人民警察是他毕生的追求和光荣。尽管当时他是监狱年龄最大的分监区长，担负着全狱最复杂的分监区的改造工作，但他没有丝毫抱怨；面对一家三口住了 20 多年的旧房子、下岗多年的妻子和担任临时工的女儿，他没向组织提过任何要求，更未曾利用职权谋取私利。由于分监区是监狱执法的第一道关口，周长青同志严格公正文明执法，他亲手分配的考核分，办理的减刑假释，无一存有争议和失误。一名犯人家属为了让罪犯得到周长青的“照顾”，曾趁只有周长青家属在家时，扔下5000元现金，立即离开。周长青随后得知，二话没说，就和监区领导一起把钱交到了纪委监察室，后又当着罪犯的面把钱退还给其家属。

无限忠诚　满腔热血负顽疾

年过半百的周长青同志永远充满热情和干劲，为确保监管绝对安全稳定，他带领分监区同事，对罪犯一个一个地“过筛子”，每天与罪犯谈话不下20人次，他的记录本上密密麻麻的全是日程安排，饭前发现的苗头肯定不会拖到饭后处理，今天发现的问题也绝不留到明天。工作中，他忘记了休息，忘记了年龄，也忘记了自己的高血压和摆在桌旁的降压药。在长期高强度、超负荷的工作状态下，周长青同志积劳成疾，突发脑血管梗死，昏倒在了工作岗位上。

信念支撑　勤勉敬业呕心沥血

在各级党委的关心、家人的期盼下，昏迷了十几天的周长青同志顽强地战胜了死神。病榻上，他仍不断地念叨着工作和让他牵肠挂肚的罪犯。为了能重返岗位，周长青同志以超常毅力坚持不懈地锻炼，刚能下地走路，便按捺不住，多次在家属和同事陪同下，颤颤巍巍地到监区看望罪犯，鼓励他们积极改造。

还躺在病榻上、几近失去知觉的周长青同志仍在顽强地同病魔斗争着，用坚韧和毅力诠释着生命的珍贵和价值。

个人简介

张　超

1968 年生，中共党员。生前任山东省运河监狱教育改造科三级警长，曾任二监区副教导员、教育改造科副科长。因积劳成疾 2020 年去世，年仅 52 岁。

多次荣获单位优秀共产党员、“十大管教能手”等荣誉称号，荣立个人一等功、个人三等功各 1 次，2014 年荣获司法部“全国司法行政系统二级英雄模范”荣誉称号，2015 年荣获“山东省人民满意政法干警”荣誉称号。

主 要 事 迹

不放弃挽救每一个罪犯

“放弃一个犯人容易，挽救一个犯人不易。挽救一个犯人，也就挽救了一个即将破碎的家庭。”这是张超同志常说的话。

张超同志所在的监区是高戒备监区。针对有自杀、行凶、脱逃等倾向的重危罪犯，张超同志在多年的摸索实践中总结出了一些行之有效的办法和经验，确立了“教育为主、管控结合、集体会诊、全力攻坚”的改造方针。在具体管教中，他“首先掏心掏肺，拉近距离，再做工作”，“其次找准问题，一人一方，对症下药”，“最后是重树改造信心，因人施教，育能树人”。精诚所至，金石为开，张超同志硬是将一个个冥顽不化的重危罪犯拉到了积极改造的道路上，有效防止了自杀、行凶、脱逃等恶性事件的发生。

执着坚守在监管改造一线

每天早晨提前半小时上班，是张超同志工作20多年来养成的雷打不动的习惯，也是他热爱监狱工作的具体体现。他兢兢业业，尽心尽力。成立高戒备监区之初，张超同志从查证验档、狱情摸排到逐一进行谈话，把50多名罪犯挨个谈了个遍。在他随身携带的记事本上，密密麻麻记满了他摸排掌握的情况，针对特殊人员逐一制订科学合理的管控措施。

多年来，张超同志的春节等节假日都是在监区里和罪犯一起度过的，没有一次能陪在亲人身边；在儿子眼里，他是个工作狂，假期里想让他带着去离家 10 多公里远的微山湖游玩都是一种奢望……张超同志的心血没有白费，罪犯都愿意对他“掏心窝子”，他所在的高戒备监区没发生过一例严重的违纪事件。

用生命对待事业

多年来，常人难以想象的压力、危险和艰难，以及不分昼夜的高强度、长时间劳心费力的工作，使只有 48 岁的张超同志积劳成疾，先是身患严重的胃病，后来又查出严重的肝病。但他把病历藏了起来，继续坚持工作，直到妻子无意中发现病历，极力催促，他才向监区长说明情况请假就医。

他查出自己身患重病，在从上海医院回来借钱筹集治疗费用的间隙，2013 年 3 月 25 日瞒着家属又跑进了监区工作。他处理了几份案头上的文件，了解了几名重点罪犯的情况，在纸条上写好交与其他同志急办的事项和注意的问题之后才离开监狱，踏上前往上海治病的行程。

在上海治病期间，张超同志每天都会给监区打电话，询问监区工作进度，询问顽危犯的改造情况，有时还提出自己的建议；后来因治疗需要戴口罩不方便说话，他就与同事发短信沟通工作。

两个多月后，张超同志成功接受了肝脏移植手术，出院回家经过短暂调养，便向监狱领导提出，想要回到岗位上。他说：“离开的这段日子，我是人在医院，心在监狱，现在能活着再回来，我还是想继续干下去！现在，我的病情控制住了，身边还有那么多关心我、帮助我的领导、同事和亲人，我感到很知足。不要把我当病人看，只有工作着，我才踏实。”

个人简介

孙鲁光

1970 年生。现任山东省监狱一监区监区长，四级高级警长。1994 年参加工作。

2014 年荣获司法部“全国司法行政系统二级英雄模范”荣誉称号，被山东省委、省政府授予“山东省人民满意政法干警”荣誉称号，荣立个人一等功 2 次、个人三等功 4 次。

主 要 事 迹

危急之时显身手

2014 年 7 月 9 日 18 时 50 分，一男子当街持刀连杀 3 名女子。孙鲁光同志在上班途中，迎面遇上正被群众追赶疯狂逃窜的歹徒。听到“别让他跑了，他杀人啦”的喊声后，他毫不犹豫地冲上去，迎头堵在歹徒面前，并上前将其控制住。岂料丧心病狂的歹徒力气非常大，竟挣脱控制，回过身又一头向他撞来。孙鲁光同志闪身避过，歹徒一头摔在人行道上，他随即冲上去将其摁倒在地。他一边用力将歹徒控制住，一边用话语稳定其情绪，并及时打电话报警，将歹徒交给随后赶到的警察后悄然离开。

新华网、中新网、齐鲁网、山东电视台、《齐鲁晚报》、《生活日报》等媒体报道了孙鲁光同志的英勇事迹，他成为山东监狱系统一面崭新的旗帜。

剑胆琴心育新人

孙鲁光同志从警 22 年，一直工作在监管改造罪犯的第一线，对罪犯严格依法管理，耐心教育感化，积累了丰富的教育改造工作经验。他善于思考，勇于创新，摸索出“以情感交流为突破口，以文化技术教育为核心，以行为矫治为手段”的“三位一体”教育矫治工作方法，使很多罪犯悔过自新。罪犯赵某自幼父母双亡，长期在社会上游荡，世界观、人生观严重错乱；到监狱服刑后，打架斗殴、预谋破坏、私藏违禁品……屡次违反监规纪律，是一名管理教育难度特别大的罪犯。

时任七监区副教导员的孙鲁光同志耐心分析赵某性格特点，通过观察深入了解，以赵某的感情经历为突破口，逐步打开了赵某的心理防线。转化后的赵某踏上积极改造之路，经过两次减刑后终于回归社会。多年来，经过孙鲁光同志教育转化成功的顽危犯达50多人，无一出现反复。

开拓创新谋发展

孙鲁光同志对待工作认真细致，勇于创新，追求卓越。他调任生活卫生科副科长后，始终将食品卫生安全放在首位，确保罪犯能够吃得卫生、放心、安全。他不断调整主副食品种、细化加工流程、改善节日伙食、稳步提升罪犯伙食质量，将“6S”管理理念引入食堂管理中，逐步规范各部位管理，将区域重新整理划分，制定相应的管理制度，初步形成管理有序、职责明确的工作格局，显著提升了罪犯食堂整体管理水平。他勇于创新，通过办好狱内生活超市对罪犯进行潜移默化的教化。他开设了省内第一家狱内文化超市，提供书籍、报刊、文体用品和电子阅览服务，极大地丰富了罪犯的生活，营造了良好的文化氛围。

孙鲁光同志坚持以道德教育为基础，以技能教育为导向，打造省监狱教育改造品牌。调任教育改造科科长后，他深入贯彻“双先”战略，推行“5+1+1”教育改造模式，实施“文化育人工程”。孙鲁光同志充分发扬山东省监狱已坚持18年的在罪犯中开展常态化学雷锋活动的优良传统。一方面，继续做好学雷锋活动的组织和引导工作；另一方面，积极拓展学雷锋活动的内涵和外延，将学雷锋活动与日常改造生活相结合，在罪犯群体中营造“诚实守信，踏实改造就是学雷锋”的良好氛围。孙鲁光同志和同事们鼓励罪犯积极学技术、提升学历水平，开设了机床操作、电气焊、电工、钳工等20余门课程，一边教学一边操作，极大地提升了罪犯的技术水平，对预防犯罪，降低重新犯罪率，维护社会安定发挥了重要作用。

个人简介

丁金昌

1966年生，中共党员。1989年参军，曾任东营区人民武装部部长、东营军分区副参谋长。2012年转业至山东省监狱工作，任副调研员，三级高级警长。2020年7月14日，在工作一线，不幸牺牲，年仅54岁。

2021年被司法部追授“全国司法行政系统二级英雄模范”荣誉称号。

主要事迹

身着藏蓝　不改军人本色

2012 年 12 月，丁金昌同志转业至山东省监狱，先后在六监区、十四监区等部门工作。他始终秉持“退伍不褪色、转业不转志”的军人本色，认真学习监管改造和管理知识，严格落实各项监管制度，一丝不苟地做好每项工作，以实际行动展现了一名转业军人的可贵品格。在认真研究监区工作任务和特点后，丁金昌同志向监区领导立下保证书。他充分发扬军人“特别能吃苦、特别能战斗”的精神品质，不嫌麻烦，不畏烦琐，带头做好狱情排查、会见监听、包组谈话等具体工作，虚心向监区领导和同志们学习，短短两个月便熟练掌握了基本业务知识，实现了从军人向基层一线警察的转变。

大战大考　不负警察荣光

2020 年春节前夕，新冠肺炎疫情来势汹汹，监狱安全受到威胁。疫情就是命令，防控就是责任。自 2020 年 1 月 27 日起，山东省监狱紧急启动封闭执勤命令，在家休假的丁金昌同志提前结束休假，第一时间赶到单位待命。自 3 月 30 日起，在他的极力要求下，他先后 3 次参加集中封闭隔离及狱内执勤，在狱内疫情防控临时指挥部担任领导小组成员，分管消防安全等工作。执勤期间，他的记事本上的行程、备忘排得满满当当。

恪尽职守　不弃微末之力

2020年7月6日，在隔离备勤14天之后，丁金昌同志第三次进入狱内执勤。时值汛期，他在完成指挥长工作职责的前提下，把工作重心放在了抓实防汛工作上，全力以赴迎接山东省监狱管理局防汛工作专项检查。他坚持以“零容忍”的态度对待问题隐患，逐一到监舍等进行防汛安全巡查，检查防汛预案、物资及人员配备、应急演练等工作落实情况，对各类排水沟渠及时清理疏通，强化24小时值守和重大险情15分钟报告制度，形成全覆盖、无死角、不间断的防汛防台风排查、检查机制，全面做好防汛和迎检准备。

2020年7月12日，随着强降雨的不断出现，防汛工作进入关键时期。为确保万无一失，丁金昌同志带领工作组再次进行“拉网式”排查，对各单位每天的巡查记录、防汛演练记录、防洪物资储备和内涝积水隐患点突击检查，对发现的问题督促现场整改。7月13日，山东省监狱管理局防汛检查组到山东省监狱检查工作，在狱内值班的丁金昌同志再次到各执勤点督导检查，使监狱防汛工作得到了省局领导的肯定。一直忙于防汛工作的丁金昌同志肩上压着的重担暂时落地，瞬间，他感觉到身体有些劳累，午餐后便去备勤室稍事休息。没想到，他却再也没有醒过来……54岁，多少辉煌无法续写，多少真情无法释怀。消息传来，同事们都不敢相信这是真的，但再多不舍、再多留恋、再多泪水也唤不来他的回应。他用勤勉奉公确保了执勤、备勤周期内监狱安全运转，用热血、担当树起一座巍然屹立的精神丰碑。

“一腔热血洒征袍，赤胆忠心耀警徽。”英雄已逝，浩气长存。丁金昌同志虽然走了，但他忠诚奉献的精神永远留在了人们心中，如同一座矗立的灯塔，指引战友继续前行。

个人简介

孙　明

1975 年生，中共党员。生前任山东省青岛监狱第五监区副监区长。1999 年参加工作，历任监区业务科长、分监区长等职。2020 年 9 月 29 日，在狱内封闭执勤岗位上突发疾病，不幸牺牲，年仅 45 岁。

荣立个人三等功 2 次，荣获山东省监狱系统“亮点工作创新先进个人”“优秀管理者”等荣誉称号。2021 年被司法部追授“全国司法行政系统二级英雄模范”荣誉称号。

主要事迹

一腔热血入警营 千锤百炼始成钢

怀揣着从小到大的“警察梦”，孙明同志1999年从天津理工学院毕业后毅然投身警营，成为一名光荣的监狱人民警察。参加工作后，怀着对党和人民的无限忠诚和对监狱事业的执着热爱，孙明同志始终坚守监管改造一线。作为监区骨干，他经常早晨7时就到岗位，22时才回家，有时办公室的灯一亮就是一个通宵，时间太晚了就索性睡在办公室。这种“上班两头不见太阳，下班两头不见孩子”的状态，他坚持了整整7年。在他的帮助下，不少人在刑满释放后自主创业开公司、办工厂，走上了自食其力奔小康的重生道路。

逆行而上 勇挑重担

2020年大年初三，孙明同志听到监狱即将实行封闭执勤的消息后，第一时间向监区请缨，要求带队首批参加封闭执勤。面对新冠肺炎疫情初期的严峻形势，他连续60天坚守疫情防控第一线，身先士卒、亲力亲为，带领7名同事严格落实各项防疫措施，一丝不苟地做好每一项工作，确保了监区疫情防控“零输入”“零感染”，监管安全“零事故”。全身心投入工作的背后，是家庭的重担。父母均已年近八十，父亲曾做过心脏搭桥手术，17岁的儿子正在高考冲刺期，于情于理他都应该陪在他们身边，他却说：“工作更需要我，这里就是我的战场！”在2月封闭执勤最紧张、最疲惫、最难熬的日子里，孙明同志的妻子“鸿雁传书”，飞跃大墙，信中写道：“我心疼你不分昼夜地工作，但我更理解你肩负的使命和责任，在这场没有硝烟的战斗中，我的丈夫是逆行的英雄，祝愿所有监狱人民警察平安，祝愿所有的家庭平安，祝愿伟大祖国国泰民安。”

英雄无悔　生命丰碑

2020 年 9 月 29 日，孙明同志在完成凌晨 3 点的值班任务后，放弃第二天的休息，一直在罪犯改造现场进行安全巡检。19 时左右，他又组织分监区干警开会，通报安全巡查情况，部署安排有关整改工作。待所有工作安排妥当，并安排 4 名同事回去休息后，他自己仍坚守岗位。19 时 56 分，孙明同志在不知疲倦地工作了 20 多个小时后，在执勤岗位上突发疾病晕倒，经抢救无效，不幸牺牲。

斯人已去，浩气长存。孙明同志从警 21 年来，怀着对政治信仰的不懈追求和对监狱工作的满腔热爱，兢兢业业、默默奉献，用无私无畏的实际言行，践行了对头顶警徽的庄严承诺，谱写了一曲监狱卫士的豪迈之歌，为平安山东、平安青岛建设作出了突出贡献。孙明同志的一生，生动诠释了一名监狱人民警察的政治品格，生动践行了对党忠诚、服务人民、执法公正、纪律严明的誓言，为我们擎起了一面旗帜，树立了一座丰碑！

个人简介

高明芹

1969年生，中共党员。现任山东鸢都英合律师事务所党支部书记、主任，国家一级律师。第十一届、第十二届、第十三届全国人大代表，潍坊市第十一届、第十二届党代表，兼任中华全国律师协会理事、山东省律师协会副监事长、最高人民法院特约监督员、最高人民检察院特约监督员、潍坊市总工会副主席、潍坊市劳模协会会长。

荣获“全国维护职工权益杰出律师”“全国劳动模范”“全国优秀律师”“山东省优秀共产党员”“首届山东省十大法治人物”等荣誉称号，获“全国五一劳动奖章”，被中共中央、国务院、中央军委授予“庆祝中华人民共和国成立70周年”纪念章。

侠骨柔情倾情奉献　热心维权捍卫正义

高明芹同志坚持“为大局服务、为人民司法”，勇于担当社会责任，立足法律服务工作实践，紧紧围绕改革发展稳定大局，尽职尽责为当事人提供优质法律服务。她担任山东省人民政府、潍坊市委市政府、潍柴集团等 50 余家机关、企事业单位法律顾问，赢得聘用单位和当事人的广泛好评。作为潍坊市政府法律顾问，她多次参加地方立法活动，组织专业律师承接《潍坊市大气污染防治条例》《潍坊市城市绿化条例》等 10 多部地方法规起草工作；多次参与地方规范性文件的起草工作，为政府依法行政当好法律参谋。她勇于担当社会责任，主动参与化解矛盾纠纷和代理涉法涉诉信访以及代理申诉案件工作，派出精干律师到潍坊市中级人民法院、潍坊市法律援助中心值班，在律所成立“鸢都律师调解中心”，承接山东省高级人民法院、潍坊市中级人民法院指派的案件，发挥律师专业调解的作用。在处理案件过程中，她注重法律效果和社会效果的统一，办理了一系列影响重大的案件。

高明芹同志心系弱势群体、敢于主持正义。作为潍坊市困难职工帮扶中心受聘律师，她免费为权益受到侵害的职工代理案件 180 多件，为 3000 多名职工及其亲属提供免费法律咨询。通过她的法律服务，许多一度陷入困境的职工获得了应有的报酬或赔偿，他们亲切地称高明芹同志为“维权守护天使”。在她的倡导下，律所与潍坊市妇联、中小企业局联合成立“妇女儿童维权中心”“中小企业法律援助团”；设立法律援助基金，先后支付法律援助经费近百万元；承办法律援助案件近 500 件。她还主动与潍坊市民政局联系，担任市福利院、儿童福利院的法律顾问，依法维护孤寡老人、孤残儿童的合法权益。

凝心聚力打造品牌　拳拳之心呵护和谐

高明芹同志坚持以党建促所建，创造性地开展党支部会议与合伙人会议联席会议制度。在她的带领下，山东鸢都英合律师事务所逐步成为一家专业化、规模化程度较高的大型综合性合伙制律师事务所。为了让更多的人懂法、守法，高明芹同志和同事们坚持开展“进社区、进企业法律咨询活动”，利用周末和节假日，每年深入社区、企业、学校，义务普法宣传上百次。她组织律所 5 名律师，积极宣传《民法典》，先后授课近 30 场次。通过开展各类公益活动，山东鸢都英合律师事务所先后被评为“全国优秀律师事务所”“全国法律援助先进单位”“全国敬老爱老文明单位”“全国律师行业先进党组织”“山东省优秀律师事务所”等。

求真务实建言献策　勤勉履职不负重托

高明芹同志始终坚持把为人民履好职、用好权作为不懈追求。她经常开展各类调研活动，广泛听取社会各界特别是基层群众的意见建议，先后提出涉及民主法治建设、“三农”问题、改善民生等方面的议案和建议百余件。担任山东省人大代表期间，她的多项议案被列为一号议案，推动山东省在全国范围内较早推行了法律援助案件财政补贴政策。担任全国人大代表后，她积极参与国家立法活动。她先后 5 次列席全国人大常委会会议，直接参与多部法律的制定和修改；先后提出制定法律援助法、修改《刑事诉讼法》《招标投标法》《个人所得税法》《民事诉讼法》等法律议案 40 余件，彰显了律师界人大代表极强的履职能力和使命担当。

个人简介

辛志华

1947年生。1965年入伍。1970年调到山东生产建设兵团。1975~1994年，历任潍北监狱七大队办事员、二中队副中队长、副政治教导员、政治教导员，潍北监狱副政委、党委委员等职。1995年调离潍北，任调研员。

多次被司法部评为先进工作者，荣立个人一等功1次、个人二等功2次、个人三等功1次，荣获“全国劳动模范”荣誉称号，1989年被国务院授予“全国先进工作者”荣誉称号。

主要事迹

辛志华同志一心扑在改造罪犯的工作中，严格按政策办事，善于做深入细致的思想转化工作。他不辞劳苦、勇挑重担，圆满完成了两次调押罪犯的艰巨任务。他所监管的车厢被指挥部评为“优胜车厢”。他的事迹被《人民日报》《大众日报》转载，赞扬他：虽不是父母，却具父母之心；不是老师，却有老师之德；不是医生，却有治病救人之术。

个人简介

孙启清

不忘初心　牢记使命

男，1945年生，中共党员。1979年从部队转业到山东省荣成市龙须岛镇司法所，历任司法助理员、司法所所长。

连续14年被评为先进工作者，荣获山东省司法厅“十佳基层法律服务工作者”荣誉称号，荣立一等功、二等功各1次，被评为山东省防激化先进个人，1999年荣获司法部“全国司法行政系统二级英雄模范”荣誉称号。

主要事迹

山东省荣成市龙须岛镇（现成山镇）司法所所长孙启清同志在基层工作岗位上，秉公执法，兢兢业业，无私奉献，为维护社会稳定，促进改革开放和经济发展作出了积极贡献，被当地人民群众称为“好司法”。

在职期间，孙启清同志保持和发扬军队的优良传统，辛勤耕耘在司法行政第一线。他坚持把维护农村社会稳定摆在首要位置，跑遍了龙须岛镇每一个村庄，直接调处民间纠纷800余起，防止“民转刑”案件69起，避免非正常死亡54人，全镇没有一起因纠纷处理不及时或不当酿成的刑事案件或群众集体性事件。他出色地履行了一名基层司法行政干警保一方平安、促一方繁荣的神圣职责。孙启清同志倾尽全力为全镇改革开放和经济建设提供法律服务，先后为38家镇村企业担任常年法律顾问，协办公证、见证5万余件，审查修订合同4000余份，代理诉讼、非诉讼案件400余起，为企业和当事人挽回经济损失800余万元，避免经济损失1000余万元。由于长期在基层工作，任务重，孙启清同志曾3次病重住院。在医院，他仍然想着所里的工作，向来看望他的同事了解普法教育、化解纠纷、法律服务的情况，及时提出工作意见。他还把上级领导送来的1000元慰问金捐献给“希望工程”，资助了2名贫困学生，表现出一名共产党员的高尚情操和无私奉献精神。

个人简介

张立民

1965年生，中共党员。生前任山东省鲁中监狱十四监区监区长。1988年参加工作，历任鲁中监狱化验室主任、中队长、教导员、科长、监区长等职务。2006年4月8日，在执行押解任务途中遭遇车祸，不幸牺牲，年仅41岁。

多次获先进工作者荣誉称号，两次被山东省监狱管理局授予“优秀质量管理工作者”称号，多项科技发明创造被山东省监狱管理局评为科技进步二等奖、三等奖；牺牲后，被山东省鲁中监狱、山东省监狱管理局里能分局追认为优秀共产党员，被山东省司法厅追记个人一等功，被司法部追授“全国司法行政系统二级英雄模范”荣誉称号，被山东省司法厅政工专刊称为“青年科技创新工作的楷模”。

因工作特殊，主要事迹略。

个人简介

陈美涛

回族，1956 年生。退休前任山东省监狱管理局里能分局政委，2016 年退休。

荣获“全国先进工作者”“山东省经济技术创新先进个人”“山东省劳动模范”等荣誉称号，荣获济宁市“五一劳动奖章”，荣立个人三等功 4 次。

因工作特殊，主要事迹略。

河南

个人简介

王国玺

1965 年生。1989 年毕业于哈尔滨电工学院。生前任郑州市石佛劳教所二大队干警，专业技术三级警督。1990 年参加工作。2003 年 11 月 19 日，为保护国家财产，在与盗窃分子殊死搏斗中壮烈牺牲，年仅 38 岁。

2000 年至 2002 年，连续 3 年荣获先进工作者荣誉称号，2003 年被评为“郑州市文明市民”“郑州市第三届绿城卫士”，被授予“革命烈士”荣誉称号。

主 要 事 迹

王国玺同志具有坚定的政治立场，永葆“忠于党、忠于祖国、忠于人民、忠于法律、忠于政法事业”的政治本色，坚决贯彻执行党的路线、方针、政策，坚决执行上级的命令和决定，在各项危急险重任务中，在生与死的考验面前，坚定信仰，牢记使命，用忠诚谱写人生壮丽篇章，体现出新时代人民警察“平常时候看得出来，关键时刻站得出来，危险时刻豁得出来”，展现了人民警察的风采。

杨德才

1934年生，中共党员。1951年参加工作，先后在河南省第一监狱、河南省公安厅干部疗养所任通讯员。1955年起在河南省公安厅劳改工作管理局任通讯员、管理员。1959年调河南省劳改七大队（现河南省新乡监狱）工作，历任干事、科员、副科长。1983年7月5日，因追捕逃犯英勇牺牲，年仅49岁。

20余次荣获先进工作者和市县级劳动模范荣誉称号；1983年被民政部授予烈士称号，被公安部追记一等功。

主要事迹

1958年，杨德才同志响应党的号召，到卢氏县劳动。其间，他带领500多名民兵参加修路劳动，自己先后4次连续三天三夜没休息。一次，为赶修一段路面，他冒着大雨六天六夜没离开工地，经过46天的“苦战”，提前半个月完成任务，他负责的民兵营被评为“模范营”，他本人被评为“卢氏县一等劳动模范”。

杨德才同志长期从事狱政管理工作，常跋山涉水，风餐露宿，冒着生命危险追捕逃犯。1976年7月，为追捕1名逃犯，杨德才同志和战友在西安奋战五天五夜，在累得筋疲力尽的情况下，获知了逃犯去向，他们又冒雨徒步几十里，将其抓获。

杨德才同志患冠心病10多年，因忙于工作、废寝忘食，曾多次晕倒在工作岗位上。某日深夜11时，他在监狱检查罪犯夜宿情况后又到科里去加班，刚坐下不久，便感到不适，知道要犯病便赶快往外走，没走几步就摔倒在地，被上夜班的人员发现并送往医院，才抢救过来。他不轻易去监狱卫生所看病，害怕医生开病假条，让他休息；有时医生给他开了病假条，他往口袋一塞，吃点药仍继续上班。

杨德才同志刚正不阿、廉洁奉公。有一名罪犯的母亲来会见时，给杨德才带来几十斤米和几斤苹果，杨德才同志当即向其讲党的政策和自己的职责，说服其把东西带回去。

1983年7月5日，杨德才同志从北京押解逃犯邢某某返回河南，邢某某越窗跳车逃跑，杨德才迅速跳车追捕。在强大的惯性作用下，杨德才摔倒在1米高的站台下，头部受重伤，经抢救无效，英勇牺牲，年仅49岁。

董　涛

1975年生，中共党员。生前任洛阳市监狱三监区302分监区副指导员，三级警督警衔。1993年应征入伍。1996年考入第二炮兵指挥学院，历任战士、班长、排长、连长、助理员、中队长等职。2010年转业到洛阳市监狱工作。2018年参与对口援疆工作。2019年7月15日，突发急性心肌梗死，经抢救无效，牺牲在工作岗位上，年仅44岁。

在部队服役期间，多次受到上级嘉奖；在洛阳市监狱工作期间，多次获先进工作者、优秀共产党员荣誉称号。2019年被新疆维吾尔自治区司法厅党委追记二等功，追授“新疆维吾尔自治区司法厅直属系统优秀共产党员”荣誉称号，被中共洛阳市委追授“洛阳市优秀共产党员”荣誉称号，中共洛阳市委同时作出向董涛同志学习的决定，2020年被司法部追授“全国司法行政系统二级英雄模范”荣誉称号。

主要事迹

政治坚定　对党忠诚

董涛同志生于河南兰考，从小耳濡目染焦裕禄精神，便立下献身国防、报效祖国的远大理想。1993 年 12 月，董涛同志应征入伍，长期奋战在大山深处国防设施建设第一线。在部队服役期间，董涛同志表现优异，光荣入党，顺利提干，随部队参加了 1998 年湖北抗洪和 2008 年汶川抗震救灾，多次受到嘉奖和通报表扬。不管是在部队服役，还是在洛阳市监狱工作，董涛同志都能做到对党忠诚，都能做到迎难而上、冲锋在前、勇挑重担，把个人追求融入伟大梦想。

爱岗敬业　无私奉献

2010 年 12 月，董涛同志从部队转业到洛阳市监狱工作。他认真学习钻研业务，虚心向老同志请教，迅速从一名新手成长为监狱工作的行家里手。2015 年 12 月，董涛同志被任命为三监区分监区副指导员。他主动承担全监区罪犯教育转化工作，认真落实监管安全制度，耐心做好罪犯的思想改造工作。他负责的分监区顽危犯转化率始终保持在 98% 以上，各项监管改造工作始终在全狱名列前茅。在新疆工作期间，当得知需要选派民警为罪犯授课时，他第一时间报名，凭借自己过硬的专业知识、鲜明的授课风格，取得了良好的授课效果。

坚持原则　清正廉洁

董涛同志热爱警察职业，严格按照法律法规、监狱规章制度和执法程序办事，不徇私情、不搞特殊，大胆管理、勇于担当，公平公正开展罪犯计分考核和减刑（假释）工作，做到了严于律己、清正廉洁，能够自觉抵制各种利益诱惑和不正之风。9 年中，他经手办理的减刑及假释案件无一错漏，真正做到了公私分明、依法履职，树立了监狱人民警察的良好形象。

不畏艰险　敢于担当

董涛同志在急难险重任务面前，不畏艰险，挺身而出。2018 年 8 月下旬，河南省司法行政系统着手组建第三批援疆工作队，他说服顾虑重重的家人，第一时间递交援疆申请书，向组织表达了自己参加援疆工作的信心和决心。援疆期间，他虚心学习，主动承担繁重任务。由于工作表现突出，他在全体援疆干警平时考核中名列前茅。董涛同志始终把忠诚放在心上，把责任扛在肩上，把工作抓在手上，不忘初心，牢记使命，在罪犯监管改造岗位上，辛勤工作、默默奉献、竭尽全力，为维护社会安全稳定倾注了全部心血。

个人简介

王运宏

1953年生，中共党员。1969年参加工作。1992年起任河南省开封市通许县司法局邸阁司法所所长。2011年2月8日，因积劳成疾病逝，时年58岁。

多次荣获“开封市人民满意的政法工作者”“河南省司法行政系统先进工作者”荣誉称号，连续3年被省、市评为“人民满意的政法干警”，荣立个人三等功3次、个人二等功1次。2011年被河南省司法厅追记个人二等功，被河南省委政法委授予“全省政法系统优秀党员干警”荣誉称号，被中央政法委授予“全国政法系统优秀党员干警”荣誉称号，被司法部追授“全国司法行政系统二级英雄模范”荣誉称号，同时入选《河南政法群英录》，2012年当选“2011‘感动中原’十大年度人物”，并入围“2011年度感动中国人物”候选人。

用生命守护群众

2009 年农历小年，王运宏同志本准备一大早去敬老院看望老人，但同事见他咳嗽得实在太厉害，便送他去医院检查。检查后发现，他已是肺腺癌晚期。

据开封市淮河医院医生洪岩回忆，王运宏同志当时已很危险，心包中有大量积液，两次抽出 600 多毫升。医生让他住院，他还不住地说："请给我治好，还有很多事等着我去处理呢。"在医院化疗期间，他一接到电话，就着急要出院。无奈之下，家人只好将他的手机没收。

几次化疗后，王运宏同志回到家里输液治疗。2010 年 7 月的一天，他接到一个群众电话后，拔下针头就走。那是一对再婚老夫妇，生活十分困难，但双方子女对老人再婚有意见，都不愿赡养老人。此时的王运宏病情已非常严重，但他依然顶着炎炎烈日劝说老人的儿女，最终他的真情打动了冷漠的儿女，使他们达成了赡养协议。

2010 年 12 月，医院再次对王运宏同志下了病危通知书，单位领导和同事前来医院看望，他还断断续续地询问，某某老人是否按时收到了赡养费，某某家的医患纠纷是否已调解。同志们含泪劝他好好休息，他说："我还没干够呢。我们都是党员，只要还有一口气，就要为群众办事。"

用真心化解纠纷

“让老百姓心气顺”是王运宏同志经常说的话。正是这种追求，使他在处理繁杂的矛盾纠纷时有一股从不放弃的干劲。挨家挨户摸排情况是18年中王运宏同志做得最多的工作，每遇到邻里纠纷、家庭矛盾，他都会详细地记在工作日记中。20多本工作日记成了王运宏同志最珍贵的遗物。

王运宏同志的工作日记记的大多是邻里纠纷、离婚和退婚纠纷、宅基地及土地纠纷等琐事。这些事情看起来不大，但调解好了能避免矛盾和冲突升级，维护一方稳定。

不管是刮风下雨，还是白天黑夜，只要群众一打电话，王运宏同志便马上赶去。2009年冬天，某日下大雪，祁湾村的群众因为分地打起来了，他一接到电话，便立即顶风冒雪赶到现场。此时的王运宏已咳嗽得很厉害，每天都戴着口罩，但他依然连续一星期不断做群众工作，有时甚至调解到深夜，最终化解矛盾。

提供法律援助也是王运宏同志的一项重要职责。2007年，仲庄村王某某在新乡卖瓜的路上遭遇车祸死亡，肇事者逃逸。王运宏同志了解情况后，先后16次赶往新乡市帮助其家人进行诉讼，最终胜诉。在诉讼和强制执行期间，对方多次打来恐吓电话，但王运宏同志从不惧怕。案件结束后，王某某的家人以5000元作为感谢，被他拒绝。

作为基层司法所所长，在调解纠纷时他常常要面对一张张怒气冲冲的面孔，处理家长里短的琐事、难事，听到最多的是骂声、哭声和埋怨声。有人说：“老王，你成天跑前跑后，修车加油费都是自己掏腰包，还常常两头受气，你图啥？”王运宏说：“啥都不图，纠纷矛盾化解了，乡亲们的心气顺了，我心里比啥都美。”

个人简介

梁作富

1963年生，中共党员。1981年入伍。退伍后，1986年参加司法行政工作。在博爱县司法局工作期间，先后任月山司法所、清化司法所法律服务工作者，清化法律服务所副主任，磨头法律服务所主任，磨头司法所副所长、所长。2002年5月15日，因积劳成疾，病倒在工作岗位上，经抢救无效于2002年5月21日去世，年仅39岁。

在部队荣立个人二等功，被评为“学习朱伯儒先进个人”。从事司法行政工作后，多次荣获优秀共产党员、先进工作者荣誉称号，2000年获“人民满意政法干警”荣誉称号，2002年被河南省司法厅追记个人一等功，2003年被司法部追授“全国司法行政系统二级英雄模范”荣誉称号，司法部同时号召全国司法行政系统广大干警向梁作富同志学习。

主要事迹

梁作富同志爱岗敬业、忘我工作、恪尽职守，及时有效地调处了大量疑难复杂的民事纠纷，代理了许多民事案件。据不完全统计，梁作富同志从事司法行政工作 16 年，免费接受群众各类咨询万余人次，调解民事纠纷 1000 余件，代理各类案件 800 余起，为维护当地的社会稳定、维护人民群众的合法权益作出了突出贡献。他心系群众、乐于助人，从不计较个人恩怨得失，长期带病坚持工作，真诚为百姓服务，受到了领导、同事和当地人民群众的肯定。他临危不惧、奋不顾身，危难之处敢于挺身而出，不顾个人安危，成功制止数起大型纠纷。他公而忘私、无私奉献，一心扑在工作上，甚少考虑个人利益，业绩突出。

1999 年 8 月 3 日，梁作富同志接到县“148”指挥中心指示，处理磨头镇际东村与后十里村群众因老人再婚去世后安葬何处而即将械斗的事件。他顾不上吃饭，立即赶到际东村事发现场。千钧一发之际，梁作富同志站到一地势较高处，挥动双臂大声发出警告：“我是司法所所长，请大家冷静，有事慢慢商量。”双方都被他正义凛然的吼声镇住了，人群渐渐安静下来。他趁热打铁，将双方主要领头人叫到面前问明情况，然后因势利导给双方做工作。直至晚上 9 时，终于将老人顺利安葬。为防止发生意外，他又将后十里村人送出际东村，避免了一场恶性事件的发生。他本人也因此荣立三等功。事后，有人问他：“你当时心里不怕吗？”梁作富同志却谦虚地说：“作为一名共产党员、基层司法工作者，关键时刻敢于挺身而出，这不仅是一种自觉、自愿，还是一种‘必须’，这是我应该做的。”

梁作富同志去世后，《河南法制报》以“春蚕到死丝方尽”、《法制日报》(现更名为《法治日报》)以“化干戈为玉帛”为题对梁作富同志的生平事迹进行了详尽的报道，在河南省乃至全国引起了强烈反响。河南电视台《真实再现》栏目也专门制作了3集电视剧《司法所长梁作富》，对梁作富同志的事迹进行了全方位的宣传。

个人简介

郑　凯

1975年生，中共党员。生前任荥阳市司法局社区矫正管理科科长。1995年参加工作。2020年1月30日，在前往防疫服务站接班途中遭遇车祸，经抢救无效牺牲，年仅45岁。

多次被表彰为郑州市、荥阳市司法行政系统先进工作者。牺牲后，被司法部追授“全国司法行政系统二级英雄模范”荣誉称号，被河南省总工会追授“河南省五一劳动奖章”，被郑州市委追授“郑州市优秀共产党员”荣誉称号，被郑州市人民政府追授“郑州市先进工作者”荣誉称号，被郑州市总工会追授“郑州市五一劳动奖章”，被荥阳市委追授“荥阳市优秀共产党员”荣誉称号，被荥阳市政府追授“荥阳市先进工作者”荣誉称号。

主要事迹

坚定初心　对党忠诚　树立坚定自觉政治品格

作为一名党员干部，郑凯同志始终牢记党员的责任，自觉践行习近平新时代中国特色社会主义思想，把“四个意识”“四个自信”“两个维护”体现在行动上，听从党的指挥、服从组织安排。在司法行政工作中，认真履行职责，为推动基层法治建设、社会治理作出了积极贡献。新冠肺炎疫情发生后，他积极响应号召，向组织请战，第一时间奔赴防控一线，彰显了对党忠诚的政治品格。

顾全大局　无私奉献　带头进行“最美逆行”

2020年年初新冠肺炎疫情发生后，荥阳市司法局负责10号防疫服务站，郑凯同志主动申请成为党员突击队队员。10号防疫服务站位于交通要道，郑凯同志和其他工作队员一起，克服天气寒冷等不利因素，每天排查千余辆过往车辆。他晚上在服务站执完勤，第二天白天又赶到单位去处理350余名社区矫正对象日常监管等事项。

郑凯同志执勤都在后半夜，是一天中气温最低、人最困最乏的时候，但为了能让上一班的同志少挨会儿冻，他每次都提前去接班。他经常在办公楼里跑上跑下，很少有时间在自己办公室坐着，有时累得出汗了也不坐下来喝口水，家人催他回家吃饭听到最多的就是“把这点工作忙完就马上回去”。

牢记宗旨　心系群众　关键时刻挺身而出

郑凯同志心里始终装着群众冷暖，始终把人民群众的利益放在第一位，以实际行动践行党的宗旨。在司法所工作期间，他和其他几名同事一起做居民拆迁动员工作。某天，一户居民家中起火，他们迅速赶往现场。当了解到屋里没有人，但有一个煤气罐，在消防队尚未赶到的情况下，他们不假思索便冲进屋子，将煤气罐搬离起火现场，出来时郑凯同志上衣已经着火。索河司法所辖区内的社区矫正人员唐某，按要求应该每周到司法所报到一次，但他年事已高再加上身患重病卧床不起，郑凯同志便经常去看望他，还经常到超市为其购买营养品，在日常生活中对他进行帮助。

扎根基层　爱岗敬业　22 年日复一日坚守职责

郑凯同志参加工作以来，始终奋斗在基层一线，工作中敬业笃行、勤勉奉献、任劳任怨、恪尽职守，在平凡的岗位上干出了突出业绩。在任索河司法所副所长主持司法所工作期间，他带领该所荣获司法部“全国先进司法所”称号。到荥阳市司法局社区矫正管理科工作后，他深入调查研究、刻苦钻研业务，迅速打开了工作局面。

郑凯同志 22 年如一日，舍小家、顾大家，全身心投入司法行政事业，用实际行动践行了共产党员的初心和使命，诠释了基层干警对党忠诚、无私奉献的优秀品质，展现了司法行政干警对人民群众高度负责的担当，树立了新时代好干部忠诚、干净、担当的杰出榜样。

个人简介

袁文俊

1971年生，中共党员。生前任河南省焦南监狱十七监区（罪犯生活监区）副主任科员。1991年毕业于西华师范学校。1991年参加工作，历任河南省周口监狱六监区办事员、科员、分监区长，河南省焦作未管所七监区副主任科员等职。2016年9月27日，牺牲在通往监区的路上，年仅45岁。

被评为优秀共产党员、优秀警官各2次、优秀公务员3次、先进工作者2次，获嘉奖1次，2017年当选“2016‘感动中原’十大年度人物”，2018年被司法部追授“全国司法行政系统二级英雄模范”荣誉称号。

主要事迹

用责任与担当践行共产党员的初心使命

袁文俊同志生前所在的监区，负责全狱数千名罪犯的一日三餐，他被大家形象地称为“两头见星星、跟着月亮走”的警察。罪犯生活工作关系罪犯合法权益的保障、罪犯思想的稳定，更关乎监狱的安全稳定大局。袁文俊同志深知责任重大，每天早上 4 点多从家里出发上班，和同事一起将 2 万余个馒头、4000 余斤饭菜做好并配送到 15 个监区，晚上 8 点多才能回到家中。遇到值班、与罪犯谈心的情况，他就只能连轴转了。他放弃节假日与休息日，一年 300 余天，披星戴月，风雨无阻。

用执着和坚守铸就监狱人民警察的忠诚警魂

2016 年 9 月 24 日，星期六，袁文俊同志到监狱接早班时，在监舍六楼楼梯口晕倒。无人发现，许久后才在冰凉的地面苏醒。质朴、坚强的袁文俊没有把这事告诉同事、告诉组织，更没有转身离开，而是义无反顾地坚持工作，一丝不苟地执行制度、履行职责。晚上回家，他把晕倒的事告诉了妻子。妻子含泪催他去医院，他却说工作岗位离不开人。就这样，第二天他又一如既往地坚守在自己的岗位上。

9 月 26 日，袁文俊同志休息，到医院检查。医生诊断：头部有真菌感染，心脏中度心肌缺血，建议住院治疗。妻子不等医生说完就急着回家收拾东西。可是，袁文俊不容辩驳地说：“30 号我还有值班任务，节前单位人少事多。等过了节，我再请公休来住院！”

生命的脚步太过匆忙。9 月 27 日，袁文俊同志本在家休息，但接到监区开会的电话后，他二话不说，起身就往监狱赶。可谁也没有想到，电话中“好的，我马上就到！”竟成了他的遗言。监狱内的摄像头记录了他去世前的一幕：7 时 41 分进入监狱大门，在通往监区的道路上，他身体摇晃了几下，仰面摔倒在地。过了半分多钟，他爬起来，拍拍身上的灰土，继续向监区走去。走出去 10 多米，他又一次倒在地上。9 时 40 分，噩耗传来，一位年富力强、风华正茂的 45 岁民警永远离开了他热爱的工作岗位。当时，摆在他面前的有两种选择，要么转身离开监狱，赶紧回家休息治病；要么继续前行参加监区会议。袁文俊同志毅然选择了后者。2 分钟摔倒 2 次，不到 40 米的距离，45 岁的袁文俊同志用他的执着和坚守，为社会的和谐安宁献出了宝贵的生命。

袁文俊同志去世后，河南省监狱管理局党委发布《关于在全省监狱系统开展向袁文俊同志学习活动的决定》。2016 年 11 月 7 日，中央政法委官方微博一天之内连发两条微博，对袁文俊同志的事迹进行详细报道；《法制日报》头条发布袁文俊同志的先进事迹。11 月 8 日，《河南法制报》第 10 版“大墙内外”、官方微信平台分别对袁文俊同志的事迹进行报道。袁文俊同志的先进事迹引起了社会的强烈反响。

英雄是一面明镜，映照着永葆真诚的初心；英雄是一面旗帜，指引着继续前行的方向。袁文俊同志对党忠诚、牢记宗旨、不忘初心、笃定前行的政治品质，扎根基层、勇于担当、兢兢业业、勤奋工作的实干精神，爱岗敬业、恪尽职守、舍身忘我、无怨无悔的优秀品格，激励着越来越多的警察、党员不忘初心、奋发有为、砥砺前行，推动监狱工作再上新台阶，为谱写新时代中原更加出彩绚丽篇章保驾护航！

个人简介

于彦芝

1939年生。原河南省第二监狱党委书记、监狱长。1960年考入北京矿业学院；1965年毕业后分配到铁道兵四师工作；1975年转业至河南省第二监狱工作，历任办公室秘书、政治处干事、副监狱长等职。

1988年被国务院人事部评为“有突出贡献的中青年专家”，1989年荣获“全国先进工作者”荣誉称号，1991年荣获“优秀专家”荣誉称号，1991年起享受国务院政府特殊津贴。工作期间荣立一等功2次、二等功1次，获“河南省政法战线十大楷模”“全国司法行政系统政治工作先进个人”“优秀监狱长”“人民满意公务员”等30多项荣誉称号。

主要事迹

于彦芝同志从事监狱工作40年（担任监狱长15年），带领河南省第二监狱创造了不凡的成绩，在全省乃至全国都产生了较大影响。

管理教育双管齐下

于彦芝同志积极探索监管改造路子，提高罪犯改造质量，确保了监狱的安全稳定。他任监狱长期间，监狱连续7年未有犯人脱逃，连续6年未发生重大事故，连续5年被评为"'两防'先进单位"及"锐意改革，开创劳改工作新局面先进单位"。他为罪犯培训，开办38个初级班和13个中级班，不少刑释人员利用所学技术办企业，成为优秀厂长或全国优秀农民企业家。

致心一处干事业

于彦芝同志是一位名副其实的专家型领导，无论他的职务如何变化，执着和敬业奉献精神却始终没有改变。大家对他的评价是忠厚坦诚、朴实正派。他严肃认真的工作作风和身先士卒的工作精神令大家钦佩。他于1987年、1988年两次因考虑监狱正在"爬坡"而主动放弃难得的进修机会。他爱才惜才，识人用人，先后推荐、提拔、重用贤人能人数十名到各级领导岗位上。他宽以待人，严于律己，同事家中老弱病丧，他都前去探望，派车接送，而四代单传的他，在父亲病危时却只能骑车星夜奔行70多公里，没有见到父亲最后一面。

个人简介

张豪旭

1984年生，中共党员。现任河南省第三监狱狱内侦查科三级警长、扫黑办工作专班成员。2004年参加工作。

2021年荣获“全国扫黑除恶专项斗争先进工作者”荣誉称号。

主要事迹

张豪旭同志在为期3年的扫黑除恶专项斗争中，始终坚持在工作第一线，广泛收集线索，深挖大案、隐案，为监狱扫黑除恶专项斗争的深入开展和丰硕战果的取得作出了突出贡献。

坚定政治立场　主动担当作为

扫黑除恶，事关社会长治久安，事关人民幸福安康。自扫黑除恶专项斗争开展以来，张豪旭同志积极贯彻落实党中央、河南省委省政府、河南省厅局工作部署，扛实政治责任，勇挑工作重担，积极捕捉战机，深挖犯罪线索，攻坚克难、主动担当，围绕“有黑扫黑、无黑除恶、无恶治乱”的要求，在监狱积极开辟扫黑除恶专项斗争“第二战场”。他结合监狱工作实际，牵头编印了扫黑除恶专项斗争普及读本、罪犯学习手册等资料，并综合运用宣传标语、板报、电子宣教栏、电教系统等载体对罪犯进行政策宣讲，引导罪犯深刻认识专项斗争的重大意义，鼓励罪犯举报违法犯罪线索，有效调动了罪犯投入扫黑除恶专项斗争的积极性，为监狱在罪犯中广泛开展专项斗争打下了坚实的思想基础。

找准关键环节　定向使力获取线索

张豪旭同志作为扫黑除恶专项斗争工作专班成员，在反复研读上级政策文件、领导讲话后，经常就如何统筹推进扫黑除恶专项斗争和打击整治枪爆违法犯罪专项行动取得实效进行深入思考。一方面，他建立线索举报机制，通过设立举报电话、举报信箱等方式，广泛收集、排查和“深挖”涉黑涉恶违法犯罪线索；另一方面，全面落实“三级谈话”要求，对在押的300余名涉黑涉恶罪犯逐一开展谈话，引导罪犯主动坦白余罪漏罪，鼓励罪犯检举揭发“保护伞”线索。他严格要求自己，对工作精益求精，加强谈话攻势，摸排漏网人员和余罪漏罪线索，实施攻坚突破，共获取各类违法犯罪线索140条，向公安、纪委监委等部门移交涉黑涉恶线索31条、涉“保护伞”线索15条、职务犯罪线索16条、刑事案件线索78条。

斗智斗勇　精心施策挖出重大案情

张豪旭同志敢于担当，把“深挖”大案、隐案作为攻坚重点，特别是从罪犯岳某身上挖出一起重大制毒、贩毒、私藏枪支弹药案件线索。他以其狱内侦查工作的专业能力和职业敏感性，在对岳某的谈话教育和严密管控过程中，攻坚克难，斗智斗勇，不断挖掘有价值的案情信息。他放弃周末和节假日休息，连续开展外围调查和政策攻心，攻破了该犯的思想防线。在促使该犯交代犯罪事实后，一方面，他做好罪犯思想的稳定工作，减轻其心理压力和焦虑情绪；另一方面，积极配合河南省检察院、河南省监狱管理局和公安机关对该犯进行提审和线索核实跟踪工作，撰写有关案情材料，确保了此案得以顺利侦破。

这起制毒、贩毒、私藏枪支弹药案件案情复杂、影响重大，涉及制造冰毒79.5公斤，运送贩卖毒品数量超过2000公斤，并起获非法藏匿的手枪1把、子弹5发。该案件的成功破获，受到司法部、河南省委政法委领导的充分肯定。2020年，第三监狱被打击整治枪支爆炸物品违法犯罪部际联席会议通报表扬为“全国打击整治枪爆违法犯罪专项行动成绩突出集体”。2020年，第三监狱被司法部监狱管理局通报表扬为“全国打击整治枪爆违法犯罪专项行动成绩突出集体”。2020年，第三监狱被河南省扫黑除恶专项斗争领导小组通报表扬为“2018~2019年度全省扫黑除恶专项斗争先进单位”。

个人简介

王红松

1970年生，中共党员。现任河南省第一监狱十监区监区长兼四级高级警长，一级警督警衔。

2000年荣获“全省监狱系统优秀警官”荣誉称号，2001年被共青团河南省委授予“河南青年五四奖章”，荣获司法部“全国司法行政系统二级英雄模范”荣誉称号，被河南省司法厅荣记个人一等功，2002年被共青团中央、中央综治办等12家单位联合授予第三届“中国十大青年杰出卫士”荣誉称号。

因工作特殊，主要事迹略。

湖北

个人简介

史学东

1966 年生，中共党员。生前任武汉市司法局女子强制隔离戒毒所生活卫生科科长。1983~1987 年在某部队服役。1996 年调至武汉市司法局女子强制隔离戒毒所工作。2016 年 6 月 30 日，在排涝抢险中因公殉职，年仅 50 岁。

7 次荣获武汉市年度优秀公务员荣誉称号，2014 年荣立个人三等功 1 次，2016 年被司法部追授“全国司法行政系统二级英雄模范”荣誉称号。

主要事迹

2016年6月30日晚，武汉市遭遇强降雨，武汉市司法局女子强制隔离戒毒所内积水急速升至50厘米，积水渗入办公楼和监控设施，部分配电设备浸泡，严重危及场所安全。22时51分，当天值班所领导启动排涝抢险应急预案，并紧急通知史学东同志调度电工到所抢险。在家休息的史学东同志接到电话后，在调度电工赶往现场联通水泵高压线缆排涝的同时，立即驱车冒雨赶往单位。23时50分许，史学东同志驱车到达单位，在蹚水查看处置该所对外连接排水出口时不幸殉职，他用生命践行了入党誓言、诠释了责任担当。

后勤保障的“勤务兵”

史学东同志时刻紧绷着场所安全这根弦，始终把主动服务、保障有力当作后勤工作的宗旨和原则，事事当先，亲力亲为。为了保障行车安全，史学东同志给该所10多台公车建立了“健康档案”，并根据自己的行车经验，将有关安全注意事项编成口诀，让司机班同志牢记于心，每周都要对车辆进行检查维护，连续10年未发生安全责任事故。“史科长的手机就是我们所的‘110’服务热线”，同事们这样比喻。2016年6月20日晚上7时许，所里突然停水，这么热的天，几百名戒毒人员的洗漱成了难题，电话咨询相关部门，得知没有停水，经过排查也找不到问题。史学东同志打着手电筒一层楼一层楼地检修，不顾危险摸黑爬上顶楼水箱，经过近3个多小时认真排查，终于发现进水管问题并组织抢修，连夜排除故障、恢复了供水。

严于律己的“铁面人”

作为生活卫生科科长，史学东同志负责场所车辆使用维修、国有资产管理、硬件设施改造、食品物资采购等后勤保障工作，通过各种途径找他“关照”的人自然不少，但他始终坚守一名共产党员做人做事的原则，不徇私情。有供货商通过熟人关系找到他，希望他在食品采购上给予通融和照顾，被他断然拒绝，“食品采购必须通过正常渠道，我不会为了一己私利，侵占单位的利益”。由于后勤工作需要，所里经常会聘请些临时工，有亲戚托他在单位安排个临时岗位，也被他一口回绝。面对亲人的埋怨，他只是坦然一笑。

父母眼中的“公家人”

参警以来，史学东同志一心扑在工作上，没有休过一次年休假，节假日、周末更是与他无缘，别人休息，他在工作，别人下班，他还在继续坚守。他对工作倾注了满腔热情，对家人，更多的则是自责与愧疚。2021 年 5 月，他的父亲做了膝关节置换手术，术后需要长时间卧床休息，生活不能完全自理，但为了不耽误工作，他没有请一天假去陪伴。

史学东同志在戒毒人民警察岗位上工作了 20 年，他把对工作的执着和热爱作为信念，始终保持着军人的优良传统和对党的赤诚之心，默默奉献、尽职尽责，以高度的事业心和责任感，在平凡的岗位上谱写了一曲动人的生命赞歌。

个人简介

王林

1963年生。现任黄石市司法局二级调研员。1982年参加工作，曾任黄石市司法局副局长、黄石市法律援助中心主任，第十届、第十一届全国政协委员。1997年罹患癌症，1999年组建黄石市法律援助中心，2003年当选全国政协委员。

2001年、2004年被司法部评为“全国法律援助先进个人”；2003年荣获“全国五一劳动奖章”，荣获司法部“全国司法行政系统二级英雄模范”荣誉称号；2008年当选北京奥运会火炬手；被评为CCTV“2010年度法治人物”。

主要事迹

书写人生　病魔何惧

王林同志1985年进入黄石市司法局工作，1990年取得律师资格。1997年，他身患恶性肿瘤，医生说其最多活3年。当时，他年仅34岁。病痛的折磨，让他开始深入思考人生意义，思考如何在剩余的时光里努力活出质量、活出价值。1999年，他主动请缨，要求参与法律援助中心的组建工作，局领导劝他先养好身体，他说："如果我真的倒在法律援助的岗位上，那将是为法律事业作出的最后贡献。"局领导被他的执着感动，任命他为黄石市法律援助中心主任，负责组建法援中心。虽然没资金、没办公室、没工作人员，但他没有丝毫灰心，他只有一个信念：一定要把中心办成、办好。他争取到老司法办公楼3间破房，将自己家的电脑搬到办公室，垫钱装上了办公电话，进行简单装修，又招聘了4名工作人员。

为了让人们了解法律援助的宗旨，他将"法律援助让人人平等地站在法律面前"的警句刻在办公室前的牌子上。在办理法律援助案件中，他始终强调：一个人一生可能只经历一次诉讼，一次案件承办过程中的失误，对当事人来说就是百分之百。黄石市法律援助中心建成以来，已为困难群众办理法律援助案件超过万件，为群众提供法律咨询服务高达10万余人次，先后获"全国敬老文明号""全国司法行政系统先进集体"等荣誉称号。

伸张正义　信念不移

余婆婆儿子被一伙地痞砍了 7 刀，导致终身残疾。为给儿子讨说法，她慕名找到王林同志，王林同志一口应承。几天后，王林同志办公室闯进 3 名彪形大汉：“余婆婆那个案子，你不要管。”王林同志一身正气地答道：“这案子我管定了。”最终，案件主犯被判处有期徒刑 4 年，并赔偿 5 万元。

王林同志除了竭力做好法律援助本职工作，还多次克服各种艰难险阻，依法律、合情理、顺民心，圆满调处多起一触即发的群体性事件。

2001 年 10 月 22 日，王林同志受邀走进中央电视台《实话实说》栏目，他的故事感动了全国。

生命不止　奋斗不息

由于长期带病工作，王林同志的肾衰竭、脂肪肝、糖尿病越来越严重，他的右髋关节也出现了问题，行动十分不便。2015 年下半年以来，他又不得不在肌酐指标过高的情况下接受每周 3 次、每次 4 小时的透析。社会对法律援助的需求越来越多，他的工作量也越来越大，他经常加班到晚上 10 点回家。有几次，他在透析后昏倒在食堂或办公室。

他以超乎常人的精力与勤奋，带领法律援助中心大步向前。他首创了“黄石温州务工人员法援申请接待站”，主导建立了湖北省首个法律援助官方微信、微博。在他的指导下，黄石市法律援助中心在 2020 年 6 月率先推行法律援助经济困难告知承诺制，黄石市办理的第一起法律援助经济承诺案件在《湖北日报》刊登。

个人简介

易满成

土家族，1958 年生，中共党员。现任“易满成工作室”主任。1984 年参加工作，历任鹤峰县司法局燕子乡司法所司法助理员、所长，鹤峰县燕子镇人民调解委员会主任。2018 年退休。

荣获司法部“全国司法行政系统二级英雄模范”、“2009 年度全国十大法治人物”、湖北省首届“人民满意的公务员”、“全国模范司法所长”、“全国模范人民调解员”、“全国人民调解工作先进工作者”、湖北省优秀共产党员、“荆楚楷模”、“中国好人”等荣誉称号。

主要事迹

“天地之间有杆秤，那秤砣是老百姓，秤杆子称公平，咿呀咿儿哟！只有咱乡的易满成，调解矛盾纠纷，公平又公正，咿呀咿儿哟！”一首电视连续剧《刘罗锅》的主题歌《清官谣》，被村民一改，将一个家喻户晓的人物——原鹤峰县司法局燕子乡司法所所长易满成的先进事迹传扬开来。

“群众的事再小也是大事”，这是易满成同志时常挂在嘴边的一句话。他将手机号向群众公示，每次出门都会在门口贴上最醒目的提示。他的手机号成了全镇人尽皆知的热线。

他说：“能为老百姓解决矛盾纠纷，我觉得人生有价值、有成就感。”40 年来，没有一位来访者被他拒之门外，只要来找他办事，他都是“一张笑脸相迎，一把椅子让座，一杯热茶暖心，一番好言相劝”。他还总结出了人民调解工作中“接待群众要热心、听取陈述要用心、调查研究要细心、为民办事要诚心、对待弱势要爱心、思想工作要耐心、困难逆境要恒心、处理问题有信心、消除腐败有决心、对党对民要忠心”的人民调解“十心”工作法。

“易司法”成了大家对他最熟知的称呼。找他办事的，有的来自辖区内，有的来自其他乡镇，还有的来自其他市县。

2018 年退休后，易满成同志积极响应开展个人特色品牌调解工作室建设的号召，建立“易满成工作室”，通过开设“专家门诊”，充分发挥人民调解亲民、便民、利民优势，以其个性化、专业化的特点，成为基层人民调解组织贴近群众、服务群众的“第一平台”，成为为政府分忧、为百姓解难的“第一帮手”。

2019 年，鹤峰县燕子镇组织专班，由易满成同志牵头，调查一起交界的山林纠纷。因为历史原因，加上涉及的面宽人多，该纠纷成为当地名副其实的“骨头案”。他迎难而上，经过多次走访，组织相关部门到现场调查，查阅相关历史资料，最终形成了调查报告。调查报告七易其稿，整个调查材料装订成了厚厚的 4 册，为化解这起疑难复杂纠纷提供了重要依据和参考。

“易满成工作室”自建立以来，累计接待群众来电、来信、来访 1200 人次，参与研判问题 70 余件，参与化解各类矛盾纠纷和信访问题 130 余件，为弱势群众写诉状、答辩状 30 余份，开展法德教育宣讲 32 场，参与小组会、屋场会 150 余场，开展心理咨询 500 余人次，开展心理疏导 45 件次，调处成功率达 98%。

30 余年的工作中，易满成同志一直怀着公正公平之心对待每一起案件，他深入社区及农户家中，倾听当事人、基层干部的意见，调解矛盾纠纷做到事实清楚、证据确凿，用证据让当事人心服口服。这是易满成同志践行初心使命的具体表现。正是这位朴实无华的土家族汉子，用自己的坚守，把对法律的真诚、对群众的感情，一起化为心中的大爱！

个人简介

李小伟

1968年生，中共党员。生前任湖北省襄南监狱会见监区党总支书记、监区长，一级警督。1986年参加工作。2019年3月8日，在工作中因突发脑血管瘤破裂晕倒，经全力抢救无效，于3月9日不幸离世，年仅51岁。

2020年被司法部追授“全国司法行政系统二级英雄模范”荣誉称号。

主要事迹

信念坚定　对党忠诚

李小伟同志始终把对党忠诚作为从警初心，牢记入党誓言，无怨无悔，坚定执着。工作 32 年，她转战 10 余个岗位，一直扎根在基层，工作在监管工作最前沿和最艰苦的地方，长期从事门卫、监控、会见等一线工作，长期处在需要夜间执勤、日夜颠倒的工作状态。作为一名女同志，她没有向党组织提要求、要照顾，忠诚无悔，以一名女子的柔弱之躯顶起了监狱工作“半边天”。工作 32 年，无论在哪个岗位，她都能出色完成党组织交给的任务。去世前，李小伟同志任会见监区党总支书记、监区长。她把监区所有人的情况都装在心里，里里外外，大事小事，都操心过问。而她自己却没有节假日、双休日，经常加班加点，警务通、手机 24 小时在线，有时晚上 10 时后还会接到工作任务而出门。这已经成为她的工作常态。李小伟同志用行动践行了入党、入警时的铮铮誓言，用生命兑现了对党的庄重承诺。

忠于使命　恪尽职守

2012 年 9 月 22 日，一名罪犯在回监舍途中，突然脱离队伍冲向监狱大门。当时在监控中心工作的李小伟同志第一时间发现这一异常狱情，立即在指挥中心通过综合平台联动系统一键锁死监狱大门，并同时调动监狱应急指挥力量迅速对该犯进行控制。紧急情况发生在数秒之间，如果不是时刻怀着强烈的责任感和时刻保持十二分的警觉，异常狱情信息稍纵即逝。在会见监区工作期间，李小伟同志筛查会见信息，收集、发布重大异常狱情数百条，协助公检法等部门提审或法律援助500余件、1000余人次，为全监刑满罪犯结算零用金和路费70余万元，为罪犯稳定思想、积极改造提供了保障，为坚守安全底线、践行改造宗旨作出了贡献。

清正廉洁　执法为民

李小伟同志长期工作的岗位，既是监管执法的前沿，也是对外服务的窗口。她始终坚持以人民为中心的发展思想，把职责当使命，把群众当亲人。2017年4月，监狱收到一封来自辽宁省的挂号信。信中字里行间洋溢着对一名警号为4221190监狱民警的由衷感激。经核实，这个警号的主人正是李小伟同志。事情的起因要追溯到2017年3月的一天。一名罪犯的两位姐姐与身患重病、腿脚不便的母亲一行3人千里迢迢赶来会见。该犯入狱后，全家缺少了主要经济来源，家人想把房子等卖掉，维持生计。此次会见，家属希望办理该犯房产、银行卡、车辆等资产委托处置事项。眼看监狱规定的会见时间明显不够用，可能要白跑一趟了，这家人哭泣起来。李小伟同志例行巡查，见状，在问明原因后，向分管领导汇报特批延长会见时间，同时联系该犯所在监区加速办理委托证明事宜。当天，该犯家人拿到了委托证明，一再向她表示谢意。虽然这家人还没来得及询问李小伟同志的姓名，但是她们记住了她胸前的警号。

个人简介

王文广

1972 年生，中共党员。现任湖北省沙洋广华监狱十一监区（艾滋病罪犯监区）党支部书记、监区长，三级高级警长。1991 年参加工作。

2008 年被湖北省委组织部、省人事厅、团省委授予“湖北省青年五四奖章”；2009 年被湖北省政府授予“湖北省劳动模范”、第六届“杰出青年卫士”荣誉称号；2010 年被党中央、国务院授予“全国先进工作者”荣誉称号；2011 年被中央政法委评为“全国政法系统优秀共产党员”，被湖北省委评为优秀共产党员；被司法部授予“全国司法行政系统二级英雄模范”荣誉称号。

主要事迹

王文广同志是监狱人民警察，也是医生，还是那些艾滋病罪犯、刑释艾滋病人及其家属深深信赖的兄长和朋友。

勇者无惧　首推“零距离”执法

2005 年，沙洋广华监狱成立艾滋病罪犯关押点，兼具优良政治素质和专业医疗资质的党员民警王文广同志，当仁不让成为监狱党委挑选的第一人。艾滋病罪犯的复杂性决定了管理与医疗工作的难度，王文广同志提出，对罪犯实行“零距离”管理的措施，以营造无歧视的改造环境。不戴手套，不穿隔离服，不佩戴任何防护用具，他走进罪犯监舍后，毫不犹豫地坐到病犯床边，带着关爱的微笑，用手直接接触罪犯的身体进行问诊，轻缓地与罪犯拉家常。这些举动，缓和了罪犯的抵触情绪，打开了工作局面。

2012 年 5 月，艾滋病罪犯张某被送到十一监区。王文广同志开始对其进行健康检查。当王文广同志“零距离”接触到张某的身体时，张某突然一颤。王文广同志笑着说：“别紧张，我会为你建立一份医疗档案。”带着丝丝疑惑，张某被值班民警领到监舍。看到整洁的内务、井然的秩序以及其他罪犯平静的面容，张某顿时有些茫然。“当时真的很吃惊！看到警官们的工作，听到其他犯人讲以前的事，我很快消除了破罐子破摔的想法。”张某说。

医者仁心　对每个病犯“不抛弃、不放弃”

王文广同志与同事们从监区成立的那一天起，就时刻把拯救艾滋病罪犯的生命与灵魂作为使命。

2005 年 8 月，监区几名艾滋病罪犯进入发病期，其中邓某的症状最严重，双腿不能行走，两眼不能视物。邓某当时命悬一线。“必须全力救治！”监区给邓某安排了单间，王文广同志和同事们给他买来大量营养品。病重期间，邓某生活根本无法自理，王文广同志和同事们对他进行 24 小时护理，从打针到上药，添衣喂食、端屎端尿……经过精心治疗，邓某逐渐恢复健康。当地疾控中心医生得知后感叹：“这真是个奇迹！”王文广同志和同事们用爱心对待每一名艾滋病罪犯，赢得了罪犯们的敬重。

行者无疆　一路阳光一路歌

一天，翟某的母亲带着他的儿子来看他。面对白发苍苍的母亲，听到父亲去世的消息，看着儿子陌生的眼光，翟某痛哭流涕。王文广同志一边安抚翟某，一边劝慰翟某的母亲，从钱包里掏出 100 元，对翟母说：“大娘，天热，你们拿着在路上买点水喝。”

除了外围的情绪化解，王文广同志深深地体会到艾滋病罪犯对自身病情的关注，如果不解释清楚，他们就会有疑虑。走进监室，王文广同志都要带上笔和纸，碰到艾滋病罪犯对病情分析不理解的地方，他都会画图或者用其他比喻的方法详细阐述，把复杂的业务知识转换成简单易懂的语言与艾滋病罪犯交流。

王文广同志说：“把荣誉看轻点，把事业看重点，我想的最多的还是集中精力、坚持不懈地做好岗位工作，确保艾滋病罪犯监区底线安全。”硝烟未散、征鞍未卸，这位高墙内的白衣天使初心不改，依然一路歌声，一路播洒阳光！

个人简介

欧阳代霞

1977 年生，中共党员。湖北省女子强戒所教育科科长。1997 年参加工作。

荣获“全国教育转化工作先进个人”“全国司法行政系统二级英雄模范”等荣誉称号，荣获“全国五一劳动奖章”，被评为第三届“湖北省杰出青年卫士”和第四届“中国杰出（优秀）青年卫士”，多次荣立个人二等功和个人三等功。

主要事迹

从警以来，欧阳代霞同志一直躬耕在司法行政系统教育矫治园地，教育挽救药物依赖的“瘾君子”，她无不全力以赴，克己奉公，忘我投入，用真心实意去感召，以言传身教化冥顽，成功挽救了一个个失足者，帮助她们顺利回归家庭和社会。

2008年之后，戒毒人员成为场所收治管理和教育戒治的主要对象。面对复吸率居高不下的问题，欧阳代霞同志在强化所内教育的同时，注重拓展延伸所外帮扶，完善后续照管措施，帮助解除人员顺利回归。

“解除人员陈某打来电话，说李某患了宫颈癌无钱治疗，需要帮助。”2012年5月，欧阳代霞同志了解到热线值班民警反映的情况。她立即向所党委汇报，并拟订帮教方案；得到所党委的高度重视和支持之后，她便开始了紧锣密鼓的工作：发倡议、组织募捐，征集祝福语；不远千里，前往福建莆田医院看望，为李某送去近2万元的爱心慰问金。大病初愈的李某，第一时间回到女所感恩帮教。现在的李某，康复良好，保持操守14年，已成为场所同伴教育的榜样。

目前，“春笋家园”同伴教育群里的榜样越来越多：在荆州经营美食的“蔡大嘴”、在黄石陪伴老母亲的孝女陈某、在咸宁安居乐业并成为育儿达人的汤某、在宜昌做物流公司的小立……她们还主动成为志愿者，活跃在当地开展的禁毒宣传活动中；新冠肺炎疫情期间，她们还各尽所能，为小区的疫情防控贡献力量……《湖北日报》等媒体多次报道湖北省女子强戒所的戒毒典型以及教育戒治工作情况。

在司法行政机关强制隔离戒毒所这片教育矫治园地里，欧阳代霞同志一如既往、不遗余力地付出着，践行着一名特殊园丁的初心使命。

个人简介

刘　畅

1975年生，中共党员。湖北郧和律师事务所律师，兼任湖北省律师协会理事、十堰市律师协会副会长、十堰市律师行业工会联合会主席、十堰市人大常委会立法专家顾问、宜昌市和十堰市仲裁员、中央电视台“社会与法”频道《法律讲堂》主讲人。1996年参加工作。

荣获“全国优秀律师”“湖北省司法系统模范功臣二等功”“湖北省法律援助工作先进个人”“十堰市劳动模范”“湖北省劳动模范”“十堰市首届优秀公益律师”“湖北省现代服务业领军人才”“全国劳动模范”等荣誉称号，荣获“湖北省规范化管理律所主任突出贡献奖”“十堰市五一劳动奖章”。

主要事迹

2005年，刘畅同志成为一名执业律师。他选择从法律援助做起，希望能够帮助社会弱势群体。

一位76岁的徐姓老人因两个儿子拒绝支付赡养费用，卧病在家无人照看，刘畅同志接受法律援助中心的指派为老人维权。为了给老人远在郊区的儿子送达诉状、传票和判决书，他和法官来回奔波十几次。对方避而不见，电话不接，他们就采取蹲守在其单位和家门口、通过其单位领导协调等办法，最终将正义的判决书送到了两个儿子的手上。之后，他又主动与两个儿子的单位领导沟通协调，妥善解决了老人的赡养问题。

执业以来，刘畅同志和他的团队累计提供法律援助2000多人次，为当事人争取赡养、工伤、社保等权益1000多万元，得到当事人和工会组织的高度赞扬。2010年经过公开选拔，他担任张湾区兼职工会副主席，积极开展普法宣传和公益维权，深入企业、园区和工地现场，义务为农民工普及《劳动合同法》《工伤保险条例》《工会法》等，策划制作"农民工依法维权宣传明白卡"并发放近万份，农民工兄弟称他为"普法人气王"。

农民工兄弟的淳朴鼓励着刘畅同志用行动继续践行法律人的初心。但他也认识到，仅提供个案法律援助是不够的，做好社会普法宣传教育才能帮助更多人。

2013年9月，刘畅同志通过司法部和中央电视台的层层选拔，走进"社会与法"频道《法律讲堂》栏目，向全国的电视观众讲好法治故事，弘扬法治精神。山西省吕梁地区的一位观众看了他讲述的《丈夫外出打工之后》后给栏目组写信说，看了刘畅同志的节目，自己才恍然大悟，原来自己家里的难题，可以通过法律援助免费打官司解决。

8 年多来，刘畅同志录制播出 70 余期普法案例节目，中央电视台连年发来感谢信，表彰他为全国普法宣传和法制建设作出的突出贡献。司法部和中央电视台授予他“最佳进步奖”“最佳选题奖”“《法律援助在行动》栏目优秀主讲人”等荣誉。2021 年 4 月，他主讲的典型案例汇编成《畅所欲言：刘畅律师解析婚姻情感罪案 20 例》公开出版发行。

2016 年，刘畅同志牵头创办了鄂西北第一家公司制一体化的湖北郧和律师事务所，他带领律师团队创办“郧和法律讲堂”，研发“从招聘到离职人资风险管控”“企业应收账款管理”“合同风险管控”等 20 多个法律专题讲座，为机关和企事业单位公益巡讲 200 场，受众达 5000 多人次，积极主动参与劳资、拆迁、医疗、借贷等各类矛盾纠纷调处，成功调解村居和社区矛盾纠纷 300 起，化解企业矛盾纠纷 500 余起。

新冠肺炎疫情暴发后，刘畅同志带头捐款捐物，下沉社区，带领团队制作整理与疫情、复工、劳资等方面有关的法律课程 6 个，对 500 多家企业 18,000 人次分享公益知识，参与录制疫情防控广播电视节目 10 多期，为抗击新冠肺炎疫情提供专业法律服务。

“选择律师这个热爱的事业，我愿为追求法治梦想奋斗终生。”荣誉在肩，责任随之，刘畅同志将恪守初心，砥砺前行，继续他的法治追梦之旅。

个人简介

续　辉

1963年生，中共党员。湖北省通城县司法局法律援助中心负责人，咸宁市市委委员，党的十九大代表。1980年参加工作。

荣获全国“人民满意的公务员”、全国“三八红旗手”、全国“政法系统好干警”、全国“司法行政系统先进工作者”“荆楚楷模”等荣誉称号，荣立二等功2次、三等功3次，承办的多个案例连续4年入选湖北省“十大维权案件”，受邀参加抗战胜利70周年阅兵观礼活动，2018年荣登“中国好人榜”。

主要事迹

20年来，续辉同志始终坚守自己的信念，在法律援助这一清贫而又艰辛的战线上默默付出，她以坚守、奉献和艰苦努力，使法律援助走进了通城县各个群体，在工会、妇联、残联、团委、学校、看守所、军营建立了21个维权工作站，其中包括通城籍外出务工人员密集的“珠三角”深圳工作站和“长三角”义乌工作站，在公安、法院、检察院等部门建设高标准续辉律师工作室。她接待过成千上万名群众，每人都是带着满意和感激离去。20年来，她以微薄的个人收入资助过数百位当事人，中央、省、市各级媒体都进行过报道。

挽救失足少年　温情帮扶彰显大爱

为青少年犯罪嫌疑人辩护是续辉同志的工作重点之一，在办案过程中，续辉同志用女性的善良、温情给失足者以慈母般的关怀，唤醒他们沉睡的理性和良知，帮助他们迷途知返。

几年前，聋哑女孩小钟在通城县盗窃时被抓，赃款赃物共计折款5万多元，依照《刑法》小钟应判10年以上有期徒刑。续辉同志了解到，小钟从小失聪，幼年父母离异，为给中风偏瘫的父亲治病，小钟外出打工。不谙世事的她，在打工时被骗入盗窃团伙，走上了犯罪道路。法庭上，续辉同志极力为小钟辩护，小钟被依法减轻判刑5年。庭审结束后，小钟默然地走出法庭。细心的续辉同志发现，大冬天，小钟脚上穿的竟是一双塑料拖鞋，空空的棉袄里，连一件毛衣都没穿。续辉同志请求法院让小钟过一会儿再走，得到允许后，她赶紧跑到街上，给小钟买好棉衣棉裤，又到餐馆里给她端来一碗滚烫的肉汤面条。当续辉同志抱着棉衣棉裤、捧着汤面来到法院时，刚才还表情冷漠的小钟牵过续辉同志的手，轻轻写了两个字——“妈妈”。

为农民工讨公道　法援阳光播洒鄂南

为弱势群体撑起一片公正的蓝天，始终是法律援助工作者的职责所系、价值所在。续辉同志是这样想的，也是这样做的。

为了更好地为农民工兄弟维权，2012 年 4 月，通城县法律援助中心第一家异地援助站在深圳挂牌成立，为在外打工的通城籍农民工提供法律保护。2012 年秋，续辉同志通过诉讼程序，为 27 位农民工讨回一企业拖欠 3 年的 37 万多元工资。2014 年，通城县法律援助中心第二家异地援助站在浙江挂牌。

在续辉同志的示范下，如今的通城县法律援助实现了全社会覆盖、全天候受理、全过程服务。她领导的法律援助中心，跻身“全国法援检查先进机构”“湖北省为民办实事先进集体”“湖北省司法行政系统先进集体”行列，多次被评为“湖北省未成年人优秀维权示范岗”“湖北省残疾人维权示范岗”等。

续辉同志一以贯之地以她的无悔付出，践行着共产党员全心全意为人民服务的崇高宗旨，捍卫着法律的公平与正义。

个人简介

曹玉海

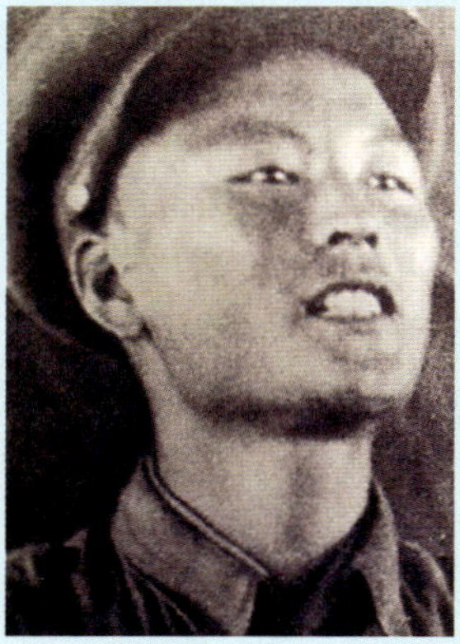

1923年生，中共党员。生前任中国人民志愿军某团营长。1943年参加八路军，历任八路军战士，中国人民解放军排长、连长、营长，武汉市武昌监狱监狱长。1951年2月12日，牺牲于京安里以北350.3高地，年仅28岁。

荣立战功7次，荣获“滨海抗日模范”“战斗模范”等荣誉称号，1951年被中国人民志愿军总部追认为“特等功臣”“一级战斗英雄”。

主要事迹

曹玉海同志3次参军入伍，参加重要战斗20余次，6次负伤，在抗美援朝作战中不幸中弹牺牲。

1943年1月，曹玉海同志报名参加了八路军。后在一次反扫荡战斗中负伤，被安排回家养伤。这年秋天，八路军建制的东北军某师在他家乡驻扎，曹玉海同志坚决要求重返前线“打鬼子”，经批准第二次参军入伍。

在抗日战争和解放战争中，曹玉海同志作战勇猛，先后参加了横山战斗、东北剿匪、保卫四平、三下江南、辽西会战、解放天津等战役。1949年，曹玉海同志随大军南下，在激战中身负重伤，留在武汉治疗。伤愈后，组织考虑他身体虚弱，便安排他转业到武昌监狱担任监狱长，他是新中国成立以来武昌监狱第一任监狱长。

朝鲜战争爆发后，奉命北上的某师路过武汉时，曹玉海同志找到老部队，要求重返部队保家卫国。某师领导说：“你已经转业了，在地方好好干吧！”曹玉海同志坚定地说：“我们的新中国刚刚建立，帝国主义把侵略的战火烧到我们家门口了，岂能坐视敌人侵略！”临行前，曹玉海同志婉言拒绝了未婚妻结婚的要求，毅然走向抗美援朝前线，并担任志愿军某团营长。

在朝鲜战场上，我军与敌方进行了5次战役，曹玉海同志参加了前4次。在第一次战役中，他率1个连出其不意袭击敌军，歼敌120多人；第二次战役中，他指挥所在营2个连毙伤敌方700余人，缴获汽车130余辆、榴弹炮17门；第三次战役，他带领全营突破敌人苦心经营的号称“钢铁防线”的阵地，深入敌人腹地40公里，歼灭美军数百人，缴获各种火炮40余门、轻重机枪20余挺、汽车36辆。

在第四次战役中，1951年2月12日拂晓，美军1个团在24架飞机、52辆坦克及50门大炮的配合下，向营主阵地京安里以北350.3高地发起凶猛进攻。曹玉海同志指挥全营连续打退敌人6次进攻，在敌人第7次进攻时，他不幸中弹牺牲。战士们在营长英勇战斗、不怕牺牲精神的激励下，拼死与敌搏斗，打退敌人的10余次进攻，歼敌680余名，守住了阵地，为志愿军东线横城反击战的胜利起到了重要作用。

在朝鲜朝中友谊纪念塔上，刻有英雄曹玉海的名字；在中国丹东抗美援朝纪念馆里，曹玉海同志的遗像和黄继光、邱少云等英雄的遗像一起悬挂在纪念大厅里，供人们瞻仰。2013年6月，曹玉海纪念馆在莒南县大店镇八路军某师司令部旧址落成。2013年武昌监狱陈列馆建成，内设曹玉海纪念厅。2020年为纪念中国人民志愿军抗美援朝出国作战70周年，中央广播电视总台制作6集大型纪录片《英雄儿女》，第一集有曹玉海同志的专项纪录。曹玉海同志用短暂的生命谱写了一曲响彻天地的爱国主义壮歌，他的英勇事迹已成为我军和我国人民宝贵的精神财富，永远激励着后人为中华民族的伟大复兴奋勇前进。

个人简介

沈新强

1963年生，中共党员。现任湖北省沙洋汉津监狱机关党总支副书记。1981年参加工作，历任分队长、指导员、分监区长、监区长。

多次被评为优秀监狱人民警察、优秀共产党员，2010年被评为“全国监狱劳教工作模范个人”，2011年荣获“湖北五一劳动奖章”，2014年荣获“全国五一劳动奖章”，2015年荣获“全国先进工作者”荣誉称号，2019年荣获“湖北省模范退役军人”荣誉称号。

主要事迹

他有股“拼”劲

1986 年，沈新强同志从部队转业到监狱。他干一行，爱一行，钻一行，精一行。1998 年，年仅 36 岁的他被诊断患上了早期胃癌。2008 年，他又不幸患上下肢静脉栓塞、肺动脉栓塞和肺源性心脏病等 5 种心血管疾病，其中任何一种疾病都可能随时夺走生命。他提醒自己，即使身体倒了，精神也绝不能倒，一定要坚强、坚强、再坚强。2001 年，需要成立新的分监区负责监狱围墙安全防范工作。面对此急难险重任务，他毅然领命走上了新分监区领导岗位，勤勤恳恳，兢兢业业，化解险情 10 多次，以超常的毅力、耐力完成了各项工作任务。

他有股“巧”劲

2007 年，监狱党委提出了罪犯食堂规范化达标的目标。作为管理责任人，他学习借鉴兄弟单位的好做法，先后买来瓷砖，镶好灶台、工作台，还动手做纱门、纱罩，整理仓库……同时，他坚持岗位练兵，提倡“味在勤做”理念，并组织开展专业技术培训、上台授课，使食堂管理工作走上了规范化、标准化轨道。罪犯食堂通过验收达标后，整个监区都备受鼓舞，10 余家单位先后来沙洋汉津监狱现场参观学习，其食堂管理理念与模式在湖北全省迅速推广。

他有股“憨”劲

在工作上他无怨无悔，但在生活上，他有很多缺憾。母亲去世时，他没能见老人家最后一面；妻子每年回山西看望父母双亲，他没有陪过一次；女儿每天上晚自习，他没有接送过一次。2017 年，监狱党委研究决定，把他调到机关岗位，让他休养，他却不顾医嘱和家人的反对，又全身心地扑到了警务督察工作上。督察干部人少事多，工作异常辛苦，但无论是刮风下雨，还是严寒酷暑，他都坚持下监区检查，坚持站好每一班岗。当他满身疲惫去医院时，医生看到他腿肿得发紫，袜口勒处已发黑，哽咽着责怪他“把身体当儿戏”。他开玩笑说：“上天给我留下半条命是要我多做些事，上班就是最好的药方。”

翻开沈新强同志工作笔记扉页，他这样写道：“立起应是一座山，倒下应是一座碑，谁叫咱是共产党员呢！”

个人简介

于荣利

1975年入伍，1981年复员。1987年9月15日，在擒获劫车罪犯的战斗中，壮烈牺牲，年仅29岁。

1987年被司法部追授“全国司法行政系统二级英雄模范”荣誉称号。

因工作特殊，主要事迹略。

个人简介

马善庭

1962 年生，中共党员。1980 年在保康县水泥厂工作，1987 年在襄南监狱工作。

2003 年荣获“湖北五一劳动奖章”，2004 年荣获“全国五一劳动奖章”，2005 年被党中央、国务院授予“全国劳动模范”荣誉称号。

因工作特殊，主要事迹略。

湖南

个人简介

任洪才

1921年生，中共党员。生前任湖南省第一监狱运输队政治指导员、党支部书记。1947年参加中国人民解放军，1952年任第四野战军某团警卫连排长，1954年被选送至零陵干部文化补习学校学习。1955年转业，先后在湖南益阳刘家湖农场、汉寿县西湖农场、三监狱（永州监狱）和一监狱等单位工作，历任副指导员、指导员等职。1977年10月28日，遭罪犯袭击，经抢救无效，于10月29日牺牲，时年56岁。

在部队时，立大功5次、小功3次。1957年经湖南省公安厅批准荣记二等功，1958年调西湖农场工作期间被评为先进工作者，在湖南省第一监狱工作期间2次被评为先进工作者，1980年被湖南省民政厅追认为“革命烈士”。

主 要 事 迹

任洪才同志 6 岁失去父亲，12 岁开始在外当劳工度日。1940 年 10 月，他被日本人抓到东北西安煤矿做苦工，深受奴役与欺凌，过着暗无天日的生活，被逼无奈，次年 4 月逃出煤矿，到东北锦州纺织厂学织布。1945 年 2 月，从东北纺织厂返回原籍，靠给别人织布、做零工维持生计。苦难的历程、悲惨的生活境况，使他对旧社会的黑暗、反动统治阶级的残酷压迫充满仇恨，他于 1947 年 8 月怀着对共产党的热爱毅然参加中国人民解放军，成为东北四纵队某团警卫连的战士，先后参加白台山、碾子山、康庄、张家口等战斗。

在硝烟弥漫的战争岁月里，他克服种种困难，奋勇杀敌，圆满完成战斗任务，屡建战功。1949 年，他响应党的“为天下穷人求解放”的号召，随军南下，带病坚持行军。他始终把党的需要放在第一位，哪里需要就到哪里去，从部队到地方，无论干什么，都从不计较个人得失。在刘家湖农场工作期间，他起早贪黑，以身作则，超额完成各项任务。1965 年，参加农村社会主义教育运动，坚持与贫下中农同吃、同住、同劳动，给困难的农民送衣服、买药，为群众排忧解难，深受当地群众赞誉。1975 年 9 月，任洪才同志调入湖南省第一监狱后，一心扑在工作上，积极教育罪犯，早出晚归，从不擅离职守。

1979 年 10 月 28 日，任洪才同志遭罪犯赵某某袭击，经抢救无效，于 1979 年 10 月 29 日牺牲。

任洪才同志为革命事业无私奉献，牺牲在监狱工作的第一线，他的先进事迹使广大干部、职工深受鼓舞。

个人简介

吴战保

1983年生，中共党员。2002年考入兰州大学，先后担任团支书、班长。2006年大学毕业后分配至永州监狱工作，先后在监狱特警队、四监区工作。2009年12月6日，在监狱抗击甲型H1N1流感疫情工作中，因劳累过度突发心脏病，牺牲在工作岗位上，年仅26岁。

大学期间被评为优秀学生会干部、社会实践活动先进个人；被湖南省委追授“全省优秀共产党员”荣誉称号；被湖南省政府追认为烈士，追记一等功；被司法部追授“全国司法行政系统一级英雄模范”荣誉称号。

主 要 事 迹

吴战保同志忠于党、忠于祖国、忠于人民、忠于法律，矢志为党和人民的事业奋斗。他积极上进，在大学期间就加入了中国共产党。参加工作后，他牢记党的全心全意为人民服务的宗旨，自觉用中国特色社会主义理论武装头脑、指导实践，时时处处把党和人民的利益放在首位。

吴战保同志把满腔热情投入监狱事业。湖南省永州监狱是一所关押重刑犯的老监狱，监管安全和教育改造任务繁重。吴战保同志把艰苦当作磨砺，扎根一线，忘我工作。他在监狱特警队的 2 年间，参加巡查 1300 多次，用 2 年时间干了一般人 3 年的工作量。调到监区工作后，他每天不到 7 点半就会出现在监房，晚上 8 点以后才回到宿舍。节假日总能在监区看到他忙碌的身影，不是在与罪犯谈话，就是在撰写工作笔记和情况动态分析。在监狱工作的 3 年间，他写了 3 本监管改造工作体会、2 篇论文和 10 余本工作日志。牺牲时，他衣服口袋里还装着与教育转化罪犯的谈话记录。

吴战保同志始终把“公正廉洁执法”作为座右铭。他先后查处违禁物品 30 多件，处理违规违纪罪犯 200 多人次，无一例受到质疑或投诉。他坚持对罪犯奖罚公开，坚决抵制歪风邪气，从不接受罪犯及其亲属的礼金。他将严格公正执法与真情关怀帮教相结合，针对罪犯的心理变化，及时开展个别谈话教育和亲情帮教，定期救助无亲属探望、无信件、无经济资助的“三无”罪犯。在监区工作不到 1 年，他就成功教育转化了 6 名顽危犯。

面对艰难险重任务，吴战保同志想到的只有责任和使命，从不计较个人得失。2009 年 8 月，季节性流感侵袭永州监狱，使部分罪犯感染。他主动找到监区领导，要求担任防疫专干，并出色完成了任务。2009 年 10 月底，永州监狱周边学校出现甲型 H1N1 流感疫情，监狱启动应急预案实行封闭管理。他积极参战，先后 3 次参加封闭管理执勤，20 多天连续作战。在第三次执勤期间，他因劳累过度引发心脏病，在工作岗位上献出了 26 岁的年轻生命。

个人简介

朱红兵

1975年生。生前任湖南省郴州监狱教育干事。1998年大学毕业分配到监狱系统工作，先后在原春陵监狱、郴州监狱等单位工作。2006年5月6日，在工作岗位上突遭袭击，不幸以身殉职，年仅31岁。

被民政部批准为“革命烈士”。

主要事迹

迎难而上　转势逆袭创佳绩

2002年新的郴州监狱组建后，朱红兵同志服从领导安排到八监区综合办工作；加上他，综合办只有两名警察。除负责监区日常工作外，朱红兵同志还承担着20多名罪犯的教育管理任务。这些罪犯大多是老弱病残，且反改造情绪较大，犯情复杂，管理难度大。面对如此艰巨的任务，朱红兵同志二话没说，欣然接受。2004年担任八监区一分监区分监区长期间，朱红兵同志与分监区警察一起积极开展工作，所管罪犯思想稳定、改造秩序良好。

惨烈牺牲　英年早逝长叹息

朱红兵同志从不计较个人得失，爱岗敬业，干一行、爱一行，哪里需要，就到哪里，一心只想把工作做好。2005年4月，他服从安排，担任八监区教育干事，负责全监区罪犯教育、档案管理和管教业务工作。他把监区的安全稳定挂在心头。每逢节假日，他都主动放弃休息，深入监房找罪犯谈心，整理罪犯档案，处理繁杂事宜，年年如此，从未间断。2006年5月6日晚，忙碌了一天本已非常疲惫的朱红兵，又对罪犯进行谈话教育和心理疏导。不料，罪犯突然对他暴力袭击，他来不及与已有8个月身孕的妻子说上一句贴心话，来不及看一眼即将出生的孩子的小脸庞，来不及向含辛茹苦的父母道一声问候，来不及向并肩战斗的同事们说一声再见，就倒在了血泊中，牺牲在工作岗位上。

工作 8 年间，朱红兵同志服从组织的安排，一直战斗在监狱基层一线，无论在何岗位，他始终心怀责任，牢记宗旨，爱岗敬业，勤奋好学，积极进取，甘于奉献，为监狱监管安全、教育挽救罪犯作出了自己最大的奉献。他的生命永远定格在他热爱的岗位上。

朱红兵同志短暂的一生，献身于监狱事业的平凡点滴，处处体现了他永不松懈的责任心、甘于奉献的事业心。

个人简介

李邦君

1957年生。1985年参加工作，1995年从事基层司法行政工作，历任湖南省临湘市冶湖管委会司法所所长、临湘市儒溪镇司法所副所长、临湘市定湖镇司法所所长等职。2002年1月24日，为保护他人，英勇牺牲，年仅45岁。

3次被湖南省岳阳市司法局评为先进个人；5次受到临湘市委、市政府、政法委表彰；6次被临湘市司法局评为先进工作者；多次被冶湖渔场，儒溪镇、定湖镇党委、政府评为先进工作者、优秀共产党员、“五好干部”。2002年被司法部追授“全国司法行政系统一级英雄模范”荣誉称号；被湖南省人民政府追认为“革命烈士”，并追授“人民卫士”荣誉称号。

主要事迹

自参加工作以来，李邦君同志以一名共产党员的标准严格要求自己，立足本职，勤政爱民，严格执法，热情服务，无私奉献。在近7年司法工作中，他先后调处各类民事纠纷300多起，化解各类群体性事件15起，解决疑案20多起，避免或挽回经济损失近2000万元，为保一方平安贡献了毕生力量，赢得了党和政府的信任、人民群众的爱戴，以自己的模范行动树立了司法行政干警的崇高形象。

2002年1月24日，李邦君同志为做好春节期间的安全稳定工作，下乡进行纠纷排查。当他在定湖镇关山村完成排查工作，前往大和村继续进行纠纷排查的途中，发现何某等2人驾车去关山村企图对正在该村工作的计生干部寻衅滋事。为了保护计生干部的生命安全，他毅然调转车头追到关山村。在何某手持匕首向计生干部行凶的危急关头，李邦君同志挺身而出，一边让村支书报警，一边冲到手持匕首的何某面前，英勇地加以制止，不幸被何某刺中腹部，献出了45岁的生命。

个人简介

汤 杨

1982 年生，中共党员。生前任湖南省长沙县金井镇人民政府综治办副主任、司法助理员、纪检专干，兼武装干事。2002 年至 2004 年在驻港部队服役；2005 年到长沙县城管局执法大队工作，任一中队二组组长；2006 年担任金井司法所司法助理员。2009 年 2 月 11 日，在山林大火中为保护群众壮烈牺牲，年仅 27 岁。

多次获优秀士兵、单位先进个人称号，被湖南省人民政府追认为“革命烈士”，被司法部追授“全国司法行政系统一级英雄模范”荣誉称号。

主要事迹

情系农民工　讨回救命钱

丁某某有八旬父母和一个弱智的哥哥，他在广东务工时，被水泥电杆砸中后背，死里逃生后却发现再也不能站立。丁某某被送回家乡后，面对昂贵的医疗费，无法入院接受治疗。汤杨同志得知情况后，积极伸出援手。面临重重困难，强烈的责任感告诉汤杨不能放弃。通过几个月的辛勤努力，他终于促成各方和解并签订了调解协议，丁某某获得了16万元的赔偿。

汤杨同志用敬业和热忱为处于弱势的农民工争取到了救命钱，也用实际行动在我们和谐社会的篇章上写下了浓墨重彩的一笔。

群众的事是大事　再累也不叫苦

金井镇土地平整公路项目因砂石购销合同问题引发纠纷，导致村民与施工方发生争执，情况随时可能激化。此时，汤杨同志正因身体不适在医院里打点滴，听到情况后，他拔掉针头，第一时间赶到现场。经他调解，双方情绪缓和下来。不料，这时汤杨同志接到家中父亲电话，说他姑姑突发疾病，要他前去办理入院手续。汤杨同志答复："我在工作，并且事情很紧急，实在对不起。"挂掉电话，他又继续组织开展协调工作。一直协调到次日凌晨2点，双方才达成一致意见，终为村民王某某追回农民工应得工资22万元。夜已深，汤杨同志顾不上休息，连夜赶往医院看望姑姑。

汤杨同志情系群众，爱岗敬业，不管是矛盾纠纷调处、重点整治、法治宣传，还是民兵整组、纪检监察，他总是扎扎实实地干事。入职金井司法所两年间，他主持参与矛盾纠纷调处390余起，成功率达98%；为司法所创建省级文明示范窗口单位、省依法办事示范窗口单位、市四星级司法所立下了汗马功劳。

舍身救人　壮烈牺牲

2009年2月11日，长沙县金井镇村民烧田塍引发山火。事发后，金井镇党委、政府迅速组织人员赶到现场扑救。作为第一批到达火灾地点的同志，汤杨同志发挥青年干部的优势，冲在最前面，奋力扑救山火。由于该山地较偏远，细心的他担心通信无法保持畅通，便将携带的三颗空弹壳中的两颗交给了另外两支扑火队伍作为联络口哨，以便在手机无法接通时利用空弹壳吹口哨进行联系。当时风力较大，山火蔓延十分迅速。为防止火势扩大，救火指挥者制定了从山两边向山脊建防火隔离带的灭火措施。然而，在建隔离带的过程中，风势突然加大，一股强风吹过来，火苗狂窜，达二三十米高，火势严重危及救火人员的安全。现场指挥救火的领导当即下达指示，要求所有救火人员立即撤离至安全地带。已至半山腰的汤杨同志一组人员接到命令正在撤离，与他一起扑火的村民对他说："你要撤，就往上撤！"汤杨同志只留下一句"下面还有人！"便转身向山另一边跑去。原来，另一边救火队员因离救火指挥者较远，无法听到撤离命令。汤杨同志不顾个人安危，冒着生命危险赶往下面通知另一边的同志撤离。就在这短短几秒钟时间里，突如其来的一股大火吞噬了他年轻的生命。其他队员获救了，而年仅27岁的汤杨同志却当场殉职，壮烈牺牲。

个 人 简 介

胡贵军

1964 年生，中共党员。生前任永州市道县仙子脚司法所所长。1982 年入伍，1986 年被保送至桂林陆军学校学习。1997 年转业后一直从事基层司法行政工作。2011 年 4 月 15 日，为保护群众壮烈牺牲，年仅 47 岁。

在部队期间，7 次受连部奖励，先后被团部评为大比武先进个人、特等射手、优秀班长、优秀共产党员；多次被评为永州市、道县综治维稳先进个人，优秀司法所长；2011 年被司法部追授“全国司法行政系统一级英雄模范”荣誉称号。

主要事迹

胡贵军同志用他满腔热血和宝贵生命，践行了对党忠诚、服务人民的铮铮誓言，展示了政法干警敢于担当、英勇无畏的英雄气概，彰显了司法助理员公而忘私、乐于奉献的高贵品质。

恪尽职守　爱岗敬业

从当上司法助理员的那一天起，胡贵军同志就全身心投入人民调解工作中，并迅速成为行家里手。他总是穿着一身干净的制服，挎着一个装有工作证、便民联系卡和调解文书的人造革皮包，骑着一辆旧摩托，走村串户，风雨无阻。参加司法行政工作 14 年来，他调解各类矛盾纠纷 1399 起，成功率达 98% 以上；预防和化解群体性事件 118 起；预防“民转刑”案件 74 起；安置帮教刑释解教人员 46 名，安置率和帮教率均达到 100%，无一人重新违法犯罪。

敢于担当　英勇无畏

胡贵军同志的党性很强，始终胸怀大局。做好本职工作之余，他经常主动参与镇党委政府的中心工作，并总是挑重担，作中坚。2007 年 5 月，由于连降暴雨，大伟水库出现险情，得知消息后，高烧 39.8℃的胡贵军同志披上雨衣，骑着摩托车往大伟村飞驰。他第一个冲上坝堤，冒着倾盆大雨和随时可能发生的溃坝危险逐处排查险情，会同村干部迅速组织青壮劳力疏通了两条溢洪道。

牢记宗旨　一心为民

胡贵军同志时刻牢记宗旨，始终把人民利益放在第一位，对乡亲们怀有一种特殊的赤子之情，不遗余力地扶贫帮困。“有困难就找我，随喊随到。”这是他挂在嘴边的一句话。由于他乐于助人，性格爽朗，做事干脆，当地的干部群众都亲切地叫他“胡好脆”。

公而忘私　乐于奉献

胡贵军同志在基层司法行政工作岗位上一扎就是14年，长年奋战在维稳工作第一线，与家人聚少离多没有一句怨言。当家庭与事业发生矛盾时，他总是把工作放在第一位，舍小家顾大家，忘我奉献，用自己执着的信念守卫着群众的平安，护卫着社会的和谐。

胡贵军同志少年丧父，母亲含辛茹苦地将6个孩子拉扯大。母亲80寿辰的时候，他提前一天做好了生日蛋糕，并早早与兄弟姐妹们约定给母亲过寿。不料当天清晨，他接到电话后，紧急赶到下坝洞村调处纠纷，直到晚上10点多才匆匆赶回家。看着熟睡中母亲苍老的容颜，他泪如泉涌。

因工作需要，胡贵军同志与妻子长期两地分居，每年相聚的时间不超过60天。胡贵军同志每次回家总是将家中里里外外收拾得干干净净，他总说：“平时工作忙，顾家少，在家就让我多做点，算是补偿吧。”

打开胡贵军同志生前的办公电脑，映入眼帘的是他的爱子一身戎装的照片。2008年，儿子当兵了，他非常高兴，将自己服役期间的笔记、资料和部队的条令条例，梳理得整整齐齐，郑重交给了儿子。儿子转了士官，胡贵军非常自豪，许诺儿子去部队看他，但由于忙于工作，始终没能抽空前往。简简单单的一个心愿，竟成为永远无法实现的遗愿！

个人简介

张维康

1969年生，中共党员。1991年毕业后分配至湖南省第一监狱质检科工作，1999年正式录用为监狱人民警察。在赤山监狱工作近30年，历任三监区监区长、法制科科长、政治处第一副主任等职。2018年11月22日，突发脑溢血倒在工作岗位上，历经84天抢救，不幸于2019年2月16日病逝，年仅50岁。

多次被评为优秀共产党员、优秀公务员，2020年被司法部追授“全国司法行政系统二级英雄模范”荣誉称号。

主 要 事 迹

铁面无私

张维康同志生前是政治处第一副主任。政治处管理警察，考勤是硬指标。越是恶劣的天气，张维康同志到考勤点的时间越早，而且“一把尺子量到底”，从不徇私舞弊，不管是对领导还是亲属。

七监区监区长刘某某是张维康同志的连襟，有一次进监管区迟到了 10 分钟，张维康同志督察时掌握了这个情况，立即做了通报，监狱长批评了刘某某。大概 1 个月后，刘某某再次迟到，想请他高抬贵手，话才刚出口，张维康同志头都没抬，只冷冷丢下一句：“是什么样就是什么样！”

深得人心

张维康同志住院后，很多人前来探望他，包括一些曾经的改造对象。

在七监区，很多罪犯都记得张维康同志说过的一句话：“你们要好好改造、认真做事。”蔡某在服刑期间，对未来的生活一度失去信心，张维康同志了解他的过去后，一直鼓励引导他学习计算机编程，还为他购买自学书籍。蔡某最后不但完成了计算机的自学，还自主开发了程序，出狱后成立了公司。而从始至终，张维康同志从未接受蔡某一点谢意。

在法制科工作的两年中，张维康同志依法处理多起信访事件，其中还包括一起 10 年的积案。为此，并非科班出身的张维康同志翻阅了数本法律书籍，请教了很多法律专业人士，多次走访了解案情细节。当事人肖某家庭经济条件不好，张维康同志就自掏路费陪他前往法院，反复沟通协调。经过2个多月的不懈努力，肖某终于领到了赔偿款，感激地送来了“敬业守正　为民解忧”的锦旗。

张维康同志始终忠诚于党的监狱事业，牢记一名监狱人民警察的使命担当，对工作充满激情，踏踏实实，兢兢业业，大事难事，奋然为之。他的生命，得以怒放，诠释了共产党员的先锋本色，铸就了人民警察的赤胆忠魂。

个人简介

周芳霖

中共党员。生前任湖南省第三监狱党支部书记。1955年应征入伍，历任战士、通讯员、副班长、班长、副排长、军校教员、军代表，四川省高县人民武装部军事科长，四川省某部队党委委员、党委常委。1956年赴朝鲜参加战后工程援建工作，曾因公致残被认定为三等乙级伤残军人。1982年转业到湖南省第三监狱工作，历任教导员等职。1992年4月20日，在执行值班任务时，被罪犯袭击，经医院抢救无效，不幸牺牲。

在部队期间，荣立三等功2次，记嘉奖10次，被评为“五好学员”“好党员”；被湖南省第三监狱评为先进工作者；被湖南省监狱管理局评为先进工作者2次、优秀党员1次；被司法部追授“全国司法行政系统二级英雄模范”荣誉称号；被湖南省司法厅追记一等功。

主要事迹

周芳霖同志在部队是好军人，在地方是好干警，在家中是好父亲。他无论是从军，还是为警，始终保持高度的政治觉悟、坚强的党性原则，在决定党和国家命运的大是大非面前，立场坚定，旗帜鲜明地站在党和人民一边，自觉维护党和人民的利益。他热爱党，热爱社会主义，热爱祖国，热爱人民，热爱自己的工作岗位。他工作勤勤恳恳，兢兢业业，积极主动，事业心、责任感强，任劳任怨，吃苦在前，享乐在后。他从不计较个人得失，凡是要求别人做到的首先自己做到，真正起到了一名共产党员的先锋模范作用。

他为政清廉，作风正派，热情为人，诚实忠厚，生活简朴，不谋私利，敢于坚持原则，勇于批评和自我批评，大事讲原则，小事讲风格，善于团结同志，有较强的组织纪律观念。在教育和改造罪犯时，他严格按照工作方针、政策办事，自觉执法守法，依法办事，讲究教育方法，因势利导，以理服人，耐心细致感化罪犯。他是好干警、好园丁、好干部、好党员。

个人简介

谢达仁

1938 年生，中共党员。退休前任湖南省津市监狱警察。1965 年从部队转业到涔澹农场工作。

1996 年荣获司法部、人事部“全国司法行政系统英雄模范”荣誉称号。

主要事迹

谢达仁同志认真钻研生猪养殖技术，从生产到出栏，从疫苗接种到猪病治疗，每一个环节他都熟记于心、仔细操作。1983 年，作为猪场场长的他，为防止生猪传染病传播，经常在单位一住就是两三个月。为防止偷盗生猪事件发生，每逢过年过节，谢达仁同志都坚守在猪场。他的养殖经验被广泛推广。

个 人 简 介

向 纹

1962 年生，中共党员。司法行政戒毒警察，湖南省湘西土家族苗族自治州强制隔离戒毒所原党委委员、纪委书记。1982 年参加工作。2019 年 11 月 29 日，在工作岗位上因过度劳累突发疾病，不幸牺牲，时年 57 岁。

多次被评为先进工作者、先进个人、优秀共产党员、优秀政法干警、优秀领导干部。被司法部追授“全国司法行政系统二级英雄模范”荣誉称号，2021 年被中共中央、国务院追授“全国脱贫攻坚先进个人”荣誉称号。

主要事迹

他主动请缨到深度贫困的边远苗寨驻村扶贫，一干就是6年；他带领乡亲们攻坚克难、脱贫摘帽，群众亲切称呼他“老表书记”；他不幸牺牲在扶贫村的岗位上，被百姓誉为“向阳花”。他就是湘西土家族苗族自治州强制隔离戒毒所原纪委书记向纹同志。

“我把一切交给党，党叫干啥就干啥”，这是1982年刚参加工作的向纹同志在“自传”材料里写的。作为出身贫苦农家，靠国家的助学金和奖学金完成学业的向纹同志，向戒毒所党委请命奔赴扶贫一线。在去良帽村之前，他特意买了一辆皮卡车，为的是进进出出时能帮乡亲们到镇上卖土特产。

为了扶贫，向纹同志把80多岁老母亲交由妹妹照看。“家里的事情不能影响工作”，这是他经常和家人说的一句话。为了更好地完成扶贫工作，向纹同志坚持脱产扶贫，每周驻村工作5天，月均出勤20天以上。6年来，他睡过村民用竹子围成的竹房，经历过长时间饥饱不定的生活，甚至有时只能在车上夜宿。2012年，他的独生儿子刚刚大学毕业，就因交通事故不幸去世。6年扶贫期间，向纹同志背负着沉重的丧子之痛，直到生命的尽头。

“把贫困人员当亲人，把群众疾苦放心上”，这是村民对向纹同志的评价。在村里，他和村民做朋友，和群众心贴心，把群众的冷暖疾苦时刻放在心上。谁家的生产出现问题，他就出谋划策，帮助解决。他利用自己掌握农业技术的优势，经常给群众指导生产技术。

扶贫就要拔穷根、真扶贫。道路没有入户，向纹同志就带领村民修好7.5公里通组公路，硬化4公里进户道路，全村户户通了水泥路。村民喝水难，他就和村干部一起步行10多公里，寻找水源，协调相关部门，在米沟村修建了一个能满足1000余人饮用的蓄水池，并把水管全部铺设到各家各户。米沟村村民龙某某要养猪、养羊，他帮助争取小额信贷。良帽村村民种辣椒，怕风险，向纹同志给他们“撑腰”：“大胆种，种出来，先闯市场。价格好，就卖；价格低，我去联系一些食堂来保底收购”。他积极引导村民种植药材600亩，流转土地150亩引进“唐人神”大型养殖场，实施危房改造135户、异地扶贫搬迁7户，修建一栋办公楼、一处文化广场，把村里的青壮年送到湖南农业大学、安江农学院、湘西职业学院等大专院校参加培训。一个个项目落地，一件件实事办成，米沟村一天天发生变化。花垣县组织对建档立卡贫困户全覆盖复核验收，米沟村满意度达100%，全村贫困发生率由2015年的36%下降到0，人均年收入从2600多元增长到9000多元。

“村干工作有勇气，齐心协力往前闯。我村有个好书记，他为米沟来争光……”这首长达2分钟的苗歌，是群众专为向纹同志而作。为民服务，他不打折扣，不讲价钱，走进了群众的心坎里。

个人简介

雷维嘉

1933 年生，中共党员。岳阳监狱（原建新农场）退休警察。1954 年在耒阳县公安局参加工作；1954 年调湖南省公安厅治湖劳改总队工作；1955 年调入西湖农场工作；1969 年调入涔澹农场工作；1970 年调入建新农场工作，历任中队长、副支队长。

9 次被评为农场先进工作者，1977 年及 1987 年被湖南省劳改工作管理局记三等功，1989 年被国务院评为“全国先进工作者”，1990 年被湖南省司法厅记二等功。

主要事迹

开　垦

1954年湖南省委决定开发洞庭湖区这片广袤而肥沃的处女地。党挑选了雷维嘉同志，他二话没说，打起背包系紧草鞋就出发了。雷维嘉同志在艰辛面前，没有后退半步。他转战西湖、涔澹、建新几个农场，经历了无数风风雨雨，饱尝了酸甜苦辣。

浇　灌

雷维嘉同志从罪犯欧某家属的来信中了解到他妻子病了没钱治疗，为了不影响欧某的情绪，就“扣”下了这封信，以欧某的名义给他妻子寄去了钱。欧某妻子病好后写信给丈夫，欧某才得知，故此他对雷维嘉同志始终心怀感激。罪犯唐某的小孩被斧头砍了手，是雷维嘉同志发动干部捐钱给其子治伤……桩桩件件，点点滴滴，如无声的春雨，滋润着那些干渴的心田……

扶　苗

有的人认为罪犯谢某是棵扶不正的孬苗，甚至连谢某的母亲也是这样想的。雷维嘉同志却不信这个邪。谢某在看守所不服管教。雷维嘉同志训他罚他，又语重心长地给他讲做人的道理，但谢某始终顽劣不改。一次，谢某胃出血导致休克。雷维嘉同志全力组织抢救，并和干警们日夜陪护他、安慰他。谢某感动不已，从此走上了认真改造的正途。

治　虫

与犯人打了几十年交道的雷维嘉同志是经验丰富的“特殊医师”。他特殊的“医术”不仅表现在他识“病”，还在于他能对症下药，辨证施治，除病治“虫”。江某是有名的“打架大王”，雷维嘉同志清楚，对这类罪犯的改造不容易，他耐着性子，一次次同他谈行为规范，启发他反省过去参与斗殴造成严重后果的惨痛教训……一剂剂良药，渗入心灵的病灶。他还组织罪犯开展“肃野蛮流毒，树文明新风”的活动，在监内倡导互相帮助、礼貌待人的好人好事，组织罪犯对江某进行帮助。江某触动了，主动表示：今后一定遵规守纪，重新做人。出狱后，江某在长沙一家工厂当工人，熟悉他的人都说他变了。

个人简介

贺煜光

共产党员。现任湖南省网岭监狱政治处副主任、二级警长。2010 年参加工作。2018 年经湖南省司法厅、湖南省监狱管理局推荐，借调至湖南省扫黑除恶专项斗争领导小组办公室工作。

荣获“全国扫黑除恶专项斗争先进工作者”荣誉称号。

主要事迹

以崇高的理想信念投身工作实务

全国扫黑除恶专项斗争启动后，贺煜光同志借调参与湖南省扫黑办筹备工作期间，因表现突出，在原借调期满后3次延长借调时间。他坚决服从组织安排，全身心投入服务湖南省扫黑除恶专项斗争。从线索受理交办到重点案件督办跟进，从具体工作组织筹划到联系协调省直有关单位及市州，贺煜光同志始终任劳任怨，实现工作推进“零差错”。战果数据统报从每日汇总、每周汇总乃至每月汇总，他始终精准核对，实现战果上报“零失误”。他先后31次为中央督导组、湖南省扫黑除恶有关工作会议及新闻发布会做好全方位服务，实现综合保障“零差评”。他起草的湖南省每月扫黑除恶工作情况综述材料16次被全国扫黑办采用，在全国扫黑除恶工作简报中有效宣传了湖南经验；参与制定全省扫黑除恶规范性制度文件13份，有的文件得到全国扫黑办推介，实现经验总结“零延误”。参与督办91起全国扫黑办、省级挂牌督办的重点涉黑涉恶案件，积极协调推进案件办理，其中7起全国扫黑办挂牌督办案件于2020年9月初全部办结，提前完成案件清结任务。接待来访举报群众50余次，热心解答群众疑惑，耐心解释扫黑除恶专项斗争政策精神，化解来访群众内心积怨，让群众满意而归，实现群众接访“零投诉”。

以优良的工作作风涵养干事生态

湖南省扫黑办成立初期，人员少，事情多而杂，文件资料繁杂。

贺煜光同志充分发挥勤学苦干精神，主动当好“档案员”，从零开始，严格遵循“及时收文、即时分发、急事急办、特事特办”的原则，搭建起资料档案框架、管理台账，施行分类保管、分线整理，定期进行优化、调整，规范了内部办文和文件借阅流程，湖南省扫黑办档案资料整理工作得到中央督导组领导的高度肯定。他积极当好“信息员”，先后建立了情况月通报、战果月调度、线索周汇总等机制，针对与市州信息交换方式单一的情况，协调开通湖南省扫黑办“公安内网”专用邮箱，拓宽对下联系渠道，确保信息调度畅通高效。他认真当好“联络员”，加强与全国扫黑办汇报沟通，积极协调联系各省直单位、各市州，及时传达精神，跟进督促工作落实。中央扫黑除恶第16督导组来湘督导期间，贺煜光同志始终坚守岗位，连续加班60余天，用新时代年轻干部的有为精神，为中央督导组做好工作协调、后勤保障和信息传递等综合保障服务，有效配合中央督导组顺利开展工作。

以忘我的担当奉献锤炼品格精神

贺煜光同志坚持发扬“螺丝钉”精神，舍小家顾大家，大局意识强。他担当应急响应“先锋军”，作为“宽带红网”信息员，多次因为急件、要件，在下班后、休息日重返办公室。贺煜光同志祖母去世，为了不耽误工作，作为唯一的孙子仅休假1天即重返工作岗位。他担当迎难而上“排头兵”，当负责线索办理的同事因工作需要返回原单位时，贺煜光同志勇接重担，仅用3天时间完成了2000余条线索的移交工作，并持续完善线索移送、办理、反馈各环节工作机制。3年来，贺煜光同志共负责办理全国扫黑办转办、平台交办、湖南省扫黑办自收线索5442件，及时跟进督办重点线索，下发督办函20份、调度函16份，办结核实具有涉黑涉恶嫌疑线索170件，确保线索核查工作高质高效，以实际行动展现新时代年轻干部忠诚、有为、担当的品质。

个人简介

李　琼

1979 年生，中共党员。现任湖南省未成年犯管教所六监区监区长。2001 年参加工作。

被评为优秀公务员、优秀共产党员、优秀党务工作者、湖南省监狱系统“财务工作先进个人”。在抗击新冠肺炎疫情工作中，因作出突出贡献，被司法部通报表扬，荣获“全国抗击新冠肺炎疫情先进个人”荣誉称号。

主要事迹

冲锋在前　她是勇敢的斗士

李琼同志政治立场坚定，对党忠诚，认真参加政治理论学习，严格落实党的方针政策，深入贯彻习近平新时代中国特色社会主义思想，牢固树立“四个意识”，坚定“四个自信”，切实做到“两个维护”。大局意识强，勇于担当。武汉在新冠肺炎疫情期间，警力严重不足，司法部决定从全国各省抽调女警驰援武汉。接到援鄂通知后，她主动请缨参加援鄂。虽说70多岁的父亲正在生病住院，12岁的孩子需要照料，爱人工作繁忙，但她仍毅然报名参加，堪称表率。援鄂期间，她先后在武汉女子监狱袁家台方舱医院两个临时监区担任监区长，团结带领来自不同省份和单位的几十名女警，对几百名确诊罪犯进行管理和救治。她以自己的坚韧耐心和严管厚爱，带领同事们为袁家台方舱医院实现病犯零死亡、医务人员零感染、监管安全零事故、工作人员零投诉、出院病人零召回的“五个零”的好成绩作出了突出贡献。

以身作则　她是坚强的核心

抵汉后，司法部将湖南援鄂工作队任务由看管没有感染的健康女犯调整为到方舱医院执勤，看押确诊病犯。没有心理准备的队员比较紧张，李琼同志迅速采取措施稳定“军心”，并率先连续2次进舱示范，整理舱内执勤工作流程和注意事项给大家作提示，帮助她们克服恐惧心理、顺利进舱执勤。湖南援鄂工作队也成为司法部援鄂工作队第一支进舱执勤队伍。援鄂期间，李琼同志总是冲在最前面摸索，积累经验，为同志们“排雷扫障”、减轻压力。担任袁家台方舱第三监区监区长时，她40多天里进舱将近20次，每次都推迟交班，最长一次在舱内待了8个多小时。回到驻地，她还要处理大量的事务性工作，包括分享工作，通报犯情、病情，发通知、提示，答疑解惑……经常忙到半夜。在李琼同志的安排布置下，临时监区各项工作开展得井井有条；湖南援鄂队队员思想上得到锤炼，有11名队员“火线”入党。

严管厚爱　她是引路的明灯

对待病犯，李琼同志不仅是一位严厉的警官，还是一位勤劳的护士、睿智的导师。每次进舱后，她都不断走动巡逻，排查问题、消除隐患。与病犯谈话，了解情况、做思想工作，并向她们普及新冠肺炎的相关知识，消除其惶恐情绪，她成为病犯信任的心理老师。有一天，一名病犯情绪激动，强行要求出舱。面对防护服可能被撕坏而暴露在病毒中的危险，李琼同志没有犹豫，来到这位病犯面前安抚她，并与医生一起给她讲道理，鼓励她配合治疗，使其情绪平静下来。后李琼同志又多次找该犯谈心，该犯越来越配合治疗，病情逐渐好转，不久便康复。

返湘后，李琼同志的先进事迹先后被《人民日报（海外版）》、红网、中国政法文化网等多家媒体和司法部微信公众号报道，并作为湖南省司法行政系统唯一代表，光荣入选湖南省委宣传部组织的全省抗疫先进事迹宣讲团，参加巡回宣讲。

个人简介

熊云峰

1970年生，中共党员。现任湖南省长康监狱党委委员、副监狱长。1993年参加工作，历任湖南省519医院外科主任，湖南省未成年犯管教所生卫科副科长兼医务所所长，湖南省长康监狱住院部主任、医务科科长、二监区监区长。

荣获“全国司法行政系统抗震救灾先进个人”荣誉称号。

主要事迹

工作27年来，熊云峰同志始终把人民挂在心间，把责任担在肩上。他以大爱精神和实际行动诠释了“对党忠诚、服务人民、执法公正、纪律严明”的人民警察训词精神。

忠诚履职　无私奉献

熊云峰同志始终秉持医者仁心，用爱心、细心、诚心、耐心去救治每一名病犯。他不仅承担着全狱监管医疗工作的管理责任，还主动承担病犯救治的具体医务工作，经常在忙完一天的工作后，又拖着疲惫的身躯赶到监管区病房，仔细询问病犯病情，嘘寒问暖。即使在休息时间，他也坚持回访询问病犯治疗情况或康复后的身体状况，必要时他还会第一时间赶到病房，仔细查看病犯病情，及时提出诊治方案。长达27年的坚持和付出，熊云峰同志成为湖南监狱系统知名的医疗专家，先后4次被司法部、湖南省红十字会以及省厅局选派执行抗震救灾、抗击疫情等重大医疗救援任务。

情系灾区　心忧灾民

2008年汶川大地震发生后，熊云峰同志作为湖南省红十字会志愿者，前往汶川灾区开展医疗救援工作。刚到灾区不久，熊云峰同志因水土不服，严重腹泻，全身发热发软，虽然队友们纷纷劝他休息，但他服用止泻药后又继续开展工作。他不畏艰险，克服重重困难，全身心投入救治灾民的工作，每天到各个帐篷、危房中巡诊，及时把药送到灾民手中。在地震重灾区，时常会遇到危险情形，但是，再多的危险也丝毫没有影响他的工作积极性，反而更加坚定了他服务灾区、心系灾民的意志和斗志。作为湖南省监狱系统唯一一名赴灾区救援的医务人员，熊云峰同志在灾区昼夜奋战了20余天，平均每天工作16小时以上，救助了数以千计的灾区患者。

2015年尼泊尔地震，他以志愿者身份参加跨国救援，其忘我的奉献精神和扎实的工作作风得到各级组织和广大群众的赞誉。

抗击疫情　驰援武汉

2020年年初，新冠肺炎疫情来势汹汹。2月20日，熊云峰同志作为第一批援鄂队员率先进入武汉，担任袁家台方舱医院临时党委成员、副院长及新冠肺炎救治专家组组长，兼任司法部援鄂医疗队总领队、党支部书记和湖南监狱援鄂工作队党支部书记。

为确保袁家台方舱医院顺利开展医疗救治工作，重任在肩的熊云峰同志主动承担起方舱医院医疗管理、防护物资调配、临床救治、药品物资供应、医管协调等诸多工作。整整72天，他不知疲倦、日夜奋战，同时间赛跑，与病毒较量，从开舱至返程从未休息一天，工作极度紧张时经常每天工作达20小时。他按照“医患分区”理念，为袁家台方舱医院设计了由医疗功能单元、病房单元、技术保障单元构成的“3区2通道”布局，避免了人流之间的交叉感染。他积极参与医疗救治、康复治疗、疑难病例讨论等工作，组织开展300余人次的防护知识培训，制定舱内执法执业制度及工作流程10余个，提出意见、建议20余项，起草《关于监管场所人员解除医学观察方案的建议》《关于女子监狱疫情风险评估报告和回押方案建议》，为节约警力物力、实现回押“零风险”发挥了关键作用。他完成出舱评估800余例、解除隔离评估1000余例、疑难病例讨论50余例，为实现病犯零死亡、医务人员零感染、监管安全零事故、工作人员零投诉、出院病人零召回的“五个零”好成绩作出了突出贡献。

个 人 简 介

欧阳铭富

1958 年生，中共党员。现任湖南蒸阳律师事务所副主任律师，衡阳市律师协会行业党委成员、副监事长，衡阳市第十五届人大代表。

2004 年至 2009 年荣获省、市、县“法律援助先进个人”，市、县级先进工作者，市级优秀共产党员，市县“政法系统办案能手”，县“政法系统学习标兵”；2006 年荣获全国首届“十佳法律援助工作者提名奖”；2007 年荣获“全国法律援助规范与质量先进个人”荣誉称号；2008 年荣获“第三届全国法律援助先进个人”荣誉称号；2009 年被衡阳县人民政府授予“劳动模范”荣誉称号，作为湖南省唯一代表参加第五次全国法律援助工作会议暨先进集体、先进个人表彰大会；2015 年被中共中央、国务院授予“全国劳动模范”荣誉称号；2016 年荣获“湖南省优秀县域律师”荣誉称号；2019 年荣获中共中央、国务院、中央军委颁发的“庆祝中华人民共和国成立 70 周年”纪念章。

主要事迹

欧阳铭富同志热爱法律援助事业，于2000年自筹资金在衡阳市率先成立县级法律援助机构。为了方便困难群众维权和降低维权成本，他在湖南省率先建立了从村、社区、居委会、乡镇到县的法律援助服务网络，在全国率先创立“非诉讼法律援助”，得到了司法部和湖南省司法厅的肯定和推介，使衡阳县法律援助工作进入湖南省先进行列。2006年，湖南省人大常委会先后两次到该县进行法律援助专项调研，以该县的法律援助情况为基础制定出台了《湖南省法律援助条例》。

20多年来，欧阳铭富同志带领的团队共办理2400多件援助案件，惠及2400多个家庭和1万多名农民工、困难职工及老、少、妇、贫人员和上访人员，为他们争取合法利益累计达1.5亿元。欧阳铭富同志直接办理了695件援助案件，代理的案件被编入湖南省法律援助典型案例集《和谐的音符》。2011年，他为衡阳县针织厂351名职工讨回147万元工资。2012年，衡阳县6名农民工在昆明“5·10”火灾事故中丧生，他受湖南省总工会和衡阳市政府委托，协助衡阳县政府和县总工会三上云南成功维权。2013年，他协助政府做好衡阳县氮肥厂500多名职工欠薪案件的维权维稳工作。2014年，衡阳县一些房地产开发商乱收费，他为业主提供法律援助，并向县政府出具法律意见书，其意见被县长采纳并得到落实，使该起影响较大、社会矛盾突出的纠纷得到及时化解。

欧阳铭富同志通过自己的不懈努力，架起了政府法律援助与关爱民生的桥梁。他的先进事迹多次被中央、省、市、县新闻媒体报道。

广东

个人简介

何海涛

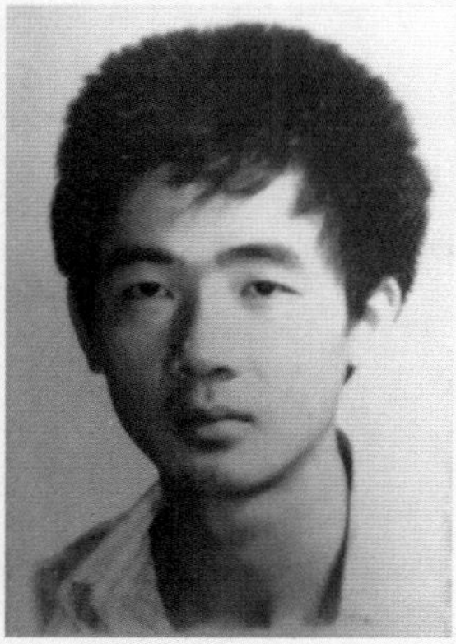

1964 年生。1984 年毕业于湖南娄底师专，1993 年调入广东省清远监狱。1995 年 5 月 4 日，在追捕逃犯中，为保护战友不幸牺牲，年仅 31 岁。

1996 年被追授“革命烈士”荣誉称号。

主 要 事 迹

把生的希望让给战友

1995年5月1日20时许，一阵急促的警铃声划破清远监狱的夜空，迅速传来警讯：“两名罪犯越狱潜逃。”监狱立即组织警力设卡、堵截、搜山，四面出击进行围捕。何海涛同志连续3天参加了围捕逃犯的战斗。5月3日18时，本该休息的何海涛同志听到追捕警力不足时，又主动请战。得到批准后，何海涛同志等7名干警、武警分班轮流在路口处设卡检查过往车辆。5月4日凌晨3时许，冒雨坚守岗位的何海涛同志正在检查一辆汽车，突然，一辆对向行驶的大货车，严重超载并越过行车中线迎面飞驰而来。何海涛同志意识到十分危险，立即对身边的战友大喊一声“快躲开”，并迅速将其推开。战友得救了，何海涛同志却被大货车撞出4米多远，身负重伤，满头是血，在送往医院途中，因伤势过重，不幸牺牲，年仅31岁。

把党的监狱工作当作终身事业

1993年5月，何海涛同志调入广东省清远监狱工作，被分配到大队当一名普通的看守员。他服从组织分配，积极投入工作中。何海涛同志忠于职守，以高度的责任感做好工作，警力不足时，他主动顶班，一顶就是16个小时。在岗期间，在他和战友的共同努力下，守住了监狱安全的关键一道防线。

何海涛同志在政治上积极要求进步，迫切希望加入党组织。1994年，他递交了入党申请书。他在入党申请书中写道：“党和人民的利益高于一切，我将不计个人得失，全心全意为人民服务。”正是这种精神不断激励他在平凡的工作岗位上严于律己，勤奋工作。

把同志当作自己的亲人

何海涛同志关心同志，就在牺牲的4天前，他还主动找一名近期工作状态不佳的同志谈心。他真心把青年干警当作自己的亲人，一名同志曾经流着热泪激动地说：“海涛就像我的亲哥哥一样关心我、爱护我。我生了病，白天他带我去看病，晚上他又和爱人一起为我煎药，以兄弟般的情谊对待我。”

把罪犯引上再生之路

1994年4月直至牺牲前，何海涛从看守班调到一大队一中队任分队长。在管理教育罪犯工作中，他坚持党的方针、政策，坚持依法办事、文明管理，注意运用罪犯心理学、教育学的基本原理管理和教育罪犯。罪犯潘某激动地说：“何队长对罪犯很关心。去年，我的一个手掌被老鼠咬破，引起了感染，发烧达40℃。何队长看到我这样很着急，连夜冒着大雨，带我去医院留观，还为我买来了面饼。这件事是我亲身经历的，我一辈子都感激何队长，可惜他却牺牲了。”

何海涛同志把青春和生命献给了监狱事业，充分体现了监狱人民警察不怕艰难困苦、不惧牺牲，为监狱事业献身的崇高精神。

个人简介

赵 俭

1963年生，中共党员。1981年参加监狱工作，历任广东省未成年犯管教所办事员、科员、副中队长、医院住院部副主任、四级高级警长。2020年5月13日，因急性心肌梗塞猝然倒在工作岗位，经抢救无效去世，时年57岁。

被广东省未成年犯管教所2次评为先进个人、2次评为先进工作者、3次评为优秀共产党员、2次予以嘉奖，2020年被广东省监狱管理局党委追授“广东省监狱系统优秀共产党员”荣誉称号，被广东省司法厅党委追授“广东省司法行政系统优秀共产党员”荣誉称号、追记二等功，2021年被司法部追授“全国司法行政系统二级英雄模范”荣誉称号。

主要事迹

赵俭同志参加监狱工作39年来，一心向党忠诚履职，扎根基层默默奉献，始终保持求真务实的工作作风和奋发有为的精神状态，真正把心思用在履行职责、干事创业、改造罪犯上，把功夫下在出实招、办实事、求实效上，在平凡的岗位上干出了不平凡的工作业绩，为场所安全稳定和打赢新冠肺炎疫情防控阻击战作出了积极贡献。

不忘入警初心　立志奉献警营

受家庭环境影响，赵俭同志自小立志成为一名人民警察，入警以后始终坚守共产党员的宗旨信仰和价值追求，长期扎根监管改造一线，秉承老一辈监狱人民警察的优良作风，把使命和责任扛在肩上、落在实处，主动把个人理想追求融入司法行政事业发展大局。他坚持依法监管，以教育改造为已任，坚持从严管理、从严要求，维护法律权威，同时注重用心用情教育感化一个个年轻的迷失灵魂，帮助他们重塑新生。他累计与罪犯谈话6000余次，成功转化顽危犯36人、重点犯15人，得到了罪犯及其家属的广泛赞誉，是公认的“贴心警官”。

敢于冲锋在前　主动担当作为

在新冠肺炎疫情防控斗争中，他积极响应组织号召，关键时刻站得出来、危难时刻豁得出去，不顾自己患有高血压、冠心病等疾病，第一时间主动请战参加封闭备勤。当得知监区领导考虑其患有基础性疾病、年龄偏大，不安排其参与执勤的消息后，他据理力争，“我这个年龄有点毛病是正常的，我是一名党员，就应该冲在最前面”。就这样，他义无反顾地冲上疫情防控一线，参与了第一批和第三批封闭执勤共计 53 天。直至牺牲前，他还奋战在疫情防控一线，牢牢守住了进入监管区的第一道安全防线。

始终严于律己　保持高尚情操

赵俭同志坚持廉洁底线不动摇，清清白白做人、干干净净做事，淡泊名利、乐于助人、忘我奉献，从不计较个人得失，从未向组织提过任何要求，在荣誉面前总是再三推辞，多次将荣誉让给年轻同志。

赵俭同志用实际行动和宝贵的生命生动诠释了对党的赤胆忠心和对监狱事业的无限热爱。在新冠肺炎疫情防控斗争中践行初心使命，充分发挥了一名共产党员的先锋模范作用，充分展现了听党指挥、服务大局、忠诚履职、无私奉献的政治自觉和责任担当，充分展示了新时代监狱人民警察的良好形象和精神风貌。他是广东省司法行政干警在新冠肺炎疫情防控斗争中的先进典型和优秀代表，也是司法行政系统在新冠肺炎疫情防控一线挥洒血汗、忘我奉献的基层党员干部的缩影。

个人简介

夏利民

1973年生，中共党员。1995年参加监狱工作，历任广东省北江监狱科员，办公室副主任，十六监区政治教导员、监区长，办公室常务副主任，四监区党总支书记、监区长。2019年1月2日下午，在工作岗位上突发心源性疾病，不幸去世，年仅46岁。

先后4次荣立个人三等功，多次被评为广东省监狱管理局优秀共产党员、监狱优秀党务工作者，2013年被评为“全国监狱工作先进个人”，2020年被司法部追授“全国司法行政系统二级英雄模范”荣誉称号。

主 要 事 迹

大局为重、组织至上的政治品格

“顶格执行，前置速办”是夏利民同志的立场，他善于发挥班子成员的整体合力，对党委交办的任务件件有着落、事事有办结。2016 年“三支警队”建设，凝聚了老警察、军队转业干部、年轻警察 3 个层面警察党员的合力，受到监狱广泛好评；2017 年的“支部护航、党员亮剑”的监区党建品牌成为监狱基层党建工作的一大亮点，受到广东省监狱管理局组教处的高度肯定和赞誉；2018 年的“四个一”创新党日主题活动，在广东省监狱系统粤北片区评比中获第一名，并获韶关市委优秀组织生活案例评比一等奖。

激情满怀、充满斗志的精神状态

夏利民同志是一个不知疲倦的人，时刻以抖擞的精神、昂扬的斗志感染着身边每一个人。他在办公室从事文秘工作，笔耕不辍，一干就是 10 年，曾被誉为北江“一支笔”。2007 年，他主动请缨到条件最艰苦的分押点任职，积极推进监区工作规范，牵头制定并试点实施《监区警察一日执勤规范》，维护狱内安全稳定；组织编撰《足迹四重奏》画册，激励更多青年警察艰苦创业、奋发有为。

守土有为、争当第一的价值取向

教育改造罪犯是夏利民同志为之奋斗一生的事业，他以传统国学为切入点，积极打造监区“文化长廊”，潜移默化改造罪犯。24 年来，成功教育转化近 2000 名罪犯。一位刑满释放人员在看到夏利民同志牺牲的报道后，在微信留言里写下了真挚的感言。夏利民同志一贯用“追求卓越、争当第一”的理念对待工作任务。2016 年，四监区成功创建为现代化文明监区；2017 年，他带队参加广东省监狱系统的警务实战技能大赛，获得优异成绩；2018 年 11 月，监管区整体搬迁，监狱把四监区作为最后一个搬迁单位并接受省厅、局领导的检阅，他义不容辞，不辱使命，细化每一环节，扎实每一步骤，进行多次演练，向党委交上了一份满意的答卷。

无私坦荡、心怀大家的道德情怀

夏利民同志孝老爱亲，并以“家”的理念经营民警队伍，当好监区“大家庭”的“家长”。他关爱警察职工及其家属，一到节假日，他总是把与家人团聚的机会让给年轻同志，主动挑起值班的重任。他坚持对警察的谈心、家访，并组织开展“家人进警营”大型联欢活动，让警察家属走进警察执勤场所，真切地感受干警的工作情况。为管好和净化监区这个“大家庭”，他对监区“家庭成员”“约法三章”，提出了“三个守住”和“三个绝对不容忍”的治“家”理念。他胸怀坦荡，无私奉献，体现了一名共产党员高尚的道德情操。

“心心在一艺，其艺必工；心心在一职，其职必举。”夏利民同志经得起考验、扛得起责任、担得起使命，为监狱干警们作出了示范，树立了榜样。

个人简介

张　鸣

1960年生，中共党员。生前任广东省监狱管理局刑罚执行处处长。2014年5月12日，因长期超负荷工作、过度劳累突发疾病倒在工作岗位上，经抢救无效，以身殉职，年仅54岁。

多次被评为“广东司法行政系统优秀党务工作者”、广东省监狱管理局“先进工作者”，荣立个人二等功2次、三等功4次，2015年被司法部追授“全国司法行政系统二级英雄模范”荣誉称号。

主要事迹

业务上的行家里手

毕业于广东政法干部学院的张鸣同志，一直保持勤奋好学、刻苦钻研的习惯。他熟悉法律、精通业务，特别精通刑事司法和监狱刑罚执行的各项业务，成为业内公认的刑罚执行方面的行家里手，被誉为广东省监狱系统刑罚执行部门的“百科全书”。每当案件处置出现疑问时，无须借助书本，张鸣同志就能点出问题所依据的法律法规。他先后参与主持起草、制定了《广东省监狱罪犯减刑、假释、保外就医暂行管理办法（试行）》等一系列重要规章制度，为规范刑罚执行工作作出了重要贡献。2005 年，张鸣同志负责主导开发的“全省减刑、假释办案辅助平台”软件系统开发成功并投入使用，在全国率先实现“监狱—省局—法院”网上办案。2013 年，通过进一步优化，该系统实现了罪犯减刑假释案件办理多部门协同、全程电子化和全程留痕、检察机关全程同步监督，做法和成效得到司法部充分肯定。

身先士卒的“老黄牛”

2010 年 1 月，刚刚晋升的张鸣同志主动请缨从广州来到坪石监狱，担任党委副书记、政委，面对坪石监狱地理位置偏僻、监管设施落后、队伍管理难度大等困难，他率先垂范，经常带队下基层检查督导。他带领坪石监狱解决了困扰监狱多年的安全隐患和历史遗留问题。

廉洁奉公的“最严守门人”

刑罚执行是监狱机关的核心业务，守着刑事司法体系的最后一道防线，容不得半点马虎。长期身居执法关键岗位的张鸣同志始终作风正派，秉公用权，清正廉洁，在业内被称为“最严守门人”。

一次，张鸣同志的小学同学找到他，想让他照顾正在服刑的亲戚，希望能在减刑方面得到关照。在被张鸣同志拒绝了 4 次后，该同学便开始找他妻子说情。他知道后，很严肃地对妻子说：“这是不可能的。”他时刻以党员干部标准要求自己，严格执行各项廉政制度规定。平常外出联系交流业务，他厉行节约，坚决不乱开支单位一分钱。在坪石监狱任职期间，他大部分都选择乘坐火车回家，尽量不给单位添麻烦。

工作上的“拼命三郎”

作为广东省监狱系统刑罚执行主管业务部门负责人，张鸣同志坚持对每一案件都仔细核查、严格把关，实现了案件审理十几年“零差错”。2013 年开始，广东省监狱局承办了全国监狱信息化应用软件——刑罚执行子系统项目建设和试点工作，刑罚执行处作为该项目的主要负责部门，担负大量工作。对此，张鸣同志亲力亲为、不辞辛劳，时常奔走于多个试点监狱，组织协调相关工作，解决工作中遇到的问题，直至体力不支，倒在工作岗位上，以身殉职。

他用正气感召同志，用真诚换得信赖，用敬业获得尊敬，用实绩赢得拥戴，谱写了一部敬业奉献、奋斗不息的感人华章。他是新时期“焦裕禄式”的好干部，是广东监狱人民警察践行核心价值观的丰碑。

个人简介

李瑞书

1969年生，中共党员。1990年参加监狱工作，历任广东省四会监狱科员、副中队长、分监区长、副监区长、政治教导员等职。2010年4月16日，因工作过度劳累导致主动脉夹层瘤破裂，不幸殉职，年仅41岁。

荣立个人三等功3次，6次被评为先进工作者和先进个人，7次被广东省监狱管理局和监狱评为优秀共产党员，被追授“全国司法行政系统二级英雄模范”、广东省优秀共产党员、广东省司法行政系统优秀共产党员、广东省监狱系统优秀共产党员、“广东省监狱系统忠诚监狱事业的人民警察”荣誉称号，被追记个人二等功。

主要事迹

自1990年6月起，在20年的监狱工作生涯中，李瑞书同志始终牢记党的宗旨和监狱人民警察的神圣职责，怀着对党对人民的赤诚之心和高度的负责心，一直战斗在监管教育改造罪犯的第一线。

李瑞书同志在急难险重的工作中取得了许多个“第一”。监狱成立防暴队，时任狱政干事的他第一个报名参加，请缨上阵。2006年，监狱遭受百年一遇的洪水袭击，他第一时间和同事们积极投身抗洪抢险，连续10天每天奋战十几个小时；洪水退却后，他又到家属区帮忙做好防疫工作。2003年“非典”防疫期间，时任一监区二分监区分监区长的他主动请缨，参加第一批封闭式执勤。2010年4月14日，广东省监狱系统实行亚运安保三级响应，他以身作则，当晚就主动参加监区夜班……

公正执法、宽严相济的“贴心书”

“监管教育改造罪犯的工作错综复杂，唯有一以贯之的坚持及一丝不苟的态度才能胜任，细节决定成败。”这是李瑞书同志经常对监区警察说的一句话。他对罪犯进行个别谈话教育5000余人次。在办理罪犯奖惩、减刑、假释案件工作中，每一份材料他都认真审核，办理的3800余件减刑假释案件，实现了“零差错”。

“尊重比‘高压’更让犯人‘买账’。”在对罪犯的教育改造中，李瑞书同志的许多举动都让他们感到暖心：突然下雨了，赶紧撑把伞站在罪犯的餐车旁，怕淋湿了饭菜；给有音乐爱好的罪犯提供乐器；帮助有自杀倾向的罪犯解除心结；深夜将生病的罪犯送去医院……在一线工作 20 年，李瑞书同志没和罪犯红过一次脸，曾经被他教育的罪犯，没人说自己怕他，都说很尊重他。同时，对于罪犯的违规行为，李瑞书同志会第一时间制止和严厉打击，事后通过政策讲解和真情感化等方法，使罪犯最终低头认错，避免事态的进一步恶化。他 20 多年宽严相济的公正执法，赢得了罪犯的信赖，因此被称为“贴心书”。

辛勤的“老黄牛”

李瑞书同志工作上任劳任怨，参加工作 20 年来从没有休过一天公休假。在外工作 20 多年，他只回过潮州老家三五次，他的父亲说儿子每次都在电话里开“空头支票”，说好回来却没回来。10 年来，李瑞书只带妻子和女儿去过一次鼎湖山，还是当天去当天回，这已经算是全家“最奢侈”的旅游了。2010 年 4 月 15 日，他为了让一名同志多休息，主动接替其值班，早上下了班，下午又参加监狱的管理工作会议。会议完毕，匆匆吃了个快餐，又进入监管区值班，谁也不曾想到，这竟是他值的最后一个班。积劳成疾的他，最终牺牲在工作岗位上。

李瑞书同志用他的恪尽职守、甘于奉献、克己奉公、廉洁自律，在平凡的监狱人民警察岗位上，作出了不平凡的贡献，用自己的生命书写了对党和人民监狱事业的无限忠诚。

个人简介

叶锦财

1968 年生，中共党员。现任广东省珠海市香洲区司法局党组成员、副局长。2004~2019 年在珠海市香洲区司法局前山司法所工作。

2013 年被评为“全国模范人民调解员”，2019 年获得“全国模范司法所长”荣誉称号，被中央组织部、中央宣传部授予全国“人民满意的公务员”荣誉称号。

主要事迹

叶锦财同志扎根基层30年，始终坚持以人民为中心，践行全心全意为人民服务宗旨，怀着对司法行政事业的满腔热情努力工作，在维护基层社会和谐稳定、推进基层民主法治建设、服务保障民生等方面兢兢业业、一丝不苟、身体力行。

勇挑重担 坚守人民调解“第一道防线”

作为一名基层司法所的所长，叶锦财同志坚持以一颗一心一意为群众化解矛盾、实实在在为人民服务的心，努力保障辖区居民的安宁。多年来，他坚持贯彻“调防结合、以防为主、标本兼治”的方针，以维护法律权威和热情服务群众为原则，化解了大量合同、邻里、家庭、物业、人身财产损害赔偿等纠纷。自担任所长以来，叶锦财同志带领司法所共受理复杂疑难调解纠纷663起，调解成功率达98%以上，涉及金额1800多万元，他负责的员工猝死调解案等多个案例得到《珠海特区报》等媒体宣传报道。

叶锦财同志从来都把群众的事当作自己的大事来处理。2019年某展览策划公司与某商业公司签订举办美食节所需的《临时活动场地使用协议》后，来自全国各地的小摊主应邀租用档口。后来由于相关手续未能获得批准，美食节无法举办，各小摊主遭受了经济损失，要求两公司共同承担补偿责任而发生纠纷。纠纷发生后，叶锦财同志及时介入调处，在调处过程中，小摊主情绪非常激动，恰逢春节临近，叶锦财同志等调处人员不敢有半点松懈。最后，经过几天的不懈努力，双方终于达成共识，签订协议后现场履行。叶锦财同志在群众中树立了良好的口碑和较高的威望，老百姓都亲切地称他为“叶大哥”。

心怀大爱　帮助社矫对象和刑释人员重回正途

“吸取教训、面对现实，珍惜机会、感恩做人，放下包袱、展望未来”是叶锦财同志对社区矫正和安置帮教对象的殷切叮咛和嘱托。他不仅没有歧视这些特殊人员，还勇挑重担，积极探索和创新社区矫正和安置帮教工作，严格落实各类特殊人群的管控措施，有针对性地开展教育帮扶，让他们尽快融入社会。近年来，他带领工作人员累计接收社区矫正人员 648 人，安置帮教人员 701 人。

叶锦财同志心里特别牵挂未成年的社区矫正人员。他们与他的孩子年龄相仿，却因缺乏正确的引导等原因误入歧途，让他看在眼里、痛在心里。面对未成年社区矫正人员，叶锦财同志总是特别留意，针对每个未成年社区矫正人员制订专门的矫正方案，刚柔并济，为他们改过自新创造良好的环境。

春风化雨　努力推进基层民主法治建设

叶锦财同志一直坚信“基层司法所是司法行政系统之根、厉行法治之基，其工作虽平凡却意义重大、影响深远，马虎不得”。他以弘扬法治精神、倡导学法用法为导向，身体力行推进法治政府建设，多措并举开展丰富多彩的法治教育宣传活动。他以创建法治街道、法律服务进社区为契机，积极推进公共法律服务各级平台建设，让居民不出社区就能获得法律服务。目前，他已帮助辖区内 96% 的社区成功申请“广东省民主法治社区”称号，其中春晖社区获评第六批“全国民主法治示范社区”称号。

个人简介

陈旭成

回族，1971 年生，中共党员。现任广东金桥百信（中山）律师事务所董事会主任，中共中山市律师行业党委委员，广东省律师协会参政议政委员会委员，中山市律师协会理事，中山市民族团结进步促进会理事、副秘书长，中山市第十四届、第十五届人大代表。

被评为中山市直属机关 2011~2012 年度优秀共产党员、2013 年中山市律师协会“参政议政先进律师”、2014 年“全国民族团结进步模范个人”、2014 年中山市律师协会优秀律师、2018 年广东省“全省律师行业优秀党员”，荣获 2015 年中山市律师协会“法治建设奖”、2018 年“中山市律师协会成立 25 周年公益奉献奖”等。

主要事迹

陈旭成同志参加工作28年来，始终坚持专业化发展理念，忠于法律、忠于事实，热心公益活动和民族团结事业，积极参政议政；执业为民，追求公平正义，具有扎实的法学理论功底、锐意进取的精神和积极负责的态度。先后代理案件2300多宗，从未发生投诉事件，赢得了良好的社会声誉。

坚持诚信执业

陈旭成同志凭着对律师事业的热爱与执着，多年来，坚持诚信为民执业，代理的案件均得到当事人的好评。在担任律师事务所的负责人期间，他坚持律所党建引领、规范化、专业化、品牌化的发展方向，多次组织律师参与社会普法、扶贫助学、抗击疫情等公益事业。金桥百信（中山）律师事务所被中山市律师协会评为“2020年《民法典》宣讲优秀律师事务所”，被中山市东区党工委评为“2020年现代服务业先进单位”“2020年抗疫先进单位”，其个人在律师行业亦有口皆碑。

积极参政议政

陈旭成同志作为中山市人大代表，始终关注民生、社会建设，积极为政府、司法等部门建言献策，先后提交书面建议30多份，涉及教育、医疗、社会治理等多个方面。10多份关于教育工作的建议，充分反映了民众诉求，积极推进教育公平建设。他先后参与提出《关于解决社区矫正工作问题的建议》等多份有关社区矫正工作的建议，积极推动社区矫正工作。

热心民族团结事业

2006年，陈旭成同志积极建言献策，并多次组织会员前往广州、深圳、珠海开展调研学习活动，努力推进中山市民族团结工作。

陈旭成同志深入研究新疆的经济社会发展等状况，向中山市人大提交了书面建议，从加强法治建设、加快优先发展新疆的教育事业等方面提出了自己的建议，为促进民族团结建言献策。

陈旭成同志多次参与化解少数民族群众纠纷，促成问题的妥善解决。同时，陈旭成同志充分发挥专业知识特长，为少数民族务工人员提供免费法律咨询服务，组织普法讲座。

长期以来，陈旭成同志坚持政治责任与社会责任相统一，坚决拥护党的领导，听党话、跟党走，诚信执业，积极参与社会公益事业，是中山市律师行业的一位优秀代表。

个人简介

茹敬艺

1975 年生，中共党员。现任广东德良（阳江）律师事务所律师，广东省阳江市第七届人大代表、第七届人大常委会立法咨询专家，阳江市人民政府重大行政决策咨询专家等职。

多次被评为优秀共产党员，2011 年、2014 年、2020 年 3 次被广州市律师协会授予“年度公益爱心奖”，2011 年被司法部授予“党员律师标兵”荣誉称号，被中共广东省律师协会工作委员会评为“建党 90 周年热心社会公益优秀共产党员”，被中共广州市司法局委员会评为“全市司法行政系统优秀共产党员”，2014 年被共青团广东省委员会评为“2013~2014 年度优秀共青团干”，2015 年被广东省青年联合会评为“2014 年度优秀委员”，2017 年被广东省总工会授予“广东省五一劳动奖章”，2018 年被全国总工会授予“全国五一劳动奖章”，2020 年被中共中央、国务院授予“全国劳动模范”荣誉称号。

主要事迹

茹敬艺同志坚决拥护中国共产党领导，积极以习近平新时代中国特色社会主义思想为指导，政治立场坚定，增强“四个意识”，坚定“四个自信”，做到“两个维护”。

茹敬艺同志在阳江当地以专办大案要案著称，切实维护当事人合法权益。

茹敬艺同志充分发挥法律专业优势，致力为政府分忧、为百姓解愁。作为市人大代表，他先后提出多个议案建议，受到市人大、市政府的高度关注。作为阳江市人大常委会立法咨询专家，他参与了阳江市第一部地方性法规《阳江市漠阳江流域保护条例》的制定工作，还为《阳江市市区公园绿地管理条例》的制定提供了具有可行性的建议并得到采纳，得到了阳江市党委、人大、政府及社会各界的高度评价。

2014 年年底，广东省人民政府在全省试点开展“一村（社区）一法律顾问”工作，茹敬艺同志和律所团队毅然挑起重任，连续 5 年担任阳江市最边远的河朗镇 13 个村委的法律顾问。在河朗镇担任村居顾问期间，为了更好地普法和宣传村居法律顾问工作，他自费 2 万多元印制普法宣传单和顾问团队服务卡片张贴、派发。

多年来，茹敬艺同志以法行善，积极参与法律援助工作，帮助弱势群体依法维权。2017 年，谢某某等 29 名建筑工人因建筑工程公司拖欠工资不认账找到茹敬艺。他接受委托，通过组织证据材料向劳动争议仲裁委员会申请仲裁，最终促使该公司承认拖欠工人工资的事实，推动劳资纠纷妥善解决，有效避免了一起潜在的群体性事件。2019 年 7 月，陈某某等 28 名工人因某公司拒绝支付工资产生纠纷诉至阳江市阳东区人民法院，茹敬艺同志得知此情况后主动为该 28 名工人提供法律援助服务。在他尽职尽责的援助下，法院经审理后判决该公司支付工资总额105,953.72元给陈某某等28名工人，维护了他们的合法权益。

作为常年奔波在基层工作一线的律师，茹敬艺同志社会责任心极强。在2020年2月抗击新冠肺炎疫情期间，他捐款7000元，还到村镇慰问基层一线的抗疫防护工作人员，并向阳江市阳东区大沟镇人民政府、大沟镇派出所等基层单位和工作人员赠送了价值7000元的口罩。据不完全统计，茹敬艺同志至今参与社会公益活动捐款捐物金额达150万元。在他的热心帮助下，许多困难群众渡过了难关。

在工作过程中，茹敬艺同志结识了不少在广州三甲医院工作的医生。为了把优秀医疗资源引进家乡，2015年7月，他自掏腰包组织多名阳江籍专家医生到阳东区红丰镇义诊，为全镇50多名医生开展医学讲座，并为100余名看病群众免费提供药品，开创了医疗专家到阳江市进行义诊的先河。此后，茹敬艺同志还积极参与组织了6次义诊活动，累计为上万名群众看病。

为了惠及更多基层群众，为乡村振兴助力，茹敬艺同志倡议成立了阳江市第一个乡村振兴促进会。他组织乡贤返乡，积极开展扶贫济困、奖学助教、新农村建设、投资重大项目等活动，受到党政机关的充分肯定和社会的普遍认可。

个人简介

王　涛

1975 年生，中共党员。现任广东省三水强制隔离戒毒所党委委员、政治处主任，第十三届全国人大代表。

荣立个人三等功 4 次、个人二等功 1 次，2013 年获“广东省五一劳动奖章”，2015 年被授予“全国先进工作者”荣誉称号，2016 年入选“政法英模榜”。

主要事迹

王涛同志从2006年起，在广东省南丰强制隔离戒毒所从事艾滋病强戒人员专管工作，面对患病人员难管理、无相关借鉴经验、职业暴露风险高等困难，主动作为，务实进取，逐步成长为教育矫治战线上的标兵。自2020年1月任广东省三水强制隔离戒毒所政治处主任以来，他聚焦革命化、正规化、专业化、职业化队伍建设，不断健全队伍教育、管理、监督制度机制，锻造了一支高素质的警察队伍。

不畏风险、锐意进取 甘当勇于创新的“拓荒牛”

在王涛同志的带动下，一支承担艾滋病强制戒毒人员（以下简称HIV学员）特殊管理重任的专管队伍很快成立。

王涛同志累计成功教育转化HIV学员1000多名。在他的带动下，专管工作持续实现集中安全管理“零事故”、难改分子转化“零反复”、所内传播“零感染”、HIV职业暴露“零事件”、执法管理“零违纪”、所内学员“零死亡”6个“零”指标，先后得到国家禁毒委、国家疾控中心、国家防艾办、司法部、公安部等部门的肯定，并吸引10多个省（市）的戒毒局（所）及北京大学等单位200多人来所调研、指导、观摩。

扎根一线、爱岗敬业 甘当潜心耕耘的“老黄牛”

王涛同志扎根基层，一干就是20多年。某HIV学员需紧急施行颅腔穿刺手术，但缺少相应的固定工具，王涛同志毫不犹豫地抱住学员脑袋，协助完成手术，术中王涛同志身上溅上学员的血液，所幸没发生职业暴露。还有一次，两名 HIV 学员发生打斗，王涛同志和另一名同事来不及穿戴任何防护装备，就分别死死抱住冲突双方，及时化解了冲突。面对情绪低落的戒毒人员，王涛同志经常主动找他们谈心，帮助一个又一个迷途戒毒人员，鼓励他们珍惜生命，积极治疗。

任广东省三水强制隔离戒毒所政治处主任期间，王涛同志采取“突出政治引领，抓常态；突出党建先行，抓防控；突出基层基础，抓规范；突出围绕中心，抓融合；突出管党治警，抓队伍；突出文化育警，抓品牌”6 项措施，全面推进队伍建设，取得了显著成效。

心系群众、认真履职　甘当为民服务的“孺子牛”

当选为全国人大代表以来，王涛同志坚持以人民为中心，认真履职，关注民意，深入调研，先后提出完善解戒人员衔接帮扶、提升监管场所医疗卫生工作、推动社区康复与社区矫正融合发展等一系列建议。同时，他经常深入基层，带头宣讲“两会”精神，引导广大党员、群众不断提高政治判断力、政治领悟力、政治执行力，为全面建设社会主义现代化国家贡献力量。

个人简介

黎祜林

1975年生，中共党员。1999年参加工作，历任科员、副科长、大队党支部书记、大队长等职。2020年，因抗击新冠肺炎疫情表现突出，被提拔为广东省南丰强制隔离戒毒所二分所政委。

荣立个人二等功1次，被授予“全国先进工作者”“抗震救灾先进个人”“广东省先进工作者”等荣誉称号，2019年获“庆祝中华人民共和国成立70周年”纪念章。

主要事迹

黎祜林同志长期扎根基层，工作务实创新，公正文明执法，在维护场所安全稳定方面任劳任怨，在教育转化管理对象方面开拓创新。他热心公益，积极组织和参与了汶川地震、玉树地震抗震救灾志愿者活动；10多年来，一直坚持在偏远山区开展助学活动，为脱贫攻坚和全面建设小康社会贡献自己的力量和智慧。

勇于担当　无私奉献

黎祜林同志深知“打铁还需自身硬”，特别注重以合格党员的标准要求自己，在学习和工作实践中不断提高自身修养，工作敢担当，生活讲奉献。一是带头加强政治学习，特别是学习党章党规和习近平新时代中国特色社会主义思想。二是身先士卒，勇于担当。只要有急难险重的情况，他都在最前线，都是第一梯队队员。他用实际行动影响队伍、带领队伍。三是思想活跃，创新能力强。他能够及时根据上级新的精神和单位实际，开展政治学习和党日活动，注重加强单位的文化建设，增强团队同志的文化自信。

筑牢堡垒　创新发展

黎祜林同志长期任基层戒毒单位主要领导，特别是2020年提任分所政委以来，主动适应戒毒工作转型升级的新要求，扎实推动戒毒场所工作创新发展，圆满完成了各项工作任务。他为戒毒系统和场所的治理能力和治理体系的现代化建设，贡献了智慧和力量。

一是加强队伍建设，筑牢战斗堡垒，树立党员示范岗，突出党员的先进性，从而激励民警的“精气神”，促进工作。二是坚持安全底线。作为基层领导，黎祜林同志始终牢固树立“担一份责任、保一方平安”的思想。在维护场所安全稳定工作面前，他时刻保持清醒头脑，带头认真落实安全形势研判，狠抓风险防控。三是提升教育质量。突出教育戒治中心任务，认真落实全国戒毒工作基本模式的有关要求，做好戒毒人员康复巩固工作，突出“以人为本”理念，不断提升戒治质量。四是完善制度建设。对照上级布置的重点工作，结合单位实际，制定、完善和落实民警考勤、职责任务等工作制度，统一工作标准和要求，有效提升单位管理水平。五是创新品牌意识。坚持问题导向，紧扣工作中心任务，通过开展一系列宣扬“正能量”的活动，激发队伍士气，增强团队品牌意识，营造“爱工作、爱自然、爱生活”的积极向上的团队氛围。

乐善好施　热心公益

汶川大地震以后，黎祜林同志心系灾区，以高度的社会使命感和责任心，积极为抗灾救灾贡献力量。他放弃个人的假期，牺牲业余时间，在广东省内率先发起民间志愿者团队前往灾区支援。2010 年玉树地震期间，黎祜林同志组织和参与了当地民间志愿者团队的物资募捐活动。

从 2008 年开始，黎祜林同志十几年如一日，每年利用周末的休息时间或者公休假期，组织和参与助学走访活动。他和团队在偏远山区设立了 8 个定点助学点，帮助数百名贫困儿童或“问题少年”，让孩子们树立学习的信心、完成学业。他自己对口支助了 10 余名学生。

10 多年来，他总是说，无论是帮助一名戒毒人员戒除毒瘾，还是支助一名失学儿童完成学业，都是挽救一个家庭、安宁一片社区的大事。作为一名受党教育的青年，应该要有所担当，应该要与民族复兴进程同频共振。他在公益的道路上不仅自己奔跑，还影响了一大批人跟着干。

个人简介

陈福胜

1950 年生，中共党员。1970 年参加工作，1988 年调入广东省三水劳教所（现广东省三水强制隔离戒毒所）工作，2010 年退休。

受国务院、司法部、广东省和广东省司法厅表彰，荣立个人二等功，被授予“全国先进工作者”“教育转化工作先进个人”等荣誉称号。

因工作特殊，主要事迹略。

广西

个人简介

魏德宏

1955年生，中共党员。1973年参军入伍，生前任广西藤县岭景镇司法所所长，历任广西藤县岭景镇人民政府通讯员、综治办副主任、主任等职。2007年4月19日，由于连日带病工作，劳累过度，在调处纠纷时，突发性心肌梗死殉职，年仅52岁。

多次被评为优秀共产党员、先进调解工作者，2008年先后被司法部和广西壮族自治区司法厅追授“全国司法行政系统二级英雄模范”及“全区优秀人民调解员”荣誉称号。

主要事迹

自1996年从事司法工作以来，魏德宏同志以公平、公正的态度，十年如一日地奋斗在调解工作的战线上，始终坚持把维护群众利益和基层社会稳定作为自己的至高职责和神圣使命，有效地化解矛盾，维护一方平安。

岭景镇地处藤县南部山区，与容县、平南县相邻，由于地理位置原因，一直是山林、坟地和房屋地界纠纷的高发地；且不少村民法律意识不强，遇到矛盾纠纷时，动辄摩拳擦掌，“兵戎相见”。为了提升群众通过法律途径解决问题的意识，魏德宏同志举办了各类学习班，对2500人进行法律宣传。同时，为提高司法队伍素质，他每年都会在14个行政村、40名村级调解员中开展人民调解知识培训活动。另外，魏德宏同志还经常深入刑释解教人员群体，对他们亲切关怀、积极帮教，使不少刑释解教人员走上守法之路。11年间，魏德宏同志走遍了岭景镇的村村组组，被当地群众称为“活地图”“和事佬”。

2007年4月18日，为了化解一件坟山纠纷，魏德宏同志带病连续工作15小时，就在他写到调解纠纷协议书的最后两行字时，突然脸色苍白，捂着肚子晕倒在地。送医急救醒来后，他还用微弱的声音叮嘱同事：“我已经不行了，你们要一鼓作气，一定要把这起纠纷调解成功……”

在魏德宏同志生前的工作日记中有这么一段话：“为了社会的和谐、安宁，苦点、累点，我也乐在其中。”他是这么说的，也是这么做的。自1981年参加政府工作26年来，魏德宏同志只在母亲80大寿时请过半天假。即使是节假日，魏德宏同志也是24小时待命，哪里有纠纷，哪里就有他的身影。某年国庆节假期期间，魏德宏同志接到一宗建房用地纠纷的调解申请，在此之前他已经在山上连续工作了两日两夜。当他爬上二楼察看地形寻找证据时，因劳累过度突然晕倒，从二楼重重摔下，造成脑震荡和手脚多处骨折，送往医院抢救，靠吸氧 16 天才捡回一命。可是，出院第二天他又投入忙碌的工作中。作为司法所所长，在他留下的为数不多的遗物里，有一辆已经开了 10 多年的破旧摩托车、一顶已经渗透斑驳汗渍的草帽、一双内层早已烂掉脱落的雨鞋、一根常绑在车后用来撬泥的木棍。这些都是曾经陪伴他踏遍荒山僻野，走村入寨的“伙伴”。

魏德宏同志从事司法行政工作的 10 多年间，无论在什么岗位上，他都要求自己脚踏实地，从小事做起，从点点滴滴做起。他通过自学刑法、民事诉讼法和有关山林、土地、水利等的法规文件，丰富自己的法律知识，并在工作中结合岭景镇的地方实际，积极摸索、研究调解工作的技巧，从一个对调解工作知之甚少的“门外汉”一跃成为镇里有名的调解矛盾纠纷的“一把手”，并形成了独有的“魏式调解法”。

据统计，魏德宏同志参加司法行政工作期间，共调处各类案件 525 宗，调处成功率达 95%；由他参与指导调解的各类纠纷案件 1312 起，成功率达 93%。岭景镇司法所成为梧州市第一个没有积案的司法所，被评为自治区“一级司法所”，并获得市、县“司法调解工作先进集体”等荣誉称号。

个人简介

唐泉头

瑶族，1977 年生，中共党员。生前任富川瑶族自治县司法局石家司法所所长兼乡镇人民调解委员会主任。1996 年参加工作，历任基层司法助理员、石家司法所所长等职。2012 年 4 月 4 日，因过度劳累，积劳成疾，患晚期肝癌，医治无效去世，年仅 35 岁。

2005~2010 年连续 6 年被评为富川瑶族自治县“社会治安综合治理及平安建设先进个人”；2007 年被评为富川县“社会主义新农村建设指导员矛盾纠纷调解员先进个人”；2011 年被富川县委县政府评为“全县先进个人”；2010~2011 年连续 2 年被评为优秀公务员；2011 年荣获贺州市司法局“人民调解能手技能竞赛”一等奖；2012 年被富川县司法局和贺州市司法局先后追授“优秀司法所所长”荣誉称号，被广西壮族自治区司法厅追授全区司法行政系统“优秀司法所所长”“优秀人民调解员”荣誉称号；2013 年被司法部追授“全国司法行政系统二级英雄模范”荣誉称号。

主要事迹

唐泉头同志不知疲倦地化解社会矛盾纠纷，为群众排忧解难，用真情感化社区矫正、刑释解教人员，全力维护社会和谐稳定。他先后成功化解、平息 20 多起重大群体性社会矛盾纠纷和群体性事件；成功调解民间纠纷 520 件，调解成功率达 98%。在唐泉头同志的感化帮教下，石家乡的 56 位社区矫正和刑释解教人员，都靠自己的辛勤劳动走上了致富之路，无一人再次违法犯罪。

2011 年 3 月 30 日，龙湾村盘某某与邻居奉某某因宅基地引发纠纷，盘某某认为村干部在调解中偏袒邻居，与村干部发生冲突，其手指受伤，要求赔偿。唐泉头同志得知情况后，主动登门 10 多次，依照法律法规，对盘某某做了大量的思想工作，动之以情，晓之以理，最终盘某某接受调解结果，这起历时近一年的矛盾纠纷终于得以圆满解决。

2010 年 2 月，石家乡龙湾大村的李某父子 3 人因犯故意伤害罪均被判处有期徒刑 3 年，缓刑 4 年。李某父子 3 人到石家乡司法所报到时，唐泉头同志通过与他们谈心，得知李某家庭一贫如洗，生活难以维持。一方面，他联系乡民政办，想方设法帮助其解决目前的生活困难；另一方面，联系龙湾村委桥头村的包工头何某，劝说其为李某兄弟俩提供就业机会，一次不行两次，两次不行三次，经过多次劝说，唐泉头同志的真诚终于感动了何某，何某答应了他的请求，从而解决了两兄弟的就业问题。通过唐泉头同志的帮助，李某全家的生活条件有了明显好转，父子 3 人都认真执行社区矫正的各项规定，痛改前非，重新做人。

唐泉头同志扎根基层、心系群众、忠诚履职、一心为民，他爱岗敬业、争创一流、不求回报、无私奉献。他的先进事迹和崇高精神震撼人心，催人奋进，在基层司法行政系统树起了一面鲜明的旗帜。他用勤奋和奉献诠释了一名司法行政干警爱岗敬业、服务为民的博大情怀，是基层司法行政干警的优秀代表和楷模。

2012 年 7 月 23 日,《广西法治日报》头版头条以题为《就是倒下了，也要倒在岗位上——追记富川瑶族自治县司法局石家司法所原所长唐泉头》的文章独家报道了唐泉头同志的先进事迹，引起读者和网民的广泛关注。

个人简介

黄　鑫

1976年生，中共党员。生前任广西壮族自治区中渡监狱三级警督。2012年1月20日，因劳累过度，倒在了工作岗位上，年仅36岁。

4次被评为“监狱先进工作者”，荣获1次优秀管教员和3次优秀团员荣誉称号；被广西壮族自治区区直机关工委、自治区司法厅党委、监狱管理局党委、中渡监狱党委追授为优秀共产党员、优秀人民警察，并被追记个人二等功；2013年被司法部追授“全国司法行政系统二级英雄模范”荣誉称号。

主 要 事 迹

用爱心感化罪犯

黄鑫同志在监管改造工作中，摸索出“真情感动法”“前途激励法”“行为感染法”“贴心开导法”，用自己的热心和爱心“融化坚冰”“软化顽石”，化解了监狱内一个个不稳定因素。

监区罪犯吴某不安心改造，整天心事重重，黄鑫同志便主动找其谈心，经了解，吴某是担心其入狱后家里生活陷入困境，孩子上学难以得到保障。黄鑫同志立即和同事一起到吴某家中探访，送去学习生活用品，还联系了一所学校，解决了吴某家庭困难和小孩的上学问题。

用行动赢得群众口碑

为了能让鹿寨县龙坪小学的学生有丰富的课余活动，黄鑫同志从不多的工资中拿出一部分，焊了一个乒乓球桌支架，然后用摩托车拉着翻山越岭地送到学校。为了让孩子们免受风吹日晒，他又自己掏腰包买了一堆布料，与担任教师的妻子一起做窗帘。

每次回家乡，他都为村里的老人送去食品，给生活困难的乡亲塞上一两百元。他刚参加工作时月工资不足500元，却和家人共同出资并匿名给学校捐赠了总价值超过5000元的69套桌椅和一批图书。他还主动和家里的兄弟买沙石，把门前那条近两千米崎岖不平、坑坑洼洼的沙石路面修好，这条路被乡亲们感激地命名为“兄弟路”。

公正廉洁　低调淡泊　用原则续写公仆职责

黄鑫同志一生为人低调、淡泊名利。为了不耽误工作，把更多的机会让给有能力的同志。2011 年 3 月，黄鑫同志毅然向组织递交了辞呈，请求辞去分监区政治指导员一职。

“不要给组织增添麻烦。”这是黄鑫同志在工作和病重期间嘱咐家人最多的话。就连在病重住院期间，他也没有告诉其他人自己的住院地点。他在临终前，还一再叮嘱家里人不要麻烦组织。黄鑫同志对个人荣誉总是谦让，同事们多次推荐他为年度先进工作者，他都坚持把荣誉让给其他同志，即使自己身患重病，也没有向组织提出任何要求，而是坚守在监管改造一线。

尽忠职守　公而忘私　用生命谱写无限忠诚

黄鑫同志在病重的情况下，也没有请一天假，没耽误一个班次，因长期带病坚持工作，错过了治疗的最佳时机，致使病情恶化。病倒住院以后，他心里挂念最多的依然是工作。2012 年 1 月 5 日晚，是黄鑫同志一生中的最后一个夜班。当晚，他脸色很苍白，呼吸喘气困难。但他依然义无反顾地强忍病痛，扶着楼梯艰难地到各个楼层宿舍，跟往常一样与同事一起查铺、清点罪犯人数。2012 年 1 月 20 日，黄鑫同志倒在了无比热爱的工作岗位上。

黄鑫同志用自己年轻的生命，诠释了一名共产党员、基层监狱人民警察对党、对监狱事业的无限忠诚，集中体现了“忠诚守责，敬业奉献，公正廉洁，创先争优”新时期广西监狱人民警察精神，是广大监狱警察践行“忠诚、为民、公正、廉洁”的政法干警核心价值观的典型代表。

个人简介

覃 碧

壮族，1974 年生，中共党员。生前任广西宜州监狱办公室副主任，一级警长。1995 年参加工作。2020 年 2 月 20 日，在监狱值守和封闭隔离备勤点连续奋战 25 天后，牺牲在战“疫”一线，年仅 46 岁。

被评为“罗城矿务局破产移交工作先进个人”，全区监狱系统优秀团员、优秀团干，宜州监狱第二届“十佳青年”，“全区监狱系统人民满意的监狱人民警察”；1998~2004 年连续 7 年被评为优秀公务员；2016~2018 年连续 3 年被评为宜州监狱优秀党员；2020 年被广西壮族自治区监狱管理局党委追授“全区监狱系统优秀共产党员”荣誉称号；荣获司法部“全国司法行政系统二级英雄模范”荣誉称号。

主要事迹

阻击疫情　连续战斗彰显警察职责担当

疫情就是警情，防控就是责任，岗位就是阵地。面对新冠肺炎疫情加快蔓延的严峻形势，覃碧同志勇于担当，主动放弃春节与家人团聚的机会，一直值守在监狱驻地。他作为监狱疫情防控工作综合组成员，全力以赴落实疫情防控工作。他不仅向罪犯讲授疫情防控知识，还到警察职工生活小区，指导各楼栋重点人员排查和隔离工作。从发放防疫宣传资料到逐家入户排查、体温测量，他以最快的速度、最好的质量完成了任务。

2020 年大年初三，监狱启动封闭执勤备勤管理模式，因时间紧迫，加上春节放假商店关门，后勤保障非常紧张。面对重重困难，覃碧同志主动作为，在积极处理疫情应急工作材料的同时，还协助做好执勤备勤计划安排，协调防疫所需的各种物资供应，放弃休息时间到狱内帮助安装床铺、水电等，有效杜绝了疫情输入狱内，确保了监管场所持续安全稳定。他舍小家，为大家，连续奋战 15 天，一直顽强拼搏在监狱疫情防控工作一线，体现了非常时期的非常使命和担当，用实际行动彰显监狱人民警察“特别能吃苦、特别能战斗、特别守纪律、特别能奉献”的精神风貌。

挺身而出　忠实践行政法队伍初心使命

2020 年 2 月 11 日，覃碧同志不顾已经连续工作 15 天的辛劳疲惫，以“有召必至、使命必达”的强烈使命感，又主动请缨参与监狱第二批集中隔离备勤工作。作为备勤点行政线小组组长，他认真带头执行各项备勤管理工作纪律，积极协助带队领导做好备勤人员的管理。覃碧同志发挥兼任监狱特警队队员的警体技能优势，每天组织开展队列指挥、擒敌拳等实用技能训练，使同志们保持良好战备状态。他乐于助人，封闭隔离备勤点实行军事化管理，虽然每天都有警察值日，但他看到年纪大的同志在搞卫生，卷起袖子就帮忙。烧开水的饮水机少，他又主动承担换桶、烧水的任务，保证同志们每天都能喝上开水。封闭隔离备勤点的体温测量工具少，每天 2 次集中测量耗时长，覃碧同志向带队领导提出合理化建议，采取错时测量方法，提高了检测效率。

勤奋敬业　执着坚守平凡岗位书写非凡

在日常工作中，覃碧同志思想觉悟高，有较强的革命事业心、政治责任感和无私奉献精神。他秉公执法，清正廉洁。1998~2000 年，在狱政管理科工作期间，他严格认真执法，实现办案“零差错”。他开拓进取，敢于担当。在原罗城矿务局宣布破产至移交罗城县管理期间，他主笔起草破产维稳工作方案、管理规定和各种工作报告材料，积极协调罗城县及各部门，确保破产移交工作有序推进并圆满完成。他服从安排，听从指挥。2014~2015 年，他被委派到河池市金城江区司法局协助开展社区矫正工作期间，工作认真负责，得到了当地领导一致好评。他工作严谨细致，一丝不苟。自担任办公室副主任 10 多年来，很少有完整的休息日；撰写的各类讲话、汇报等材料累计几十万字，多篇工作简报被上级机关采用。他注重规范内勤管理工作，待人诚恳和善，树立了监狱人民警察的良好形象。

个人简介

覃　方

壮族，1975 年生。生前任广西南宁监狱一监区一级警长。1998 年参加工作。2020 年 4 月 4 日，在执勤岗位上突发疾病，经抢救无效，不幸牺牲，年仅 45 岁。

荣获广西监狱系统“优秀管教员”“监狱先进工作者”“个别教育能手”“大谈话　大教育先进个人”“工会积极分子”“全国司法行政系统二级英雄模范”等荣誉称号。

主要事迹

危难勇担当

2020年1月26日，新冠肺炎疫情防控阻击战打响后，南宁监狱启动一级响应，覃方同志立即从黎塘镇家中返回南宁市区待命，2月10日，他参加监狱第三批集中隔离备勤，于3月24日进入监内封闭执勤。

封闭执勤的日子里，他说得最多的是“好”“马上”。他从来不推诿、不讲条件，哪怕风湿病发作，仍带病坚守岗位，没落下一个班。

忠诚写春秋

工作中，覃方同志20多年如一日，带好头、作表率，一丝不苟地战斗在基层，“轻伤不下火线”，遇有临时任务他总会主动承担。

覃方同志对于教育改造罪犯，总是尽其所能，耐心教育挽救，他教育改造的罪犯，没有一个因违规受到行政处罚。

罪犯黄某某改造态度消极，还经常挑起事端。覃方同志得知后，有的放矢地对他进行谈话教育，并以该犯的困难和顾虑为突破口，多次教育引导，渐渐突破其心理防线，使黄某某认识到自身错误并积极投入改造当中。

覃方同志参加工作22年来，年累计教育罪犯500余人次，未发生重大狱内案件。覃方同志恪尽职守、爱岗敬业，忠诚履行监狱人民警察神圣职责，有效消除了一个又一个监管安全隐患，确保监区的监管安全稳定。

朴实好儿郎

在同事眼里，覃方同志是一个敬业担当、忠诚奉献的好战友，总会迎难而上，想人所想，与大家共同进退。在领导的眼里，他是一个认真做事的同志，总能把交办的任务保质保量完成。

覃方同志被大家称为“御用发型师”，封闭备勤执勤期间，他利用休息时间主动帮助 36 名封闭执勤警察理发。他还被称为“大厨”，在监内封闭执勤期间，他利用有限的条件，时不时将食堂配送的食物进行再加工，让大家吃得更可口。

覃方同志更是出了名的孝子，尽管工作忙碌，他仍每个月抽时间回去看望父母一次。覃方同志的父亲是退休监狱警察，有严重的心脏病，他总是定期到医院为父亲取药。

这些年，监区大年三十的班，覃方同志总是抢着值。2020 年春节前，大家听说其父亲刚做心脏搭桥手术，监区“下命令”让他回家过年。大年初二，他就匆匆告别父母赶回单位，不想竟成了永别。

一颗丹心为公为民，满腔热血淬炼警魂。覃方同志是广西监狱系统 1.2 万余名警察的优秀代表，他身上特有的忠诚、执着和朴实，永远激励新时代监狱人民警察奋勇向前、追梦不止。

个 人 简 介

张健辉

1966年生，中共党员。生前任广西第六强制隔离戒毒所医院院长。1987年参加工作。2013年9月6日，因病去世，年仅47岁。

被广西戒毒管理局记个人三等功3次，被广西直属机关工委、广西司法厅直属机关党委、广西戒毒管理局党委评为优秀共产党员6次，被广西第六强制隔离戒毒所评为先进个人13次，被广西司法厅、广西人力资源和社会保障厅联合追记个人二等功，被广西司法厅党委追授为全区司法行政系统优秀共产党员，被广西戒毒管理局追记个人三等功，被广西戒毒管理局党委追授为全区司法行政戒毒系统优秀共产党员，被司法部追授“全国司法行政系统二级英雄模范”荣誉称号。

主要事迹

对党忠诚　执着事业　勇于担当

2007 年 6 月的一个深夜，一名新入所感染艾滋病病毒的戒毒人员突发疾病，意识丧失，心跳、呼吸停止，张健辉同志毫不犹豫地对其进行人工呼吸，转危为安。2009 年 8 月，一名感染艾滋病病毒的戒毒人员因胸腔积液，影响呼吸机能。为及时救治戒毒人员，张健辉同志冒着可能受到感染的危险，为该名戒毒人员成功实施胸腔穿刺手术。他凭借扎实的专业知识和丰富的医疗经验，开创了广西司法行政戒毒系统艾滋病戒毒人员集中管理和治疗工作的先河。

2007 年，张健辉同志将传统中医治疗和现代医学相结合，摸索出一套综合戒毒药物替代脱毒、中药口服排毒、输液排毒，辅以韩式治疗仪治疗等多种手段的急性脱毒期戒毒治疗方法，疗效明显。2008 年，张健辉同志牵头开展艾滋病集中管理及抗病毒治疗，探索形成了一套告知、治疗、管理办法，为完善广西戒毒场所的艾滋病治疗体系奠定了基础。同年，该所被定为全国 8 所艾滋病病毒治疗试点单位之一，张健辉同志第一个主动报名申请到艾滋病专管大队工作。在组建艾滋病专管大队期间，张健辉同志先后组织制定了《艾滋病抗病毒治疗方案》以及抗病毒治疗相关工作制度，并协助上级卫生行政部门、所内有关部门开展抗病毒治疗工作。

在张健辉同志的率领下，该所医院每年诊治戒毒人员达 2 万多人次，2008 年完成了 30,000 多例诊疗工作，抢救了 30 多例危重病人，实现了建所以来无戒毒人员因病所内死亡、无医疗事故发生，艾滋病戒毒人员的治疗和管理实现所内感染、病亡和职业暴露“零事件”，为场所安全稳定作出了突出贡献。

心系群众　服务人民　救死扶伤

1997 年某日，黎塘镇桂西村的一名小女孩在中七江发生溺水。张健辉同志闻讯赶到时，溺水太久的小女孩已出现面色青紫、口唇发绀、四肢冰冷、昏睡不醒、瞳孔散大、呼吸浅表等症状。张健辉同志立刻用手清除了其口、鼻内的泥沙等杂物，并采取胸外心脏按压和口对口人工呼吸，小女孩终于被抢救过来。

单位旧址地处偏僻乡镇，他用大爱守护着周边群众的生命健康。村民没钱支付药费，他悄悄垫付；村民生产生活困难，他慷慨解囊；所里的老同志体检，他总是提前仔细查看体检报告，利用休息时间，给老同志讲解体检结果，提醒需要注意的问题。

舍己为公　廉洁自律　无私奉献

张健辉同志始终把工作和病人放在第一位。2007 年年初，为守护场所安全稳定，他以医院为家，住了整整一个月。他始终坚持严格执法、规范执法、公正执法、文明执法，严拒戒毒人员及其家属请客送礼。

2011 年 11 月，张健辉同志突然感到身体不适，去医院检查时，被确认为肝右叶胆管癌。当时，正值他抽调到广西壮族自治区戒毒管理局参加一项调研工作，因时间紧、任务重，他没有向组织透露自己的病情，坚持带病工作 15 天，圆满完成了调研任务。2012 年 12 月，病情稍有好转的张健辉同志就主动到所长办公室请求回戒毒所上班。2013 年 1 月，戒毒所一名戒毒人员突发重病，身患重疾的张健辉同志依然拖着虚弱的身体，第一时间赶到现场开展急救。

张健辉同志用实际行动践行了党全心全意为人民服务的宗旨，彰显了一名共产党员的初心使命，展现了人民警察的责任与担当。

个人简介

毛 鑫

中共党员。现任广西壮族自治区南宁市马山县加方乡龙开村“第一书记”，曾任南宁市兴宁区三塘镇那笔村“第一书记”。

2018 年两度荣获“马山县脱贫攻坚先进个人”荣誉称号；2018 年、2020 年两度被评为“自治区优秀贫困村党组织第一书记”；2019 年荣获南宁市直机关优秀共产党员荣誉称号，并在广西壮族自治区党委宣传部、自治区扶贫办主办的全区“脱贫先锋面对面”主题宣讲活动中作为一线典型进行巡回演讲；2020 年荣获第四届全区“人民满意的公务员”荣誉称号；2021 年荣获“全国脱贫攻坚先进个人”荣誉称号。

主 要 事 迹

蹚开扶贫“荆棘路”

2015年毛鑫同志一入驻那笔村，便迅速进入角色，列出“计划表”，挂出“作战图”，与镇、村干部一起摸爬滚打，沉下身心挨家挨户走访。经过调研，她决定引导农民转变传统种植方式，找准特色产业，引进公司企业经营。她走访了22个生产队长，争取农户支持，同时广撒网，寻求合作企业，一个个电话沟通，一次次上门拜访，最终建成投资500万元的无花果基地，年产优质无花果500吨，人均增收1万多元。

在毛鑫同志的努力推动下，村民逐渐转变了传统的农业种植方式，短短两年，那笔村集体收入超5万元，沃柑种植、童鸡养殖、花卉加工等一大批特色产业风生水起，47名建档立卡贫困户实现精准脱贫。

开辟致富“新矩阵”

2017年11月，组织再次征求毛鑫同志担任“第一书记”的意见。她毫不犹豫地接受了任务，不舍地辞别父母和孩子，扎根在“地无三尺平，人无三日饱”的龙开村。该村是自治区“十三五”贫困村，也是南宁市56个深度贫困村之一。

毛鑫同志驻村后，10天内走访了93家贫困户，15天把27个自然屯的经济情况摸透查清。她与村委、村干部研究制订了龙开村乡村振兴计划，主张从解决“两不愁三保障”入手，以实现“产业兴旺”为突破口，确定了“3+1”村级特色产业，把全村的成功人士请回村里投资创业，并成立了加方乡蟲蟲种养专业合作社和巨龙生态种养专业合作社。

毛鑫同志意识到，精准扶贫不能限于一村一域，而要不断创新模式，充分整合资源，扩大扶贫半径。她积极与企业、邮政及电商合作，联合加方乡 4 家农产品加工企业、46 个种养合作社，整合全乡 17 个村的农副产品集中上网，由平台运营商以略高于当地市场的价格到农户家中收购，再雇用贫困户进行统一分拣、打包、发送销售。2019 年年底，电商基地累计销售额近 50 万元，直接带动龙开村 268 户 796 人增收，同时辐射带动全乡 823 户 2798 人增收，让脱贫成果从一村扩展到全乡，有效激发了群众致富的信心。不到两年时间，龙开村发生了翻天覆地的变化，屯屯通公路、饮水有保障，电网全覆盖。

打好扶贫“组合拳”

毛鑫同志深知，扶贫工作不仅要苦干，更要巧干。驻村扶贫总有期限，只有推进党建和扶贫深度融合，才能为村里打造一支“带不走的队伍”：她发展村内 3 名“80 后”入党，培养了一批入党积极分子；她精心打造党员活动培训中心，组织党员干部学习，让他们心中有“方向”，手中出“实招”，有效激发干事创业热情；她联系后盾单位南宁市司法局，定期开展结对帮扶，提供法治保障，杜绝返贫隐患。

新冠肺炎疫情防控期间，她坚守一线近 3 个月。她挨家挨户排查，进行防疫知识宣传，设卡值守防止人员流动。她发动党员群众，分时段开展春耕工作，尽量减少人员聚集，及时将防疫物资送给养殖大户和贫困户，让他们吃上“定心丸”。一记“组合拳”，使各项产业有条不紊地进行，让防疫和生产双促进、两不误，也使毛鑫同志走进了百姓家中，暖到了群众心里。

个人简介

罗加攀

壮族，中共党员。现任广西壮族自治区百色市司法局党组书记、局长。1985 年参加工作，2020 年到百色市司法局工作。

2018 年被广西壮族自治区评为“改革开放 40 周年、自治区成立 60 周年八桂先进人物”；2019 年被广西壮族自治区党委、广西壮族自治区人民政府评为“敢于担当先进人物”；2020 年被国家发改委授予“易地扶贫搬迁奋进干部”荣誉称号；2021 年被党中央、国务院授予“全国脱贫攻坚先进个人”荣誉称号。

主要事迹

“我国取得了脱贫攻坚战的全面胜利，创造了人类减贫史的伟大奇迹。这些伟大成就只有在中国共产党的领导下才能实现，也只有在中国才能够做到”，从北京接受表彰回到百色的罗加攀同志在接受记者采访时说，“下一步，我将认真贯彻落实习近平总书记的重要讲话精神，加强对搬迁群众的后续扶持，强化社区管理，促进社会融入，做好巩固脱贫成果和乡村振兴有效衔接，让搬迁群众真正稳得住、有就业、能致富”。罗加攀同志在百色水库移民和易地扶贫搬迁工作上一干就是20年的，是不折不扣的移民专家，他对移民后续扶持发展信心十足。

情融库区　深入群众解难题

2002年，平班水电站的移民为解决个人诉求在国道堵路。得知情况后，罗加攀同志第一时间奔赴现场，不厌其烦地向群众讲解政策，并逐一记录下群众反映的问题，与他们商量解决的办法。此后，在他的积极协调和各有关方面的共同努力下，电站业主先后落实下拨资金4.5亿元，有力保障了移民权益。同时，罗加攀同志推动建立水库移民遗留问题跨区域、跨部门联席会议制度，落实龙滩水电站库区生产安置移民耕地长期补偿政策，协调推进平班水电站移民安置实施规划调整，推进天生桥一级水电站库区新出现的库岸失稳等问题的处理。

多年来，罗加攀同志靠前指挥、一线服务，一心为广大移民谋福祉，积极组织实施水库移民后期扶持项目697个，总投资75,806.27万元，发放后期扶持资金34,218.3万元，直接受益移民14.04万人。

心系安置点　规划落地解民忧

罗加攀同志主动承接易地扶贫搬迁工作，起草并由市脱贫攻坚战指挥部印发《百色市易地扶贫搬迁攻坚大会战实施方案》等政策性文件，确定“585104”工作思路，即推行易地扶贫搬迁“五项行动”、“8+N”责任制、“五不五有”管理模式、“十项结合”、“四项保障”的易地扶贫搬迁工作机制，实现了移民群众“搬得出、稳得住、能致富”的目标。

2017年以来，罗加攀同志把全部精力投入研读易地扶贫搬迁新政策、加强政策宣传培训等工作，促进国家、自治区政策落实落地。截至2019年12月20日，百色市“十三五”时期建档立卡搬迁人口搬迁入住42,094户共181,829人，提前一年完成“十三五”规划搬迁任务。

慎终如始　写好搬迁“后半篇”文章

移民社区管理服务是一个系统工程，就业是重中之重。搬迁群众稳不稳，产业、就业是根本。罗加攀同志十分重视搬迁群众的就业问题，多年来，他通过创新指导，综合施策，在大型安置区配套建设产业园9个、扶贫企业120家、扶贫车间86个，全力解决搬迁群众就近就业问题。目前全市易地扶贫搬迁有劳动能力且有就业意愿的85,164人，已实现就业85,164人，就业率100%，实现一户至少有一人以上就业的目标。

与此同时，罗加攀同志主持制定出台12个配套管理方案，创新以社区党委为核心，以社区居民委员会、社区综合服务中心、居务监督委员会为依托的“一核三元”社会服务综合管理模式，适应农村变城镇、平房变楼房、村民变居民的“三变”需求，让全部搬迁群众实现住有所居、幼有所育、劳有所得、病有所医、弱有所扶，让移民群众共享改革发展成果。

个人简介

韦恒冀

1948 年生。1968~1971 年在部队服兵役，1975 年参加工作。历任罗城矿务局插花矿“七三五”队工人，广西壮族自治区第一劳改支队三大队指导员、副大队长、安全监察站站长、大队长、党委副书记，广西壮族自治区罗城监狱三监区监区长、教导员、党委委员、党委书记，广西壮族自治区罗城监狱六监区教导员、党委委员、党委书记，广西壮族自治区罗城监狱离退休人员工作科干部，广西壮族自治区罗城监狱助理调研员。2008 年退休。

1998 年荣获“全国抗洪先进个人”荣誉称号。

主要事迹

1998年6月17日至23日，罗城地区普降大到暴雨，造成罗城监狱三监区煤矿采空区、溶洞、山体裂缝，雨水灌进矿井。灾情发生后，韦恒冀同志不顾医嘱，一连13天带病坚持坐镇指挥，两次昏倒在现场，最终取得了抗洪救灾的胜利，抢救物资达100多万元，保住了价值700万元的井下中心泵房和年值2200万元、价值3000万元的矿井。

韦恒冀同志在单位抗洪保井紧张时期，对全体干警一再强调，绝不能以牺牲"四防"工作换取抗洪救灾胜利。在抗洪救灾过程中，韦恒冀同志冒着生命危险在抗洪抢险第一线指挥，因其"四防"措施落实到位，所在监区监管改造秩序稳定，确保了"四无"目标的实现。

个人简介

李长江

不忘初心 牢记使命

男，1918 年生，中共党员。1945 年参军，历任班长、排长等职，在露塘农场任中队长。1956 年 8 月 31 日，为抢救国家财产，壮烈牺牲，年仅 38 岁。

1956 年被广西人民政府追认为烈士，并被司法部追授“全国司法行政系统二级英雄模范”荣誉称号。

主 要 事 迹

投身革命

李长江同志参加革命前是一名工人。他的青年时代处于日本帝国主义侵占东北时期，受到封建主义、官僚资本主义的重重压迫。李长江同志认识到只有共产党才能救中国、才能解放中国人民，因此，他在 1945 年参加了中国人民解放军。1952 年，李长江同志响应上级的号召，调入露塘农场从事罪犯管教工作。

脱颖而出

20 世纪 50 年代初的劳改事业，正值百废待兴的建设时期，当时的条件极其艰苦。年轻的李长江主动要求分配到最偏远的八分场工作，他凭着对工作的热爱与激情，每天都拿着笔记本主动向老干部请教，久而久之，他从一个“门外汉”变为“内行人”。

光荣牺牲

1956 年 8 月 31 日晚，台风侵袭露塘农场。李长江同志不顾个人安危，在狂风暴雨中，一趟又一趟地把农产品的种子转移到安全地带。雨越下越大，“轰隆”一声，仓库的一根房梁塌了，李长江同志迅速指挥人员撤离。但他忽然发现仓库一侧还有两大包农产品的种子，可能随时被房顶漏下的雨水冲走，他不顾安危再次冲进仓库。不料风雨过大，将整个仓库吹倒，李长江同志被房屋压倒，当场晕了过去，下半身血肉模糊……他被救出时，已经奄奄一息，不一会心脏停止了跳动。

英雄丰碑

李长江同志走了，但他的英魂永远留在了他挚爱的第二故乡——露塘农场。烈士李长江安葬在原第八监区附近的荒坡上。为纪念革命先烈，传承红色基因，2011 年清明节，有关部门把李长江同志的坟墓迁至风景秀丽的碉堡岭上，并将他的事迹作为每年清明节专题爱国教育实践活动的重要内容。每到清明节，碉堡岭上处处鲜花盛开，李长江烈士墓前久久回响着青年党员、青年警察入党、入警的誓词。一代又一代的监狱警察，在烈士的墓前，庄严地接过历史的“接力棒”，让英雄的丰碑汇聚成为前进的旗帜，指引着无数监狱人民警察从胜利走向胜利！

海南

个人简介

蔡夫广

1968年生，中共党员。毕业于海南大学医学院医学专业。生前任海南省新成监狱卫生院院长。1991年参加工作，在基层卫生院工作4年后调入监狱系统，先后在海南省三亚监狱、琼山监狱卫生院工作。2018年3月3日，因患癌症医治无效去世，年仅50岁。

2018年被海南省司法厅追记个人一等功，2019年被司法部追授“全国司法行政系统二级英雄模范”荣誉称号，被《南国都市报》列为“感动海南2018年度人物候选人”。

主 要 事 迹

作为党员不忘初心　永葆忠诚政治本色

作为一名党员，蔡夫广同志 23 年如一日，始终坚持入党初心，把党的利益放在首位，从不计较个人得失。当台风“威马逊”和“莎莉嘉”来临时，他第一时间想到的是卫生院建于 20 世纪 80 年代的近乎危房的办公楼，以及住在里面的 80 多名病犯。他顾不上家中担惊受怕的妻儿，毅然顶着狂风暴雨驾车赶到单位。在那两次台风中，他带领同事坚持战斗在抗击台风的第一线，清理庭院走廊积水，安抚病犯情绪，以最快的速度组织恢复卫生院正常工作，确保将损失降到最低，全力维护监管秩序稳定。

作为警察忘我工作　对职业无限忠诚热爱

怀着对警察职业的忠诚与热爱，蔡夫广同志始终把责任扛在肩上，忠实履行着“忠诚、干净、担当”的使命，宁可身体透支，也不让工作“欠账”。做一名好警察，是蔡夫广同志始终坚守的初心，他的值班次数，在新成监狱中层干部中高居首位。值班期间，他巡查、问诊等工作一项都不落下，一刻也不停息。其他人经过 24 小时的值班后，通常会休息一天，他却很少休息，同事们都称他为“钢铁战士”。在向监狱领导汇报病情时，他担心的还是工作，“我还有工作，我要把它们完成”；卧病在床时，他挂在嘴边最多的还是工作，常问前来探望他的同事，“那名罪犯病情如何？手术成功吗？”

作为医生妙手仁心　对病犯悉心治疗

在监狱卫生院院长的工作岗位上，蔡夫广同志始终牢记党的宗旨，勤奋敬业，甘于奉献。2012 年海南省新成监狱组建时，蔡夫广同志作为监狱卫生院骨干从海南省琼山监狱调入。面对医护人员短缺，技术力量薄弱，医疗设施陈旧，特别是新犯多、罪犯病情复杂等情况，他迎难而上，调动一切力量积极组建卫生院，协调组织新犯体检、筛查、诊治等工作。在海南省新成监狱 5 年来，他带领医护人员先后完成了 2 万余名新犯的体检工作，筛查出患艾滋病、结核病、高血压等各类疾病的罪犯 2000 多人，并及时做好危重病犯的救治和离监就医等工作，成功处置了 20 多起病犯突发疾病的抢救工作，从未出现任何医疗事故。

没有豪言壮语，没有惊天壮举，有的只是对藏青蓝的热爱，对白大褂的奉献。警者，情系万家；医者，心怀天下。蔡夫广同志用实际行动生动地诠释了一位新时代党员干部的责任担当。

个人简介

王　勇

中共党员。现任海南省海口监狱会见室党支部书记、主任，四级高级警长。1986 年参加工作。

被评为“优秀党务工作者”、优秀共产党员、“一对好主官”、优秀公务员，荣立个人三等功 1 次，2014 年被中国共产党海南省委直属机关工作委员会评为“模范党支部书记”，2014 年被海南省人民政府评为“海南省先进工作者”，2015 年被评为“全国先进工作者”。

主要事迹

自1986年参加工作以来，王勇同志始终牢记一名共产党员的初心和使命，爱岗敬业、无私奉献，团结带领支部民警围绕中心任务，坚持服务大局，认真执行监狱和上级党委各项工作部署，取得了一系列突破性成绩。

坚定政治信仰　杜绝“近墨者黑”

王勇同志任一监区监区长、党支部书记期间，面对的是罪犯中文化层次较高、社会阅历丰富的职务型罪犯。他担心这些职务犯将不良风气带入监区，给管教民警带来不良影响，积累探索出一套“一扣二学三保”经验，即紧扣党性这根弦，学政治理论、学党纪国法，始终保持职业操守、保持做事原则、保持执法底线。正确领会中央、省委精神，带领全监区30名民警找问题、析原因、辨是非、定措施，并采取“自己找”“党员提”“组织帮”等形式，开诚布公，“亮剑”揭丑，查找出6个方面28个问题。在教育实践活动“回头看”工作中，王勇同志带领党支部同志对照问题整改清单，重点对民警队伍中存在的浮夸风、浪费风、奢侈风、消极风进行整顿，逐项逐人落实，整改率达100%，有效杜绝了“近墨者黑”，大大提升了民警党性修养。

提高综合素质　避免“本领恐慌”

如何将职务犯改造成守法公民？王勇同志心里有一套标准，即管教民警掌握和熟悉法律法规的程度必须高于罪犯，自身文化素养、综合知识必须高于罪犯，对当今社会热点问题的辨析能力必须高于罪犯，只有这样，才具备管好教好职务犯的能力和底气，有效避免民警“本领恐慌”。

王勇同志认真执行海南省监狱管理要求，注重营造罪犯的学习氛围。为寻求教育资源，在海南省海口监狱支持下，他与海南省图书馆建立流动图书阅览机制，在罪犯中广泛开展“阅读100本文学经典书籍”活动，让罪犯吸收更多“营养”。他还通过设立学习园地、开展各类文艺比赛、组织文艺表演队等形式，不断提高罪犯的改造积极性。

规范文明执法　杜绝“院内起火”

王勇同志深深感到，能否正确履行监狱监管改造职能，关系监管场所安全稳定能否得到保障。面对职务犯思想、心理、身体不健康的问题，他通过开展亲情帮教活动，感动罪犯冰冷的心，增强职务犯改过自新、回归社会的信心和勇气。他将监狱法、公务员法以及相关规章制度作为民警强化现代管理的必修知识。带领民警不折不扣地执行《中央政法委关于严格规范减刑、假释、暂予监外执行　切实防止司法腐败的意见》，确保政策落到实处，连续15年实现监区“四无”目标。

2015年10月，王勇同志从监区调入机关办公室。当时，他已身患疾病，却依然强忍着病痛做好监狱环境卫生大整治工作。2020年7月，王勇同志调任监狱会见室主任，依然兢兢业业，勤勤恳恳做好每一件事，处理好每一项急难险重的任务。

个人简介

何前海

1966 年生。生前任海南省乐东监狱原三中队副队长。1997 年 5 月 26 日，因公牺牲，年仅 31 岁。

1994~1996 年连续 3 年被监狱授予“先进工作者”荣誉称号，1999 年被民政部批准追认为“革命烈士”。

因工作特殊，主要事迹略。

重庆

个人简介

刘 彦

1988年生，中共党员。生前系南川监狱特警队一级警员、二级警司。2018年11月22日，追捕凶徒时被刺成重伤。11月23日，经全力抢救无效，不幸牺牲，年仅30岁。

2018年被司法部追授“全国司法行政系统一级英雄模范”荣誉称号，2019年被重庆市委组织部、市人力资源和社会保障局、共青团重庆市委追授“重庆青年五四奖章”，2019年被重庆市委追认为中共党员，2020年被重庆市政府批准为烈士。

主 要 事 迹

司法行政工作安保维稳的践行人

2014 年 10 月，刘彦同志以综合警体技能考核表现优异的成绩完成了入警培训；为尽快融入监区工作，他不懂就问、不会就学，短短一个月的时间，便完成身份转变。他深知教育改造罪犯是监狱工作的核心，经常深入监管一线，认真了解、记录每一名罪犯的改造情况。不到一年的时间，刘彦同志对管理的每一名罪犯的情况都谙熟于心，成为罪犯眼中既严厉又贴心的刘队长。在监区工作期间，“眼中容不得半点沙子”是同事对他的印象，他管理的分队教育管理成绩一直名列监区前茅。

2016 年 9 月，由于业务过硬、基本功扎实，刘彦同志被调到监狱特警队，成为特警队巡逻组的一员。巡逻组负责处突、巡逻、执行重大任务等重要工作，也是整个监狱最为艰苦的岗位之一，每班巡逻里程就达 6000 米以上。每逢处突，他总是冲在最前面，第一时间到达现场；巡逻时，他严格落实制度，不放过任何一个死角，认真负责。

不忘初心奋勇前行的青年人

在学生时代，许多任教老师都给予刘彦同志“思想端正、热爱学习、勤奋刻苦”的评价。参加工作后，他本着“在实践中学习，在学习中实践”的态度，积极参加监狱组织的每一次学习。刚参加工作时，面对复杂的押犯结构和严峻的监管安全形势，刘彦同志表明决心：要在一年的试用期内，熟练掌握教育改造转化罪犯的技能。说到就做到，他一边虚心请教、刻苦钻研；一边仔细观察其他老干警的处置技巧，总结归纳，短短半年便成长为狱政、狱侦、刑罚执行方面的业务能手。

家人朋友值得信赖的贴心人

刘彦同志平时不善言辞，总是用实际行动表达自己的真实情感。他的妻子创业经营一个小商铺，每次休假回家，刘彦同志总是第一时间赶到店内帮助妻子，生怕妻子苦着累着；父母生病，刘彦同志总是尽可能抽时间陪同看医生，跑上跑下，把担心藏在心里，把笑容挂在脸上。家人有需要，他总是关心照顾，忙里忙外。每每提到他，父母脸上总是充满自豪，妻子脸上总是洋溢着幸福的笑容。

对家人如此，对朋友亦然。朋友有事找他倾诉，他总是耐心倾听；朋友有困难找到他，他总是热情相助、不求回报；答应朋友的事，他总是说到做到、坚守诚信。他还多次参加单位组织的公益活动、网络平台上的爱心捐助。

弘扬司法行政人民警察正气的带头人

2018 年 11 月 22 日，刘彦同志等一行人驱车经过南川区西城街道文体路附近，突闻路边有人大声呼救，发现一男子持刀将 1 名中年女性捅伤后逃离。刘彦同志当即与同伴驱车追赶，并率先下车冲向歹徒，与之搏斗，穷凶极恶的歹徒持刀向刘彦同志胸部、腹部连刺两刀后逃窜。刘彦同志身受重伤，仍不顾个人安危，双手紧捂伤口继续追击，鲜血染红了一路，后因腹部伤口过大，失血过多倒在血泊中，最终抢救无效，于 2018 年 11 月 23 日 16 时英勇牺牲。刘彦同志牺牲后，广大群众深切缅怀，近 10 万名群众冒雨送别。

个人简介

胡光明

生前任重庆市奉节县司法局竹园镇中心司法所所长。1983年参加工作，历任奉节县竹园镇新政乡司法助理员、平安乡副乡长。2004年2月14日，在赴江苏省为农民工提供法律援助途中遭遇车祸，不幸以身殉职。

多次被县、市有关部门评为先进个人，被中华全国总工会追授“全国五一劳动奖章”，被重庆市委、市政府和司法部分别追授“公正执法、一心为民的好干部”“全国司法行政系统一级英雄模范”荣誉称号。

主要事迹

主动请缨战斗在司法行政第一线

在胡光明同志21年的工作生涯中，他始终牢记党的宗旨，立足本职，无私奉献，把本职岗位工作作为党联系群众的桥梁，作为服务人民群众的舞台。1996年1月，他毅然辞去副乡长职务，主动请缨担任奉节县司法局竹园镇中心司法所所长，扎根大巴山深处，把党和政府的温暖送到千家万户。在胡光明同志的团结带领下，竹园镇中心司法所的工作领域不断拓展，规范程度不断提高，职能作用得到了充分发挥，在司法所规范化建设中走在前列，成为全市公认的最好的司法所之一，多次被评为县、市先进集体。

为民维权只为保护群众根本利益

胡光明同志任职的竹园镇中心司法所所在地贫瘠偏远，大量青壮劳力外出务工，当地民众常常因为不懂法律，合法权益遭受侵害。胡光明同志便主动肩负起为山区农民维权解难的重任。

2001年年初，在广东珠海务工的胡某被摩托车撞倒，昏迷9天9夜，由于肇事人逃逸，医药费没有着落。胡光明同志知道情况后，只身远赴珠海，把身上仅有的2000元钱交给医院，而自己则住工棚、喝稀饭，到处寻找肇事者的线索和下落，整整奔波了56天。当胡光明扶着胡某，带着执行款物回到家乡时，乡亲们几乎认不出他了。

2002年12月，竹园镇村民唐某在奉节县一煤矿做工时被砸成重伤，送进医院后煤矿负责人却不见踪影。接到求助电话，胡光明同志迅速赶往医院。最终，在胡光明同志的协调下，唐某得到及时救治，并获得了 13,000 多元赔偿款。

胡光明同志还为农民无偿提供法律援助，是重庆市最早开展法律援助的工作人员之一。担任司法所所长 8 年，胡光明同志为民维权的足迹遍及全国十几个省区市，为农民工避免和挽回经济损失共计 100 多万元。

化解纠纷维护一方平安稳定

胡光明同志担任司法所所长兼法律服务所所长后，迎难而上，誓言："矛盾不上交，纠纷无积压"。他充分运用法律法规知识和道德、亲情的力量，化解了当地群众一次次的纠纷，为维护社会稳定作出了贡献。

1999 年，平安乡 4 户村民的低压照明电线因管理不善，导致同组村民彭某 2 岁的儿子不幸触电身亡。经乡、村两级政府多次调解未果。胡光明同志知晓情况后，第一时间冒雨来到平安乡开展调查，大量事实和证据证明，事故主要责任在 4 户人家。在他的努力下，这 4 户人家最终向彭家支付 3000 元补偿金。为增强群众的法治观念，减少纠纷发生，胡光明同志结合片区实际，多方调研，创造性地拟定《依法治乡（镇）工作指导标准》《依法治校工作指导标准》，推动了九乡一镇的依法治理工作。

此外，在工作中，胡光明同志还非常重视刑释人员的安置帮教工作。他跋山涉水，走遍九乡一镇的每一个村，摸清了 1998~2003 年整个片区刑释人员的情况，并重新造册登记，逐一评估，先后帮助胡某等数十名刑释人员重新创业，将管辖区域刑释人员全部安置到位，引导他们成为遵纪守法、自食其力、勤劳致富的好公民。

21 载爱岗敬业无私奉献，为民维权不辞艰辛，胡光明同志用他年仅 40 岁的生命，在平凡岗位上谱写了一曲公正执法、一心为民的奉献之歌。

个人简介

刘玉美

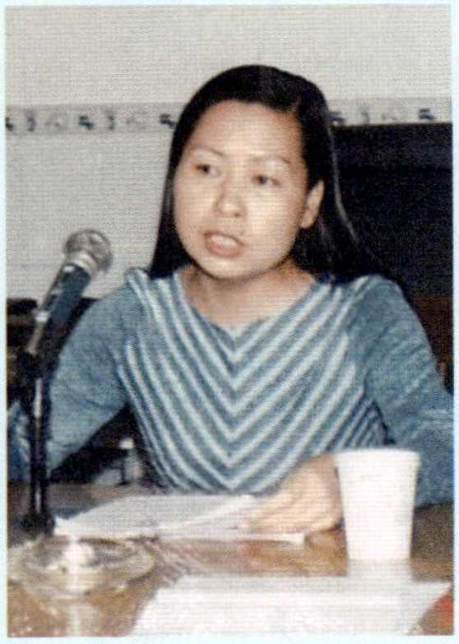

1963年生，中共党员。生前任重庆市江北区铁山坪司法所所长。1990年任重庆市唐家沱街道办事处司法助理员，2001年任唐家沱街道办事处综治办主任，2003年任唐家沱司法所所长，2006年任铁山坪司法所所长兼综治办主任。2010年1月16日，因积劳成疾患病医治无效逝世，年仅47岁。

被授予“重庆五一劳动奖章”，被追授“全国司法行政系统一级英雄模范”“全国模范司法所长”“重庆市优秀共产党员”“江北区优秀共产党员”等荣誉称号。

主 要 事 迹

群众眼里值得信赖的“友人”

20多年来，刘玉美同志创造性地开展人民调解、社区矫正、安置帮教、普法宣传、法律服务等工作，凭借熟练的专业知识和良好的群众基础，化解平息了辖区内10多起群体性事件，成功调解了1506件民间纠纷。

在刘玉美同志担任司法所所长兼综治办主任的10年间，铁山坪街道无一例因工作过错引起的行政诉讼和赔偿案件，无一例违纪、违法案件或其他重大事故，无一例上访事件。她探索建立“六统七联八位一体”工作机制的综治中心，筑牢了社会和谐稳定的第一道防线，其经验在全市、全国推广。

2009年国庆节前夕，因唐家沱污水处理厂臭气问题，当地居民多次上访甚至封堵污水处理厂大门。为缓解群众情绪，破解污水处理厂难题，她多次上门家访、调解，多方面了解情况，知悉群众困难，宣传法律政策，终于用“法理柔情”化解了矛盾、平息了事态。事后，居民们说：“在这次群体性事件中，群众带小凳子，刘玉美同志就坐在石头上；群众吃盒饭，她就吃方便面。”

刑释人员眼里的“亲人”

刘玉美同志扎根司法行政工作第一线，以强烈的社会责任感，先后倾力安置帮教辖区内的58名刑释人员，安置率达到91%，帮教率达到100%；积极教育转化社区服刑人员，实现了辖区内刑释人员和社区服刑人员无一重新违法犯罪；在普法宣传工作中，她将传统方法和创新手段相结合，创建了“普法细胞”工程，实现了普法宣传的全覆盖。在刘玉美同志的带领下，她所在的司法所被评为“重庆市规范化司法所”。

文某 1999 年刑满释放，迎接他的是四壁空空的家，他感到自己是被社会遗弃的人。可第二天，刘玉美同志就来了，她对文某说，“文大哥，回来了就要好好干，可不能再走老路了”，并拿出随身携带的 500 元让文某好好生活，承诺妥善为其安置。

此后几个月，为帮助安置文某，刘玉美同志多处奔走，终于帮文某找到一份保安工作。虽然有了一定的生活来源，但文某的生活还是非常窘迫。此时，同监人员“要想富，走老路”的话在耳边响起，文某犹豫不决。刘玉美同志觉察后，三番五次找到文某。有时见他实在揭不开锅，就递上 200 元、300 元。就这样，她一步一步地领着文某走上正道。目前，文某已成为一家小型机械厂的厂长。

家人眼里“最美的人”

在丈夫眼中，刘玉美同志是他见过的最完美的女人，“玉美不光工作认真，生活也很精致。我和女儿穿的衣服，她头天晚上就会准备好；早上起床，床单和被子一定叠得整整齐齐……”

在女儿眼中，母亲不是什么英雄，只是一个善良的妈妈。“读书时，她从不刻意规划我的未来人生，只是教我如何自立、如何做人。”女儿高中刚毕业时，和朋友合伙开了一家路边小餐馆，刘玉美只去看过一次，还是因为工作途中顺道。

“印象中，妈妈总是很忙，跟我说得最多的就是‘你一定要自立，懂得吃苦’。”女儿对妈妈曾有抱怨，直到去妈妈办公室整理遗物时，才真正理解了妈妈。一个玻璃碗、一床薄棉被、一双休闲鞋、一个文件袋、一套笔记本。“这是她 20 年如一日心系群众、服务群众的见证，也是激励我奋斗坚守、敬业奉献、担当作为的精神坐标。”

个人简介

陈　刚

1965年生，中共党员。生前任重庆市西山坪教育矫治所后勤大队大队长。1984年参加工作。2016年9月1日，在工作中因劳累过度突发疾病不幸殉职，年仅51岁。

2017年被司法部追授“全国司法行政系统二级英雄模范”荣誉称号。

领导眼中的“大管家”

西山坪教育矫治所后勤大队担负西山坪片区4个戒毒场所、附近村民近万人的生活生产用水以及西山坪教育矫治所土地、房屋、食堂等方面的管理，工作众多、责任重大。陈刚同志担任后勤大队领导11年来，精打细算，时刻把后勤大队当成自己的“家”。2005年3月，为破解西山坪教育矫治所电费高、举步维艰的困难局面，陈刚同志多次到供电所了解协调，最终利用重庆电网“丰枯峰谷调峰”电价办法错峰抽水，10多年来，为西山坪教育矫治所节约经费达130余万元。

民警眼中的好楷模

始建于20世纪80年代的西山坪教育矫治所，每逢枯水期就抽不上水，经多次勘查，发现取水点下方有个圆形石墩阻碍了抽水机正常运转。2007年，陈刚同志经多方询问，联系到208地质队进行定向爆破作业，彻底解决了建站20多年枯水期抽水难的问题。2015年夏天，山体滑坡导致二级抽水站被冲毁，他冒着酷暑，同工人搬运设施设备，连续鏖战10天，提前解除了西山坪片区4个戒毒场所和附近村民的供水危机。

戒毒人员眼中的“热心肠”

在戒毒人员管理中，陈刚同志始终践行“以人为本”原则，尽其所能为戒毒人员提供帮助。2014 年，了解到解除戒毒人员王某家庭困难，若不解决生计问题极有可能又走上违法犯罪道路后，陈刚同志多次到王某社区，为他张罗办理低保，还联系社区给王某安排工作。2015 年，王某给陈刚打来电话说："孩子考上大学了！陈大队长，我们家一辈子都会记得您！"

群众眼中的"及时雨"

"群众利益无小事"，是陈刚同志的工作要求，更是他行动的写照。2012 年汛期，石堰沟家属区一栋房屋因河水倒灌被淹，他主动带领工人抢险救灾，帮助群众转移财物，最大限度降低了群众损失。陈刚同志每周都会对水厂沿线管网、周边村民管道步行进行检查，哪家的水管破损了，哪家水龙头坏了，他都会及时帮助解决。

商家眼中的"铁算盘"

作为西山坪教育矫治所的后勤管家，陈刚同志事无巨细，锱铢必较，被商家戏称为"铁算盘"。为掌握蔬菜市场价格，他经常到市场考察价格；他的工作笔记本上写满了猪肉、鸡蛋、白菜、萝卜、土豆等的价格，哪天涨了几分，哪天降了多少，他都了如指掌。为防止供应商短斤少两、以次充好，他总是抽查过秤，把好物资验收关口。为了入围西山坪教育矫治所供应商名单，很多商家请人给陈刚同志打招呼，他一律以"加班没空""不在家"为由予以婉拒，并告诉他们，"欢迎按规定公平参与竞争"。陈刚同志不仅严格要求自己，还经常叮嘱身边同事"工作计小账，人生算大账"，他在后勤大队的 11 年里，未发生一例民警不廉洁行为。

个人简介

马善祥

重庆市江北区观音桥街道人民调解委员会“老马工作室”负责人，第十三届全国人大代表。

2014 年被中央宣传部授予“时代楷模”荣誉称号，2016 年被中央组织部授予“全国优秀共产党员”荣誉称号，2018 年被中共中央、国务院授予“改革先锋”荣誉称号。

主要事迹

马善祥同志从事人民调解工作30余年，走遍当地大街小巷，记下160余本共520多万字的工作笔记，为群众解决2000多件矛盾纠纷。他立下“起立迎接，请坐倒水，倾听记录，交流引导，解决问题，出门相送”的24字规矩；总结出帮助群众的“四个主动”，即面对来街道办事的人主动问一句、主动写一段、主动扶一把、主动送一程。他坚持“公平公正、依法调解，有情有义、通顺思想”的工作方法，总结形成“老马工作法”，写作了《老马工作法》《老马笔记》《老马故事汇》。

最怕自己感觉变迟钝

马善祥同志17岁当知青，21岁穿上军装，1988年转业到重庆市江北区。1996年前后，辖区街道有些人喜欢去药店买一种药。这种药吃了会使人昏昏欲睡，还会产生幻觉。马善祥同志无意中听到这件“新奇事”，便立即着手对该药的销售情况进行调查，形成调查报告后马上向市长热线和当地媒体反映，最终，该药的销售渠道很快被控制住。

多年过去了，马善祥从“小马”变成了“老马”，但对自己身份和职责的“敏感”却一点也没有改变。“每次听到群众说我们的党委政府好，我都非常高兴。”马善祥说，“我最怕自己感觉变迟钝、应对变缓慢，那样就会失去帮助群众解决问题的机会和能力”。

群众感情是第一位的

对待来访的群众，马善祥同志始终坚持“先解决第一需求”。“对于一些‘无理取闹’者，也要看到他们过激言行背后的合理诉求。”马善祥说，“做群众工作，群众感情是第一位的，能力、水平、方法都建立在深厚的群众感情基础上”。75 岁的老人龙某某，退休前在单位工作时腰部受伤，这些年一直靠 1000 多元的养老金生活。最近几年，龙某某病痛缠身，日子过得越来越拮据。材料转到了马善祥同志这里。经过多次沟通、多部门协调，在新的帮扶政策实施前，马善祥同志为龙某某申请到了观音桥街道设立的“稻草援助基金”。

成为一个群众需要的人

在做群众工作过程中，马善祥同志总结了 60 多种具体工作方法，在此基础上形成“老马工作法”，并在全区推广，使江北区实现了在第一时间用最小成本疏导群众、化解矛盾的目标，成为现代化社会治理的新能量。“老马工作法”已成为全国调解员的学习范本，马善祥同志总结出的 60 多种群众工作方法，更成为许多地方党政干部的学习教材。

2012 年年初，56 岁的马善祥同志不再担任街道领导职务，他提出的唯一要求是“请组织上不要让我离开群众工作、思想工作这个老本行”。观音桥街道便以他为核心组建了“老马工作室”，专门从事群众矛盾纠纷调解工作。

2015 年马善祥同志退休后，江北区按照“1+N”的模式，围绕“老马工作室”，打造多个“小马工作室”调解服务点。马善祥同志坚持“退休不离调解工作”，先后接待群众 1200 多人次，主持调解案件 200 余件，化解多起群众纠纷、家庭矛盾。“群众工作的最高境界，就是成为一个群众需要的人。群众高兴、满意，就是我的人生价值所在。”马善祥同志多次这样说道。

个人简介

李建雄

现任重庆市荣昌区司法局昌元司法所所长。

2014 年被荣昌县委评为“党的群众路线教育实践活动中我身边的先进典型”，2015 年被党中央、国务院表彰为“全国先进工作者”。

主要事迹

李建雄同志一直扎根在基层司法所，走千家、进万户、息诉讼、化纠纷，把国家的法律、党的政策和自己对人民的一片真情送到群众心中。20余年来，他成功调处民间纠纷2000余件，防止“民转刑”案件120余件，处置突发性事件80余起，防止群体性事件80余件，无一“民转刑”案件，调解成功率达98%以上，讲授法制课260余场次，解答法律咨询23,800余件。他爱岗敬业，在平凡的工作岗位上，作出了不平凡的业绩。

扎根基层 服务群众

从1994年扎根在盘龙司法所，李建雄同志一干就是17年。他先后走遍了盘龙镇的每一个角落，把群众当亲人，把群众的事当作自己的事来办，细心解答法律咨询1万余件，参加法治宣传200余场，成功调解纠纷1600多件。在调解的各类矛盾纠纷案件中，没有出现一例反复或上访，更没有发生一起“民转刑”案件，被当地干部群众称为“公正为民的李司法”。

2009年8月9日，盘龙镇藕塘村妇女叶某来到司法所，情绪激动。李建雄同志一边稳住叶某情绪，一边倾听她的诉说。原来，叶某与陈某因口舌之争发生纠纷，叶某一时想不开，便产生了以死证清白的念头。李建雄同志迅速组织干部，找到陈某，经过4小时的沟通、调解，最终化解了一场差点惹出人命的邻里纠纷。2011年在盘龙镇政府组织的对19个派出单位及部门有关服务地方经济和社会发展事业的群众满意度民意调查中，盘龙司法所高居全镇第一。

维护社会的安定和谐

李建雄同志的日历上没有双休日和节假日，不分白天夜晚，辖区内哪里有纠纷，他就会在哪里出现。2011 年 5 月，李建雄同志从盘龙司法所调至广顺司法所工作。广顺街道系城乡接合部，有大小企业 200 多家，是全县矛盾纠纷最复杂、最突出的镇街之一。2014 年 7 月的一个周末，李建雄同志在家突然接到电话，得知某工人在工作中突发疾病，医治无效死亡，村委会和有关部门多次调解未果，双方矛盾可能进一步激化，邀请他前去调解。他一边马不停蹄地赶往事故现场，一边构思调解方案。到达现场后，他首先安抚死者家属的情绪，动之以情、晓之以理，让争议双方平和地进行座谈、沟通。针对双方争议的赔偿数额问题，他坚持从情、理、法三个层面出发，“背对背”做双方工作，经过长达 7 小时的调解，双方终于达成了调解协议。

为社区矫正人员点亮前行“明灯”

社区矫正和安置帮教，事关社会和谐稳定，如何为误入迷途的社区服刑人员和刑释人员点燃人生“明灯”，如何让他们回归社会成为有用之材，是 20 多年来李建雄同志一直思考并坚持做的工作。

杨某因盗窃罪被判刑 3 年，因患艾滋病被执行保外就医，进行社区矫正。杨某有严重抵制情绪，不服从管教。怀着为人民服务的使命，李建雄同志一边对杨某进行思想和法律教育，一边多次家访，自掏腰包为杨某买米、买油，捐款、捐物，拉近与杨某的距离，从生活上关心、帮助他，并克服重重阻力为杨某申请办理低保。杨某父亲看在眼里，拉着李建雄同志感激地说：“感谢政府，共产党的干部真好！我儿子一定会浪子回头，重新做人。”

李建雄同志采用人性化管理方法，积极为刑满释放人员提供上岗培训、就业信息等服务，切实解决他们生活和就业实际困难。

个人简介

汪　涛

现任重庆市永川监狱生卫科干事。

被评为“全国先进工作者”。

主要事迹

是传承　更是坚守

汪涛同志深受父辈“甘于奉献、敢于奉献、善于奉献”精神的影响。自 1987 年参加工作，他就扎根在父辈耕耘、奋战的那片热土上，在没有手机、没有闭路电视、没有交通车、没有高墙电网的情形下，每天坚守岗位，风里来、雨里去，过着平淡而艰苦的生活。由于积极肯干、勤奋敬业，工作表现突出，汪涛同志的职务从中队长提拔为监区长。

自 2000 年开始，监狱进行布局调整，逐步实现“从山上到山下、从分散到集中、从室外管理到室内管理”的“三个转移”，很多同志转至山下新的办公地点。组织上多次就下山的问题询问汪涛同志的意见，他毅然决然地选择了留守在山上。直到 2016 年，监狱整体搬迁，汪涛同志才离开承载他 28 年时光的大山。

是关爱　更显大爱

2008 年，汪涛同志受命担任新成立的老弱病残犯监区的监区长。该监区的罪犯，有的行走需要搀扶，有的双腿残疾只能躺卧。部分罪犯心理障碍严重：有的性格偏激，具有攻击他人的暴力倾向；有的悲观抑郁，轻生自杀倾向明显。另有部分罪犯患有传染病。因此，民警工作压力巨大。为了稳定“军心”，汪涛同志请监狱领导到监区为民警打气，请监狱医院专职医生为民警上课，普及医护、防疫基础知识，并与监区领导一起，带头巡监查舍，“零距离”接触病犯，逐渐消除了民警心中的疑虑。汪涛同志结合病情类型，健全罪犯健康档案；根据病情严重程度，实行“黄、橙、红”三级预警管理机制；引入医院“日查房”制度，及时了解掌握罪犯病情，确保及时治疗。由于汪涛同志的细心管理、热心关爱，突发脑溢血的荆某从死亡线上被救回，20多名刑释后无家可归的老年残疾罪犯被妥善安置，攻坚转化危顽罪犯200多名，监区工作多次受到上级嘉奖和通报表扬。

是责任　更是担当

2008年，汪涛同志所在监区遭遇特大雪灾，整个监区断水断电。为解决300多名民警和罪犯喝水用水的难题，时任分监区长的汪涛同志顶风冒雪，带领民警在3里外的竹林深处取水，克服天冷、路滑困难，带头担水。他对民警说：“我们要明白，肩上挑的不仅是水，还是责任。”因大雪封山，进山的交通运输中断，汪涛同志又带领6名党员民警组成“党员运输组”，步行到5公里外转运生活物资。看着他扛着面粉佝着腰、一步步往前挪动的背影，同事们深受感染，纷纷扛上面粉，喊着号子紧跟在汪涛同志身后……在交通受阻的7天时间里，他带领运输组往返9次，为监区扛回生活物资近3吨，确保了监区的正常运转。

2017年，汪涛同志受命担任监狱指挥中心主任，从筹建中心到拟定工作职责、建立工作模式，在半年时间内将指挥中心的运行推上正轨，中心支部也被重庆市监狱局授予“先进基层党组织”称号。2020年，面对严峻的新冠肺炎疫情防控形势，作为生卫科干事，55岁的汪涛同志起早贪黑，身着密不通风的防护服，忍受闷热和大汗，忙碌在监区生卫安全、维修保障的第一线，甘当监区防疫抗疫的“螺丝钉”，积极在新的战场上发挥余热，为监狱事业贡献力量。

个人简介

杨　懿

重庆市司法局机关党委副书记，2017 年任重庆市武隆区后坪乡白石村驻村第一书记。

被评为“重庆市扶贫开发工作先进个人”“重庆市乡村振兴贡献奖先进个人”“重庆市十大法治人物”“重庆市担当作为好干部”，2021 年被党中央、国务院授予“全国脱贫攻坚工作先进个人”荣誉称号。

主要事迹

法治扶贫打破思想禁锢

白石村是市级深度贫困乡的深度贫困村，扶贫要扶志，更要扶心。杨懿同志从群众观念守旧、公共意识不强等迫切问题着手，创建“让一让”调解工作室，引导群众运用法治思维解决争议。他提出“让一让心情平和自己愉快，让一让家庭无忧儿孙安宁，让一让化了纠纷又去挣钱”的“三让精神”，引导群众树立法治理念、塑造文明乡风。“让一让”调解工作室成立以来，其“四步工作法”在全乡推广，为脱贫攻坚提供了坚强法治保障。2018 年，“让一让”调解工作室也被评为“重庆市优秀人民调解组织”，得到中央政法委、司法部的肯定。

“三治院坝”凝聚发展合力

为实现“法治、自治、德治”的有机融合，杨懿同志先后建起 10 余个“三治院坝”。为实现“法治强保障”，他将法律服务和宣传教育向院坝延伸，免费为村民提供合同咨询等法律服务，及时为村民挽回 20 余万元经济损失。通过组织院坝晚会表演，教育引导群众学法、懂法、用法、守法；通过群众推选“院主”“院嫂”带头议事，先后解决 20 余个“老难题”，形成“群众说事、干部管事、合力办事、民主评事”的良性循环。为实现“德治扬正气”，他组建宣传队、编制案例库。2020 年，群众自发为新冠肺炎疫情捐款捐物 4 万余元；村民自发捐款 2 万余元，为村道栽上了桂花树……“三治结合”为脱贫振兴注入了不竭动力，得到了新华社、《农民日报》等媒体的宣传报道，重庆市扶贫办将其作为法治扶贫经验向全市和国家扶贫办推介。

精准扶贫绽放幸福之花

杨懿同志始终坚持开发式扶贫，精准定位、分类施策。他针对禀赋失能型贫困户，采取“低保兜底+项目托管+量力投劳”方式，建立“集体经济+合作社+贫困户”利益联结机制，发展起800亩果林、400亩蔬菜、万只香瑶鸡、万斤高山粉等“长短结合”的扶贫产业；针对条件差、龙头企业不愿来的难题，实施“三送三扶”计划，精心培育出“心田花”“九个山嫂”“香瑶土鸡”“木棕河洞鱼”等本土品牌，实现自我“造血”，使贫困户张某某成为带动9个农村妇女脱贫增收的市级典范，被评为“重庆市最美巾帼脱贫户”；针对基础设施薄弱、村容村貌差等现实问题，新建饮水池500余立方米、水渠管道3公里，彻底解决季节性缺水问题。他整治、改善住房169栋，硬化道路25公里，让全村人居环境发生了翻天覆地的变化。在杨懿同志的带领下，2020年白石村69户贫困户270人全部脱贫，全村实现产值500万元，集体经济增收近30万元。

真情关爱提升党群温度

杨懿同志始终把解民忧、纾民困、暖民心作为群众工作的基础，与群众建立深厚感情，被村民亲切称为“白头书记”“好书记”。2018年，他带头捐款并争取帮扶单位、律师等社会人士的支持，成立了“开山石”关爱基金，使52名贫困孩子得到资助。他组建“山乡勤亲”公益队伍，持续关注贫困孩子教育、心理健康、法律帮扶等问题；带头帮扶因父母过错获刑致贫的两个家庭，帮助他们的孩子正常入学；先后为20余名贫困农民工申请了工伤劳资维权司法救助和临时困难救助。白石村成为党建优村、治理活村和内生动力强村，被武隆区评为“公序良俗示范村”，被司法部、民政部评为“全国民主法治示范村”。

四川

个人简介

汤洪林

1980 年生，中共党员。生前任四川省巴中监狱六监区党支部书记、监区长，三级警督。1999 年参加工作。2017 年 3 月，突发疾病去世，年仅 37 岁。

荣获“全国司法行政系统一级英雄模范”“四川省优秀共产党员”“CCTV 2017 年度法治人物致敬英雄”“全国新时代最美法律服务人”“四川省监狱系统优秀共产党员”等荣誉称号；事迹被 CCTV、长安网等全国 300 多家媒体报道。CCTV 特别节目《法治的阳光——大爱无言》、长篇小说《子规啼血》主人公原型。

主要事迹

关键时刻冲得上

2012年，汤洪林同志担任特警队队长，在一次例行巡查时，发现一名情绪突然失控的罪犯一边摔打监区财物，一边叫嚣：“我有艾滋病，就算死，也要拉上几个垫背的……”在劝说、警告都无效的情况下，汤洪林同志毫不犹豫地冲上去，快速制伏了罪犯。事后，他的手臂上竟然有几道被罪犯抓伤的血痕。“三级职业暴露，你有可能感染艾滋病，需要半年的观察期。”医生的话，犹如晴天霹雳，让他半天没有回过神来。直到后来，医院确诊他没有感染艾滋病的那一刻，汤洪林和妻子抱头痛哭……

2015年，3名社会闲散人员凌晨1时在监狱门口寻衅滋事，要闯监狱1号大门，正在值班的汤洪林同志迅即带领2名特警队员赶到1号大门，警告过后，3名闹事者不仅不离开，还挑衅汤洪林。3次警告无效，汤洪林一声令下——“上”，不到5秒钟，干净利落地制伏了3名闹事者。随后，汤洪林同志和派出所联系，将闹事者移交派出所，维护了监狱的安全稳定。

使命面前舍生忘死

2005年7月，汤洪林同志奉命守卡，追捕一名半夜脱逃的罪犯。他带领两名武警，翻山越岭连夜穿过10多公里的深山密林，天亮前赶到了守卡地点蹲守。一名武警说：“我们绝对比逃犯快。”汤洪林笑笑说：“这是我们的使命。”24小时过去了，依然不见逃犯的任何行踪。

正当追捕人员疲倦不已的时候，一个黑影跳下土坎，迅速跑过守卡地点。汤洪林同志翻身而起，大喊一声“追”后奋力追出。前面的黑影拼命逃窜，汤洪林同志猛追不舍。终于在一片水田里擒获了黑影，正是那名逃犯。此时，两名武警战士才发现汤洪林同志光着脚板追了一路。总结会上，汤洪林同志汇报说：“即使牺牲了，我也无怨无悔。”从此，汤洪林同志“光着脚板玩命追逃”的故事一直被传颂着。

最后选择大爱无私

2016 年 10 月的一个下午，汤洪林同志组织支部学习后，放下手中的笔，对支部党员们说：“我们要牢记自己的身份是党员，奉献是我们毕生的选择；如果需要，我愿意捐献我的整个身体。”2017 年 3 月，汤洪林同志突发疾病，3 月 7 日夜晚，汤洪林同志自主呼吸消失，监区教导员袁飞第一个反应过来，并向监狱长报告了汤洪林同志的遗愿。监狱长当即向汤洪林同志的母亲和妻子求证。尽管万分悲痛，汤洪林同志的妻子杜明英还是诚恳地点了点头。但老人痛子心切，不愿意，舍不得。杜明英劝慰母亲，“妈，这是洪林生前的愿望，我们成全他，让他走得安心一些”，母亲终于同意了儿子的选择。2017 年 3 月 12 日 11 时 30 分，在医院成功摘下汤洪林同志眼角膜那一刻，汤洪林“眼睛我留下，警服我带走”的人间大爱开始在人们的赞叹、崇敬、追忆之中广为流传。后来，汤洪林同志的眼角膜，成功帮助一名 27 岁的法医和一名 7 岁的小男孩重见光明。

四川省委政法委将其精神总结为“爱岗敬业、忠诚履职的崇高品质；勤勉尽责、敢于担当的过硬作风；坚守底线、公正司法的价值追求；满腔热忱、奉献社会的高尚情怀”的“汤洪林精神”。

个 人 简 介

汤群芳

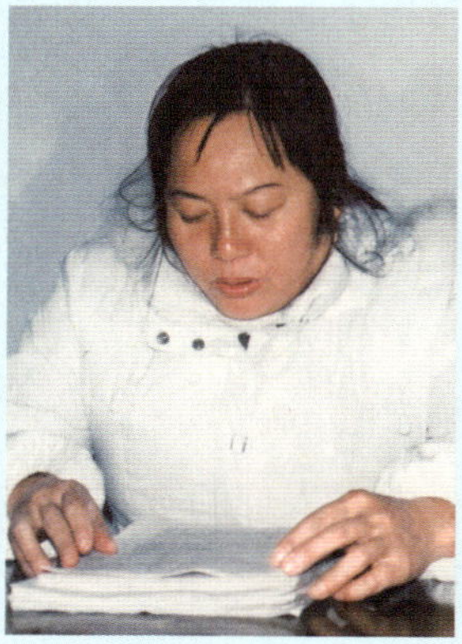

1963年生，中共党员。历任武胜县司法局鸣钟司法所、飞龙司法所所长。2017年12月病逝，年仅54岁。

被四川省司法厅记个人一等功1次，荣获“四川省政法战线先进干警”“四川好人”“全国2006年度十大法治人物”“全国司法行政系统先进工作者”“全国司法行政系统一级英雄模范”等荣誉称号，荣获“全国五一劳动奖章”。

主要事迹

矛盾纠纷的“调和师”

退休工人李某，买了一套住房，因楼顶天台的产权问题，与邻居发生纠纷，事态不断升级。汤群芳同志知道后，在当事人之间反复沟通，跑了东家跑西家，从早上 8 点跑到晚上 9 点，反反复复调解了 3 天，连续说理析法，嗓子都快哑了。终于，说服了当事人，两家关系和好如初。

汤群芳同志任飞龙司法所所长 5 年来，调解各类民间纠纷 400 多起，成功率 99%，无一件民事纠纷转化为刑事案件，无一起群体事件和涉法上访，使 40 多名被虐老人得到妥善安置、70 多对夫妻破镜重圆、15 名厌世者重树生活信心、18 起持械对峙事件化险为夷。汤群芳同志常说，只要对老百姓有利的事，哪怕再难也要去做；调和一个家庭，化解一个矛盾，社会就少一些不稳定的因素。

法律法规的“扬声器”

为把国家法律法规、党的方针政策送到千家万户，汤群芳同志组织全所人员以各种形式开展法治宣传教育。她自编自印普法资料 12 万余份，带着重病的身躯举办法治讲座 90 多场、法治专栏 70 余期，街头说法、院坝讲法 300 余次，为镇村干部、青少年学生上法治课 60 余场，受教育者高达 15 万人次。

弱势群体的“保护神”

汤群芳同志不仅热爱工作，而且热心依法维护外出务工人员、残疾人、老人、青少年等弱势群体的合法权益，深得群众信任。

2003 年 12 月 12 日傍晚，汤群芳同志经过兴隆街防疫站时，突然看见防疫站浓烟滚滚，一听还有呻吟和呼救的声音。她奋不顾身地冲进院内，看见一位老人躺在红红的蜂窝煤上，衣服上还蹿着火苗，她马上抱起老人冲出门外。

飞龙镇青白庄村蒋群英年近 80 岁，多年来以捡废品为生。她怎么也不会忘记，汤群芳就像亲生女儿一样对待自己。蒋群英老人说：“汤所长人好心好，每回我生病她都拿钱给我。”

汤群芳同志心中时刻想着工作，想着群众，却很少想到自己。2003 年还在忙着调解一起重大纠纷的汤群芳，得到自己父亲病危的消息，为了不使矛盾激化，她背着人抹完泪，又全力投入调解工作中。直到几天后父亲安葬时，她才赶回家看上一眼。就在这一年，不幸的弟弟又被疾病夺去了生命，汤群芳同志因公事外出，也没能回家见弟弟最后一面。一年失去两个亲人和两次不在亲人身边的痛苦和内疚，让她悲痛不已。

长期的工作劳累，使汤群芳同志本来病重的身体一路透支，积劳成疾，她病倒了……年仅 43 岁的她，被确诊为尿毒症。住院治疗半个月，她坚持返回单位，隐瞒病情，继续工作。16 天后，病情急剧恶化，她被紧急送往成都治疗。

汤群芳同志用自己的生命诠释了一个共产党员、一名基层司法所所长的人生价值，用自己的行动回答了全心全意为人民服务这个伟大的命题。她不愧为一名优秀的共产党员，不愧为一心为民的好干部，不愧为维护社会稳定的和谐天使。

个人简介

刘建华

1965 年生，中共党员。生前任四川省内江市东兴区司法局西林司法所所长。1985 年参加工作，2003 年开始从事基层司法行政工作。2009 年 5 月 22 日病逝，年仅 44 岁。

2010 年被司法部追授“全国司法行政系统二级英雄模范”荣誉称号。

主要事迹

刘建华同志参与调解民事纠纷400余起，调解成功率达95%以上；组织开展法治宣传活动100多场次、举办社区法治专栏94期，使6万多名群众受到教育；在安置帮教工作中，及时了解辖区63名刑释解教人员有关情况，努力帮助他们解决实际困难，实现辖区内刑释解教人员无一重新犯罪。

扎根基层　苦差事都往身上揽

2003年7月，刘建华同志从吉林省汪清县司法局调到西林司法所工作。从机关到一线，刘建华每天中午、晚上加班学习、查资料。刚到街道的时候刘建华就爱问基层工作的问题，比如，"怎么说话不让人反感""怎么做才能让群众信任"。扎根基层，他总把难事、苦事往自己身上揽。2005年，人感染猪链球菌病暴发，看到西林街办的职工们忙得不可开交，刘建华同志主动要求参与相关工作。"当时给他分了一个村，可他非要到最偏远的五星村。"黄泽君说，那是夏天最热的时候，公交车到不了五星村，每天必须步行近半个小时。

2007年年初，刘建华同志主动请缨担起兼职不兼薪的东兴区西林司法所所长重担。开始，因工作量大，考虑他身患肝硬化，组织上并没答应。可是他说："就是因工作量大，才特别需要人去嘛。"

心系群众　绝望电话牵动"一个人"的司法所

刘建华同志所在的西林街道，地处城郊接合部，难点问题多，各种矛盾突出。可就在这“一个人”的司法所，他却全情投入，兢兢业业。

在太平村，他有一个非亲非故的“哥哥”黄某。黄某是刑释解教人员，出狱后，儿女不接纳他，他只得搭一个烂棚子独自一人艰难地生活着。

“我不想活了！”2006年3月的一天，因肝硬化正在医院输液的刘建华同志突然接到黄某打来的绝望电话。他不顾自己身体，一边安抚黄某，一边背着护士拔掉针头就冲出了医院。在制止黄某的愚蠢行为之后，他先是教育黄某子女要善待老人，随后又拿出自己的两套衣服和300元钱给黄某，并想方设法为他找了一份工作……

顽强抗争　什么事情都自己扛

为了不耽误工作，刘建华同志总是在上班前、下班后偷偷去输液。

2009年3月3日，刘建华同志仍坚持到外出务工人员集中的双龙村、太平村开展普法讲座，他说：“很多村民对新的《劳动合同法》不了解，会吃亏……”

2009年5月22日，44岁的刘建华同志永远告别了一生挚爱的司法工作。当地的父老乡亲在为“刘司法”送别时，写了这样一副挽联：沥胆披肝孝国为民彰亮节，秉公执法正人律己树高风。

个人简介

彭传忠

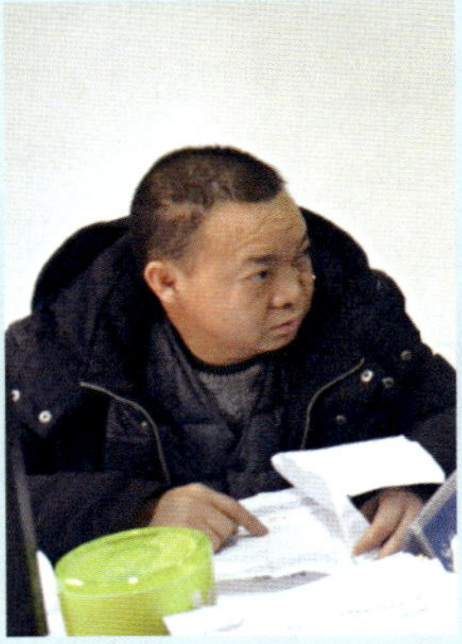

1969 年生，中共党员。生前任兴文县司法局僰王山司法所所长。1989 年参加工作。2018 年 2 月 13 日去世，年仅 49 岁。

2013 年荣获司法部“全国司法行政系统二级英雄模范”荣誉称号，2014 年被四川省委省政府表彰为“人民满意的公务员”。

主要事迹

彭传忠同志一直坚守在司法行政第一线，走过的泥水路变成了水泥路，路旁的小苗长成了大树，他的身体却逐渐虚弱，翻山越岭越来越力不从心，而乡亲们等待调解和援助的焦急面孔，让他始终坚守岗位。直到 2010 年 2 月，他发现小腿水肿后才放下工作走进医院。诊断结果让医生十分吃惊：糖尿病、慢性肾功能不全、高血压、贫血、视网膜病变！于是，他不得不住院治疗。

躺在病床上的彭传忠同志无法安心养病，他最担心的是乡亲们需要法律援助时却求助无门。住院 2 个月后的 4 月 12 日，村民代某骑摩托车与一辆微型面包车发生交通事故。由于事故地点地处偏僻、道路崎岖，双方都嫌报警处理耗费时间，电话请求镇上司法调解。刚出院的彭传忠同志克服因激光治疗眼底出血严重影响视力的困难，骑摩托车来到 15 公里外的事故现场，随即组织把伤员代某送到医院检查。在确认代某未骨折，仅有多处软组织损伤的情况后，彭传忠同志组织双方反复调解协商，于当晚 11 时达成调解协议，既简化了程序、节省了当事人的时间和费用，又妥善化解了纠纷。

为稳定病情，彭传忠同志每周要到医院做两次血液透析。每次从医院回来，乡亲们需要法律援助时，他都是随叫随到。2012 年 10 月，村民石某骑摩托车在镇上将一名小学生撞伤，伤者出院以后，双方对补偿费用产生了严重分歧，无法达成协议。2012 年 11 月 5 日，刚做血液透析回来的彭传忠同志颈上还插着透析管便组织双方进行调解。在详细了解情况后，他根据伤者康复情况、实际支出费用和有关法律规定，仔细为他们计算赔偿金额，反复引导双方权衡利弊，指出：提要求要合法、合情、合理，提出无理的要求只能激化矛盾，无助于解决问题。最终，当事双方在彭传忠同志的调解下心平气和地达成了协议。

一心为民的彭传忠同志工作起来不分时间、地点。2013 年 1 月 30 日，农历腊月二十九，正在兴文县城病床上做血液透析的彭传忠同志还没有放下侯某的事。侯某是该县的一位农民，半年前在建筑工地打工，包工头王某拖欠他 11,500 元的工资，答应年底结清。眼看到年底了，急着办年货的侯某每次致电王某，对方都躲躲闪闪。万般无奈的侯某找到彭传忠。了解情况后，彭传忠同志多次致电包工头王某，耐心讲解拖欠农民工工资的社会危害和相关法律法规，1 月 30 日在病床上仍一遍一遍地给王某打电话，终于说服他在当天结清欠薪。彭传忠同志从医院出来，直接到王某家取得现款，后立即通知侯某前来领款，让眼看年关来到仍一筹莫展的侯某高高兴兴地过了新年。

“我们在工作中需要法律咨询的时候，他总是耐心细致地帮助我们，有些纠纷涉及的法律知识比较专业，就直接转给彭所长调解了。”僰王山镇正南桥社区书记王寿琴说。

家住僰王山镇北门社区的徐大爷谈起彭传忠也直竖大拇指：“不管生病前还是生病后，我们遇到困难，他都积极帮助，饮水、土地、林木、房屋、婚姻、赡养等街坊邻里的纠纷，他啥都调解得好。”

从 2010 年 2 月被确诊为尿毒症晚期至 2018 年去世，彭传忠同志调处纠纷 400 余起，接待群众来电来访 2000 余人次，无偿办理法律援助案件 26 件，下乡回访群众 800 余人次，为群众解决实际困难 350 余件，为困难群众挽回经济损失 700 余万元。

彭传忠同志用真心掬捧着民心，用光辉照着大地，用真诚的情感传递着忠于职守的火种，用辛勤的汗水延展着幸福苗乡的微笑。他用微小的生命之花，静静地点缀着这个缤纷的世界。

个人简介

肖 勇

1968 年生，中共党员。生前任四川省甘孜监狱狱政管理科三级警长，一级警督。1985 年参加工作，历任纪检监察员、指导员等职。2018 年 12 月 1 日，不幸病逝，年仅 50 岁。

荣获司法部“全国司法行政系统二级英雄模范”荣誉称号，5 次被评为优秀共产党员，11 次被评为“先进工作者”，荣记个人三等功 1 次。

主 要 事 迹

扎根藏区高原　以单位为家

肖勇同志2018年上半年回了一次家，告诉家人监狱的工作特别多，春节可能就不能回家了，等过完年再回来。没有想到这竟然是和父亲、妻子、儿子的永别。

在甘孜监狱东俄洛中队工作期间，肖勇同志尽职尽责，管教罪犯，坚守工作岗位。尽管工作和生活条件十分艰苦，但他总能出色地做好自己的本职工作。监狱实现统一集中关押后，妻子以为一家人终于可以经常在一起了，然而肖勇还是习惯不改，每天早出晚归。早上妻子还在睡梦中他已出门，晚上妻子熟睡时他才回家。后来，因工作任务重，他将儿子交给年迈的父母在邛崃照顾，一年最多见孩子两次，每次都是匆匆来、匆匆去。“这段时间完了，我就回来看望你们。”这是肖勇常常对父母和妻儿说的一句话，但每一次承诺都因为工作原因没有实现。

“清静俭朴以自守，谦虚卑下以待人。”这是肖勇写在笔记本上的一句话，也是他送给儿子的人生格言，更是他一生的真实写照。

培育善意良知　让罪犯有家

2003年，监狱配餐中心安装使用锅炉，肖勇同志向使用锅炉人员宣讲安全操作规程，每日坚持到锅炉现场查看安全情况，以近乎刻板的工作态度，确保了锅炉使用10年间未发生一起安全事故。

同事王映文与肖勇共事的时间最长，他说，“因为监狱要押解罪犯外出看病，警力不足，需抽调人员。每次抽调肖勇，他都毫无怨言。他平易近人的态度，让罪犯很受感动”。肖勇同志说：“监狱就是让罪犯改过自新的地方，我们不仅要让他们感受到法律的威严，更要让他们深刻反省，感受到党和政府的温暖，促使他们早日回归家庭。”川藏线和折多山见证了肖勇同志130余次押解任务的圆满完成，他用自己的实际行动践行着入警誓言。

倒在工作岗位　用担当保家

2018年11月21日至30日，8个工作日总共212名罪犯与家属进行会见。他对每一名来狱探视的罪犯家属进行身份核对，核对会见单和身份证信息；8道会见门，每天往返4次。

2018年11月30日上午，肖勇同志忍着疼痛，照常上班，同事发现他走路动作不对劲，好像随时都要摔倒，问他怎么了，他说：“没事，痛风发作，有点不舒服。”其实，此时的他已是强撑着不让自己倒下。

11月30日17时19分，当会见工作结束时，他从同事手中抢过钥匙去锁闭会见通道的8道门。短短的会见通道，他仿佛走了一个世纪。“监狱警察就是要管好钥匙、锁好门。”他经常这样对同事说。肖勇不断咳嗽吐血，在锁闭了7道门后，倒在了离家几百公里外的工作岗位上！

尽管疾病缠身，但他从未被疾病打垮。他身着警服，心中装着责任，直到生命的最后一刻。拿着钥匙锁门，成为他在人间留下的最后姿势，他把忠诚和担当留在了雪域高原。

个人简介

张　珲

1970年生，中共党员。生前任四川省邑州监狱内卫队民警，一级警长，一级警督警衔。1988年参加工作，先后在机修工人、带班干事、主管警长等岗位工作。2020年2月13日，在战备勤岗位上猝发心源性疾病，经抢救无效去世，年仅49岁。

荣获司法部“全国司法行政系统二级英雄模范”荣誉称号，被评为工会积极分子5次、先进工作者4次、优秀公务员3次。

主要事迹

信念坚定　初心如磐　永葆绝对忠诚的政治本色

张珲同志理想信念坚定，政治素质过硬，热爱党的监狱事业，在监管一线默默践行共产党员的初心与使命。

在监区工作期间，张珲同志切实肩负起管理教育好罪犯的神圣职责，常年与罪犯谈话保持在600余人次以上，累计转化危险顽固犯数十人，负责的罪犯计分考核从无差错，从未因工作疏漏导致监管安全事故。在监狱AB门从事值守工作时，他恪尽职守，仔细检查各类人员、车辆、物资进出。

张珲同志在得知治疗好一名新冠肺炎患者需要大量资金时，反复叮嘱妻子："等这一轮值班结束，你帮我把最后一个月工资作为特殊党费上交吧。我不为荣誉，不为光环，只为尽微薄之力。"这个愿望还没来得及实现，他就撒手人寰。在他去世后，其妻遵照他生前的意愿，向组织上交了一笔大额党费。在收集整理张珲同志生平事迹时才发现，其妻还受其委托，向四川省红十字基金会匿名捐款了2000元，支援湖北一线抗疫。

主动请缨　英勇奋战　展现战"疫"先锋的担当作为

张珲同志勇于担当、敢打硬仗，在急难险重的工作任务面前，总是冲在第一线，以实际行动践行"我是党员，我先上"的铮铮誓言。早在17年前的"非典"防控工作中，他就在监区内连续封闭执勤62天，确保了监区的安全稳定，积累了丰富的防疫经验。新冠肺炎疫情"阻击战”打响后，张珲同志积极响应监狱党委号召，深夜向内卫队领导发送请战微信，坚决要求第一轮就参加战斗。

他每天高度关注监狱疫情防控工作的动态信息，战备勤时除严格按要求医学隔离备战外，还主动协助信息员收集整理内卫队战备勤民警个人生活轨迹。他的两个手机 24 小时一直保持通信畅通，去世前，收集整理战备勤民警疫情防控信息已达 663 人次。

新冠肺炎疫情暴发后，张珲同志用“最美逆行”迅速返岗、主动请战。自 2020 年 1 月 27 日至 2 月 12 日，他连续 17 天执勤、战备勤交替轮转。2 月 12 日值班过程中，监狱 AB 门的 B 门发生故障需要紧急维修。感觉身体不适的他，忍受气紧、心悸的病痛，一边协助特警队员执勤，一边跑前忙后帮助维修队员递拿工具。等到大门维修完毕，他的内衣已经被冷汗湿透。交班后，他拖着疲惫的身体转为战备勤。2 月 13 日凌晨，他猝发心源性疾病，经抢救无效去世，49 年的平凡人生定格在了战备勤的岗位上。张珲同志以极大毅力克服困难、突破极限，关键时刻豁得出来，危难关头冲得上去，充分展现了战“疫”先锋担当作为的奉献精神。

个人简介

毛　燕

1969 年生，中共党员。生前任四川省成都女子监狱勤务大队教导员（四级高级警长），一级警督。1992 年参加工作。2020 年 5 月 30 日，因公牺牲，年仅 51 岁。

荣立个人三等功 1 次、嘉奖 1 次，被评为优秀专兼职纪检监察员 1 次、优秀党务工作者 2 次，被四川省司法厅追记个人二等功，被司法部追授“全国司法行政系统二级英雄模范”荣誉称号。

主要事迹

黄牛耕犁一步一痕

作为教导员，毛燕同志深知勤务大队工作烦琐细碎，为了向监狱提供好各类后勤服务保障，她冲锋在前，带领大家撸起袖子加油干，不分上班下班、日常周末。在她的带领下，勤务大队服务意识得到大幅提升，工作安排得井然有序。

不像“官儿”的教导员

大家都说，这位教导员像“泥腿子”，一点不像“官儿”。毛燕同志每天工作像打仗，时时扎根在基层。她是“超级替补”，同事发烧、同事孩子生病……只要有人需要替班，她二话不说就顶上。加班是常事、工作是常态，监狱对讲机里“毛教”二字是高频词。监管区内，常常看到她匆匆的身影，骄阳下、暴雨中、薄雾里，她总是手持对讲机，安排着各种维修事宜。新冠肺炎疫情暴发后，她跟勤务大队队长高双勇商量决定，封闭执勤，领导第一批上，党员第二批上！她说：“关键时刻，使命光荣，又恰逢春节，我不去，谁去？”

作为支部副书记，她认真协助书记组织每次支部学习，一本本笔记本上隽秀工整的字迹，一点点发自肺腑的学习感悟，都是平凡而坚韧的她践行共产党员初心的真实写照。

反复请缨的“战‘疫’陀螺”

2020 年 1 月 27 日，新冠肺炎疫情暴发后第一批进入监管区连续执勤 21 天的民警中就有毛燕同志。组织上安排她负责监管区外带刑释人员做核酸检测和罪犯外出就医，毛燕同志一听就急了，找到组织科科长，说明她必须要进去的理由。当晚，她又向分管领导请战，表示监区内事多，不把关不放心。

作为疫情期间临时党支部的党小组长，毛燕同志学习工作两不误。警务通工作群中，各种工作事项她都事无巨细列好，随时提醒督促。她每天像陀螺一般转动不停，监区空调加氟、清洗滤网、风扇维修、更换水阀，她到处奔走。

闷热的天气，她带着师傅，挨个监区疏通化粪池，在刺鼻的异味中一待就是几小时。她强忍着膝盖的疼痛，坚持值守通宵巡夜班，白天休息时，但凡对讲机里传出监区的维修呼叫，她都“秒回”，第一时间承接下来。

2020 年 5 月 22 日，毛燕同志同其他换防同志一同进入监管区封闭执勤。2020 年 5 月 30 日 13 时 53 分，她乘坐巡逻车引领车间外来车辆从 AB 门到五监区运送物资，在引领指挥时意外跌落车外，后脑着地，因重型颅脑损伤，经全力抢救无效，因公牺牲。那一刻，对讲机里毛燕那句“请五监区开门”的余音还未消散，鲜血从她的口腔、鼻腔、外耳道大量涌出，脑后顿时出现一摊鲜红的血液，她的右手还牢牢紧握着那部磨得发白的对讲机。

个人简介

杨大成

生前任四川省绵阳监狱特警队一级警长。2020 年 3 月 28 日，在值班岗位上突发疾病，经抢救无效不幸去世，时年 56 岁。

荣获优秀公务员和监狱综合治理先进个人 2 次、先进工作者 4 次，2020 年被四川省司法厅追记个人二等功，2021 年被司法部追授“全国司法行政系统二级英雄模范”荣誉称号。

主要事迹

参加工作38年以来，杨大成同志始终奋战在监狱基层一线，忠于监狱事业，不忘从警誓言，干事创业，奋发有为，在抗击“非典”、抗震救灾、疫情防控等急难险重任务中勇挑重担，无私奉献。

杨大成同志兢兢业业、恪尽职守，每到一处都像钉子一样钉在岗位上，把各项工作任务落实好、完成好。杨大成同志在AB门岗位上一干就是16年，经历并见证了监管区大门从手推门到电动门、从单扇门到AB门的演变，成为坚守这一岗位时间最长的“元老”。组织上考虑他临近退休，打算给他换一个轻松的岗位，他却和领导较上了劲，说：“如果是我不能胜任现在的工作，我立马换岗走人，但如果是想照顾我，我不接受。”

在AB门工作期间，杨大成同志共计上勤4000余个班次。特别是在车辆检查过程中，无论是敞篷货车、厢式货车，还是垃圾车、潲水车，杨大成同志都要扒车门、爬车架、趴车底，一丝不苟地仔细检查。尤其是对出监管区的车辆，必须按照规定流程在不同的状态下用生命探测仪检查3次。每当这时，杨大成那1.8米200斤的高大身形却显得异常灵活，有条不紊地实施着每一个步骤。

2019年2月18日12时，他从一辆准备进入监管区的货车驾驶室座椅夹缝中查获一部手机，货车驾驶员非常惊讶，表示这部手机他找了半个月都没找到，以为遗失了，没想到在这里被扒了出来，对杨大成同志严谨细致的作风十分钦佩。后经监狱调查，该手机电量耗尽，且15天以来没有任何通话记录，排除了驾驶员故意夹带手机进监狱的可能。10多年来，杨大成同志累计查获手机、现金、白酒、打火机等违禁物品120余件次，为维护监管秩序安全稳定作出了突出贡献。

2019年11月12日，正在当班的杨大成同志习惯性地透过玻璃窗进行观察，发现平台上显示的人像与刚进入的一名外协人员不是很像，便立即要求正在进行安检的同事对其查证，果然不出所料，一个外包项目商因人手不够，想找人冒名顶替蒙混过关，结果被当场识破。监狱值班领导经常说："只要是杨大成当班我们就特别安心，有他在闲杂人等绝对进不来，罪犯更别想混出去。"

2020年3月28日19时45分，民警刁显军和李锡武像平常一样，来到监狱AB门值班室，与上一个班次的杨大成、尹伟进行交接班。交接完成后，杨大成再次对B门检查后，走向A门，就在这短短的16米间，他突然步履蹒跚，并伸手想摘下口罩，但在犹豫片刻之后只是整理了一下口罩绳，然后倚靠在临近A门的角落里。民警李锡武打扫完卫生走出值班室时发现不对劲，跑上前扶着杨大成同志，大喊他的名字却没有得到回应。经过紧张的抢救，杨大成同志仍没能挺过来，他走完人生中最后的16米后，倒在了他钟爱的工作岗位上，直到他倒下的最后一刻，防疫口罩依然紧紧地贴在他的脸上。

杨大成同志是对党忠诚、服务人民、执法公正、纪律严明的实践者，是"忠诚、尚法、自强、和谐"四川监狱精神的践行者。杨大成同志牺牲后，他的先进事迹引起媒体广泛关注，中新网《倒在监狱执勤一线的民警杨大成：用生命书写忠诚与担当》一文相继被人民法治网、腾讯网、搜狐网转载，司法部、四川省司法厅微信公众号也综合推送他的先进事迹，得到社会各界的高度肯定和广泛赞誉。

个人简介

顾勇刚

1975 年生，中共党员。阿坝监狱工会副主席。

荣获“四川监狱杰出卫士”、四川省“抗震救灾模范”及“抗震救灾个人三等功”、“全国司法行政系统二级英雄模范”等荣誉称号，荣获“全国五一劳动奖章”和“四川省五一劳动奖章”，被司法部荣记个人二等功。2018 年当选中华全国总工会第十七次全国代表大会四川省代表。

主要事迹

顾勇刚同志用自己的青春和热血践行着政法干警的神圣职责。牢固树立“四个意识”，坚定“四个自信”，做到“两个维护”，对党忠诚、服务人民、执法公正、纪律严明。

舍小家为大家　以单位为家

顾勇刚同志的家人都在汶川，由于两地分居他无法照顾家人，但他无丝毫怨言，全身心投入工作岗位。顾勇刚同志常说：“选择了监狱人民警察这个职业，就等于选择了奉献。我们是从地震中走出来的，更能体会这句话的分量。”他热爱监狱工作，始终以饱满的热情和勤奋敬业的态度积极投身监狱事业。他坚持“到岗、到位、有为”的工作标准，坚守岗位，每天最早到的、最忙碌的、最晚下班的都必定是他。虽然监区对各项工作都进行了职责分工，明确了责任人，但他并没有因此置身事外，而是深入管教、医务一线，积极出谋划策解决问题，充分发挥自己细致入微的工作作风，未雨绸缪，确保各项工作“有计划、有落实、有结果、有总结”。

担任工会副主席以来，他认真听取大家对工会工作的看法和加强工会建设的建议等。为使自己迅速进入角色，他坚持学习《工会法》《劳动法》等有关法律法规及《中国工会章程》等有关知识，用其所学的理论指导工会工作。近两年，无论是生病还是家中有事，他都坚持带队奔赴各地开展“送温暖”、慰问、帮扶活动，帮助监狱困难民警职工及家属，及时将组织的温暖送到他们手上。同时，他协助有关部门积极推进了职工养老、医疗、失业保险等保障制度的建立和完善工作。

身先士卒　做工作的领头人

打铁先得自身硬。作为监区领导时，顾勇刚同志勇挑重担，身先士卒，坚持节假日值班，带头恪尽职守、廉洁奉公、求真务实、开拓创新，坚持依法、严格、文明、科学、直接管理罪犯的原则。

作为监区教导员时，顾勇刚同志始终坚持运用马列主义立场、观点和方法论，运用辩证唯物主义与历史唯物主义去分析和观察事物，明辨是非，坚持真理，坚持正确的世界观、人生观、价值观，并用以指导自己的学习、工作和生活实践。他高举习近平新时代中国特色社会主义思想伟大旗帜，同党中央保持高度一致，坚决执行党的监狱路线、方针、政策，为建设现代化文明监狱事业认真做好本职工作。为抓好监区民警的思想政治工作，顾勇刚同志在思想工作上做到：一是畅通渠道，倾听呼声；二是有的放矢，坚持“三贴近”，做到以理服人；三是宣讲政策，加强沟通；四是带着感情解决民警问题，积极化解基层矛盾。由于思想工作到位，整个监区营造出团结向上、民主和谐的氛围。他清正廉洁的作风和公道正派的行为，得到民警和罪犯的高度认可。工作 10 余年，他没有接受过一次罪犯家属的吃请，没有收过罪犯的一包烟。

作为工会副主席，他严于律己。要求别人做到的，自己首先做到；禁止别人做的，自己首先不做。由于分管单位民警职工食堂，他总是最早到，却最后就餐。为了让大家在冬天吃上热乎乎的饭菜、在夏天可以降温解暑，保持食材的新鲜，饭菜做到干净、营养、可口……他和同事们认真细致地研究，不断尝试，力求做到最好。为丰富民警职工的文化生活，他组织开展了丰富多彩的文体活动，进一步提升了队伍的整体素质，丰富了广大职工的业余生活。

个人简介

段 凯

1978年生，中共党员。1997年参加工作，历任四川省广元监狱一监区副主任科员、七监区副监区长。

荣获优秀公务员、优秀党务工作者、司法部“全国司法行政系统二级英雄模范”等荣誉称号。

主要事迹

责任捍卫使命　用行动续写敬业故事

从警23年来，拥有中国共产党党员、监狱人民警察、中层领导干部“三重身份”的段凯同志深感使命光荣、责任重大，始终铭记初心，砥砺前行。

2019年以来，段凯同志分管政工工作。2018年，七监区年度目标绩效考核排名第六，与第五名得三等奖的单位相差0.5分，当时监区民警队伍士气比较低落。段凯同志便向支部书记张光明建议2019年从民警队伍士气抓起。在他的建议下，支部书记分别组织监区班子会和民警大会，针对“只差0.5分，2019年我们该怎么干？”班子成员人人表态确定了方向、明确了目标，民警积极建言献策统一了思想、凝聚了人心。在日常事务中，他强化标准化管理，规范民警履职标准，积极组织开展主题党日活动，用真心与民警谈心谈话，民警遇到困难时关爱到位，民警遇到困惑时政策宣讲到位……在他与战友们的共同努力下，七监区2019年、2020年连续两年获监狱目标绩效考核一等奖，荣获四川省监狱系统先进基层党支部、四川省司法行政系统“汤洪林”党支部、四川司法行政系统先进集体等荣誉。

在多年的工作中，段凯同志早已习惯了“说一千，道一万，不如真枪实弹干一遍”的坚定信念，只有用“行动”，才能撑起“担当”二字。

担当铸就未来 用决心描绘憧憬蓝图

在抗击新冠肺炎疫情期间，段凯同志积极投身于监狱战“疫”队伍中，与战友们共参与8批次封闭执备勤任务，累计隔离备勤90天、封闭执勤106天，圆满完成了各项战“疫”任务。

个人简介

王 艳

1968 年生。成都病犯监狱二监区主任科员、护师。

多次被评为优秀公务员、优秀共产党员，2008 年荣获司法部“全国司法行政系统二级英雄模范”荣誉称号。

主要事迹

在2008年“5·12”汶川里氏8级特大地震中，王艳同志临危不惧，坚守岗位，恪尽职守，沉着应对，表现出监狱人民警察牢记职责、不辱使命、能打硬仗的优良素质和高尚品德。

地震发生时，王艳正在监狱七楼二监区值班。她下意识冲向监舍大门。这时，部分罪犯已聚集在大门前，冲击、摇动大门，大声吼叫：“地震了，快开门！”后面的罪犯纷纷跑来，人越聚越多，情绪越来越激动。为安全起见，王艳同监管民警一道，有秩序地将罪犯暂时安全转移至七楼平台。当最后一名罪犯跑出监舍大门后，王艳下意识地扫视人群，发现不见一名重病犯的身影。她不顾危险，再次冲进监舍，将惊慌失措的罪犯带到了平台。

余震不断，不到30平方米、摇晃不定的七楼平台，聚集了62名罪犯。栅栏下就是30米高的山墙，站在值班室门外的女犯个个死死地抓着栅栏，惊魂不定。有的目瞪口呆，有的痛哭流涕，甚至个别男病犯抓住铁丝网欲向上爬，还有人吼道：“我们不能死在这里！”在这千钧一发之际，王艳同志走到犯群中间，大声吼道：“全部蹲下！我是女人，我都不怕，你们怕啥？”掷地有声的话语镇服了在场的罪犯，她与增援的干警一道有效控制住了现场。

局势稍稍平息，秩序稍有缓和。可就在这时，一名有心脏疾病的罪犯陈某突然脸青面黑，瘫倒在地。王艳同志毫不犹豫，再次冲向摇摆的值班室去取药……巨大震感，没有令她手足无措，她坚守心中的信念——“我是警察，必须与罪犯同在！”

个人简介

刘树安

1953年生，中共党员。1972年入伍，1984年转业到四川省眉山强制隔离戒毒所。2008年退休。

在部队曾多次被评为优秀战士，荣立二等功1次、三等功1次。转业后，多次被评为先进工作者、优秀公务员、优秀共产党员，荣获司法部“全国司法行政系统二级英雄模范”荣誉称号。

主要事迹

1999年2月18日，除夕刚过，当千家万户欢聚一堂，沉浸在节日气氛中时，刘树安同志奉命执行追捕脱逃人员刘某某的任务。刘树安同志深知在教育改造中，刘某某长期抗拒改造，恶习很重，若不及时追回，将给春节期间社会治安带来很大隐患。在警力相当紧张的情况下，他没有向组织提过多要求，舍弃了与家人团聚的机会，只身一人毫不犹豫地赶到了某镇，在当地派出所的支持下布控守候。刘树安同志白天查，晚上守，花了整整7天时间却毫无所获。但久经沙场的刘树安同志断定，刘某某自小“混江湖”，生性懒惰，生存能力不强，加之处于节日期间，绝不会躲得太远。

1999年2月25日上午，刘树安同志身着便衣到比较热闹的小菜市一带查探。11时40分左右，迎面驶来一辆微型长安面包车，在离刘树安同志3米远处停下，隔着车窗玻璃，他发现有一人酷似刘某某，便快步靠近。看见推车门准备下车的就是逃跑人员刘某某后，便一步冲上去死死抓住了右脚刚着地的刘某某。刘某某看到是管教干警，不停地哀求：“刘管教，求求你放我一马，我一辈子都会记着你的。”刘树安同志义正词严地喝道：“不可能！跟我回去，争取宽大处理。”他深知刘某某的顽劣，为不影响节日气氛中市民的安宁，决定先将刘某某带离现场。他一边紧紧抓住刘某某，一边寻找合适的出租车。但趁刘树安同志转头找车之机，刘某某竟拔出了随身携带的一把长七八寸的匕首，丧心病狂地刺向刘树安……在刘树安同志还没有完全反应过来时，第二刀又狠狠刺进了他的颈部。刘树安同志不顾疼痛，在死死地抓住刘某某的同时挥臂击挡。他的手臂被划开了两条长长的口子。在他侧身躲闪时，刘某某挣脱逃出。此时，已成血人的刘树安同志，仍奋起直追。身负重伤的他渐渐体力不支，眼看刘某某越逃越远，在警告无效的情况下，他果断向刘某某腿部开枪，并不顾一切地扑向应声倒地的刘某某，将一副被鲜血染红的手铐戴在刘某某的手上。这时，刘树安同志终于体力不支，倒在了地上。群众看到血泊中的英雄全都惊呼起来，齐心协力地将刘树安同志抬到车上准备送往医院抢救。但处于半昏迷状态的刘树安同志，却坚持说：先把他（刘某某）交给派出所……

刘树安同志的先进事迹迅速地传扬开来，民警中掀起了向身边的英雄刘树安同志学习的热潮。刘树安同志的事迹也在社会上引起了热烈反响。

时至今日，尽管刘树安同志已经退休多年，但他这份责任与担当从未因时光的流逝而褪色，他的事迹不仅写进了单位的《所志》中，融入“艰苦奋斗、团结拼搏、与时俱进、开拓创新”的场所精神中，更深深地烙刻在了四川省眉山强制隔离戒毒所民警的心中，激励同志们坚定信念，立足本职岗位践行党性、永葆初心，实现“让戒毒人员重获健康人生”的目标。

个人简介

熊亮晶

1976年生，中共党员。现任四川省眉山强制隔离戒毒所组织宣传科科长，一级警长。1995年参加工作。

2010年荣获司法部“全国司法行政系统二级英雄模范”荣誉称号。

主要事迹

在四川省戒毒系统，一提起熊亮晶同志，熟悉他的人都说："熊亮晶，是一个在人民群众生命安全受到威胁的危急关头，敢于挺身而出的英雄。"2009年初春，发生在四川省眉山市某小区的那场惊心动魄的场面又不禁浮现在人们眼前。

2009年2月28日晚上，一个平常的周末之夜，家住眉山市某小区的熊亮晶早早上床休息，突然几声非常急促的敲门声把他惊醒。"是谁这时候敲门呢？"怀着疑虑，熊亮晶翻身起床身着睡衣打开自家房门，但门外无人，隔壁家的门敞开着并有异常响动，一股血腥味扑面而来，"邻居家肯定出事了！"来不及多想，熊亮晶同志立即跨进了邻居家的大门。

刚进大门，眼前的场景让他大吃一惊：邻居家的女主人刘某披头散发，满身是血，歪坐在墙壁处。熊亮晶感到肯定发生了大事，他走到刘某身边，试图把她扶起来。这时一阵打斗声从厨房传了出来。"凶手肯定在里面"，熊亮晶来不及多想，也来不及寻找一件防身的东西，就毫不犹豫地冲进了厨房。一个高大敦实的青年男子正挥舞着血淋淋的菜刀疯狂地砍向一个50多岁的老者，老者旁边一名老年妇女已倒在血泊中奄奄一息。

他一个箭步，向歹徒扑了过去，用身体隔在已应声倒下的老者与歹徒之间，眼睛盯住挥舞的菜刀，迅速伸出左手，抓住了歹徒握刀的手臂，试图夺下歹徒手中的刀，但没能成功。情急之下，身高比歹徒矮了一大截的熊亮晶同志使出全身力量用肩膀向歹徒的胸膛顶了过去，迫使歹徒趔趄着向后退去，歹徒被熊亮晶同志死死地抵在了橱柜的转角处。此时歹徒站稳了脚也缓过神来，用左臂将熊亮晶同志的脖子使劲勒住。尽管脖子被歹徒卡得喘不过气来，但熊亮晶同志不敢有一丝的松动，用身体拼命地抵住歹徒让他不得动弹。熊亮晶抓住机会，用左手使劲按住歹徒持刀的手，腾出右手用力地去掰歹徒持刀的手指。掰开一根手指，再掰开一个手指……剩余的手指还未掰开，被掰开了的手指便又一次紧紧地握住了刀柄，脖子被卡，呼吸困难，熊亮晶同志意识逐渐模糊，整个人只剩下一个信念，那就是坚持住！夺下刀！

凶器被夺下之后，歹徒像泄了气的皮球一样顿时瘫软，被熊亮晶同志和随后赶来的人彻底制服。“110”民警赶到后，熊亮晶同志又协助他们进行现场勘验，一直忙到深夜 4 点才回到自己近在咫尺的家。熊亮晶同志徒手斗歹徒的壮举并非偶然，而是多年养成的强烈正义感使然。

一腔热血化春雨，作为一名人民警察，熊亮晶同志成功地挽救了数条鲜活的生命，堪称和平岁月里的“守护神”。熊亮晶同志工作以来坚持宽严相济、真情感化，挽救了一批又一批的失足浪子，教育矫治了一批又一批戒毒人员，用青春和汗水，书写了戒毒人民警察的无限忠诚。

2010 年 5 月，司法部在眉山召开英模颁奖仪式及事迹报告会，四川省司法行政系统各单位的民警代表聆听了熊亮晶同志的事迹。2011 年，熊亮晶同志参加眉山市英模事迹报告宣讲团，在眉山市各区县开展巡回事迹报告宣讲。他的事迹在社会上引起了广泛关注和强烈反响，得到人民群众高度评价。

个人简介

陈艾东

1968年生，中共党员。生前任四川省眉山强制隔离戒毒所八大队副大队长。1985年参加工作。2020年6月13日，在工作岗位上晕倒，抢救无效，不幸去世，年仅52岁。

被四川省司法厅追记个人二等功，被司法部追授“全国司法行政系统二级英雄模范”荣誉称号。

主 要 事 迹

陈艾东同志把毕生精力奉献给了戒毒事业，践行了一名中共党员对党和人民的庄严承诺，谱写了一名戒毒人民警察爱岗敬业、担当奉献的人生赞歌。

2008 年 5 月 12 日，受汶川大地震波及，陈艾东同志所在地方房屋不断摇晃，墙面开裂，粉尘漫天。他不顾个人安危，冲锋在前，组织指挥现场人员紧急疏散，直到全部人员撤出后，才最后一个离开，确保全部 500 多人无一伤亡。第二天，因担心受损房屋坍塌，他又拖着疲惫的身体，冒着接连不断的余震，再次进入，检查高层建筑受损情况，接连几天昼夜不停地坚守。

陈艾东同志在管理教育戒毒人员的过程中，认真钻研，形成独具特色的教育矫治方法，组织制订戒毒人员个性化教育矫治方案 300 余个，带领戒毒人员开展太极拳、八段锦、彝族韵律操等训练，宣扬中华传统美德，引导戒毒人员积极向上。他对每个重危人员，积极对症下药，大队戒毒人员转化率达 100%，重大违规违纪率为零。戒毒人员肖某因儿子不愿意来所探视，情绪低落，时常违纪。了解情况后，他耐心教育的同时，反复与肖某家人沟通、交流。肖某家人被陈艾东同志的执着和责任感所感动，愿再给肖某一次机会。他还发现肖某比较喜欢历史书籍，便向其推荐《资治通鉴》等书，鼓励其融入大队戒治生活。肖某逐渐转变，表现优异，提前解除强制隔离戒毒。5 个月后，他接到肖某电话，说其在某大型企业打工，每月收入 5000 多元，十分感谢他的教育挽救。

2020 年新冠肺炎疫情来势汹汹，陈艾东同志主动请战，第一批执行封闭值班任务，逐一与班组长、戒毒人员谈心，抓实重点人员包夹工作，先后开展疫情防控知识宣传和思想教育30多场次，每日为大队300多名戒毒人员检测体温3次，确保大队戒毒人员思想稳定。他主动承担管理区每日2次的全面消毒工作，每天穿着厚重的防护服带领消毒人员，对管理区4栋宿舍楼、176间戒毒人员宿舍、5个操场、2栋习艺车间、1栋教学楼等近5万平方米的公共区域进行消毒，累计消毒面积达200多万平方米。他总是早上6点不到就起床，一直忙到深夜，每天休息不足6小时。

5月21日，场所重启收治工作，陈艾东同志又主动请缨，带领3名民警参与新入所戒毒人员隔离管理。7天中，就对新收60多名戒毒人员先后开展入所教育14次、入所谈话80余次、体温检测1022人次，确保每一名戒毒人员安心戒治。由于全程穿戴防护服，每次集体教育、谈话、巡查后，陈艾东同志总是汗如雨下，衣服全部湿透，他却毫不在意。6月11日，陈艾东同志第4次进入封闭管理区执勤。6月13日傍晚，在组织完戒毒人员晚餐后不久，他突然晕倒在地，经医生全力抢救无效，不幸去世。

陈艾东同志去世后，很多戒毒人员来电感谢他的悉心教诲，很多民警撰写微信推文深切缅怀，感念他的引导帮助，自发看望他的家属。国家禁毒基金会也对陈艾东同志家属进行了慰问。

陈艾东同志的事迹引发了强烈的社会反响，先后被众多微信公众号转发，并在四川省司法行政系统英模报告会上宣讲，他成为人民群众翘首称赞、广大民警争相学习的榜样。

个 人 简 介

唐旭峰

1976 年生，中共党员。生前任四川省新华（绵阳）强制隔离戒毒所教育科科长。1996 年参加工作，历任四川省新华（绵阳）强制隔离戒毒所副中队长、中队长、副大队长、大队长。2014 年 12 月 27 日，因长期高强度、超负荷工作，积劳成疾，不幸去世，年仅 38 岁。

荣立个人三等功 1 次，多次被评为优秀公务员和优秀共产党员，被司法部评为“全国监狱劳教（戒毒）工作模范个人”，2015 年被司法部追授“全国司法行政系统二级英雄模范”荣誉称号。

主要事迹

唐旭峰同志勇于担当，敢挑重担，忠于职守，率先在全系统开展了“常青藤”戒毒模式的探索与实践，在平凡的工作岗位作出了突出贡献。

在唐旭峰同志的追悼会上，一名中年男子突然冲进灵堂，扑通一声跪在唐旭峰同志遗体前，连连叩首：“你怎么就离开了我，以后谁来管我啊！”他哽咽着讲述了他与唐旭峰同志的故事：

“我是一个孤儿，不到两岁，父母就因车祸去世了。我在亲友的帮助下勉强读完小学，之后就外出流浪，靠捡拾垃圾过日子。一次偶然，我吸上了毒品，从此一发不可收拾。被送到新华强戒所戒毒后，想到自己无依无靠、命运悲惨，自暴自弃的我不时与管教民警发生冲突，常常以死相逼……是唐大队耐心开导我，‘你不是最不幸的，因为你还有一个健康的身体，你还有我们！’整整两年时间，唐大队一直关心我。出所后，他依然开导我、鼓励我，主动借钱给我创业，就是怕我复吸，重回老路。后来我挣了不少钱，想回报他。可每当我送上红包时，他总说：我不图你啥，赶紧拿回去。我硬塞给他时，他就脸色一沉：请你尊重我！他是我的恩人啊，是我这辈子最亲、最敬重的人！”

唐旭峰同志就是这样的一个人，将管理对象当作自己的子女或兄弟，戒毒人员也把他当作自己的父亲或兄长。得知他生病住院的消息，200 余名戒毒人员自发联名给他写信：“尊敬的唐大队，请您安心治病吧，我们一定牢记您的教诲，好好戒治，报答您的教育之恩！”

“百分之一的学员愿意去做好，我们就要付出百分之百的努力。”唐旭峰同志的“两个百分”理念让大家印象深刻。无论是专门收治艾滋病病毒感染者的“蓝莲花家园”，还是教育、矫治、挽救戒毒人员的

"常青藤"戒毒模式，或者是为戒毒人员建立的"绿色回归家园"，都是唐旭峰同志探索实践的，凝聚着他"两个百分"的心血。"常青藤"戒毒模式得到四川省戒毒管理局的充分肯定，为后来全国统一戒毒基本模式奠定了实践基础。

唐旭峰同志带头学习研究，积极参与实践，善于科学总结提炼，形成了一套较成熟的艾滋病病毒感染者戒毒矫治方法。该方法效果得到上级和专家的肯定，为形成场所艾滋病病毒感染者集中管理模式奠定了基础。2010年，他参与了司法部戒毒管理局《强制隔离戒毒模式》部分章节的撰稿工作；参与了"北京大学药物依赖性研究所、四川省绵阳强制隔离戒毒所教育科研实践基地"项目的运作；执笔撰写的《关于强制隔离戒毒工作转介衔接的思考》以及参与撰写的《强制隔离戒毒人员中新型毒品滥用者的现状趋势及对策思考》被"2012全国戒毒工作论坛"收录到大会论文集中，并受邀参加会议。在他的带领下，全队在管理、教育戒毒人员以及政工工作考核中均名列全所前茅，成为基层大队戒毒工作的"领头羊"，为确保场所安全稳定、整体工作实现新发展作出了突出贡献。

长期高强度、超负荷的工作，击垮了唐旭峰的身体。为了不给其他民警增加负担，他没有把病情告诉任何人，也没有选择休假养病，而是默默地与病魔抗争、与时间赛跑，弥留之际身高1.7米的他体重已不到40公斤。后来在收拾遗物时，家人才发现了他藏在床底的厚厚的病历本，以及警服口袋里的护肝片和止痛散。

唐旭峰同志的事迹在四川省司法行政戒毒系统中广泛宣传，并被推送到全国同行单位中学习，民警、戒毒人员及其家属反响强烈，得到上万条点赞和留言。唐旭峰同志以瘦弱的身躯顽强地抵御着病魔的侵袭，用年轻和宝贵的生命诠释了人民警察的神圣使命。

个人简介

雷　虎

1971 年生，中共党员。生前任警戒护卫大队一级警长。1991 年入伍，在部队历任战士、排职司务长、副连长、指导员等职，2007 年转业至四川省大堰劳教所（现四川省资阳强制隔离戒毒所），历任主管警官、警戒护卫民警。2020 年 4 月 10 日，因连续 59 个昼夜坚守在抗疫一线，突发心肌梗死，抢救无效去世，年仅 49 岁。

获“英雄道路连”“基层建设先进连队”“标兵连队”“集体三等功”等殊荣，荣立个人三等功 1 次，曾多次被评为优秀共产党员、优秀公务员，被四川省司法厅追授个人二等功，被司法部追授“全国司法行政系统二级英雄模范”荣誉称号。

主 要 事 迹

雷虎同志无论是在部队，还是在资阳强制隔离戒毒所，都爱岗敬业，尽忠履职。他凭借在部队锤炼出的坚韧品质和后续学习钻研的过硬业务能力，出色完成各项工作任务。他在资阳强制隔离戒毒所先后管理过 2600 余名戒毒人员，用心用情关爱戒毒人员弱势群体，曾为 26 名戒毒人员修复了亲情关系，帮助 4 名戒毒人员的未成年子女走出失管失学困境，是戒毒人员及其家属口中的“贴心管教”。同事们还记得：冰天雪地，他在教育引导戒毒人员康复训练现场；炎炎夏日，他在帮扶指导回归康复人员的路上；夜深人静，他的办公室仍灯火通明，还在讨论制订针对性的戒治计划，还在总结撰写典型戒治个案。家人期盼他回家团圆过节，他却在单位执勤坚守……当组织需要他的时候，他总是毫不犹豫挺身而出。

2020 年年初，新冠肺炎疫情来势汹汹，雷虎同志与单位同事一道，闻令而动，在长达数十天的辗转磨砺之后，开始了一轮又一轮的封闭执勤模式。资阳所警力紧张由来已久，因为疫情防控，场所执勤模式调整，基层大队都是以 1/3 的警力承担一个团队正常的任务，而且增加了很多工作量和不确定的风险因素。雷虎同志作为资阳所警戒护卫大队民警，承担着警戒巡逻、AB 门值守、安全保卫等繁杂艰巨的工作任务。

从 2 月 11 日开始，雷虎同志就一直坚守岗位，连续奋战在资阳所疫情防控的最前线。他每天完成 3 公里多的所区围墙巡逻，戒毒人员休息、康复现场的全方位巡查，全所 9 个大队的 4 次巡查，管理区 AB 门值守 8 小时，逐一落实疫情防控措施。4 月 6 日，两个月的封闭备勤、执勤让雷虎身体出现明显不适，同事劝他休息，他却说“再坚持两天就换防了，疫情期间封闭执勤换人很麻烦”。4月10日，刚刚换到应急备勤岗的他突发心肌梗死，抢救无效不幸去世，年仅49岁。

雷虎同志是一名普通戒毒民警，在抗击新冠肺炎疫情的战斗中，他用生命捍卫了场所的抗疫防线，用使命铸就了藏蓝卫士对党的忠诚，用无畏的警魂吹响了螺丝钉般的生命绝唱。

雷虎同志牺牲后，系统同仁和单位同事深切缅怀，感念他的帮助引导，自发慰问他的家属；很多戒毒人员及家属纷纷致电慰问，甚至委托单位转交慰问信和慰问金；四川省禁毒办、国家禁毒办得知雷虎同志事迹后，充分肯定了雷虎同志的先进事迹和在戒毒工作中的艰辛付出及取得的优秀成绩，委托中国禁毒基金会对其家属进行慰问，给予雷虎同志“不忘初心、舍身忘我”的高度评价。

雷虎同志的先进事迹迅速传扬，在“资阳强戒所”“四川戒毒”等多个微信公众号发布，先后被今日头条、人民日报社等多家新闻媒体报道，在社会上引起了强烈反响。

雷虎同志的先进事迹深深烙印在系统同仁和单位同事的心中，激励着大家不忘初心、牢记使命、砥砺前行。

个人简介

龚德明

1942年生，中共党员。1965年参加工作，历任四川省雷马屏监狱总队长、政委、党委书记、监狱长等职，三级警监。2002年退休。

1993年被司法部授予“全国司法行政系统优秀政治工作者”荣誉称号；2000年被国务院授予“全国先进工作者”荣誉称号，并出席了在北京召开的全国劳模表彰大会。

主要事迹

“领导干部是人民的公仆，要像春蚕那样对待人生，要像蜡烛那样照亮别人。”这是龚德明同志的人生坐标和价值观。1965 年 7 月，他从四川农业大学毕业后，自愿申请到地处凉山州雷波县西宁镇少数民族地区的四川省雷马屏监狱锤炼人生。那里远离城市，群山峻岭，交通不便，信息闭塞，气候恶劣，工作和生活条件极其艰苦。但是，艰苦的环境并没有使他退却，无怨无悔的选择使他在大山深处一干就是 34 个春夏秋冬，献了青春献终身，献了终身献子孙，在平凡中不忘记追求，在困难中不放弃奋斗，在工作中不抛弃原则，在生活中不贪图私利，在清贫中不奢望富有。

雷马屏监狱是一个建狱时间长、监管设施落后、经济困难、民警职工实际困难多的监狱，监狱领导的工作压力特别大。他担任监狱主要领导以来，充分发扬“泰山压顶不弯腰、困难面前不低头”的革命精神，立足“建一流领导班子、建一流管理机制、育一流民警职工队伍、创一流工作业绩”的工作思路，积极带领全狱民警职工在 47 平方公里的土地上艰苦奋斗，顽强拼搏，使政工、改造等各项工作取得了历史最好成绩。他坚持民主集中制原则，制定了《监狱各级领导班子廉洁自律相互监督十六项制度》，提出班子建设“三带头、四表率”的规定。他积极推行人事制度改革，制定了系列改革措施，把一批年富力强的优秀中青年民警职工放在重要岗位上。

生活中，他经常念叨这样一句话：“荣誉面前莫伸手，困难面前不低头，钱财面前莫眼红，群众面前当公仆。”这句话表明了他坚持把提高思想境界和提升党性觉悟作为做人、做事、做官的根本和关键。他服从组织安排，淡泊名利，不计得失，安心留在大山工作，3 次放弃上级安排的考察学习机会，很少走出大山，心甘情愿为党的监狱事业默默付出。他多次将省局奖励给他个人的奖金上交集体，1999 年年底，按监狱规定他应得防逃奖 2090 元奖金，但他说服班子成员，硬是将自己的分配比例降低了 50%，加大了副职和其他民警的分配比重。他在大山深处工作 34 个年头，由于超负荷的工作量，患上了气管炎、肺心病、十二指肠溃疡等多种疾病，但他心系党的监狱事业，心系那片红色土地，始终带病坚持工作，为监狱的安全稳定和发展建设日夜奔波操劳。他在监狱领导岗位上工作近 20 年，一家三代都挤在面积仅为 50 平方米的房间内生活，他多次以“单位本来就住房紧张，我不能有丝毫特殊”为由，推辞了组织的照顾，直到退休后他才搬离了那间房屋。

龚德明同志无怨无悔扎根凉山 34 载，艰苦奋斗，呕心沥血，恪尽职守，无私无畏，用自己的实际行动诠释了老一辈监狱人民警察的丹心之春秋、忠诚之警魂、敬业之精神。

个人简介

朱　阳

1971年生，中共党员。现任四川省金堂监狱机关党总支书记、四级高级警长、一级警督警衔。1993年参加工作。

2010年被四川省司法厅直属机关评为优秀共产党员，2012年、2014年被评为优秀公务员，2010年、2014年荣立个人三等功，2015年被党中央、国务院授予“全国先进工作者”荣誉称号。

组织的需要是他的方向

2013年年初，四川省监狱艾滋病犯实行集中关押，金堂监狱二监区的艾滋病犯数量从不到300人剧增到400多人，省监狱局党委决定在该监区新增一个关押点。关于监区长，监狱党委一致认为，朱阳同志是不二人选，但是其妻子患有抑郁症，孩子当时还在上初中，家庭非常需要他。当监狱长和政委征求其意见时，他坚毅地说："我是一名共产党员，一名人民警察，组织的需要就是我的方向，服从命令、听从指挥是我的天职。"

朱阳同志上任时，监区押犯的结构异常复杂。更令人担忧的是，消极思想在罪犯中蔓延，甚至有罪犯抱团对抗民警的执法和管理。在这样的情况下，个别民警出现了畏难情绪，担心在教育管理罪犯时被袭击造成职业暴露，有的民警向组织提出要调离二监区。

领导的示范是无声的命令。每天上班朱阳同志总是第一个到，下班总是最后一个走，周末也总要挤出时间到监区转一转；上班第一件事就是到艾滋病犯中，与他们面对面交谈；罪犯病发了，他总会毫不迟疑去背、去抬；对反改造"尖子"的教育转化，他总挑最难的攻坚……

罪犯出狱后不再危害社会是他的追求

减少罪犯的戾气，恢复其良知，是朱阳同志和他的团队永恒的追求。诵读《千字文》《弟子规》《三字经》，开展孝道文化、传统礼仪文化教育，是二监区一道亮丽的风景。

丰富的文化体育活动既能让罪犯愉悦身心，又能让罪犯在群体中找到个人价值。每年“6·26”国际禁毒日、“12·1”世界防治艾滋病日，朱阳同志都会组织罪犯到其他监区开展演讲和现身说法，谈体会，诚心忏悔。无微不至的关爱是唤回良知善意的最好药方。罪犯家里出了事，他总会第一时间安排民警走访慰问，帮助他们解决困难，并带回视频放给罪犯看，让他们安心改造，用行动平复一颗颗曾经干涸的心灵。

个人简介

宋建军

1965年生，中共党员。现任四川省自贡监狱党委书记、监狱长，四川省监狱管理局刑罚执行监督专员，一级调研员，三级警监警衔。

荣获"2003~2004年度四川省政法战线先进干警"、2005年"全国先进工作者"、2013年"四川省司法行政系统先进个人"、2019年"四川省政法系统先进个人"、2019年"全国监狱工作先进个人"、2019年度"四川十大法治人物"等荣誉称号；先后获嘉奖7次，荣记个人三等功9次、二等功1次。

主要事迹

四川省汉王山监狱深处大山，条件艰苦，宋建军同志对该监狱的稳定和发展倾注了最深厚的感情。

宋建军同志自参加工作以来，长期在基层一线从事罪犯改造工作，积累了丰富的监管工作经验，并结合监狱实际依法依规建立完善了一系列行之有效的监管改造制度。

1997 年 5 月，宋建军同志担任副监狱长，在复杂的监管改造形势面前，他时刻将监管安全放在首位，从未有丝毫松懈。1999 年他刚刚做完息肉摘除手术，不能说话，就找一块写字板用塑料笔芯同监管四科的科长们“交谈”，布置工作。在抓捕逃犯行动中，他既是战斗员又是指挥员，多次冒着生命危险，冲在追捕逃犯的最前面，并抓获数名历年在逃犯。在他忘我工作的精神感染和带头示范作用下，监管战线的同志们工作斗志昂扬，成为监狱的钢铁尖兵。

2002 年 11 月，宋建军同志主持监狱工作。他心系群众，从优待警，带领大家负重自强、绿化监区，建设文体设施，改善办公生活环境。他每天到监管一线督促指导，经常到深夜还在巡查监区。他以身作则，周末回家与民警一起乘公交班车，外出吃快餐盒饭，做到了为官清廉、两袖清风，在群众中享有很高的威信。他持续强化和规范基础工作，积极推行人本理念，不断健全监管防范体系，改善监管条件，带领民警公正文明执法，激励罪犯改造，连续实现了监管工作“三无”目标。

宋建军同志所带队伍表现出来的“创业奉献、协作求实”的“汉王精神”得到司法部、四川省司法厅、四川省监狱局各级党委领导的高度关注，在四川省监狱系统掀起了学习“汉王精神”的热潮，省内外多家监狱纷纷慕名到汉王山监狱取经学习。中央与地方的新闻媒体多次对该狱工作进行宣传报道，监狱党委班子连续被表彰为“四好班子”。

宋建军同志心系党的监狱事业，坚守岗位，无私奉献，善于学习，敢于拼搏，抢抓机遇，大胆创新，与时俱进，廉洁奉公，克勤克俭，为促进监管场所的安全稳定与发展以及维护社会的安宁和谐，矢志不渝，不断奋进，以忠诚和担当为党和人民交上了满意的答卷。

个人简介

张芙蓉

中共党员，中国共产党四川省第十一次代表大会代表、全国第九届律师协会理事、四川省宜宾市法律援助中心律师。

被中国共产党中央委员会、国务院授予“全国先进工作者”荣誉称号，被司法部、人社部授予“全国司法行政先进工作者”荣誉称号，被四川省总工会授予“四川省五一劳动奖章”，被四川省总工会、四川省司法厅、四川省律师协会授予“四川省维护职工权益杰出律师”、四川省“三八红旗手”等荣誉称号，荣立个人二等功1次。

主 要 事 迹

张芙蓉同志作为一位身患癌症的法律援助律师，扎根基层，心系群众，情归法援，在法律援助工作的道路上兢兢业业，10 年来始终如一，对工作始终怀着饱满的热情，即便是在病发接受化疗期间也依然坚守在法律援助岗位第一线，维系她的就是对法律的忠诚和对人民群众的赤诚。

用坚强谱写生命的乐章

2008 年，张芙蓉同志查出患有胰腺癌，手术后化疗了 9 次。面对病魔她并未退缩，“笑对磨难，生命因此而美丽”，她一边治病，一边学习，生病期间通过了国家司法考试。她在病情稍微稳定就又积极投入工作中。2010 年 9 月，正在医院治疗的她听到楼道里的哭闹声，打听得知一位大姐因医疗纠纷久久未解决而大吵大闹。病床上输液的她不顾疼痛提着输液瓶前去劝解。因为疼痛和疲惫，豆大的汗珠沿着她脸颊滴落。那位大姐看到她身患重病仍耐心劝解，瘫坐在地上委屈地哭起来。张芙蓉同志就这样一边在医院治疗，一边帮助那位大姐维权，经过多次调解，那位大姐共获得 6 万元赔偿金。“驱散的是阴霾，播撒的是关爱，感受的是温暖，反馈的是平安。”她用坚强的意志、忘我的工作激情展示了新时期一名法律援助律师的良好形象。

用爱撑起一片法律的蓝天

“我是女人，深知女人困境中的苦；我是妈妈，能感受儿女对母爱的渴望。”在妇女儿童维权案件中常常会听到张芙蓉同志这句话，她怀揣这种情怀，帮助一个又一个妇女走出了困境，为一个又一个儿童找回了温暖的家。2016年某社区工作人员给宜宾市法律援助中心打电话，称社区一小女孩现在无人照管，希望获得帮助。张芙蓉同志主动请缨承办该案，及时上门了解情况，得知小女孩的父亲去世多年，母亲因婆媳关系不好而外出打工，小女孩一直由奶奶抚养。现在，奶奶因身体多病、行动不便，无力照管小女孩，加之小女孩的母亲对小女孩不问不管也不支付抚养费用，一气之下把小女孩推出家交给社区。张芙蓉同志了解情况后，多次上门跟小女孩的奶奶交谈，以理服人，以情动人，说服了小女孩的奶奶继续照看小女孩；并通过电话、微信与小女孩的母亲沟通，让小女孩与她的母亲通话，一次一次，一小时一小时……记不清小女孩和母亲通过多少次、多长时间的电话，最终，她通过不懈努力用亲情感动了小女孩的母亲。因小女孩的母亲在外打工无暇照顾小女孩，小女孩仍由奶奶照管，其每月支付500元的生活费用，每天与小女孩通一次话。她本着为妇女儿童办实事、办好事、解难事的信念，把“家”的温暖带给弱势妇女儿童群体，用她的爱为弱势群体撑起了一片法律的蓝天。

用实践炼就品格和毅力

张芙蓉同志在得病后仍然坚持上班，有人曾劝告她何必呢，而她总是笑着说：“不能就这样在家等死，白白把时间耗掉，我要在有限的生命里，运用自己的法律知识来帮助困难群众，让他们渡过难关。”她怀揣着这股信念，成功办理了许多法律援助案件，并且在长期的农民工讨薪维权案件中，不断思考总结，探索出“五舍得”工作法，推动援助维权工作。

十年风雨路，十年援助情，张芙蓉同志用行动践行着习近平总书记提出的“决不允许让普通群众打不起官司”的任务目标，用生命践行着一名共产党员“不忘初心、牢记使命”的政治本色和为民情怀。

个人简介

的莫鸽鸽

彝族，1964 年生，中共党员。1981 年参加工作，乐山市金口河区司法局四级调研员，“心连心 · 鸽鸽讲堂”宣讲团团长，“彝汉双语法治夜校”创始人。

多次获中央、省、市、区表彰，荣立个人三等功 2 次；2019 年被中宣部评为“基层理论宣讲先进个人”，被全国普法办、司法部和中央广播电视总台评为“2019 年度法治人物”；2020 年先后被评为四川省“三八红旗手”、“四川好人”、四川省“第八届先进工作者”；2021 年被评为四川省司法行政系统“先进个人”、“中国好人”，被党中央表彰为“全国脱贫攻坚先进个人”。

主要事迹

的莫鸽鸽有坚定的政治立场和过硬的思想素质，参加工作30余年来，工作积极，开拓务实，懂政策、知法律、擅宣讲，用一张“巧嘴”为群众送政策、传知识、解疑惑、鼓干劲，因其语言鲜活接地气，深受群众喜爱，被誉为“宣讲达人”。

2013年，时任金口河区司法局局长的的莫鸽鸽，为了更好地在彝区宣传法律知识，就运用自己的专业特长，利用晚上农闲的时间，主动给大家讲解法律法规，并就此创办了“彝汉双语法治夜校”。为确保教学质量，寓教于乐，的莫鸽鸽组建由普法讲师、彝文教师、彝族舞蹈教师成立的三支队伍，将法律法规编印成彝汉双语普法教材。“彝汉双语法治夜校”的成功创建，为后续“心连心·鸽鸽讲堂”的成立奠定了坚实基础。

2018年年初，金口河区成立以的莫鸽鸽名字冠名的“心连心·鸽鸽讲堂”。在宣讲现场，她用讲故事的方式，用老百姓听得懂的语言进行宣讲。在讲到祛除陈规陋习、树立文明新风的时候，她就给村民们讲“如果不把自家的卫生打扫干净，就像女孩子不洗脸，长得再漂亮也没人瞧得起”的“土道理”。

“心连心·鸽鸽讲堂”已开展宣讲活动1200余场，受教育群众达9万余人。实现了金口河区所有行政村“多次全覆盖”，受益群众覆盖总人口的95%以上。

2016年3月，的莫鸽鸽被检查出了肝癌，在丈夫的陪伴下悄悄地做完了第一次手术。2017年4月，她又加入了金口河区脱贫攻坚“主战场”，担任区脱贫办“四好村”创建工作组执行组长，从事精神扶贫工作。2018年年底，的莫鸽鸽病情复发，但当时离金口河区脱贫“摘帽”省级验收还有不到3个月的时间，为了不影响脱贫攻坚大局，她又一次选择谁也不告诉，就想着再拖一下。为了充分利用彝历新年和春节，给外出务工返乡的群众再补上一课，她每天宣讲3场，每场一站就是一两个小时，实在累了就抱着被子在车上睡一觉。直到2019年4月，金口河区终于顺利通过脱贫攻坚验收，被批准退出贫困县序列后，她才如释重负，将悬着的心放下，安心就医。

2019年9月，做了肝脏移植手术刚满两个月的的莫鸽鸽参加了中宣部组织的党的十九届四中全会研讨班的学习，并代表先进个人作了大会发言，将“四川故事”唱响全国。回来后，她又加入四川省委、乐山市委宣讲团，到各地宣讲党的十九届四中全会精神。2020年4月，的莫鸽鸽重返工作岗位，结合当前机构改革、乡镇行政区划及村级建制调整等情况，重组宣讲队伍，区、乡、村三级宣讲团的成员由原来的190人增加到了383人，重新组建的宣讲团内部分工更加明确，宣讲任务更加细化。

2020年，的莫鸽鸽先后深入凉山州美姑县乐美社区、沐川县高笋乡、马边桐华班、小谷溪村开展法治宣讲；为省直机关300多名党员干部、省交通厅、省供销社、金口河区党政领导干部专题诠释了中国特色社会主义的制度优势；在四川省司法行政系统、乐山市、乐山市司法行政系统等多地、多部门作英模事迹报告；受中央广播电视总台邀请，在乐山市金口河区共安彝族乡林丰村参与央视频“年度法治人物20周年：我们的12月4日”特别直播活动，网络点击量达4.7万次。现在“心连心·鸽鸽讲堂”已走出金口河，走向大凉山，走向乐山市，走向四川省。

个人简介

陈德勋

羌族，1963 年生，中共党员。生前任四川省阿坝监狱狱政管理科副科长。1982 年参加工作。2001 年 2 月 28 日，在追捕逃犯搏斗中，身负重伤，不幸殉职，年仅 38 岁。

2001 年被四川省司法厅追记“一等功臣模范”荣誉称号，被中共四川省阿坝州委追认为优秀共产党员；2002 年被司法部追授“全国司法行政系统一级英雄模范”荣誉称号，被四川省人民政府批准为“革命烈士”。

因工作特殊，主要事迹略。

个人简介

韩大奎

1933 年生。1951 年参加工作。1954 年调原四川省雷马屏农场（现四川省雷马屏监狱），历任分队长、文书等职。1956 年 4 月 14 日，在凉山地区平叛自卫战斗中英勇牺牲，年仅 23 岁。

1957 年被四川省公安厅授予“一级英模”荣誉称号，被宜宾专区屏山县人民委员会批准为“革命烈士”，荣获司法部“全国司法行政系统一级英雄模范”荣誉称号。

因工作特殊，主要事迹略。

个人简介

王开贵

1948 年生，中共党员。生前任四川省峨眉监狱民警，一级警督。2004 年 9 月 4 日，在制止罪犯脱逃中英勇牺牲，时年 56 岁。

2004 年被四川省司法厅追记个人二等功，2005 年被追认为烈士，2006 年被司法部追授“全国司法行政系统二级英雄模范”荣誉称号。

因工作特殊，主要事迹略。

个人简介

王素华

共青团员。四川省峨眉监狱工人。1991 年 8 月 15 日，在制止罪犯脱逃中英勇牺牲，年仅 20 岁。其父为王开贵。

被授予烈士荣誉称号。

因工作特殊，主要事迹略。

个人简介

陈玉昇

原四川省龙日农场干部。1956 年 7 月 11 日，在阿坝地区平叛自卫战斗中英勇牺牲，年仅 27 岁。

被授予烈士荣誉称号。

因工作特殊，主要事迹略。

个 人 简 介

宋德胜

中共党员。原四川省龙日农场干部。1956 年 7 月 17 日，在阿坝地区平叛自卫战斗中英勇牺牲，年仅 26 岁。

被授予烈士荣誉称号。

因工作特殊，主要事迹略。

个人简介

李群楼

1921年生，中共党员。1942年参加革命工作，1952年从部队转业到原四川省雷马屏农场（现四川省雷马屏监狱）。1956年8月28日，在平叛战斗中，壮烈牺牲，年仅35岁。

1957年被雷波县人民委员会追认为“革命烈士”。

因工作特殊，主要事迹略。

个人简介

李　川

1918年生，中共党员。1947年在东北参加革命。1950年响应党的号召，复员回乡生产。1952年由四川荣县县委调县公安局劳改队任分队长，8月进入原四川省雷马屏农场（现四川省雷马屏监狱），时任九中队小沟分队分队长。1956年2月23日，在平定奴隶主叛乱的斗争中，壮烈牺牲，年仅38岁。

被宜宾专区屏山县人民委员会批准为“革命烈士”。

因工作特殊，主要事迹略。

个人简介

韩成祥

1924年生。1944年参加革命。在抗日战争和解放战争中，英勇杀敌，屡立战功。1952年由四川省军干校转业到犍为县公安局。1953年进入原四川省雷马屏农场（现四川省雷马屏监狱）。1956年凉山平叛期间，在农场武装自卫队任班长。1956年6月26日，在凉山地区平叛自卫战斗中英勇牺牲，年仅32岁。

被宜宾专区屏山县人民委员会批准为“革命烈士”。

因工作特殊，主要事迹略。

个人简介

罗体文

1928年生。彭山县公安队战士。1950年参加工作。1953年调雷波县公安局，同年调原四川省雷马屏农场（现四川省雷马屏监狱）任分队长。1956年4月4日，在平定奴隶主叛乱的斗争中，壮烈牺牲，年仅28岁。

1983年被民政部批准为“革命烈士”。

因工作特殊，主要事迹略。

刘照云

原西康省石棉矿第三场（现四川省绵阳监狱）干部。1953年10月25日，为保护罪犯生命，英勇牺牲，年仅33岁。

1983年被民政部批准为“革命烈士”。

因工作特殊，主要事迹略。

个人简介

郭王春

1971年生。生前任宜宾监狱一监区管教干部。1993年在与罪犯搏斗中英勇牺牲，年仅22岁。

1994年被四川省人民政府授予“革命烈士”荣誉称号。

因工作特殊，主要事迹略。

个人简介

谢代金

原四川省五马坪农场（现四川省嘉州监狱）干部。1948年参加革命。1956年4月24日，被匪徒杀害，壮烈牺牲，年仅35岁。

1984年被民政部批准为“革命烈士”。

因工作特殊，主要事迹略。

个人简介

刘贞模

原四川省五马坪农场（现四川省嘉州监狱）干部。1951年参加革命。1956年4月24日，被匪徒杀害，壮烈牺牲，年仅33岁。

1987年被民政部批准为“革命烈士”。

因工作特殊，主要事迹略。

个人简介

吴 波

1969年生，中共党员。生前任雅安监狱直属分监区分队长，二级警司。1986年参加工作。1999年4月5日，在与罪犯搏斗中，壮烈牺牲，年仅30岁。

被四川省司法厅追记个人一等功。2014年被民政部授予烈士荣誉称号。

因工作特殊，主要事迹略。

个 人 简 介

肖盛成

中共党员。原四川省公安厅劳改局机关干部。1959 年 8 月 15 日，为救援甘孜军分区遇险车辆英勇牺牲，年仅 32 岁。

被授予烈士荣誉称号。

因工作特殊，主要事迹略。

个人简介

温光琴

共青团员。原四川省第二监狱工人。1983 年 4 月 27 日，在制止罪犯脱逃中英勇牺牲，年仅 25 岁。

被授予烈士荣誉称号。

因工作特殊，主要事迹略。

个人简介

温海文

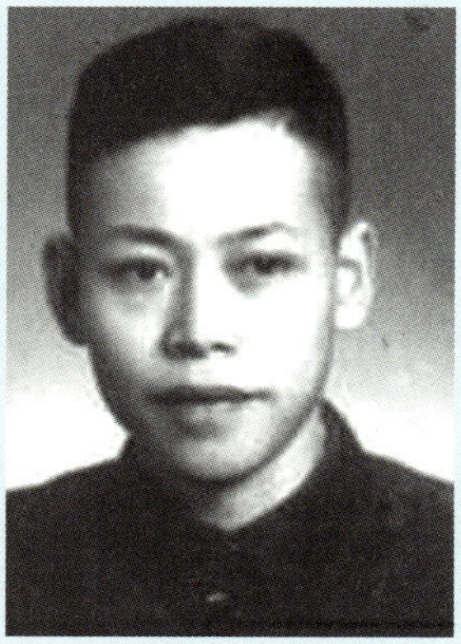

中共党员。原四川省第二监狱干警。1983 年 4 月 27 日，在制止罪犯脱逃中英勇牺牲，年仅 51 岁。

被授予烈士荣誉称号。

因工作特殊，主要事迹略。

个人简介

李太美

1941年生，中共党员。1963年加入中国人民解放军，1968年转业。2002年退休。

多次被评为支队先进工作者和优秀共产党，1988年被四川省司法厅荣记二等功，1989年被评为“四川省劳动模范”和“全国先进工作者”。

因工作特殊，主要事迹略。

高治中

不忘初心 牢记使命

男，原四川省龙日农场电话队职工。1956 年 7 月 17 日，在阿坝地区平叛自卫战斗中英勇牺牲。

被授予烈士荣誉称号。

因工作特殊，主要事迹略。

金剑锋

不忘初心 牢记使命

男，原四川省龙日农场干部。1956 年 7 月 11 日，在阿坝地区平叛自卫战斗中英勇牺牲，年仅 24 岁。

被授予烈士荣誉称号。

因工作特殊，主要事迹略。

唐正康

不忘初心　牢记使命

男，藏族。原四川省龙日农场双语干部。1956 年 7 月 17 日，在阿坝地区平叛自卫战斗中英勇牺牲，年仅 28 岁。

被授予烈士荣誉称号。

因工作特殊，主要事迹略。

王　平

不忘初心　牢记使命

男，藏族。原四川省龙日农场双语干部。1957 年 1 月，在阿坝地区平叛自卫战斗中英勇牺牲，年仅 35 岁。

被授予烈士荣誉称号。

因工作特殊，主要事迹略。

郑明清

不忘初心　牢记使命

男。原四川省龙日农场干部。1956 年 7 月 17 日，在阿坝地区平叛自卫战斗中英勇牺牲，年仅 23 岁。

被授予烈士荣誉称号。

因工作特殊，主要事迹略。

杨中荣

不忘初心　牢记使命

男，1924 年生，生前任雷波县公安局劳改股分股长。1951 年参加革命。1956 年 10 月 16 日，在平息叛乱中战斗牺牲，年仅 32 岁。

被授予革命烈士荣誉称号。

因工作特殊，主要事迹略。

贵州

个人简介

姜通全

苗族，1939 年生，中共党员。生前任贵阳监狱狱政科主任科员。1958 年参加工作。1962 年参加中国人民解放军。1964 年复员，先后在贵州省公安厅劳改局基建工程队、省少管所、贵阳监狱等单位工作，历任管教干事、中队长、主任科员等职。1996 年 9 月 12 日，在与罪犯搏斗中，英勇牺牲，时年 57 岁。

多次被评为先进工作者、优秀共产党员，1997 年被司法部追授“全国司法行政系统一级英雄模范”荣誉称号，1997 年被民政部批准为“革命烈士”。

主要事迹

姜通全同志自从警以来，一直兢兢业业，对待每一项工作他都从严抓起，从细做起，勇担当、勇创新，任劳任怨，处处以身作则，时刻以一名共产党员的标准严格要求自己。对于领导交办的工作，他从未说过一个“不”字；对于同事们的请求，他从未说过一次“不行”；单位的大小事情，他经常说的是“我来”；遇到艰难险阻，他总会站出来说“有我”。

姜通全同志临危不惧，是监狱人民警察的楷模，维护了监狱秩序的稳定和社会的安定。

个人简介

邵林刚

白族，1966年生，中共党员。生前任六盘水市盘县（现盘州市）司法局旧营司法所所长。1989年参加工作，2004年进入司法行政系统。因积劳成疾，罹患癌症，医治无效，于2017年8月16日去世，年仅51岁。

荣获“全国司法行政系统先进工作者”“贵州省优秀共产党员”“全国模范司法所长”“贵州榜样·最美人物”“贵州省优秀人民调解员”等荣誉称号，2018年被司法部追授“全国司法行政系统一级英雄模范”荣誉称号。

主要事迹

以绝症之躯践行使命

2010年9月，邵林刚同志被查出患有舌癌，自确诊病情后，他始终顽强地与病魔搏斗，同时又表现出异常的平静，以至很多人甚至同事都不知道他身患癌症。为了提高社区矫正的效率，邵林刚同志通过1年的探索、思考和实践检验后，总结了一套“五走访”工作法，即“新接收的要走访，有家庭纠纷的要走访，有生活困难的要走访，重大节日前要走访，有疾病的要走访”。这一套工作法效果显著，为社区矫正工作开辟了一条行之有效的新路子。

2011年8月17日，邵林刚同志正准备去昆明化疗，一位到旧营司法所接受社区矫正的交通肇事罪犯殷某某，敲开了他办公室的门，他看到殷某某眼神恍惚，情绪低落，便推迟了去化疗的时间。通过了解得知，殷某某家中有两个小孩，因为他的肇事和入狱，现在一贫如洗。邵林刚同志就此开始了对他的帮扶之路。他四处张罗，终于找到一家砖厂同意接收有过服刑经历的殷某某，殷某某全家对此感动不已。

以“东方之花”诠释担当

自社区矫正工作启动以来，旧营乡累计接收社区服刑人员33人，解除和终止19人，现在册14人，分布于6个行政村。他共帮助7名社区服刑人员就业，保证了社区矫正人员零收监，协调解决了2人低保和2户危房改造。

邵林刚同志饱受病痛折磨，因化疗掉光了头发，巨额的医药费压得他喘不过气来，可是他仍然执着地坚守在岗位上。一辆摩托车、一个黑挎包，组成了他的流动调解办公室，他的足迹遍布了全乡每一个村落，筑牢了社会和谐稳定的第一道防线。

以平凡岗位谱写坚守

2014 年 1 月，盘县司法局领导考虑邵林刚同志的身体情况，让他尽量在家休养。但他说："我不能离开旧营，我喜欢跟旧营的群众打交道。只要乡党委、政府还有村子里的老百姓们信任我，我没啥说的，一定坚持做下去，直到干不动的那一天为止。"他常说，他是一名普通的司法所所长，只是在岗位上做了一些应该做的事情，党和人民却给了他崇高的荣誉。

邵林刚同志是司法行政系统涌现出的具有新时代特征的先进典型。他长期扎根基层，尽忠职守，无私奉献，在身患癌症的情况下仍选择默默坚守，在平凡中作出了不平凡的业绩。邵林刚同志去世后，许多群众自发表达哀悼之情。

个人简介

冯 涛

苗族，中共党员。生前任贵州省王武监狱刑罚执行科科长，一级警督警衔。2015 年 9 月，因突发脑溢血倒在了工作岗位上，不幸去世，年仅 43 岁。

2016 年被司法部追授“全国司法行政系统二级英雄模范”荣誉称号。

主要事迹

辛勤工作　默默奉献　做监狱工作的推动者、引领者和实践者

22年的从警生涯，冯涛同志以火一样的热情投身监狱事业，立足本职、踏实工作、辛勤付出，在平凡的岗位上实现了他的人生价值，他的优良业绩和敬业奉献精神得到了各级领导及同事们的一致好评。他多次获个人奖励，并带领所在集体多次获“先进集体”“先进基层党组织”“集体三等功”等集体奖励。日常工作中，他紧紧围绕维护监狱安全稳定的首要任务，坚持监狱工作方针，在队伍建设、监管改造等方面均取得了可喜成绩。

勇挑重担　多措并举　带出一流的监狱人民警察队伍

作为一名基层领导，多年来他始终保持不骄不躁、谦虚谨慎的作风，工作中求真务实、开拓创新。

冯涛同志率先在单位开展新老同志“传、帮、带”工作，结对帮扶年轻同志，在业务技能方面传授经验，帮助年轻同志补足“短板”；在生活上及时了解新同志的思想情况，帮助新同志尽快进入角色、增强工作能力，多项制度和方法得到了监狱党委和上级部门的充分肯定。

一专多能　宽严相济　确保监管改造秩序持续安全稳定

2014年年初，冯涛同志临危受命，被任命为严管监区支部书记、

监区长。他深入调研，多方协调，攻坚克难，在短短半年的时间里，把一个“问题”监区带入全监先进行列。他强调要用法律、用制度管理罪犯，用民警的关心、人格魅力感化罪犯，提高罪犯改造质量。他针对不同的对象，采取不同的教育方式，并恰到好处地利用罪犯亲友和社会力量，为罪犯的人生重新点燃希望。

严于律己　以身作则　充分发挥先锋模范作用

从警22年来，冯涛同志执着追求，心里时刻装着工作，想着他人，唯独没有自己，休假的次数屈指可数。因精神紧张、压力过大，他曾中风面瘫，但依然坚守岗位。他从未因为家庭原因向组织提出过任何要求，更没有影响过工作的开展。

从警22年来，冯涛同志始终如一长期扎根监管改造第一线，始终牢牢把握“教育人、改造人、挽救人”的宗旨，在情、理、法的有机融合中，不断探索实践，把毕生精力奉献给监狱事业，兑现了一名共产党员对党和人民的承诺，践行了一名警察的入党誓言，谱写了一名监狱人民警察敢于牺牲、甘于奉献、恪尽职守的人生赞歌。

个人简介

房泽跃

1957年生，中共党员。生前任铜仁监狱狱政管理科科长。1975年参加工作。2003年5月20日在抗击“非典”期间，因突发心脏病不幸以身殉职，年仅46岁。

1993年至1998年，连续四次被评为“铜仁监狱优秀个别教育能手”；1997年被评为贵州省司法系统“优秀个别教育能手”；1999年被司法部授予全国“优秀个别教育能手”荣誉称号；2003年被司法部追授“全国司法行政系统二级英雄模范”荣誉称号。

主要事迹

1982年，房泽跃同志从部队复员到铜仁监狱工作，他谦虚谨慎，敏而好学，尊重领导同事，冲锋在前，吃苦在前，一直任劳任怨战斗在教育改造罪犯的第一线。为了更新知识结构，适应新时期改造罪犯的工作，他努力挤时间学习政治理论、文化知识和业务知识，认真钻研罪犯改造心理学、管教艺术学、侦察心理学。

1993年，房泽跃同志担任八监中队队长。房泽跃同志对本队情况了如指掌，第一个实现对本队罪犯无册点名，成为铜仁监狱执法与教育改造罪犯的业务尖子，被同事们誉为“活字典”。

房泽跃同志在工作实践中，根据罪犯的心理、特长及恶习程度等个性特征，采取不同的教育策略，对症下药，取得了很好的效果。

房泽跃同志常说：“我们监狱警察就是执行刑罚，但这只是一种手段，根本目的在于将罪犯改造成为守法且自食其力的社会新人。我们对罪犯要多关爱，用真情感化他们。”1998年，罪犯杨某某转来铜仁监狱后不久就生病住院，房泽跃同志自已掏钱给杨某某买了所需药品及一些营养品送到床前，鼓励安慰他安心养病。杨某某出院后说：“我带着一份沉重的包袱来到这里，做梦也没想到房大队长向我伸出救命的手，我还有什么理由不积极改造？”

房泽跃同志写下的对个别罪犯的教育记录达55万多字，总结的对个别罪犯教育经验达1万多字。他使危犯转化率达到87.5%，在他任职的单位，从未出现过罪犯脱逃、行凶等监管事故。

2003年4月下旬，“抗击非典保稳定”战斗在铜仁监狱打响。作为狱政科科长，房泽跃同志不顾患病在身，主动请战，并在第一时间制订了工作预案。监狱实施封闭管理后，他认真督促各项措施的落实，参与罪犯减刑案件的审核等大量具体工作，夜以继日，身体严重超负荷。其间，他曾两次发病，但他顾不上去医院，带病坚持工作。2003年5月20日下午，房泽跃同志因过度紧张和劳累，导致心脏病严重发作，经抢救无效，不幸以身殉职。

从警20余年，房泽跃同志认真贯彻执行党的监狱工作方针政策，立足本职、勤奋工作，忠实履行一名监狱人民警察的神圣职责，为维护监狱安全稳定、提高罪犯教育改造质量作出了贡献。

个人简介

王　成

1955年生，中共党员。生前任铜仁监狱刑罚执行科主任科员，一级警督警衔。1972年应征入伍。1980年退伍复员到铜仁监狱工作，历任中队副政治指导员、中队长、监区副教导员、狱政科副科长、副监区长、监区教导员等职，2010年转任非领导职务。2013年因积劳成疾，突发脑溢血，倒在了工作岗位上，时年58岁。

荣获司法部“全国司法行政系统二级英雄模范”荣誉称号，被连队嘉奖6次。

主要事迹

恪尽职守　身先士卒　维护安全稳定

工作中，王成同志时刻把确保监管安全、提高教育改造质量放在第一位。一次，罪犯张某因不满铺位安排，情绪十分激动，甚至流露出了轻生念头。王成同志了解情况后，及时稳定该犯情绪，对该犯进行耐心细致的解释和说服教育工作，直到让该犯情绪稳定并谈了对自己错误言行的认识后，次日凌晨1时才放心地离开办公室。对待危顽犯，他制订切实可行的顽危犯专教转化方案，掌握罪犯思想动态，及时开展个别教育，稳定罪犯情绪。罪犯邓某自暴自弃，情绪波动，王成同志不厌其烦地对邓某进行引导教育，从生活等多方面关心，用真诚之心感化邓某，使其慢慢稳定了情绪，并重新明确了改造方向。

王成同志对教育改造工作的细心和耐心，深深地感染着他的同事。2007年，因工作需要，王成同志任监区副监区长（后任政治教导员），分管监管安全和教育改造。在任期间，该监区罪犯违规违纪率逐年下降，两个分监区更是实现连续8年未发生“四防”事故。

不计得失　顾全大局　献身崇高事业

2010年，为了保持监狱干警队伍活力和年轻化建设需要，贵州省监狱管理局探索尝试让一些临近退休且还担任科级领导职务的老同志发扬风格，退居二线。王成同志积极协助监狱党委做通其他同志的思想工作，并主动让贤，到刑罚执行科当了一名普通干警。为了不影响监狱刑罚执行工作的顺利推进，他又主动承担了大量工作。

2013年，王成同志因积劳成疾，突发脑溢血，倒在了他热爱的工作岗位上。王成同志几十年如一日，甘于平凡，忠于职守，默默奉献，他用58年的人生历程书写了一曲爱岗敬业、忠于职守的感人乐章，用无声行动为战友树起了一座不朽丰碑。

个人简介

王长江

1955年生，中共党员。1971年参加工作，曾任贵州省王武监狱一级警督。2015年退休。

荣获“全国司法行政系统二级英雄模范”“全国抗震救灾模范”荣誉称号。

主要事迹

2008年5月12日14时28分，四川省发生罕见的里氏8级大地震，面对巨大的灾难，在党中央、国务院的号召下，全国各地志愿者纷纷奔赴灾区，其中有一名来自贵州省司法行政系统的志愿者，他就是原贵州省王武监狱的王长江同志。

5月12日，四川省阿坝州汶川县发生里氏8级地震，看到新闻的王长江同志，脑中立即冒出坚定的念头：我要去前线抢险救灾。5月14日，王长江同志向监狱领导告假参加四川抗震救灾。5月15日，王长江同志乘上了贵阳至成都的列车，在列车上与15名“单兵”组成了一支自发的贵阳抗震救灾抢险志愿队。16日到达成都火车站后，为增强救援力量，王长江同志来回奔走，多方联系，最后他们与来自重庆红十字总会的志愿队整合在一块。16日晚11时他们从成都市出发，于5月17日凌晨1时30分到达什邡市，并于当天下午5时到达受灾最重的乡镇之一——红白镇。

王长江同志和救援队进入红白镇后，顾不上休息，立即投入抗震救灾工作中。他们的到来，令红白镇抗震救灾指挥部的同志们喜出望外。王长江这才发现，有不少未卸载救灾物资的车辆被堵在路上。在武警成都支队的帮助下，他指挥志愿者们投入了卸载救灾物资的战斗，一直干到晚上11时，足足卸了8车包括服装、帐篷、药品和各种食品在内的救灾物资。

灾区消毒，是一份非常危险的工作。高度腐烂的遗体会感染掩埋人员的开放性伤口，石灰可能烧灼掩埋人员眼睛……王长江同志闻讯主动请缨，带领志愿队按医务人员要求，每人戴上双层口罩、薄胶手套后，又在外加戴一双厚厚的帆布手套，穿上一件黄色的塑料雨衣。

他带头扛起每袋40公斤的石灰前往半山腰的掩埋区。那时灾区天气又闷又热，穿上“防护装”，汗水湿透了衣服，人人汗流浃背，几乎连眼睛都睁不开，完成任务大家脱去“防护装”后，衣服能拧出水来。

5月17日至27日，在救灾工作中，王长江同志冒着余震和坠落悬崖的危险，克服饮用水少、住宿条件差等问题，有组织、有纪律地配合救灾部队参与各项救灾行动。因为体力等因素，灾区抢险志愿者平均两天换一批人，而王长江在红白镇一待就是整整10天，每天连续工作十七八个小时，脚软就坐在地上稍做休整再接着干，由于劳累过度他曾多次晕厥。这10天里，王长江同志眼睛红肿充血，瘦了整整11斤，整个人变了个样，“王队”成了志愿者、救灾部队官兵们对他最亲切的称呼，人们记住了这位贵州警察。

红白镇抗震救灾指挥部专门给贵州省司法厅写了一封《致谢函》：王长江同志，身先士卒，不怕牺牲，不畏艰难，吃苦耐劳，充分体现了一名共产党员的崇高品质，他的模范行为受到了什邡市红白镇广大受灾群众和抗震救灾部队官兵的一致好评，广大受灾群众，向贵州省司法厅、监狱局表示深深的谢意，向这次抗震救灾行动中表现突出的王长江同志表达最诚挚的谢意。

灾情就是命令，党的需要就是命令，祖国的需要就是命令，人民的需要就是命令！大爱无言，王长江同志用自己的实际行动诠释对党、对祖国、对人民的赤诚之心，让警徽熠熠生辉。

个人简介

赵 洪

中共党员。1977年参加工作，2011年9月至2013年10月任贵州省白云监狱刑罚执行科主任科员。2013年10月24日，在工作岗位上突发疾病，抢救无效不幸去世。

在服役期间，获嘉奖2次，荣立三等功1次，荣获“全国司法行政系统二级英雄模范”荣誉称号。

主要事迹

爱岗敬业　无私奉献

赵洪同志长期工作在基层一线，一心扑在工作上。每当监狱“大家庭”和个人小家庭无法兼顾时，他总是毅然决然地选择前者。赵洪同志负责罪犯收押、分流的重任，对此，他毫无怨言。赵洪同志腰椎有顽疾，同志们经常劝他休息一下，到医院进行腰椎治疗，他总是回一句“忙完这段再去”，便拿起档案开始审核、填写、装订。赵洪同志从未出现差错。赵洪同志严谨的工作作风、踏实的敬业精神，赢得了领导、同事及相关单位的一致好评。

舍己为人　公而忘私

赵洪同志忠诚于党的监狱事业，将全部精力投入工作中。赵洪同志的父母先后因病去世，而他照顾老人的时间屈指可数，家庭的重担都落到了妻子的肩上。在妻子劳累需要依靠和慰藉时，却无人陪伴。他这一生只参加过一次儿子的家长会，还是在儿子高考结束之后。赵洪同志对父母、对妻子、对儿子都充满了愧疚，但是亲人们都能够理解和支持他。赵洪同志经常教导儿子：“军营岁月铸就了我的忠诚与奉献；我热爱监狱事业，这是我的岗位，也是我的阵地，我不能丢失，也不能后退。”

恪尽职守　勇于奉献

2013 年 10 月 24 日上午 8 时，赵洪同志刚打开办公室的门往里走，就突然倒下了，没有留下一句话，便永远地离开了。后来通过与赵洪同志的家属交谈得知，赵洪同志在上班途中就提到胸口有点痛，儿子对他说："爸爸，您如果觉得不舒服就赶紧去医院看一下，今天就不要去单位了。"赵洪同志却说："没事，我能坚持，今天单位忙，我先到单位看看，有空再去医院。"这是赵洪同志留给家人的最后一句话，也是留在世上的最后一句话。

生如夏花之绚烂，死如秋叶之静美。赵洪同志把对党和国家的忠诚与热爱，对监狱事业的责任与担当，都深深浇筑进自己的生命之中，他用 30 多年的千锤百炼，践行了监狱人民警察忠于党、忠于人民、忠于法律的初心和使命，铸就了自己恪尽职守、忠诚奉献的光辉一生。

个人简介

刘遗瑞

布依族，1971年生，中共党员。现任贵州省戒毒管理局所政管理处处长。1991年参加工作。

荣立二等功；荣获“全国司法行政系统二级英雄模范”荣誉称号；在“抗非典”“抗凝冻”等任务中，多次被评为厅、局系统的优秀共产党员和先进个人。

主要事迹

贵州省第一强制隔离戒毒所有“大、散、旧、杂”四个特点。“大”，是指该所收治量大；“散”，是指该所高度分散，戒毒大队相互间距离2~3公里；“旧”，是指该所建所61年，至今还在使用20世纪六七十年代的建筑，设施陈旧不堪；“杂”，是指该所面向全省收治，收治对象涉及78个市区县，人员结构十分复杂，增加了戒治管理难度。刘遗瑞同志作为班子中分管所政管理和教育戒治工作的副所长，以坚定的政治信念，优良的政治品格，抓铁有痕、踏石留印的工作作风及勤奋扎实、开拓创新的精神，多年来狠抓工作落实。该所连续实现“六无”安全目标，实现戒毒执法“零差错”，教育戒治工作亮点纷呈。2018年，经社会专业评估机构调查确认，该所当年离所人员操守保持率达67.2%。以一个大所的安全，助推全系统之安全，以系统之安全维护总体国家之安全；以个体之矫正成全无数家庭，进而构建和谐社区，推动社会稳定发展。这样的作为，彰显了贵州第一强制隔离戒毒所人的奋斗和担当，更是刘遗瑞同志这位分管领导政治过硬、勤奋开拓的集中体现；是他用习近平新时代中国特色社会主义思想武装头脑的结果；是他牢固树立“四个意识”，坚定“四个自信”，坚决做到“两个维护”的最好证明；是他不忘初心、牢记使命，热爱司法行政戒毒事业，尽忠职守的直接体现。

2015年，在全国司法行政戒毒系统积极探索戒毒模式方兴未艾之际，刘遗瑞同志就审时度势，准确地把握了“以教育戒治为中心，走科学戒毒之路”的工作方向，并为此倾尽心血、久久为功。一是成立科学戒毒“试验区”。将新收、出所和常规大队从建制和区域上分设，率先在贵州省系统内实现了科学戒毒的分区、分期流转。二是组建了科学戒毒的专业化团队，成立了“戒治指导研究中心”，分设了理论研究、矫正教学、心理矫治、体能康复、综合指导5个工作机构，开展科学戒毒的探索实践和实体化运作。在刘遗瑞同志的直接指导下，中心教育戒治成效凸显，调查研究成果丰硕。他先后有4篇调研文章分获司法部戒毒协会一、二、三等奖。戒治指导研究中心还被贵州省戒毒管理局授牌为“全省司法行政戒毒系统理论研究基地”。三是主动担当社会责任，将工作向外延伸。2017年“回归指导联络站”成立，刘遗瑞同志与地方禁毒部门联手，建立“场所、地方、家庭、个人”四位一体工作机制，致力于离所人员的指导帮扶工作，加强社会管控，巩固戒断成果。特别是与遵义市绥阳县的联建工作，刘遗瑞同志亲力亲为，实现了离所社康人员100%管控和87.5%的操守保持率，引起了良好的社会反响。2018年，《法制日报》对此做了专题报道，其被评为贵州省司法行政戒毒系统年度十大新闻之一。

刘遗瑞同志敢于担当，主动请缨担任艾滋病集中管理专管大队大队长，创建了一套先进的管理工作理念和系统科学的教育矫治方法，成功地打造了艾滋病感染者管理教育工作的专管模式和专管文化，开创了工作的新局面。20多年来，刘遗瑞同志爱岗敬业，为维护场所稳定，推进社会和谐奉献了自己的青春和激情。

个 人 简 介

何　旭

1991 年生，中共党员。现任贵州省兴义监狱医院副院长。昆明医科大学毕业，2014 年参加工作。2015 年起，任贵州省兴义监狱民警。

2016 年，在新干警培训中被贵州省司法警官学校评为“优秀学员”；2017~2018 年度荣获优秀共产党员荣誉称号。2020 年因驰援湖北监狱系统抗击新冠肺炎疫情被司法部通报表扬，被贵州省委、省政府记个人二等功，荣获“全国抗击新冠肺炎疫情先进个人”荣誉称号。

主要事迹

一身正气　肩扛责任显担当

何旭同志主要负责监狱罪犯临床护理及病监罪犯的管理等工作。每次临床治疗或抢救危重病人时，他始终冲在前面。由于工作岗位的特殊性，他不仅要负责普通病犯及传染病犯的医疗卫生工作，还肩负着维护监狱安全稳定的重要职责。如何根据门诊就诊记录，采取防疫措施？如何掌握罪犯的思想动态，治疗他们心理上的顽疾？如何抓好病监罪犯的行为规范，让其养成自觉遵守监规纪律的自觉性？这些问题都是监狱医务民警工作的重点、难点。

主动请战　践行医职分国忧

2020 年 2 月 15 日，新冠肺炎疫情防控工作进入关键阶段。根据司法部统一安排部署，贵州省监狱管理局立即向全省监狱系统发出医护民警紧急驰援湖北的号召。此时刚换勤回家、隔离备勤的何旭同志第一时间向组织递交请战书，义无反顾，奔赴湖北抗疫一线。

救死扶伤　不惧风险斗病魔

在湖北省沙洋县，何旭同志先后与其他同志完成了近 1600 余人次的咽拭子采集工作；与其他同志一起完成感染第 10、第 11 病区的清零目标后，2020 年 3 月 24 日他所在的医疗队再次转战武汉支援袁家台方舱医院。他主动深入感染病房，认真负责地开展感染病房的各项医护工作，按时对各区域及区域设备做好消毒和处置医疗废物等工作。他穿上厚厚的防护衣，每班一干就是6小时，贴身衣服被汗水浸透，护目镜上挂满汗珠，防护口罩将面部勒得变形，乳胶手套将手指束缚得逐渐麻木，口渴，憋尿，闷热……何旭同志克服种种困难，始终冲锋在前。在他与其他同志们的精心治疗、护理下，4月上旬，他们所负责的患者全部治愈出院，他们出色地完成了援鄂工作任务。

何旭同志无论是在平时的罪犯教育管理、医疗救护工作中，还是在疫情防控工作中，均谦虚好学，工作认真负责，时刻发挥一名共产党员的模范带头作用。特别是新冠肺炎疫情发生以后，在抗击疫情最困难的关头，何旭同志闻令而动，毅然出征疫情防控最前线，做人民生命和健康的忠实守护者，体现了“一方有难，八方支援”的崇高精神，为坚决打赢新冠肺炎疫情防控的人民战、总体战、阻击战作出了积极贡献，谱写了监狱人民警察抗击新冠肺炎疫情的壮美篇章。

个人简介

朱　林

1985 年生，中共党员。现为毕节监狱狱内侦查科四级警长。2011 年参加工作。

2016~2018 年连续 3 年被毕节监狱评为优秀狱内侦查员，2018 年被贵州省监狱管理局通报表扬 1 次，2019 年被贵州省毕节监狱委员会评为优秀共产党员，2020 年被贵州省监狱管理局记个人三等功 1 次，2021 年荣获“全国扫黑除恶专项斗争先进工作者”荣誉称号。

主要事迹

深学笃用　坚定信念　不忘初心

扫黑除恶专项斗争是一项政治性、政策性、专业性较强的工作，朱林同志作为一名共产党员，认真学习习近平总书记关于扫黑除恶专项斗争工作的重要指示精神，切实把握精神实质，领悟核心要义，努力学习扫黑除恶专项斗争相关法律、制度、政策、执法办案手册及各地经典案例和经验做法，在扫黑除恶专项斗争中，深入罪犯“三大现场”，对在押罪犯，尤其是涉黑涉恶罪犯开展知识宣传、政策宣讲 30 余次，对重点涉黑涉恶罪犯开展个别谈话教育 40 余人次，教育引导罪犯放下包袱、争取主动。有一次，他找一名罪犯谈话时发现，这名罪犯避而不谈其家庭状况。他敏感地捕捉到，这名罪犯肯定隐瞒了什么重大情况。于是他每天坚持与其耐心谈话，引导其主动检举揭发，经过 10 余天的不懈努力，这名罪犯向他交代了重要线索。自开展扫黑除恶专项斗争以来，朱林同志紧盯线索收集、线索甄别、线索核查等关键环节，共开启扫黑除恶线索检举箱 20 余次，提审讯问罪犯 30 余人次，搜集到各类违法犯罪线索 68 条，其中涉黑涉恶犯罪线索 13 条。

勤学善思　立足工作　创新推进

朱林同志及时对监狱开展的扫黑除恶专项斗争工作进行“回头看”，在深思细悟中不断探索“第二战场创新战法”。为加强对线索的规范化、精细化、标准化管理，奠定后续工作坚实基础，探索建立“一线索一档案”的线索管理模式，他将从毕节监狱深挖到的 68 条线索，形成了 68 个线索专档，切实增强了监狱扫黑除恶专项斗争线索管理力度。线索移交核查是扫黑除恶专项斗争的重要一环，朱林同志一改以往线索移交的方式，探索“机要寄递”方式，提高了与公安机关信息互通共享的质效。公安机关及时对 37 条线索进行了核查反馈，提讯相关罪犯 32 人次，极大提高了监狱移交线索的核查反馈率和实效性，2 条重要线索帮助公安机关破获了 2 起重大案件。

个人简介

刘　刚

1969年生，中共党员。现为王武监狱离退休管理科副科长，一级警长。1991年参加工作。

在与罪犯搏斗中，用鲜血捍卫荣誉，用生命谱写忠诚，不怕牺牲，敢于拼搏，维护了监管安全稳定。荣获司法部“全国司法行政系统一级英雄模范”荣誉称号。

因工作特殊，主要事迹略。

个人简介

陈黔东

1957年生，中共党员。1975年参加工作，历任贵阳监狱橡胶监区车间教导员、政治处副主任、副调研员职务，一级警督。2015年退休。

面对穷凶极恶的歹徒，将生死置之度外，用自己的鲜血和生命捍卫了家国安全、监管安全，诠释了对党和人民的无限忠诚。荣获“全国司法行政系统二级英雄模范”荣誉称号。

因工作特殊，主要事迹略。

云南

个人简介

袁德军

1962 年生，共产党员。1979 年参加中国人民解放军，1982 年复员到景东监狱工作，历任劳改工作干部，监狱干事、副队长、队长、副监区长、主任科员等职。2004 年 3 月 22 日，因公殉职，年仅 42 岁。

3 次被评为优秀共产党员，4 次被评为先进工作者。牺牲后，被云南省人民政府批准为“革命烈士”，被中共云南省委员会追授为“学习‘三个代表’先进个人”，被民政部追认为“革命烈士”，2006 年被司法部追授“全国司法行政系统二级英雄模范”荣誉称号。

主要事迹

袁德军同志出生于一个监狱警察家庭，从小就立志要像父亲那样当一名好警察，做一名改造罪犯灵魂的工程师。自参加工作以来，他始终战斗在基层第一线，深入改造罪犯的“三大现场”，对罪犯依法严格管理和教育。在严管队工作，长期与最危险的罪犯打交道，他无私、无畏、不顾个人安危，忠于职守，不怕牺牲。

“他心里牵挂的永远是工作”，这是袁德军家人说得最多的一句话。2004 年 2 月的一个晚上，10 时多才下班的袁德军同志回到家不久又匆匆出门。后来同是警察的妻子才得知，原来是他突然回想起白天罪犯高某表现异常，袁德军同志本想找其谈话，但被其他事情耽误了。这才连水都顾不上喝一口，就朝单位奔去。他一到单位，赶紧找高某谈话了解情况，因为担心高某情绪变化，便在谈话结束后安排好监控措施才回家，到家时已是凌晨，家人都休息了。“这样的事情已经不是一次两次了”，袁德军同志的家人说，“深更半夜起来处理工作上的事情是常有的事”。

因为一心扑在工作上，本来身体就不算很好的袁德军同志常常一忙起来就忽视了自己的身体。2005 年 2 月，袁德军的心脏病开始加重，医生要求他必须住院治疗，但他考虑监区警力不足，工作任务繁重，便谢绝了医生的好意，一直坚守在工作岗位上。领导和同事们多次劝他休息，好好看病，他总是说：“忍一忍就过去了。”考虑他的身体状况，单位准备调他到相对轻松的工作岗位上。他却说：“我在这个岗位时间长，对他们的情况比较了解，如果现在找人来接替，需要一段时间去熟悉情况，工作进度就会变慢。我的病我清楚，都是老毛病，不打紧。”领导和同事都被他无私奉献、爱岗敬业的精神感动了。

然而，令人惋惜的是，这样一位始终心系工作、任劳任怨、公道正派的好干部、好警察，在2004年的春天，为了捍卫法律的尊严和权威献出了自己宝贵的生命。

2004年3月22日，袁德军同志突遭罪犯袭击，他在身负重伤的情况下，与凶犯殊死搏斗，并制伏凶犯。但他终因伤势过重，倒在了血泊之中……浑身是血的袁德军被同事救起，却终因失血过多，壮烈牺牲，以身殉职，年仅42岁。

“人固有一死，或重于泰山，或轻于鸿毛。”袁德军同志虽然走了，但他英勇无畏的高大形象成为人们心中永垂不朽的丰碑。袁德军同志短暂的一生平凡而又伟大。他用生命中一点一滴的平凡小事，奏响了一名共产党人辉煌的生命乐章。他以实际行动，践行了自己的入党誓言，展示了监狱人民警察崭新的精神风貌。

个人简介

禹凌云

1976 年生，中共党员。生前系云南省官渡监狱三监区三级警长，一级警督警衔。1994 年参加工作。2018 年 3 月 9 日，在值班期间突发疾病，因公牺牲，年仅 42 岁。

2018 年被云南省监狱管理局委员会追授“全省监狱系统优秀共产党员”荣誉称号，被云南省委宣传部追授“云岭楷模”荣誉称号，被司法部追授“全国司法行政系统二级英雄模范”荣誉称号，入选“改革开放 40 周年政法系统新闻影响力人物”。

主要事迹

禹凌云同志常年奋战在教育改造罪犯第一线，坚决履行党和人民赋予的神圣职责，圆满完成改造罪犯、维护稳定、处置突发事件等繁重的工作任务，为监狱事业无声奉献、鞠躬尽瘁，在平凡的岗位上作出了不平凡的业绩。在生命的最后时刻，他留下的仍是“上身正直坐着，双眼紧盯执勤台”的认真工作、忠诚履职的姿态。

24 年的监狱警察生涯，禹凌云同志用爱心唤醒了一个又一个迷失的灵魂，用滴水穿石的精神转化了一个又一个顽固的罪犯。禹凌云同志对工作全身心投入，对事业无条件付出，24 年来，与罪犯个别教育谈话数千次，化解矛盾纠纷几百次，消除百余名罪犯的思想顾虑，提请办理减刑假释案件等执法工作实现“零差错”。

工作 24 年来，禹凌云同志始终保持着一颗爱学习、愿攻坚、敢克难的心，对罪犯既严格管理又耐心教育。他像一把“万能钥匙”，为无数罪犯打开“心锁”，帮助多名刑释人员解开思想困惑、走出生活困境。2014 年，禹凌云同志所包干的罪犯王某某收到了一封来自家里的喜报，信中告诉他儿子考上了北京大学。面对这份喜报，王某某却担心儿子的学费从哪里来？禹凌云同志在了解相关情况后，积极向监区提出了捐款的意见。在监区捐款现场，他带头拿出了 500 元。同事们沉默了。因为大家都知道，禹凌云家的经济状况并不太好，500 元对禹凌云来说，并不是小数。禹凌云同志的爱人长期在家照顾小孩，没有工资收入，他一个人的工资不仅要管一家三口的衣食住行，负担孩子的学费，还要还房贷。可他却说：“作为一名父亲，我知道在儿女需要时，给不了帮助的无奈与自责，他的儿子那么优秀，能考上一流大学，我们不能让钱成为他们父子心中永远的痛。”最终为王某某的儿子筹集了 2

万余元，既解决了上学的燃眉之急，又解开了王某某长期愧对儿子的心结。

在禹凌云同志牺牲后，云南省监狱管理局组织举办了“云岭楷模”监狱人民警察禹凌云先进事迹报告会，通过禹凌云同志的监区领导、同事、妻子及记者的视角，采取现场口述宣讲的方式，向云南监狱系统、云南司法行政系统乃至政法系统进行广泛宣传。禹凌云同志的先进事迹在云南省乃至全国政法系统内引起强烈反响，各级党委对他进行了充分肯定。

禹凌云同志是扎根基层、长期奋战在监狱工作前沿的先进典型，是默默战斗在监管改造一线的模范标兵，是新时代共产党员和监狱人民警察践行忠诚、干净、担当政治品格的优秀代表，是“两学一做”学习教育常态化、制度化的生动教材。他在平凡的岗位上，用忠诚和热血树起了一面旗帜，用担当和敬业立起了一根标杆。他用自己年轻的生命践行了入党时的铮铮誓词，表达了对监狱事业的无限忠诚，谱写了新时代监狱人民警察热血忠诚的时代赞歌。

个人简介

唐顺保

1966 年生，中共党员。生前任云南省建水监狱医院院长，专业技术三级警监警衔。1989 年参加工作。2019 年 7 月 17 日，因病医治无效不幸去世，年仅 53 岁。

2020 年被司法部追授“全国司法行政系统二级英雄模范”荣誉称号。

主要事迹

担当使命 携妻坚守“抗艾”一线无怨无悔

2008年年初，云南监狱系统首先在建水监狱试点集中治疗、改造艾滋病罪犯。面对这一全新挑战，在没有任何经验可循、监管改造压力和职业暴露风险巨大的情况下，唐顺保同志义无反顾地投入抗艾工作中，并动员妻子到艾滋病犯监区工作。

在唐顺保夫妇的带动下，医护人员义无反顾地投身监狱艾滋病抗病毒治疗工作中。

英勇无畏 两次职业暴露后依然坚守

在唐顺保同志身上发生了两次惊心动魄的职业暴露，最危险的一次发生在2014年4月11日。在转送郑某的途中，因郑某艾滋病性脑病发作，有抓人举动。唐顺保同志来不及多想，孤身一人扑上去控制郑某，并喝退前来帮忙的年轻警察，把安全留给别人，把危险留给自己。郑某被控制住了，唐顺保的手臂却被抓了两条伤痕。幸运的是，由于处理及时，两次职业暴露最后均化险为夷。

医者仁心 把大爱洒进高墙

唐顺保同志带领全体医护人员坚守在监狱“抗艾”一线，用不抛弃、不放弃的态度点燃了艾滋病罪犯对生命的渴望。艾滋病罪犯奎某因双脚大面积溃疡，散发浓浓的臭味，同病房的罪犯都不愿接近他，但是唐顺保同志却从不嫌弃，经常为其检查、换药。在他的精心救治和耐心劝导下，奎某已基本能独立行走，并重新找回了改造信心。

勇于探索　创新完善“建水监狱方案”

唐顺保同志以严谨求实、追求卓越、精益求精的工匠精神，带领团队历经多年艰难探索，形成了一套科学的艾滋病罪犯管理模式和治疗模式。他先后两次受邀参与国内外艾滋病防治工作学术研讨交流，为全国监狱系统集中管理、治疗艾滋病罪犯提供了行之有效的“建水监狱方案”。他带领的团队荣立集体三等功 1 次，被云南省委省政府授予“云南省第三轮禁毒和防治艾滋病人民战争先进集体”荣誉称号。

直面病魔　用生命坚守岗位

唐顺保同志即便在身患胆囊癌的时候，心心念念的也是医院的工作。2019 年 5 月 6 日，唐顺保同志在还未完全康复的情况下主动要求出院。5 月 7 日一大早，他像往常一样，身穿白大褂，带领医生巡查病房，逐一检查每位患者的情况。他还用自己的亲身经历，教育艾滋病罪犯以积极乐观的心态配合医院治疗。唐顺保同志弥留之际，领导看望他，他自责不已地说：“对不起组织，没有把组织交办的任务完成好……”唐顺保同志充分展现了新时代监狱人民警察公而忘私的崇高境界、忠诚坚定的理想信念、担当作为的进取精神及攻坚克难的刚毅品格，践行了人民警察“对党忠诚、服务人民、执法公正、纪律严明”的铮铮誓言。

个人简介

桂家华

彝族，1966 年生，中共党员。1988 年参加工作，先后任云南省小龙潭监狱中心医院治疗科科长、副主任医师，四级高级警长，一级警督警衔，云南省监狱管理局援助湖北医疗队队员。

在抗击新冠肺炎疫情中，因表现突出，被授予云南省司法行政系统优秀共产党员荣誉称号，被云南省监狱管理局记个人三等功 1 次；2020 年荣获“全国抗击新冠肺炎疫情先进个人”荣誉称号，并到北京人民大会堂参加了全国抗击新冠肺炎疫情表彰大会。

主要事迹

桂家华同志始终忠诚于党的监狱事业，将“立警为公、执法为民”贯穿于一言一行；他时刻牢记入医誓言，秉承医者仁心理念，致力于监狱医疗事业发展，为监狱持续安全稳定作出突出贡献。从警33年来，桂家华成为领导口中“有急难险重任务第一个想到的人”，同事口中“遇到疑难杂症的主心骨”。他兢兢业业，热爱工作，勤于钻研，在实践中练就了精湛的医术；他把医治工作与罪犯管理教育紧密结合，探索出一套科学的病犯管理模式和治疗模式。

爱岗敬业　治病救人与教育改造并轨并重

作为监狱医院，除了要治疗罪犯的身体疾病，还要医治罪犯的“心”病，治病虽难，但攻心治本更难。桂家华同志始终秉持医者仁心，在治病救人的同时，攻心治本，让一批批罪犯迷途知返，重获新生。

罪犯邓某因神经炎导致双腿瘫痪。入监后不久，妻子离婚并带走了唯一的女儿，各种打击和病魔彻底击垮了这位30岁的年轻人。邓某开始自暴自弃。桂家华同志作为邓某的治疗医师和改造邓某的警察，精心制定详细的康复治疗方案，治病和攻心并重。经过700多个日日夜夜的努力，邓某终于逐步脱离轮椅，重新燃起生活的希望。

医术精湛　危急时刻彰显医者天职

作为一名临床医生，要有仁心，更要有救死扶伤的过硬技术本领。在关键时刻，他总是自信满满地挺身而出；所带领的医疗团队，从未发生医疗事故。监区一名病犯身上长满了天疱疮，全身皮肤溃烂，很多医生看了都直摇头。桂家华同志除了每天埋头在医书里找方法，还坚持每日对患者进行检查诊治和记录，多次组织医院医疗骨干开展集中讨论，向外界医疗专家请教，邀请专家会诊，最终成功找到寻常性天疱疮的治疗方法，让患者的病情得到有效控制和治疗……在一次次的“生死争夺战”中，他凭着精湛的医术，沉着冷静，一次又一次把病犯从死亡边缘救了回来。

不畏艰险　驰援湖北武汉决战疫情

2020 年春节前夕，湖北武汉突发新冠肺炎疫情。桂家华同志主动请缨逆行湖北武汉。2020 年 2 月 20 日，经过 3 天封闭集训的桂家华同志进入方舱医院医治病人，战斗在与新冠肺炎疫情较量的一线战场。进舱首日，300 余名病患被陆续收治，整个方舱里充斥着咳嗽声和不可言状的恐惧感。他立即投入询问病史、安排床位、开具医嘱等紧张的工作中。工作中，他积极与当地医务工作者进行沟通，针对个体差异制订治疗方案，并不停地反复核对、论证，调整治疗计划，力求科学准确，努力提高救治率。2020 年 4 月 8 日，桂家华同志与同行的战友结束了方舱战“疫”任务，圆满完成了组织交给的援鄂抗疫任务。在这次“战‘疫’大考”的检验中，桂家华同志真正做到了“召之即来、来之能战、战之能胜”，体现了一名共产党员义无反顾、迎难而上的忠诚本色，交出了一份优秀的答卷。

桂家华同志以精湛的医术践行入党誓言，表现出强烈的大局意识和全局观念；他主动请战，以共产党员的大无畏精神冲锋在前，展现了不怕牺牲、勇于奉献的崇高精神。他是一名党和人民信得过、靠得住、能放心的政法战士。

个人简介

者见坤

1969年生，中共党员。现任云南省曲靖监狱党委委员、督查专员。1991年参加工作，历任云南省曲靖监狱东山分监三监区、二监区党支部书记、监区长等职。

被评为监狱先进工作者9次、优秀党务工作者7次、优秀公务员9次，荣获“云南省监狱管理局优秀党务工作者”“云南省监狱系统先进工作者”荣誉称号，荣立个人三等功2次；2007年被云南省总工会授予“云岭优秀职工暨五一劳动奖章”，荣获“全国煤炭工业劳动模范”荣誉称号；2010年荣获“全国先进工作者”荣誉称号。

主要事迹

不管身处何岗，者见坤同志始终如一地贯彻执行党的路线、方针政策，始终忠诚于党的监狱事业，以饱满的热情和忠诚敬业的态度积极投身监狱事业。

作为监狱警察，他把教育改造罪犯作为自己的天职。作为党支部书记、监区长的他提出：监管改造要做到“深、严、细、实”四个要求，以提高改造质量为中心，强化现场管理，注重罪犯日常行为习惯的养成，着力构建和谐的改造氛围和文明的执法环境。他以身作则坚持“三个带头”：带头深入罪犯“三大现场”，带头为罪犯上课，带头进行个别教育。者见坤同志帮助罪犯解决改造生活中的难事、烦心事，为他们弃旧我、奔新生铺路架桥，实现连续 5 年无罪犯脱逃案件的发生。

个人简介

李开福

1959年生。1981年参加工作。云南省小龙潭矿务局小龙潭露天矿退休职工。

1993年荣获“特殊贡献”三等奖，1995年、1997年、1998年、2003年荣获“劳动模范”荣誉称号，1998年被云南省人民政府评为“年度先进工作者”，2004年荣获“全国五一劳动奖章”，2005年荣获“全国劳动模范”荣誉称号。

因工作特殊，主要事迹略。

个人简介

朱旭平

1949 年生，中共党员。1965 年参加工作，2009 年退休。

多次被评为优秀共产党员，荣获“特殊贡献”一等奖，1994 年荣获“云南省劳动模范”荣誉称号，1995 年荣获“云南省煤炭工业劳动模范”“全国煤炭工业劳动模范”荣誉称号，2000 年荣获“全国劳动模范”荣誉称号。

因工作特殊，主要事迹略。

西藏

个人简介

朗　扎

藏族，1965 年生，中共党员。1980 年进入村“两委”参加工作。历任西藏自治区比如县白嘎乡达钦村村委会主任、党支部书记，喜江村党支部书记，朗扎调解室主任等职。

多次被各级党委、政府评为优秀共产党员，2013 年荣获“西藏自治区先进工作者”荣誉称号，2017 年荣获“全国模范人民调解员”荣誉称号，2019 年荣获西藏自治区“十大法治人物”、全国“新时代司法为民好榜样”荣誉称号，荣获那曲市“五一劳动奖章”。

主要事迹

56 岁的朗扎同志调解矛盾纠纷近 40 年，荣获多项荣誉，而最让他自豪的是老百姓授予他的“羌吞泼念”（藏语，意为“和谐使者”）称号。

草场是农牧民的“命根子”

1980 年，15 岁的朗扎因为聪明好学被村民推选为村“两委”委员。从那时起，村民有了纠纷都愿意找他帮忙调解。几十年来，他始终活跃在人民调解工作一线，挽救了无数个几近破裂的婚姻和家庭，化解了许多一触即发的矛盾纠纷。

2014 年 7 月，又到了一年一度的虫草采挖季，亚阔村与欧阔村群众又因草场界线问题吵得不可开交。得知消息的朗扎同志第一时间赶赴现场，想办法稳住村民情绪，村民却把他团团围住，将不满的情绪全都向他发泄。

作为长期奋战在基层调解一线的朗扎同志明白，“有事坐下来谈”才能解决问题。面对大家的责难，朗扎同志苦口婆心地劝说村民双方各退一边，各派代表进行商量。经过 5 天不分昼夜地调解，双方终于签订调解协议书。“草场是农牧民的‘命根子’，这事一点不能马虎。”朗扎同志严肃地说。朗扎同志成功调解村与村之间 30 年以上的草场纠纷 4 起、10 年以上的矛盾纠纷 4 起，将大量矛盾纠纷化解在基层，为羌塘草原带来了和谐之风。

活到老学到老　调解有绝招

2017 年陈某在白嘎乡修建民宅，他与张某签订的劳务合同中明确约定，房屋修建完成后张某一次性支付其工程款。但在工程完工后，张某拒绝支付工程款，双方由此产生纠纷。次日上午，朗扎调解室组织双方当事人到现场调解。陈某称家人生病急需治疗，张某必须一次性支付全部费用，而张某称房东没有按期支付工程款。经朗扎调解室工作人员确认，房东已支付工程款，而工程款被张某挪用。眼看着双方情绪越来越激动，朗扎同志立即采取“背靠背”方式进行劝说，在双方态度有所缓和的情况下，他通过讲解相关法律规定，为当事人分析利弊，最终促使双方达成协议。

“以前更多的是依靠传统习俗来调解矛盾纠纷，现在的纠纷类型多了，只有不断更新知识，才能与时俱进”，朗扎同志说。在朗扎调解室，能看到 8 个笔记本整齐地摆放在文件柜里。白嘎乡司法助理员告诉记者，“朗扎主任有丰富的实践经验，但他仍然坚持学习，那 8 个笔记本都是他的读书笔记和学习心得”。活到老学到老，这也许是朗扎同志近 40 年来调解无数起纠纷，成功率在 98% 以上的秘诀吧。

只要干得动　就一直干下去

在朗扎调解室成立之前，哪里有矛盾，朗扎同志的调解工作就开展到哪里，到处都留下他调解矛盾的身影。“虫草采挖季节，群众居住集中，大家的帐篷都在一起，既是排查矛盾纠纷的好节点，也是开展法治宣传的好时机”，白嘎乡党委书记巴青多吉告诉记者，“朗扎同志是维护那若沟虫草采挖点秩序的中坚力量，不仅能调解纠纷，还通过大家身边的生动事例进行普法宣传，大家都喜欢听他讲”。

“为民分忧永无止境，只要群众有需要，只要我还干得动，我就一直干下去。”朗扎同志朴素的话语，道出了一名基层老党员的心声。

个人简介

蒲晓燕

1974年生，中共党员。现任西藏自治区监狱党委委员、副监狱长。1996年参加工作，先后在西藏自治区监狱政治处和三监区工作。

多次被评为优秀公务员、优秀共产党员、先进个人，多次荣立个人三等功，荣获“巾帼建国标兵”“三八红旗手”“全国司法行政系统先进工作者”荣誉称号。

主要事迹

传承红色基因　不忘初心使命

“老西藏”干部家庭出身的蒲晓燕同志，传承了祖辈们爱党爱国、忠心为民、艰苦奋斗的作风，始终不忘从警初心和使命。她深入学习贯彻习近平新时代中国特色社会主义思想，认真学习贯彻习近平总书记关于治边稳藏的重要论述和新时代党的治藏方略，始终坚持党对监狱工作的绝对领导，增强“四个意识”、坚定“四个自信”、做到“两个维护”，不断增强政治判断力、政治领悟力、政治执行力，以高度负责的态度认真履行“一岗双责”，以敢抓敢管、真抓实干、敢闯敢碰的干事创业精神，影响和带动身边人。她既是严管的“黑包公”，讲规矩，讲原则；又是“知心大姐”，主动为民警排忧解难。发挥了党员先锋模范作用和党员领导干部率先垂范作用，有效带动了队伍作风的转变。

狠抓党支部建设　突出保障引领作用

蒲晓燕同志在监区工作期间，狠抓基层党支部党建工作，短时间内提升了第三党支部的形象，使支部党建、维护安全稳定、教育改造等各方面工作走在了前列。一是坚持政治统领，党建先行，始终以政治建警为抓手，以发挥党支部战斗堡垒作用为基础，以提高党员民警践行使命担当能力为核心，突出党建带队建，凝心聚力保安全；二是始终坚持把政治建设摆在首位，把对党绝对忠诚作为党员干警的第一要求，切实把忠诚、干净、担当根植在民警的思想中、行动中；三是建立完善了“党员教育管理制度”“党员谈心交心制度”“党风廉政建设制度”等 80 余项制度办法，坚持依制度管人、按制度办事；四是认真贯彻执行党支部工作条例，严肃党内政治生活，创新载体，开展“12+N”主题党日活动，有效增强了党员干警的归属感、责任感和集体荣誉感，提高了民警队伍的执行力、战斗力。

立足工作岗位　尽责履职提质量

每天蒲晓燕同志总是第一个到岗，最后一个下班。特别是担任监狱领导以来，她勤勤恳恳，靠前跟踪督办，为监狱持续安全稳定作出了突出贡献。一是严格履行监管职责，做好刑罚执行。在日常监管中依法严格履行责任，加强罪犯身份意识教育，严肃监规纪律，掌握好监管的话语权和执行权。二是认真抓好教育改造，做教育事业的开创者。根据不同罪犯的思想状况、日常改造综合表现和心理测评结果，做好对罪犯的“五大改造”教育，加强攻坚教育。三是落实“一人一策”，做好分析研判。根据不同罪犯在各个改造阶段中所暴露的问题，深入分析罪犯思想动态，认真实施“一人一策”“一人多法”的教育管理措施。

率先垂范作表率　奔赴一线为群众

2021 年 4 月，蒲晓燕同志主动请缨带队驻村，努力克服高海拔缺氧、生活条件差、路途遥远等困难，积极践行“以人民为中心”的理念，亲戚式走访入户，短短一个月就把驻村点情况摸得一清二楚。她以加强基层党支部建设为抓手，积极主动对接村“两委”，严肃党支部组织生活，严格实行“三会一课”制度，发挥基层党支部战斗堡垒作用；制订计划，有步骤地开展第七次西藏工作座谈会精神宣讲和法律法规授课，积极讲好中国故事、西藏故事；积极协调、主动作为，巩固脱贫攻坚成效，认真做好乡村振兴文章，切实践行党的群众路线，急群众所急、解群众所忧，做到了“从群众中来，到群众中去”。

陕西

个人简介

雷源泉

1961 年生。1985 年毕业于西安医科大学临床医学专业。生前任陕西省未成年犯管教所主任科员，一级警督。先后在陕西省曲江监狱、雁塔监狱、未成年犯管教所从事狱内医疗卫生防疫工作。2014 年 4 月 13 日病逝，年仅 53 岁。

2011 年荣获“第二届陕西省敬业奉献道德模范”荣誉称号，在搜狐网等全国 30 余家媒体举办的“坚守底线——平凡的良心”活动中入选“良心人物”，《法制日报》《陕西日报》等媒体先后报道其先进事迹；2014 年被陕西省司法厅追记个人二等功；2014 年被陕西省委省政府追授“第四届人民满意的公务员”荣誉称号；2015 年被司法部追授“全国司法行政系统二级英雄模范”荣誉称号。

主要事迹

雷源泉同志从医科大学的毕业生到监狱内的医务民警，同大多数基层管教民警一样，常年行走在大墙之内。几十年来，他每天都在为千余名未成年犯的身体健康忙碌着：门诊检查、处方医嘱、用药治疗、监区卫生防疫、宣讲卫生常识……尤其是在得知身患绝症——白血病之后，他用顽强与执着恪尽职守，忘我工作，与病魔抗争的 9 年，也是他殚精竭虑、和时间赛跑的 9 年，他用生命谱写了一曲大墙内监狱干警爱岗敬业的时代赞歌。在生命的最后关头，他留下遗愿，无偿将自己的遗体捐献，用作医学教学解剖实验。他向死而生、大爱无垠的壮举受到了大家的一致赞扬。

2003 年 4 月下旬的一天，少年犯曹某突然发起高烧、神志不清。当时，正值“非典”肆虐，曹某的病状与“非典”症状非常相似，这更加剧了人们的恐惧。每当检查、用药时，雷源泉同志总是自己上阵，打开口腔观察淋巴结，与曹某相对。一连几天，雷源泉同志一直坚持观察、记录，在并不炎热的 4 月，他却常常汗流浃背。经过精心的治疗和护理，曹某终于恢复了健康。他对雷源泉同志说：“如果我真的得了‘非典’，肯定会传染你的，你不该为我冒这么大风险。”雷源泉同志听了曹某的话，真诚地说：“我是个医生，也是个管教警察，你可以把我当成你的亲人。你的家人见你有病能弃而不管吗？”

雷源泉同志的同事们也常被他高尚的人格和医德感动。某日，他听到另一个大夫急声呼叫：“雷大夫快来呀！”跨进门一看，正在手术的病人呼吸道被痰堵塞，情况十分危险，他毫不犹豫地俯下身去，口对口为病人吸出痰液，避免了意外事故的发生。

2005 年 5 月，厄运突然降临，他被确诊为慢性粒细胞白血病，且无法采用骨髓移植等根治疗法。然而，身患绝症的雷源泉同志依然天天行走在熟悉的监管区内，坚持正常工作。他对自己肩负的职责更加尽心。他喜欢自己的岗位，喜欢单位和同事们，他说：“医治绝症最好的药品，就是劳动。”近年来，未成年犯管教所押犯人数一直呈增长态势，且都是一些年龄较小、生活自理能力差的孩子，不少人在入所时就患有肝炎、肺结核、疥疮等传染病。面对每天繁重的诊疗救治任务，他没有对任何一名病犯表现出厌烦情绪。在对少年犯的诊治过程中，他不是单纯地询问症状，而是坚持着“视、触、叩、听”的诊疗习惯，带上听诊器，前心后背仔细听呼吸音，打开口腔观看扁桃体，按压体表皮肤，认真检查各个部位。每当这个时候，他就忘记了自己也是一个身患重症、正在接受放疗化疗的白血病患者。监狱内的医务场所是综合性的，没有分诊，对少年犯中水痘、麻疹、腮腺炎等传染性疾病的诊治，对肝炎、结核病人的复查、痰检样本的提取等都要直接面对；感冒病人的一个喷嚏都可能给他带来致命的威胁。而他却从来没有胆怯和退却。

作为白血病患者，他顽强而执着地与病魔赛跑。

2011 年春节前夕，司法部领导来所看望慰问雷源泉同志，高度赞扬了他面对疾病时的顽强乐观精神，并询问他有什么实际困难需要组织解决的。可他始终表示，“我很好，感谢组织和各级领导的关爱”，并坚决不收慰问金，多次推让，要组织上“把钱留给更需要的同志”。

雷源泉同志在谈到他所从事的监狱事业时说，他愿做吐丝至死的春蚕，愿为燃烧化尽的蜡烛，用他的话说，“我宁愿死在工作过程中，也不想睡在床上等死”。

个人简介

张卓青

1951年生，中共党员。陕西省女强制隔离戒毒所（原陕西省女劳动教养管理所）退休民警。

2001年被评为“先进个人”，2002年荣获“全国司法行政系统二级英雄模范”荣誉称号，多次获陕西省戒毒管理局“个别教育能手”、优秀教师、“优秀党务工作者”、优秀公务员等荣誉称号。

主要事迹

张卓青同志在工作中，处处落实党的“以人为本、关怀救助”政策。在她的鼓励和帮助下，那些迷失方向、走上歧途的人，努力摆脱心魔，重新回归社会，再次成为好女儿、好妻子、好母亲。用她自己的话说，如果用“望远镜”看，每个戒毒人员都千疮百孔，但如果用“显微镜”看，她们每个人身上都有闪光点。我们的工作就是一种坚守，需要更多的爱心和耐心，帮助她们打开“心结”，重拾信心。

从警以来，张卓青同志头顶警徽、肩扛责任，在工作岗位上取得了骄人的成绩。张卓青同志作为主管管教的副所长，冲锋在前，积极主动地与劳教人员谈心谈话，摆事实、讲道理，经常加班加点熬夜工作，及时传达部、厅、局级会议精神，用自己多年积累的丰富经验指导年轻民警如何做好大队安全稳定工作。张卓青同志常说：“人民警察，什么时候都不能忘记自己的身份和职责，恪尽职守，不只是口号，更应该落实在行动中。”2003 年“非典”期间，全所实行封闭式管理，她向所党委请战，“我请求第一批执勤，我要求坚守在战‘疫’第一线”。执着的声音、坚毅的目光，透出她坚定的信念，让人备感温暖和力量。隔离期间，她积极与大队在岗同志联系，安排部署大队防控工作，积极开展个别谈话。思想教育课、“非典”相关知识宣讲等，她亲力亲为。在她的心里，疫情防控无小事，没有“还可以”，只有“做更好”。在张卓青同志的带领下，陕西省女劳动教养管理所严格落实疫情防控措施，深入排查隐患，攻坚克难，熟悉掌握劳教人员动态，疫情期间保持了良好的戒治秩序，维护了场所的安全稳定。

回首 38 年的从警路，张卓青同志用她的忠诚与坚守诠释了人民警察的担当。

个人简介

姬　源

1986年生，中共党员。生前任陕西省延安强制隔离戒毒所医务科副科长、二级警长，一级警司警衔。2010年毕业于陕西省西安医学院临床医学专业，2011年参加工作。2020年3月20日，封闭执勤54天后突然倒地昏迷，经抢救无效，因公殉职，年仅34岁。

牺牲后，被司法部追授“全国司法行政系统二级英雄模范”荣誉称号，被陕西省委政法委追认为中共党员并追授“2020年度全省人民群众满意的政法干警”荣誉称号，被陕西省团委追授“陕西青年五四奖章”，被陕西省司法厅追记个人二等功。

主要事迹

业务精湛的“好大夫”

姬源同志热爱党、热爱人民、热爱司法行政戒毒事业。为了让戒毒人员能够从根本上摆脱毒品，他经常利用空闲时间钻研业务，自学获得了临床执业医师和执业药师资格，成为戒毒场所一名名副其实的“全科警察”，成为戒毒人员心目中业务精湛的好大夫。2018 年 1 月 20 日，姬源同志在所内巡诊时，戒毒人员陈某说胸口疼。姬源同志诊疗后认为是急性心脏病，立即报告值班领导，并将陈某送往延安市人民医院救治，医院诊断结果为“急性心肌梗死”。因为预判准确、送诊及时，陈某被从生死线拉回。凭借丰富的戒毒医疗经验和职业敏感性，他成功处置了多起所内突发应急医疗事件，及时挽救了 40 余名戒毒人员的生命。10 年工作中，他不辞劳累、夜以继日，以顽强的意志和强烈的责任担当，出色完成戒毒人员诊疗和突发疾病处置工作，累计诊疗戒毒人员 8000 余人次，管护戒毒人员离所就医 500 余人次，实现了诊疗无事故，为维护场所安全稳定作出了突出贡献。

抗疫期间的“急先锋”

新冠肺炎疫情暴发后，戒毒场所实行全封闭管理。2020 年 1 月 26 日正是大年初二，姬源同志接到执勤通知后义无反顾地回到了工作岗位，从那天起，他就日夜奋战在防控疫情的第一线。在为期 14 天的隔离备勤期间，他负责隔离备勤区每日消毒、隔离民警 3 次体温检测工作，并通过电话协调联系购买场所防疫物品和日常诊疗药品，配合省局做好防疫物品发放工作。2020 年 2 月 10 日起，他作为第二批封闭执勤组唯一的医务人员进入管理区封闭执勤。他一个人既要负责 400 余名戒毒人员和执勤干警的疾病诊疗，还承担封闭管理区的体温检测登记、消毒灭杀等日常防疫工作。他还挤出时间，为戒毒人员开展了 30 余场次的疫情防控知识讲座。在这段时间里，他不分昼夜，经常都是凌晨 3 点以后才上床和衣而眠，天一亮就又出现在诊疗室。面对繁重的工作任务，他从不喊苦叫累，一直默默坚守。2020 年 3 月 7 日，陕西省戒毒管理局号召全系统选派干警支援湖北监狱工作。收到消息后，已经连续执勤 40 天的姬源同志第一个报名援鄂。

无私奉献的“孺子牛”

姬源同志参加工作初期，由于延安强制隔离戒毒所医务人员少，他每两天就要值一次 24 小时的大通班，工作强度非常大。可他却总是笑着说：“咱年轻，多干点没啥。”延安强制隔离戒毒所行政大楼门口挂着的“医联体”合作单位的牌子，就是姬源同志反复协商的成果。2019 年 6 月，为了进一步提升医疗救护能力，需要戒毒所与医院建立“医联体”，他主动要求承担此项工作。在他的努力下，这项便利工程终于促成，为戒毒人员的健康安全提供了强有力保障。

姬源同志为戒毒事业献出了自己宝贵的生命。在他的人生历程中，因工作繁忙很少顾及家庭，没有尽到作为儿子、父亲和丈夫的责任，但是他以自己的满腔热血，忠实践行了一名共产党员和戒毒人民警察的职责与使命！他身上体现出来的坚定理想信念、踏实工作态度、顽强拼搏精神，无时无刻不在激励着戒毒民警们奋勇前进。

个人简介

缑铁磊

1964 年生，中共党员。现任西安监狱党委书记、监狱长。1984 年参加工作，历任管教干事、分队长、狱政科长、副监狱长。

荣立个人三等功 1 次，荣获“人民群众满意的政法干警”“全国先进工作者”“陕西省优秀共产党员”等荣誉称号。

主要事迹

长期以来，缑铁磊同志以高度的责任感和事业心，全力维护监狱安全稳定，西安监狱已经连续多年实现“零脱逃”和“四无”；他铁肩担当、敢于“亮剑”，追捕逃犯冲锋在前，成功组织、参与了10余次追逃工作；他铁面无私，捍卫社会公平正义；他铁骨铮铮，秉承求真务实作风；他铁腕治监，维护法律至高无上，被群众亲切地称为“铁监”。

始终以维护监狱安全稳定为宗旨

缑铁磊同志分管监管改造工作，面对巨大的安全防范压力，科学筹划罪犯关押区域，改造监管设施，清理监管死角，排查消除安全隐患；强力推进监狱规范化管理，提前2年实现全部监区标准化建设达标；深入监区清缴违规违禁品，在源头管理上，坚持“零容忍”态度。参加工作30年多来，他总是果敢勇猛，冲在最前面，从不计较个人得失。在抓捕脱逃罪犯卢某时，缑铁磊同志因为胆结石正在武警医院住院，他索性把病房变成了临时指挥所，一边输液，另一边画图部署作战方案。缑铁磊同志和战友们经过几日几夜精密的分析和艰苦的蹲点守候，终于将卢某成功抓获。近年来，他为公安机关提供案件线索5起；抓获网上通缉在逃人员3名，参与抓捕本监和其他监狱逃犯10多名；参加各类联合检查300余次，纠处问题近200件。担任监狱长后，他对罪犯实行人道主义关怀和教育转化，到医院看望病犯；带头为地震受灾的汶川籍罪犯捐款；给罪犯集体过生日；邀请社会各界人士及罪犯家属来监帮教；组织“双押犯”亲情会见；提高罪犯伙食费、刑满释放人员路费标准；给新入监罪犯发放生活用品等。2012年春节，某罪犯刑满释放，因没有身份证买不到火车票，身上也仅有一件薄毛衣，缑铁磊同志安排同事将其送上火车，还自己出钱给他买棉衣，并和其原籍警方取得联系，使该罪犯得以顺利回家。

始终以捍卫社会公平正义为职责

2010年，缑铁磊同志建立罪犯参与改造测评制度，确保减刑假释评审工作公开、公平、公正。近年来，西安监狱减刑假释和暂予监外执行评审委员会办理的数千件案件无一差错。他坚持把依法执行刑罚作为监狱工作的基础来抓，组织相关人员学习《刑法修正案》，修订完善罪犯计分考核管理办法，结合贯彻中共中央政法委员会精神，对2011~2013年减刑、假释、暂予监外执行案件进行全面检查，确保刑罚执行工作零差错。

始终以秉承求真务实作风为本色

缑铁磊同志模范执行中央八项规定，围绕“为民、务实、清廉”主题，他主动到基层了解、听取警察职工、罪犯及其家属的意见、建议，充分发扬民主作风，带头树立党员干部良好形象，保持清廉本色，以高标准、严要求抓好警察职工队伍建设。他认真执行民主集中制度和“三重一大”集体决策制度；根据干部选拔任用规定和工作需要，选拔任用交流中层干部；积极推行目标责任考核制度，建立了全员参与、全程掌握、全效考察、全面管控的管理体系。制定、落实一系列从优待警措施：狱内设立值班警察餐厅；实行警察押解罪犯外诊补贴，落实带薪休假制度，开展警察心理健康“心海护航”工程；每年安排警察职工体检、送生日蛋糕；建立大病救助基金、困难补助和“金秋助学”等制度；解决监狱迁建给警察职工工作、生活带来的后顾之忧。

甘肃

个人简介

董洪滨

又名董文选，1932年生，中共党员。1949年因家境困难，肄业于陕西省大荔县农业职业学校高农班。1949年参加革命，先后在中国人民解放军任战士、通讯助理员、政工干事、文化教员。1958年转业到国营天生坑八一农场工作。1959年调甘肃省下河清农场任教师。1970年调甘肃省两水农场，先后任分队长、行政秘书、政秘股股长、政治处主任、中共两水农场纪律检查委员会委员等职。1987年11月23日，为制止犯罪分子行凶，不幸以身殉职，年仅55岁。

1949年荣立个人三等功1次，在甘肃省劳动改造管教队第十一支队曾多次被评为先进工作者。1988年被甘肃省司法厅追记个人一等功，同年甘肃省人民政府批准追认为“革命烈士”。

主要事迹

董洪滨同志参加革命38年来，热爱党、热爱人民、忠于党的事业。他对工作严肃认真、积极肯干、尽职尽责、任劳任怨，不怕苦、不怕累，干一行爱一行、干一行专一行，出色完成了各项工作任务，生死关头敢于挺身而出；他作风正派、廉洁奉公、严于律己、艰苦朴素，对同志满腔热情，是广大民警职工学习的榜样。

董洪滨同志全心全意为人民服务，以党的事业和人民的利益为己任，为了维护国家的安定团结和社会秩序坚守工作岗位，把毕生精力无私奉献给了党的监狱事业，为了人民的利益、党的事业、国家长治久安而英勇牺牲。这样的大无畏精神，一直激励着一代代监狱民警职工，为了党的监狱事业持续健康发展而忠于职守、无私奉献，在各自岗位上兢兢业业、埋头苦干、精益求精、争创一流，为维护监狱的安全稳定，不断提高罪犯教育改造质量作出新的贡献。

个人简介

侯殿禄

1936年生，中共党员。1954年参加工作，1959年复员回乡，先后在黑松驿乡担任过乡长、武装部部长等职。1986~2000年担任古浪县黑松驿乡司法助理员兼司法所所长。

3次荣立三等功；1989年被评为“甘肃省整顿铁路治安先进个人”；1991年被评为“甘肃省社会治安综合治理先进工作者”；1992年荣获“甘肃省见义勇为积极分子”荣誉称号，被中央社会治安综合治理委员会授予“全国社会治安综合治理先进个人”；1994年荣立一等功；1995年被评为“甘肃省劳动模范”、司法部第一届“全国十佳基层法律工作者”；1997年荣获司法部“全国司法行政系统一级英雄模范”、人事部和司法部“模范公务员”荣誉称号；1998年荣获甘肃省“最佳公务员”荣誉称号。

主 要 事 迹

侯殿禄同志几十年如一日，无论从事什么工作，始终尽职尽责、廉洁奉公、无私无畏，把党和政府的威信树立在人民心中。特别是他担任黑松驿乡司法助理员后，以高度的社会责任感、极其负责的敬业精神，默默地奔波在偏远山乡的沟沟坎坎间，热心、耐心、细心地为群众办实事、办好事，在百姓的心中树立了共产党员的崇高形象，在党和人民群众之间架起了一座“连心桥”，维护了法律的尊严。

1986 年，侯殿禄同志一上任，就碰上了几起纠纷。磨河湾村的蔡家和陈家是邻居，蔡家的大狗咬了陈家的小狗，陈家人把蔡家人打得头破血流。

沈家养了一头公牛，袁家养了两头母牛。袁家的母牛生下了小牛，沈家来要配种钱。袁家不给并问道：“凭啥说是你家的牛配的？”两家人为此打得鸡飞狗跳，牛“结了亲”，人却结了仇。

侯殿禄同志说：“这两起纠纷，凭着热情、真诚和人缘，费了很大的劲儿，总算调解顺了。可第三起纠纷，却使我犯了难。”

张家河村的一名民办教师，办学时与邻居闹了纠纷，腿上被扎了几锥子。学办不下去了，但娃们读书是大事，打老师，这还了得？一定要严肃处理。“当时我调解，人家就是不服。‘你凭啥处理，我犯了哪条？’一句话，问得我不知说啥好。我请来法庭的人。法庭的人又是讲法，又是讲理，很快就解决了纠纷。”侯殿禄同志说：“这事对我触动很大，当司法助理员，光靠热情是不够的，最根本的还是要依法调解。从那以后，我就发奋学起法律来。”

“说起学法，侯殿禄可真不容易，他文化不高，年龄又大。可他就有这股倔强劲，认准的道儿，坚决走到底。只要跟农村有关的，老百姓用得上的，他都仔仔细细地学，认认真真地记。”俞长仁说，“他还在学中干，干中学，越学越有劲，越干越顺当。”

1993年张某某娶了媳妇。结婚第二年，媳妇和娘家人认为张某某家里太穷，要离婚。诉到法院，几经调解无果。侯殿禄同志得知此事，抱着“宁拆十座庙，不毁一桩婚”的态度，去找张某某夫妇调解。白天夫妻俩闹得面红耳赤，碍于面子，谁都不愿意搭理他，于是他就晚上去找小两口谈。“家里穷，不是离婚就能解决的问题，离婚也是要付出代价的，牵扯财产分割……”就这样，侯殿禄同志凭着一股子韧劲，上门调解多次。终于，张某某两口子一致同意不离婚。

20多年过去了，张某某夫妇的大儿子已经工作了，小女儿也在兰州上大学。夫妇俩养着200多头牛，眼下的日子过得一天比一天好，高兴全写在脸上。张某某说：“多亏侯爷那时候坚决给我们调解，当时我都快放弃了，是他把我当自己儿子一样，看在眼里，急在心上，苦口婆心地劝说，才有了今天的幸福。”

在侯殿禄同志担任司法助理员的14年间，调解成功率高达98.8%，为维护一方平安作出了不平凡的业绩。根据他的突出事迹，中央电视台电视剧制作中心摄制了6集电视剧《侯爷》；兰州电影制片厂拍摄了电影《太平使命》；甘肃省委组织部电教中心拍摄了纪录片《走进民歌的人》；甘肃省电视台剧作中心拍摄了《乡村司法助理员》等两部专题片；武威歌剧团排演了大型话剧《侯殿禄》。

个人简介

张树俭

1964年生，中共党员。生前任甘肃省白银监狱狱政管理科原副科长，一级警督警衔。1983年参加工作。

6次被甘肃省监狱管理局党委评为优秀共产党员，3次荣立个人三等功，5次被白银监狱评为先进工作者，2009~2011年连续3年被白银监狱评为优秀公务员，2013年被评为甘肃省全省“特殊人群服务管理工作先进工作者”，2015年被评为甘肃省“监狱系统先进工作者”。因公牺牲后，被甘肃省司法厅党委追授“全省司法行政系统优秀共产党员”荣誉称号；2015年追记个人一等功；2015年被甘肃省委追授“全省优秀共产党员”荣誉称号；2016年被司法部追授“全国司法行政系统一级英雄模范”荣誉称号。

主要事迹

刻苦钻研　工作踏实

张树俭同志说："监狱的减刑、假释等工作，只有认真吃透各种法律法规精神，工作才能得心应手，才能确保监狱公正执法和执法公信力，也才能正确维护罪犯的合法权益。"经过多年坚持不懈的学习和实践，他不仅对与监狱工作相关的法律法规烂熟于心，还能够对司法部出台的各种条例规定以及上级文件、各类规章制度信手拈来。在监狱刑罚执行工作中，他代表白银监狱与市检察院、中级人民法院、司法局等单位的业务往来及在与罪犯亲属、社会各界的交流中，都树立和展示了监狱的良好形象。

依法办案　法外有情

张树俭同志常说："监狱执法工作是保证法律公平正义的最后一道防线，作为执法者，一定要依法办事。"某罪犯因表现较好，监区民警为调动罪犯的改造积极性，在减刑差 10 分的情况下，希望他网开一面，他却说："执法工作就要一把尺子量到底。"2015 年 4 月，在核对某监区的计分考核材料时，检查出合计栏与日考核的得分相差 0.1 分，他立即要求相关工作人员重新填写，以保证执法文书的严肃性。2008 年 4 月，张树俭同志和同事办理移交暂予监外执行罪犯何某时，了解到何某母亲年事已高，接下来还要给何某治病，生活确实困难。张树俭同志在请示监狱领导后，向同行的当地派出所民警借了 2000 元，连同自己的 200 元一并交到何某母亲的手里。

淡泊名利　无私奉献

2011 年春节，张树俭同志完成值班任务后正月初二回到平凉老家陪 80 多岁的母亲过年。正月初三接到监狱关于一名罪犯突发心脏病死亡的电话后，他怀揣着对老母亲的愧疚立即赶回监狱，及时妥善处理了罪犯死亡事件。女儿大学毕业后在兰州打工近一年，虽然他经常去兰州出差，但都没有顾得上到女儿单位看看其工作、住宿情况。在张树俭同志的心中，工作的事最大。在生命的最后时刻，他打的唯一电话仍是让同事替他值班，却没想到再也没有机会回到他热爱的工作岗位。

张树俭同志以日复一日的坚守和无怨无悔的奉献，用行动诠释了一名监狱人民警察的责任与担当。他是公正廉洁执法的典范，用忠诚践行了共产党人的使命，用生命诠释了人民警察的宗旨。

个人简介

庞树雄

1967年生，中共党员。现任甘肃省戒毒管理局安全规划科负责人，1989年参加工作。2019年借调至甘肃省司法厅负责扫黑办工作。

2021年被全国扫黑除恶专项斗争领导小组授予“全国扫黑除恶专项斗争先进工作者”荣誉称号。

主要事迹

扫黑除恶专项斗争开展以来，庞树雄同志按照甘肃省扫黑办和司法厅党委部署安排，紧紧聚焦深化罪犯和重点人群服务管理行动，在开辟“第二战场”深挖线索、推进“六清”行动和行业整治等重点工作任务中，勇于担当、认真履职，加强统筹协调、强化线索核查、督促问题整改，助推司法行政系统扫黑除恶专项斗争取得显著成效。

认真钻研业务　科学谋划工作

庞树雄同志认真钻研扫黑除恶专项斗争各项业务，突出把握工作重点和工作要求，深刻学习领会党中央、司法部和甘肃省委省政府关于扫黑除恶各项决策部署，确保打击整治焦点不散、标准不降、力度不减。他加强统筹协调，高效组织筹办 6 次全系统专项斗争推进会议，制定年度工作要点，起草各类材料 50 余份，起草有关讲话、汇报、总结等 120 余份，建立专项斗争组织机构，明确职能任务和工作重点，有力保障了甘肃省司法厅党委扫黑除恶专项斗争各项工作及时部署、精准施策和全面落实。

强化线索摸排　推进“清零行动”

庞树雄同志坚持深挖根治，督促各单位聚焦重点领域、重点人群开展线索摸排，开辟“第二战场”，督促监狱戒毒系统分别制定罪犯、戒毒人员检举揭发涉黑涉恶线索奖励办法，做到对线索问题挖干挖净。全系统先后摸排各类线索 2600 余件，查证属实 700 条，占比

26.3%；系统内摸排的5条线索，帮助公安机关破获了公安部、公安厅挂牌督办的涉黑涉恶重大案件。他加大转办线索核查力度，坚持直查直办、紧盯不放，按时间节点高质量完成中央督导组转办、全国扫黑办“12337”智能化线索举报平台反映及甘肃省扫黑办等部门转办的22件线索的核查、督办报告等急难工作任务，办结率均为100%。

紧盯目标任务　积极参加专项督导

2019年以来，庞树雄同志参加了甘肃省政协对兰州市、陇南市、天水市片区扫黑除恶专项斗争的监督性视察，先后7次参加甘肃省司法厅督查组，深入各市州司法局、监狱、戒毒所的扫黑除恶专项督导和驻在式督导。他参加2020年司法厅系统“守初心、担使命，集中排查整治执法司法突出问题”专项行动工作督导，帮助基层发现问题、解决问题，推进社区矫正对象和安置帮教人员监管责任，涉黑涉恶线索摸排移交、受理办理、核查反馈等工作落实，确保甘肃省司法厅系统专项斗争扎实推进。

挖掘特色亮点　营造浓厚氛围

庞树雄同志注重挖掘特色亮点和好经验好做法，深入总结提炼，及时向司法部、甘肃省扫黑办报送司法行政系统工作动态、重要成效和重大战果；其中，借助“云剑”追逃、“六清”行动等一些特色亮点工作被司法部和甘肃省扫黑办刊载并推广经验。他协调甘肃省司法厅融媒体中心拍摄微视频、专题汇报片，引导各单位运用喜闻乐见、通俗易懂的方式开展扫黑除恶舆论宣传工作；累计推送信息130余期，协调各单位制作各类短视频宣传片20余部，成功营造浓厚氛围，推进扫黑除恶斗争常态化开展。

个人简介

裴明忠

不忘初心 牢记使命

男，甘肃省第一强制隔离戒毒所干部。1974年8月13日，在乌鲁木齐市乘坐54次列车押解在逃人员回所途中，跳车追捕逃犯时不幸牺牲。

1974年被授予“革命烈士”荣誉称号。

“我们劳教警察的工作是平凡的，在平凡的岗位上能干出点样子来，能得到领导和同志们的认可，是平凡中的不平凡。”这句话说出了裴明忠同志的心声。在甘肃省第一强制隔离戒毒所，一提起裴明忠同志，大家全夸赞他是一位工作中拿得起、放得下的好警察。说他好，好在他工作中有一种绝不服输的“钻劲”；说他好，好在他作风中有一种永不掉队的“拼劲”。多年来，他始终坚守在基层工作第一线，默默无闻、无私奉献，在平凡的岗位上干出了不平凡的业绩，深得领导和同事们的好评，深得劳教（强戒）人员的信任和爱戴。

勤奋学习　做担当重任的劳教人民警察

勤于学习、善于学习、学以致用，是裴明忠同志多年来养成的良好习惯，也是他始终能够保持纯洁的党性、取得优异成绩的根本保证。他坚持学习政治理论，勤奋钻研业务知识，练就自身过硬本领。为了增强业务工作能力，他自觉学习并宣传法律，学习劳教工作法规，坚持用最新的理论成果武装自己的思想，指导自己的工作。

踏实工作　做场所安全稳定工作的“排头兵”

裴明忠同志在具体工作中既思考大局，又注重细节，坚持从小事做起，从一点一滴做起，从严格落实每一项制度做起，坚决将各种事故隐患消灭在萌芽状态，为维护场所安全稳定、提高教育矫治质量奉献着自己的一切。裴明忠同志在工作期间与劳教人员个别谈话达300

人次，化解各种矛盾 12 次，消除安全隐患 2 处，他用自己的实际行动维护着场所的持续安全稳定。裴明忠同志所在的大队是专管劳教人员的大队，在教育矫治劳教人员的工作中他成绩卓著。他针对劳教人员罪错性质复杂、年龄跨度大、地域分布广等特点，坚持“一把钥匙开一把锁”，解心结，舒胸怀，取得了良好效果。

作风过硬　做清正廉洁的好警察

裴明忠同志将“三个至上”“四个在心中”，以及党的纪律时刻牢记在心，在大力推动“三项重点工作”方面，他坚持做到不该吃的坚决不吃，不该拿的坚决不拿，不该去的地方坚决不去，决不执“关系法”“人情法”，更不徇私枉法。裴明忠同志大事讲原则，小事讲纪律；严格按照“六条禁令”办事，严格按照人民警察党风廉政责任书做事。

个人简介

许万君

1967年生，中共党员。现任甘肃省第一强制隔离戒毒所警戒护卫大队主任科员。1990年参加工作。

多次被评为优秀公务员，2000年荣获司法部“全国教育转化工作先进个人”荣誉称号，2002年荣获司法部“全国司法行政系统二级英雄模范”荣誉称号。

因工作特殊，主要事迹略。

青海

个人简介

李连生

1966年生，中共党员。现任青海省监狱管理局中心医院第十一党支部书记、普外科行政主任。1989年参加工作。

2010年荣获“全国抗震救灾模范”荣誉称号。

主要事迹

李连生同志始终牢记自己是一名党员医生，时时处处以“服务人民”的标准要求自己，多次深入基层，以精湛的业务能力和高尚的医德为广大群众解除疾病痛苦。

灾情袭来　奋不顾身奔赴一线

2010 年 4 月 14 日 7 时 49 分，青海省玉树州玉树县发生里氏 7.1 级地震，当地土木结构民房几乎全部倒塌，受灾地区群众出现大规模伤亡。天灾无情人有情，在接到驰援命令后，李连生同志顾不上休息，准备好救援物品，连夜从西宁奔赴玉树灾区一线，开始了这场与死神的竞赛。

15 日上午到达玉树后，李连生同志顾不上路途劳累，一边指挥医疗服务队架设服务点，完成救助站基础建设；一边立即开展救助工作，当天救治各类伤员近 60 人。随后的几天里，李连生同志与其他救援医护人员顾不上休息，夜以继日地为伤员忙碌着。青海青年志愿者救灾服务队的旗帜从他们踏上这片土地开始，一直高高飘扬。

远赴村镇　扫清边远地区医疗盲点

与许多其他医疗队一样，李连生同志带领的青年志愿者救灾服务队自来到灾区后，便立即开展定点医疗救治，范围基本固定在结古镇（2013 年被撤销）体育场、赛马场等灾民安置点，集中为伤员进行伤口的清创、缝合、包扎、换药、骨折固定、输液、心理疏导等治疗。

随着深入了解和分析，李连生同志发现许多抢险医疗队大都集中在结古镇中心地区，加上交通不便，一些居住在偏远地区的伤员和病人得不到及时诊治。于是，为了扩大救治范围，他及时调整工作思路，带领医疗队员开着救护车深入新寨村、隆宝镇等医疗救护工作相对薄弱和较偏远的村寨，把定点医疗变为主动上门诊治，实现了巡回医疗服务。在李连生同志的带领下，很多医疗队也纷纷效仿，一个安置点一个安置点地转、一个区一个区地跑，一顶帐篷一顶帐篷地问诊。

仁心仁术　让新生婴儿转危为安

在玉树灾区参与救援的第八天，李连生同志带领的青年志愿者救灾服务队救治及随访各类患者累计 1500 余例，救治危重患者近百例，转诊患者 150 余例，救治对象中年龄最大的 83 岁，最小的只有 28 天。这个才出生不到一个月的小生命是李连生同志在赛马场灾民安置点遇见的，婴儿母亲因受地震惊吓没有乳汁哺育孩子。当婴儿父亲抱着他找到李连生同志所在的救治点时，这个小生命已有两天没吃东西，呈现较严重的脱水状态。救助站物资有限，看着婴儿父亲焦急的眼神，李连生同志决定用注射器抽取葡萄糖盐水进行滴喂，并时刻检测婴儿的体征反应。晚上，婴儿终于恢复了些许精神，体征有了明显好转。在个人补给本就缺乏的情况下，李连生同志把自己的牛奶和葡萄糖盐水等食品硬塞进婴儿父亲手中，并细心指导他正确哺育的方法。这件事在李连生同志当时所在的驻地周边广为传颂，不少藏区同胞都知道自己身边有个仁心仁术的好大夫。

在灾区工作的日子里，生活条件很艰苦，但李连生同志坚信，万众一心、众志成城，不屈的中国人民决不会被灾难压倒，只要用尽自己所学所能，与灾区人民一起努力，灾区一定会走出困境。

宁夏

个人简介

逯克刚

1973 年生，中共党员。生前任宁夏吴忠强制隔离戒毒所中队长。1990 年参加工作，先后在宁夏固原监狱（原固原黑城子农场）、宁夏回族自治区劳动教养管理所、宁夏吴忠强制隔离戒毒所工作。2019 年 4 月 25 日，突发脑溢血倒在工作岗位上，经抢救无效，不幸去世，年仅 46 岁。

2016~2018 年连续 3 年被评为优秀公务员，2019 年被宁夏回族自治区组织部记个人三等功，2020 年被司法部追授“全国司法行政系统二级英雄模范”荣誉称号。

主要事迹

恪尽职守　忠诚奉献　痴心不改铸警魂

2001年，因工作需要，逯克刚同志被分配到离家200多公里外的地点从事前期筹建工作。筹建初期工作点多面广，任务繁重，安全隐患大。他为了早日完成筹建任务，一去3个多月没有回家，每天连续工作十几个小时。但逯克刚同志从未叫过一声苦，喊过一声累。

2019年4月25日上午执勤时，逯克刚同志突发疾病，他气喘吁吁地对扶着他的辅警杨志鹏说："有件事，请你转告杨自珍，学员周某某一定要谈个话，他身上有刀片。不谈要出大事，本来我要谈的……"逯克刚同志话还没有说完，就口鼻流血，昏迷过去，再也没有醒来。他在生命的最后一刻，最惦念的依然是戒毒学员和场所的安全。

勇挑重担　攻坚克难　敢于担当勇负责

逯克刚同志有着永不言败的性格，越是艰难越向前。他擅长处理管教工作中的疑难杂症，凡是遇到管理对象中难啃的"硬骨头"，同事们第一个想到的就是他。

春风化雨　挥洒真情　润物无声化顽石

戒毒人员李某某在逯克刚同志教育挽救下戒毒成功，回归社会3年因无业可就，整天忧心忡忡。逯克刚同志得知这一情况后，自己掏钱送李某某报名考驾照。在他的资助和鼓励下，李某某成为一名出租车司机，还建立了新的家庭。

孝老爱亲　乐善好施　大爱无疆见真情

逯克刚同志在忠诚履行工作职责的同时，也扛起了家庭的责任，时刻践行着“百善孝为先”的家庭美德。

逯克刚同志的母亲因交通事故腿部受伤严重，不能下地，他便背着母亲做完手术，一直守到天亮。每天不管下班多晚，他都要赶到医院看望一下母亲才放心离去。

言传身教　薪火相传　清正廉洁树形象

他始终坚持做人的本分，坚持原则，依法办事，从没有拿过管理对象的一分钱。工作中，他不但严格要求自己，还耐心教育和培养新警健康成长。他所带的新警进步都很快，许多已经成长为新时代戒毒工作的中坚力量。

他虽然走了，但他活着是一面旗帜，离去是一座丰碑。

个人简介

张 洁

中共党员。现任宁夏女子监狱三监区党支部书记、监区长。1995 年参加工作。

多次被评为优秀党务工作者、优秀共产党员、优秀公务员、局级“个别教育能手”，被司法部通报表扬；被荣记个人三等功 2 次、个人二等功 1 次；2020 年被授予“全国抗击新冠肺炎疫情先进个人”荣誉称号。

主要事迹

不计得失　踏实前行

作为一名监狱人民警察，张洁同志有着高度的职业热忱。为了工作，张洁同志放弃了无数个休息日，仅用两个月就完成了监狱搬迁后新教学楼内各基地的布局装修，为顺利开展教育改造工作奠定坚实基础；用了3年时间，发扬“钉钉子”精神，与宁夏所有地市县政府签订社会帮教协议，做到地方政府帮教全覆盖；自学制图软件，配合专业公司设计完成女监第一版内网、罪犯教育改造专网页面；组织编写了《女性罪犯忏悔录》《出监教育》《法治足迹》等监内自用教材，提供新闻线索协助中央电视台拍摄《忏悔录》7期，在各级新闻媒体、网站刊登反映监狱工作的报道200余篇，有效宣传了监狱工作。

张洁同志积极策划并邀请妇联、团委、民政部门及司法局、公益组织志愿者参与“春雨计划”，帮助50余名罪犯的未成年子女走出困境，有效预防留守“困境儿童”由于监管缺失、生活困难等原因走上违法犯罪的道路，消除了影响社会稳定的隐患。

为了让回归社会的刑释人员就业，成为自食其力的守法公民，2012年张洁同志筹备宁夏女子监狱首届临近释放罪犯就业推介会安置她们就业。100多家用工企业，她一家家做工作，打消用工企业的顾虑及偏见，终于联系到70多家企业走进高墙招聘；她积极联系银川市就业与创业服务局，在监狱建立“女性及未成年罪犯职业技能培训基地”，将罪犯的职业技能培训纳入当地政府的城乡劳动力免费培训体系，就业推介率达90%。即将出监的罪犯都会记住她的电话号码，出狱后请她介绍工作。张洁同志还对刑释人员进行回访，在她们遇到困难或迷茫时，她总是给予她们耐心的指导和帮助，用大爱助力罪犯走好“回归最后一公里”。

不畏艰险　逆行出征

2020 年年初，新冠肺炎疫情突然来袭，张洁同志在连续执行狱内封闭执勤任务时接到援鄂令，她毫不犹豫地主动请缨，即使她知道在银川监狱工作的丈夫也要封闭执勤，家中年过八旬的父亲和脑梗失智的母亲身体欠佳，需要照顾，但是在党和人民最需要的时候，她仍然毅然决然踏上了支援湖北的征程。

援鄂期间，张洁同志每班 12 小时，穿戴全套防护服，胃病让她彻夜难眠；口罩压出满脸水泡，又痛又痒，却不敢抓挠……在她的教育引导下，抗击疫情的警察被罪犯称为“蓝色天使”，因表现突出得到受援单位“感谢有宁”的高度赞誉。

2020 年，张洁同志圆满完成了监区监管安全、疫情“零感染”的艰巨任务。

争创先进　不负使命

作为监区党支部书记、监区长，张洁同志坚持高标准、严要求抓党建，带队伍，设计打造了女子监狱第一个“党建信息化数字平台”，凝结提炼了监区支部党建文化品牌“五色木棉”（英雄花），以此为引领，强化基层党组织战斗堡垒作用，激励监区警察岗位建功，无私奉献，争做新时代英雄。

新疆

个人简介

兰　萍

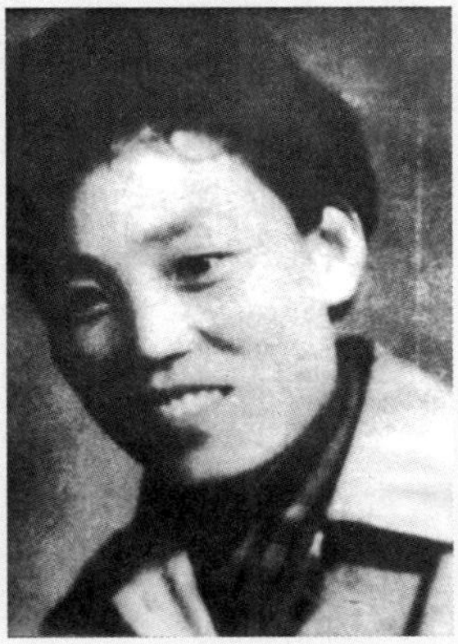

原名栾忠玉，1932年生，中共党员。1947年参加中国人民解放军，在野战医院当护士；1952年接受党组织分配，到新疆参加工作，先后在塔城市公安局、伊犁自治州公安局、伊犁自治州法院工作；1958年调到新疆维吾尔自治区第一监狱工作。1971年4月20日，因公牺牲，年仅39岁。

1972年被新疆维吾尔自治区人民政府追认为烈士。

主 要 事 迹

投身革命　舍己为人

1947 年 8 月，年仅 15 岁的兰萍同志参加了中国人民解放军，在野战医院当护士。她看到那些勇猛、坚强的战士不怕牺牲，无所畏惧，极为感动和敬佩。她十分细致地护理伤病员，想方设法减轻他们的痛苦。她有时连续工作 20 多个小时，困了只稍稍打个盹。她给伤病员喂水喂饭，不急不躁。由于战争的残酷，卫生条件的恶劣，有些战士的伤口生脓长蛆；送来后，她勤洗伤口，勤换绷带，尽最大努力使伤病员早日痊愈。每逢战斗，她都报名参加突击队，去前线抢救伤员，她对战友说："大敌当前，我应当挺身而出，如果我牺牲了，那就为革命作了最后的贡献。"

在一次突围行动中，敌人离我方只有 1 公里，情况非常紧迫。当时，医院的一位女同事发高烧，兰萍同志便赶紧背上她转移。兰萍同志的脚由于长时间行军溃烂得厉害，走路都困难，渐渐脱离了大部队。炮弹溅起的泥打在她们身上，战友哭着对兰萍同志说："我不能连累你，你先走吧。"兰萍同志坚决地说："不，只要我还有一口气，就绝不把你丢下。"

在一次撤退中，她一个人便背出十几名伤员，而她自己却累得"散了架"，躺下一连 3 天都没有起来。

矫正心灵　塑造新人

1958 年 5 月，兰萍同志调往新疆第一监狱工作，担任第一监狱女犯队队长兼指导员，从事女犯的教育改造工作。兰萍同志说：“我要尽我所有的力量改造她们、感化她们，晓之以理，动之以情，化消极因素为积极因素，为社会塑造出一个个新人。”

为了随时随地处理好突发事件，兰萍同志干脆住在办公室，除了吃饭、睡觉，其他时间都用于工作。她和她们谈理想、道德、信念，帮助她们改正消极的人生观。渐渐地，她整理出一套管理女犯的方法。她说：“改造犯人，最重要的是要尊重、关心、爱护她们，用实际行动使她们感受到政府的宽大与关怀，能做到这一点，就成功了一半。”女犯生病了，兰萍同志前往探望，嘘寒问暖，端水送药，还吩咐厨房做病号饭。这一点一滴的工作，春雨般滋润着犯人的心田。

心系祖国　勇挑重担

1964 年，组织上决定调兰萍同志的丈夫去塔里木工作，丈夫同兰萍商量。兰萍同志知道南疆艰苦，而丈夫一直奋战在艰苦的高原戈壁，得了严重的关节炎、喉炎，他的身体不适合去。兰萍同志也知道南疆遥远，一年中丈夫只能春节放假回家住 5 天，家中老少四口人就全靠她了。但作为一名共产党员，她更知道祖国的需要高于一切。她对丈夫说：“塔里木那么需要人，如果大家都不愿意去，那里的工作谁来干？祖国的需要高于一切，塔里木你应该去。家里的事你放心，千斤的担子我来挑。”兰萍同志表现出一名共产党人的高尚情操。

1971 年 4 月 20 日，一名在押男性罪犯窜入女犯队值班室，趁兰萍同志不备，用铁器重伤了她的头部。兰萍同志拼死相搏，终因体力不支被罪犯杀害。兰萍同志把自己的一生无私地献给了党，献给了监狱事业。

个人简介

开赛尔·吾甫尔

维吾尔族，1971 年生，中共党员。生前任昌吉监狱党委副书记、监狱长。1995 年参加工作。2019 年 8 月 4 日，因长期工作疲劳过度，在监狱备勤期间突发心源性疾病牺牲在工作岗位上，年仅 48 岁。

多次被评为优秀共产党员、荣获嘉奖；2013 年、2016 年分别荣立二等功 1 次；2019 年被司法部评为“全国监狱工作先进个人”，追授“全国司法行政系统二级英雄模范”荣誉称号。

主要事迹

爱岗敬业　善于钻研

开赛尔·吾甫尔同志参加工作以来，针对罪犯管理中的突出问题和难点问题，积极探索和钻研，摸索出不少好经验好做法，为构建新疆监狱监管安全稳定体系打下坚实基础。他先后主持起草多项狱政管理规章制度和工作规范，明确工作标准、程序、措施，使工作有章可循、科学规范。他提出改变粗放式管理模式，在精细化管理上见成效；推行罪犯管理定制化与规范化建设的经验做法，使监狱规范化管理工作有了质的飞跃。他率先提出精准排查监管安全的风险点，列出风险清单，制定措施办法，对控制和消除狱内不稳定因素起到了积极作用。

勇于担当　率先垂范

开赛尔·吾甫尔同志始终坚持吃苦在前、享乐在后，处处发挥党员领导干部的表率作用。值班备勤和执行任务，他都会冲在最前面。无论工作多么繁重辛苦，他都不抱怨，始终严肃认真、一丝不苟，给各级领导和同志们留下了深刻印象。

大爱无疆　警魂长存

开赛尔·吾甫尔同志积极参与“民族团结一家亲”和民族团结联谊活动。每次结亲，他都会给“亲戚”（结亲户）带礼物，关心帮助“亲戚”生活，关心他们孩子的学习；结亲户早已把他当作自己的亲人。

2017年8月，当他得知本处干警“亲戚”家的小女孩患有先天性肛门闭锁，但家里经济困难没钱看病的情况后，马上带她到医院治疗，并协调有关部门把她纳入国家免费治疗项目“明天计划”，使小女孩顺利接受手术并恢复了健康。

开赛尔·吾甫尔同志用实际行动践行了入警时的铮铮誓言，他的一生，是平凡的一生，也是光荣的一生、奋斗的一生。他用实际行动诠释了对党的无比忠诚，对监狱事业的无限热爱，为维护新疆社会稳定和长治久安贡献了全部心血和力量。

个人简介

阿斯木·阿不都拉

维吾尔族，1967年生，中共党员。生前系新疆维吾尔自治区于田监狱三中队副中队长，二级警司。1988年被录用为监狱人民警察。2003年2月9日，突遭罪犯袭击致重伤，抢救无效，于2月21日牺牲，年仅36岁。

被司法部评为“全国个别教育能手”，被新疆维吾尔自治区监狱管理局多次评为“个别教育能手”“优秀侦查员”，荣立个人三等功1次，2003年荣获司法部“全国司法行政系统二级英雄模范”荣誉称号。

主要事迹

罪犯拜某，1996年8月因脱逃被依法加刑1年6个月，被捕后思想更加消沉，无心参加改造，成天想着继续脱逃。阿斯木·阿不都拉同志看出了该犯的异常，为了使该犯稳定思想、积极改造，一段时间里，他每天都要找其谈话，摆事实、讲道理。起初，该犯根本没当回事，但看到阿斯木·阿不都拉同志不厌其烦地给自己做思想工作，就问："阿队长，您是真心帮我吗？"看到罪犯期盼的目光，阿斯木·阿不都拉同志坚定地点了点头。由于阿斯木·阿不都拉同志时常的关心和鼓励，及时指出并帮助纠正缺点和错误，该犯终于转变了思想，安心改造，并于1999年减刑1年。该犯说："阿队长的心像金子一般，如果没有他的教育和引导，我肯定完了。"

阿斯木·阿不都拉同志在于田监狱工作期间，先后成功转化数十名顽固犯，而且他善于从蛛丝马迹中发现问题，顺藤摸瓜，破获了多起预谋脱逃、盗窃案件，抓获历年在逃罪犯多人。他被同事们称为"神探手"。

2003年2月9日，阿斯木·阿不都拉同志突遭罪犯袭击致重伤，抢救无效，于2月21日牺牲，离开了他所热爱的监狱事业，离开了与他朝夕相处、共同奋斗的战友，离开了他挚爱的亲人。在他平凡而短暂的人生中，留下的一行清晰的足迹，见证着他熠熠生辉的奉献精神。他用鲜血和生命，谱写出监狱人民警察壮丽的新诗篇，向党和人民交了一份优秀的答卷。

个人简介

米合热尼沙·吐呼地

荣获“感动伊犁十大人物”“新疆维吾尔自治区民族团结模范”“新疆维吾尔自治区基层宣讲先进个人”“全国民族团结先进个人”“全国优秀司法所所长”等荣誉称号，2005 年荣获“全国民族团结模范个人”荣誉称号。

主要事迹

多年来，米合热尼沙·吐呼地同志深入基层一线，将历史、文化、宗教、法律知识融会贯通，用少数民族群众听得懂、喜欢听的语言，通过讲故事、拉家常的方式，宣传党和国家的各项政策，进行普法宣传。即使怀孕时走路肚子大得都遮住了脚，她仍然坚持一户不漏地到重点人员家里进行司法帮教。经过她的教育引导，94 名重点人员被转化。她赢得了伊宁市各族群众的信任和赞誉，被伊宁市许多乡镇、街道社区的群众亲切地称为“大米”。

普法开“小灶”　暖心细流润人心

1997 年，米合热尼沙·吐呼地同志被分配到伊宁市喀尔墩乡司法所工作，之后她积极投身刑满释放人员普法教育工作中。2000 年 6 月的一天，她来到刚刑满释放的阿某家走访，进行普法宣传，却被他的家人拒之门外。有着五六个月身孕的她没有气馁，顶着烈日，天天去阿某家走访。功夫不负有心人，她的诚心感动了阿某及其家人。在她动之以情、晓之以理的帮助下，阿某逐渐放下思想包袱，打开心结，真正从内心对法律有了敬畏。后来，阿某做起了小生意，回归正常生活。18 年寒来暑往，米合热尼沙·吐呼地同志用真诚的心，以女性特有的细心、耐心、爱心和恒心，在普法一线辛勤奉献，把一个个误入歧途的人拉回正道。

普法宣讲　用心用情敢担当

米合热尼沙·吐呼地同志常说：“普法宣讲不是靠嘴，而是用心。

群众喜欢的是朴实的语言，只有这样他们才能听得懂，听得进去。”有一次，她在塔什克瑞克乡进行婚姻法普法宣传，以生活中的实例对比，以通俗易懂的语言讲解婚姻法知识。在每次宣讲中，她都坚持以宪法、刑法等法律为依据，收集掌握生活中典型案例，用接地气的“乡土话”，告诉每一位听普法宣讲的人，作为一名公民，必须有爱国意识和法律意识。

米合热尼沙·吐呼地同志用政策与法律武装了群众的头脑，用思想武器帮教迷途者知返，获得了广泛的社会认可。

2015 年，她在新疆基层宣讲员大赛上获得第一名的好成绩。她的普法宣讲通过电视屏幕传播到天山南北，她受邀在新疆各地进行巡回宣讲。 自 2014 年 5 月至 2021 年，米合热尼沙·吐呼地同志共在南北疆和伊犁州宣讲 526 场次，受教育群众 20 余万人次。仅 2018 年上半年，米合热尼沙·吐呼地同志就在职教局各班组开展宣讲 370 余场次。

新疆生产建设兵团

个人简介

杨学斌

1966 年生，中共党员。生前为新疆生产建设兵团农三师劳改六支队（1995 年改称齐干却勒监狱，2006 年与金墩监狱合并，现称农三师金墩监狱）五中队干警。1985 年参加工作。1989 年 2 月 8 日，在与罪犯搏斗中，壮烈牺牲，年仅 23 岁。

1991 年被新疆维吾尔自治区人民政府批准为“革命烈士”。

主要事迹

杨学斌同志服从分配，工作勤恳，团结同志，忠于职守。他当过分队长、施工员，不怕吃苦。他平时认真学习，钻研业务，按法律规定管理罪犯，经常深入犯群谈话，了解罪犯思想动态。

1989 年 2 月 8 日下午 5 时许，杨学斌同志为防止监区大门钥匙被罪犯夺得，与凶恶的犯罪分子展开了殊死搏斗，并急中生智，将监狱钥匙踩断，成功阻止罪犯冲出监区大门。但他在与罪犯的搏斗中壮烈牺牲，以身殉职。不久，新疆生产建设兵团农三师劳改六支队五中队党支部追认杨学斌同志为中共党员。

杨学斌同志的先进事迹感人至深，催人奋进。全国各级司法行政机关在广大民警中认真开展向杨学斌同志学习的活动，以他为榜样，学习他忠于党、忠于祖国、忠于人民、忠于法律、忠于监狱事业的坚定信念，学习他甘于奉献、勇于献身、淡泊名利的职业道德精神，学习他严谨细致、谦虚谨慎、廉洁自律的优良作风，学习他刻苦钻研、知难而进、奋发有为的精神风貌，坚定不移地做监狱事业的建设者、捍卫者。

杨学斌同志为人讲信用，做事讲原则，办事论公道，从不徇私情；其临危不惧、遇难总率先的工作作风，彰显了监狱民警的铮铮铁骨、钢铁意志。

个人简介

程建华

1958年生，中共党员。现任新疆生产建设兵团农二师某团党委常委、哈木呼提监狱党委书记、监狱长，二级警督警衔。1976年参加工作。历任新疆生产建设兵团农二师某团某连排长，团保卫科干事，派出所副所长、所长等职。1998年5月19日，在抗灾救援中，不幸以身殉职，年仅40岁。

被巴州团委授予“学雷锋见行动先进个人”“学雷锋标兵”荣誉称号；两次受到农二师公安处嘉奖；多次被评为先进工作者、优秀共产党员。牺牲后，被民政部批准为“革命烈士”；被司法部追授“全国司法行政系统一级英雄模范”荣誉称号；被新疆生产建设兵团追授“抢险救灾模范领导干部”荣誉称号。

主要事迹

程建华同志在新疆生产建设兵团农二师某团派出所，无论是当普通民警，还是当所长，都以共产党员的标准严格要求自己，常年工作在基层，吃苦耐劳，不怕困难，不畏艰险，尽心尽责维护社会稳定，体现了一名共产党员应有的品质和高尚的情操。在他的领导下，派出所连续被农二师评为“优秀派出所”。

程建华同志在原哈木呼提监狱任监狱长时，即深知监狱长责任重大。他以身作则，率先垂范，狠抓监狱基础建设，整顿警容风纪，注重提高干警素质，切实把罪犯有效改造放在首位。对帮教对象，他耐心施教，取得了好成绩。

程建华同志在走上人民警察工作岗位以后，把责任和义务看得比自己的生命还重，他坚持原则，秉公办案，严格执法。他在监狱领导岗位上，注重机关警容风纪的整顿工作，使机关工作作风产生较大改观；他廉洁奉公，就连发给他的3400元奖金，也全部上交，他说：“监狱工作的成绩是大家的，这奖金我不能要。”

程建华同志助人为乐，曾经帮助一位母亲寻回走失两天多的女儿，还救起过落水的群众，将素不相识的早产孕妇背到几里外的医院。他先后献血7次。也正是他的这种优秀品质和高尚情操，促使他在风雪中，在18小时的顽强拼搏中，始终担心战友的安危，把生的希望留给别人。1998年5月19日，暴风雪突降，天山深处的尤鲁都斯草原一片混沌，能见度只有两米。而此时，程建华同志及其同事李卫东同志却正马不停蹄地把一车急救物资送到“弹尽粮绝”的牧点。在程建华同志一行驾车返程途中，风云突变，气温骤降，车轮突然陷进沟里，汽车牙包被石头卡住，他们立即下车推车，可费尽九牛二虎之力，车纹丝不动。这时风雪越来越大，气温已降至零下30多摄氏度，程建华同志看到带病上山的李卫东同志已经体力不支，决定弃车，到附近的牧点寻找食物，他将皮大衣披在李卫东同志的身上，自己头顶麻袋，搀扶着李卫东同志前进。当李卫东同志在途中昏迷后，程建华同志把他紧紧搂在怀里，用自己的身体为他挡风驱寒。5月20日7时许，救援同志找到了他们，而李卫东同志已经壮烈牺牲，抱着李卫东同志的程建华同志也已经奄奄一息，脚冻成了冰坨，僵直的胳膊紧紧夹住腰间的手枪，在救援的同志将手枪取下后，程建华同志停止了呼吸。

程建华同志在生死存亡的关头，他想的全是别人。

程建华同志是在党的教育培养下成长起来的优秀共产党员和优秀基层干部，是改革开放以来，兵团广大党员和干部中涌现出来的大批英模人物中的突出代表，为广大党员和干部树立了榜样。程建华同志用沸腾的生命热血在滴水成冰的田野上浇筑成一座丰碑，永远在各族人民的心中巍然耸立。

个人简介

李卫东

1967年生。生前任新疆生产建设兵团农二师哈木呼提专职驾驶员，二级警司。1985年参加工作。1998年5月19日，在抗灾救援中，不幸以身殉职，年仅31岁。

1999年被新疆维吾尔自治区人民政府授予“革命烈士”称号。

主要事迹

曾经的哈木呼提监狱，多年来只有李卫东同志一名驾驶员，他身兼数职，经常是上午出车，下午开车拉货，晚上又开车随领导到各中队查岗查哨。他毫无怨言，从不叫苦叫累，凭着对党、对人民、对监狱事业的无限忠诚和满腔热情，凭着坚定的政治立场、一流的业务素质和任劳任怨、不计个人得失的无私奉献精神，多年来一直默默无闻地坚守岗位，在十几年中从未出过交通事故。

他不善言辞，但是，“人民警察就是要为人民服务”常挂在他的嘴边。1996 年 9 月的一天，李卫东同志出车从库尔勒返回。刚过焉耆县城，天已黑，他看到公路边有一位老太太，背着大背篓艰难行进着，便马上停车询问。原来老太太是从四川来看女儿的，女儿住在一个偏远连队，李卫东同志立刻将老人扶上车，一路打听着将老人送到她女儿家，老人感激地说：“我活了这么大年纪，还没碰到过这样的驾驶员，多好的年轻人啊！”

李卫东同志以平凡的工作为荣，从不计较个人得失。1996 年 11 月，农二师监狱管理系统组织大巡查，这时李卫东同志的妻子即将生产。出车那天，妻子肚子痛得厉害，可是为了工作，李卫东还是上路了，等他驾车从几个垦区巡查回来，孩子已经满月了。

当了 13 年的驾驶员，李卫东同志从未公车私用。李卫东的父亲说，有一次他的摩托车没油了，正赶着提货，碰到了李卫东，便向李卫东要两斤油。哪知李卫东同志说道：“给您钱，您买去吧。”1996 年 10 月，李卫东同志的妻子怀孕 9 个月，需要去医院做 B 超检查，因行动不便，想让他送一送，他说：“你坐班车去吧！我一会儿还要出车，再说公家的车，我们不能跑私车。”孩子病了，要送到 12 公里外的县城去治疗，李卫东同志虽负责保管单位5辆车的钥匙，可他们夫妻俩是抱着孩子坐班车去的。

十年来，李卫东同志严于律己，一心为公，一人所开的警车、囚车和货车，累计为国家节省汽油、材料、修理费用等达20多万元。1996年年底，全师工作大检查，从且末检查完返回库尔勒时，车的马达出现了故障，同车队的驾驶员对李卫东同志说："马达坏了不好修，我去替你买一个回来换上算了。"他却说："一个马达2000多元，你们先走，我修好后一会儿追上来"，于是他便在刺骨的寒风中一头钻进了车底，一个多小时后，马达发出了轰鸣声。他总是这样，一有空余时间就将车擦洗得干干净净，发现毛病立即检修，十几年如一日，坚持做到小修不出门、大修不进厂，有的汽车零件修过几遍仍在用。

然而，在平凡的岗位上作出了不平凡的贡献的李卫东同志，却在随监狱长程建华同志为断粮一周的山区牧场运送救灾物资过程中，突遇暴风雪袭击。他们为保护国家、集体和人民的利益，献出了宝贵的生命。

李卫东同志虽然走了，但在人们心中，却仍巍然耸立着，他就站在哈木呼提——蒙古语意为"长碱蓬草的地方"——这片充满无限生机的绿洲大地上，深情地凝望着生活在这里的各族百姓。

个人简介

杨顺全

1958 年生，中共党员。20 岁时加入中国人民解放军。1998 年，在与罪犯的搏斗中，壮烈牺牲，年仅 40 岁。

荣立个人三等功，2000 年被新疆维吾尔自治区人民政府追授“革命烈士”称号。

主要事迹

1980年复员后，杨顺全同志在新疆生产建设兵团农二师某团任职，他兢兢业业、任劳任怨，受到了职工、群众的极大好评。1983年10月，他服从分配，成为农二师劳改一支队的一名监狱人民警察；在15年的从警生涯中，历任施工员、统计员、内看守员、分监区长等职。刚开始到监狱工作，由职工直接过渡为人民警察的杨顺全同志，业务知识和法律知识难免不足以应对工作所需。在每个夜晚押犯监区锁号后，他利用休息时间孜孜不倦地学习相关法律知识，并用法律知识解答罪犯的疑问，被大家亲切地称为“法通”。在不同的工作岗位上，他严于执法，勇于创新，每项工作任务都完成得有声有色，取得了突出的工作业绩，许多好的工作方法被同事效仿，受到了监狱、监区领导的表扬和肯定。

面对罪犯，杨顺全同志像对待自己犯错的孩子一样有耐心；同事们有事找不到他，都会首先去找他承包的顽危犯，因为他总是利用一切时间同罪犯谈心。通过谈心，他全面了解罪犯性格，了解其犯罪原因和心理变化过程；通过谈心，他帮助罪犯树立正确的人生观、价值观，使其深刻认识到自身罪行给被害人家庭和整个社会造成的伤害，从而悔过自新，积极改造。数十名罪犯在他和同事的教育下弃恶从善、改过自新，回到了正常的改造道路上。

1998年12月22日零时许，杨顺全同志在与罪犯的搏斗中，不幸牺牲。他为监管事业献出了生命，走完了他短暂而光辉的一生。

个人简介

陈定安

1949年生，中共党员。生前任新疆生产建设兵团农二师劳改处驻某团三中队管教科科长。1963年进疆，被分配到某团农科所，在农科所工作近21年。1984年成为兵团监狱首批民警，历任内看守、教育干事、管教科科长。1992年8月6日，带病检查工作时遇害，以身殉职，年仅43岁。

1993年被新疆维吾尔自治区人民政府追授“革命烈士”称号。

主 要 事 迹

无论在什么岗位上工作，陈定安同志都能以党的监狱事业为重，以人民的利益为先，扎扎实实、勤勤恳恳地做好本职工作。他在平凡的工作岗位上取得了扎实有效的不凡业绩，多次受到上级领导的表扬。

20世纪80年代，新疆兵团监管改造工作才刚开始。陈定安同志毫不畏惧，不怕吃苦，充满干劲，每天天不亮就起床，挖大渠、拉土块、铺路，解决了周边农业用水问题；搬砖块、引水入监，翻修监舍；种树、耕田，改善周边土地的盐碱化程度……

被组织肯定并提拔为监狱管教科科长后，他带领管教科及监区管教员研读学习法律知识。作为科室领导，他注意培养民警们的法律及业务知识，也注重规范罪犯管理工作，使管理工作程序得到细化，每一项工作都做到了有章可循、有法可依、有据可查，使罪犯管理工作有了全新的面貌，民警素质也有了很大提高。

陈定安同志工作兢兢业业，经常深入监区，深入罪犯之中巡查监管安全隐患，全然忘我。1992年8月6日，他身体不适，但只是随口对同事说了句“今天怎么感觉头痛得更厉害了”，就转身拿起随身携带的记录本下了监区。不料，他在检查时，罪犯徐某猛地站起来，拿起尖锐工具朝他刺来，陈定安同志猝不及防，胸口涌出鲜血，他痛苦地捂住胸口。这时负责看押的武警同志赶过来，制伏了徐某，而陈定安同志因失血过多倒在地上，永远离开了我们……陈定安同志的一生是革命的一生，他是当代监狱人民警察的楷模，为我们树起了一座崇高的丰碑。

个人简介

康全义

1962 年生。1980 年参加工作，原新疆生产建设兵团第二师乌鲁克垦区石棉矿司法所所长，2017 年退休。

荣获新疆维吾尔自治区优秀党员、新疆生产建设兵团政法系统优秀干警荣誉称号，荣立个人二等功、个人三等功各 1 次，2015 年荣获司法部“全国司法行政系统二级英雄模范”荣誉称号。

主要事迹

爱岗敬业　无怨无悔

1984 年 12 月，康全义同志从部队转业至某团石棉矿工作；2002 年他调至石棉矿司法所工作。石棉矿位于海拔 3400 米的高地上，气候无常，物资匮乏，常年缺氧，条件异常艰苦。但他十多年如一日，即使身患心脏病、贫血病也忠于职守，以超人的毅力执着地为民排忧解难，认真践行党的“全心全意为人民服务”的宗旨。

从事司法工作 15 年来，他累计成功调解各类矛盾纠纷 1000 余件，有效遏制和处理了群体性、突发性事件 20 余件，防止“民转刑”案件 5 起，接待信访 30 余件，解答法律咨询 1200 余人次，为外来农民工维权，挽回经济损失累计近千万元。

公道调解　挥洒真诚

2014 年 8 月 7 日上午，63 名劳务工人来到石棉矿司法所，请求司法所为他们讨要工资。经了解，矿山承包方李某未付劳务输出方李某某 44 万多元，李某某尚欠 63 名劳务工人工资 79 万多元。经过康全义同志多次做工作，矿山承包方李某作出让步并承诺：立即给李某某付清欠款 44 万多元并承担部分李某某拖欠劳务工人的工资。将调解结果反馈给劳务工人后，康全义同志耐心给劳务工人讲解了政策，后又提出调解建议。但劳务工人们只认准一条：全额拿到工资。康全义同志为防止纠纷进一步扩大，一方面为劳务工人们购买了食品、饮用水，坚持在司法所通宵值班，耐心地向他们解释相关政策法规；另一方面连夜协调垦区司法局、法院、公安局、某团石棉矿等相关单位组成联合工作组。通过6天不眠不休的努力，14日凌晨1时，63名劳务工人近80万元劳务费终于发放到手上。

坚定信念　执着奉献

工作以来，康全义同志没有休过一次完整的长假。家在几百公里外，难以顾及家庭，就连爱人在医院做手术，他因工作繁忙，也没能照顾。因工作环境艰苦，康全义同志时常感到身体不适，可一直没能挤出时间去医院检查治疗。2008年3月，遇到了几十年不遇的特大雪灾，他连续10多天奋战在抗灾自救第一线，身体支撑不住晕倒了。当同志们将他送进医院检查后，“严重缺氧性贫血”的结果让所有同志大吃一惊。他坦然面对疾病，心里仍惦记着抗灾自救工作，住院后3天，又匆匆赶回单位，投入紧张的工作中。

30年孜孜不倦，30年风雨无阻，康全义同志时刻以人民调解、社区矫正、法律援助、法制宣传、帮教管理等为自己的工作落脚点。他用朴实的行动，向人们诠释了一名共产党员、司法干警追求奉献的真谛。

个人简介

肖海平

1967年生，中共党员。三级警司。1990年至1993年在新疆生产建设兵团工作。1993年参加监狱工作，1995年转为监狱人民警察，先后在原一中队及三监区、一监区从事分监区长及后勤区队管理工作。2010年7月6日，因公牺牲，年仅43岁。

2007年、2008年连续两年被评为优秀公务员；2002年、2005年、2009年3次被师局嘉奖；多次被评为“优秀管教员”“优秀个别教育能手”“文明执法先进个人”；被新疆生产建设兵团监狱管理局党委追认为中共党员，被追记个人一等功；2012年被司法部追授“全国司法行政系统二级英雄模范”荣誉称号。

主要事迹

忠诚卫士

肖海平同志干一行、爱一行、成一行，兢兢业业，恪尽职守，赢得了监狱民警的广泛赞誉。

1993年，肖海平同志通过考试成为一名光荣的监狱民警，这一干就是17年。由于地处戈壁荒滩，沙河监狱各监区几乎找不到一条像样的路。肖海平同志的一位朋友劝他辞职，他笑着说："既然我选择了做一名狱警，就不会半途而废，我要在监狱干一辈子警察！"

用心育人

"作为一名监狱民警，在教育改造罪犯工作中首先要练好基本功，了解监区每一名罪犯的情况，对监区任何一名罪犯都能做到随口可以说出其案情、体貌特征、社会关系、兴趣爱好、生活习惯。这样才能干好工作。"肖海平同志经常这样对同事说。教育改造罪犯，他将心理学知识运用得得心应手，罪犯都觉得他很有亲和力，喜欢和他谈心。

有一名罪犯，由于刑期长，无家人关心，缺乏改造动力，天天在监区混日子。对此，肖海平同志经常找他谈心，并送他一些励志图书。后来，肖海平同志又通过写信和这名罪犯的家人取得联系，一开始，伤透了心的家人不理睬；直到第五封信，家属的思想工作终于被做通。最后，这名罪犯的父母千里迢迢来新疆探望。父亲动情地说："你要感谢肖警官，如果不是他的几封信，我们不会来看你，希望你今后好好做人。"这一举动，深深感动了这名罪犯。从此，这名罪犯不但认真改造，还教育其他罪犯，成为监区的改造积极分子。

廉洁自律

2007年冬，一名罪犯家属找到肖海平同志，临走时留下一个装有5000元钱的信封，恳请他关照自己的儿子。肖海平同志平静地说："这钱我不能要，你这样做不是在帮助你儿子，而是在害他。他本身表现很好，根本不用花费心思，尽管放心。请把钱收好。"这名罪犯家属感慨地说："有您这样的警官，我们怎能不放心呢！"

除教育好罪犯之外，肖海平同志身体力行，做好表率。一位同事回忆：有一次，水渠垮口堵不住，肖海平同志立即跳进过膝的水渠中，坐在缺口处，将装满土的袋子放在自己身边。经过10多分钟的努力，垮口终于被堵住。从渠里上来后，肖海平同志冷得浑身直发抖，回到宿舍，一头就倒在地上。他赶忙喊肖海平同志，等肖海平同志醒来后，他说送肖海平同志去医院。肖海平同志却摆摆手说"没关系"。第二天，肖海平同志像没事人一样照常上班。

17年来，肖海平同志就是这样，任劳任怨、廉洁自律，一丝不苟履行着监狱民警的责任。自1993年当监狱民警至今，肖海平同志与罪犯谈心谈话上千次，成功转化上百人。

个人简介

张义刚

1961 年生，中共党员。生前任新疆生产建设兵团第二师库尔勒监狱党委书记、监狱长，一级高级警长。1978 年参加工作。2019 年 11 月 15 日，在值班岗位突发疾病，经抢救无效，不幸去世，时年 58 岁。

2020 年被新疆生产建设兵团监狱管理局党委追记二等功，2021 年被司法部追授“全国司法行政系统二级英雄模范”荣誉称号。

主要事迹

一生忠贞不渝

2019 年 1 月，米兰监狱整体搬迁新址。搬迁后，张义刚同志全面主张加快“数字法治、智慧司法”信息化体系建设，力求当年通过司法部验收。他在“智慧监狱”推进会上坚定地说：“我们有条件要上，没有条件创造条件也要上。”从这时候开始，他就没有好好回家休息过一整天，艰辛付出终有回报，2019 年 6 月 20 日，米兰监狱以 952 分通过了司法部专家组验收，被授予全国第二批“智慧监狱”示范单位称号。

2019 年 11 月，张义刚同志到库尔勒监狱任党委书记、监狱长后，他一面忙于日常工作，一面深入基层一线了解掌握民警队伍基本情况，与党委班子成员、中层领导干部交流工作思路，谋划监狱发展蓝图。一周内，他先后 5 次深入监区一线实地检查督导，与民警谈心交流，熟悉了解基层情况，收集解决民警诉求，在民警心里留下了深刻的印象。

翻开他的笔记本，罗列的工作任务满满当当。他常教导民警不要让加班成为常态，要劳逸结合，身体才是革命的本钱，而他自己却经常加班加点，审阅、签批、安排、布置日常事务，几乎每天都是最后一个离开办公室。

一辈子两袖清风

张义刚同志将短暂的一生奉献给了兵团监狱事业，用生命和热血践行了共产党员永恒的初心和使命。“‘金杯银杯’不如老百姓的口碑”，他用实际行动赢得了认可和尊敬。

他对自己近乎苛刻，一辈子勤俭节约。他的家在一个老旧的家属院，家里的地板砖布满裂痕，茶几上一本古董旧字典是伴随张义刚同志时间最长的“老伙计”。在整理他的遗物时，发现监狱给他准备的拖鞋、碗筷、脸盆、床单等物品，他一样也没舍得用，整整齐齐收纳在衣柜里，床上铺的还是那洗得发白的床单，枕巾也都脱了线。

张义刚同志廉洁修身，做人干干净净，做事清清白白，对家人和身边的工作人员要求严格，对民警的成长进步格外关心；他常说，当领导就要多为年轻同志搭建舞台，让他们更快成长起来。

张义刚同志的一生是短暂的，但也是无比丰饶的；他用生命的厚度，活成了一本闪烁永恒荣光的“榜样之书”。

司法部装备财务保障局

个人简介

李东伟

1971年生，中共党员。现任司法部装备财务保障局规划建设与综合处处长。2011年，作为中央国家机关第七批援疆干部，任新疆戒毒管理局副局长。

多次被评为优秀公务员、优秀共产党员；2014年荣立个人二等功，被国务院授予“全国民族团结进步模范个人”荣誉称号；2019年荣获“庆祝中华人民共和国成立70周年”纪念章。

主要事迹

李东伟同志全身心扑在工作上，为新疆司法行政工作作出了突出贡献。2011 年 8 月 25 日，是李东伟同志赶赴新疆的日子，而就在前一天，他的母亲被确诊身患癌症，准备接受手术。同时，由于母亲患病，从小患有痴呆症、不能自理的哥哥也急需照顾，妻子在学校担负繁重教学管理工作，女儿也面临“小升初”。种种困难，让李东伟同志踌躇不定，在走与不走之间犹豫不决。此刻，曾是全国劳动模范的母亲坚毅地说，“不要辜负组织的信任，工作要紧”；贤惠能干的妻子说，“家里有我，放心去吧”。单位领导得知情况后，也表示：“局里会全力支持你，帮助照顾好家里。”就这样，带着组织的信任、领导的关怀和家人的大力支持，李东伟同志义无反顾地踏上了援疆征程。

2011~2014 年，作为分管全系统安全稳定的局领导，李东伟同志清醒地意识到自身的责任和肩上沉甸甸的压力。为有效消除各类安全隐患，他带领分管的所内侦查、所政管理、警戒护卫等处室，年均组织安全突查夜查 100 余次，有力锻造了场所安全稳定防护屏障。

2011 年 10 月，他带领乌鲁木齐女子戒毒所、喀什戒毒所开展警戒护卫组织一级达标活动，身为副局长的他与警戒队员们一起摸爬滚打，战备携行、战斗编组、战术演练等科目样样不落。接受司法部的验收考核当日，冬季的乌鲁木齐滴水成冰、呵气成霜，在凛冽的寒风和鹅毛大雪中，一些同志面露难色。当考核组同志征求他的意见时，他说：“只要不下刀子，考核就要进行。”当最后一名警戒护卫干警完成 5 公里越野等全部科目时，考核成绩也以 99.8 近乎满分的结果报出，名列全国前茅。援疆期间，李东伟同志经常深入基层，宣传党的民族宗教政策，深入浅出地讲解法律政策，多次参与驻村扶贫工作，组织相关项目的论证，帮助打开农产品的销路，使少数民族群众得到了实惠；为了提高干警业务水平，他先后为基层干警授课讲座 30 余场，深受基层干警和群众的尊敬和信赖。他还经常深入工读学校蹲点调研，为少数民族学生开展法治宣传教育，取得了良好的效果。

2012 年 6 月的某一天凌晨 4 点多，急促的电话声响起，远在齐齐哈尔的亲属告知他，不得已送回老家照顾的哥哥，因肺部急性感染去世了。他强忍悲痛，擦干泪水，嘱托远方的亲属帮助料理后事，依然坚持完成安全检查工作。2012 年 7 月，一直深感不适的他在看望住院同事时，才借机做了检查，检查结果是额面严重囊肿已有一段时间。为了不影响工作，他拒绝了回京接受手术的建议，毅然在新疆接受了全身麻醉手术。术后不久又重新回到工作岗位。2012 年 8 月，出院一个月后蹲点带班的他，突然接到母亲病危的消息。安排好工作后，他风尘仆仆往回赶，而他的母亲却已溘然长逝。姐姐告诉他，母亲临终前嘱托："要好好工作，不要惦念我。"他将悲痛深深埋在心底，带着母亲深情的嘱托，继续投入工作。每年规定的探亲假期，除去亲人病故和住院外，他从未休息过一天。援疆期间，凡逢重要节假日或突发事件，李东伟同志都是在重点一线场所带班执勤。

图书在版编目(CIP)数据

在鲜红的党旗下：司法行政百年英模谱/司法部办公厅 法治宣传中心编. -- 北京：法律出版社，2021
ISBN 978-7-5197-5651-2

Ⅰ.①在… Ⅱ.①司… Ⅲ.①司法机关－英雄模范事迹－中国 Ⅳ.①K825.19

中国版本图书馆 CIP 数据核字(2021)第 095120 号

在鲜红的党旗下
——司法行政百年英模谱
ZAI XIANHONG DE DANGQI XIA
—SIFA XINGZHENG BAINIAN YINGMOPU

司法部办公厅
法治宣传中心 编

策划编辑 沈小英
责任编辑 沈小英 陈 妮 刘晓萌
程王刚 黄 筝 王 鸿
刘 莹 毛镜澄
装帧设计 李 瞻

出版发行 法律出版社
编辑统筹 法治与经济出版分社
责任校对 晁明慧 郭艳萍 周诗湄 王语童
责任印制 吕亚莉
经 销 新华书店

开本 710 毫米×1000 毫米 1/16
印张 54.5 字数 797 千
版本 2021 年 6 月第 1 版
印次 2021 年 6 月第 1 次印刷
印刷 中煤(北京)印务有限公司

地址：北京市丰台区莲花池西里 7 号(100073)
网址：www.lawpress.com.cn
投稿邮箱：info@lawpress.com.cn
举报盗版邮箱：jbwq@lawpress.com.cn
销售电话：010-83938349
客服电话：010-83938350
咨询电话：010-63939796

书号：ISBN 978-7-5197-5651-2 定价：171.00 元
凡购买本社图书，如有印装错误，我社负责退换。电话：010-83938349